DE LA MÊME AUTRICE

LES HEURES VOLÉES, Mercure de France, 1981

ARGENTINA, Mercure de France, 1984

ROMAIN GARY, Mercure de France, 1987 (Grand Prix de la biographie de l'Académie française)

LES YEUX NOIRS OU LES VIES EXTRAORDINAIRES DES SŒURS HEREDIA, Lattès, 1990

MALIKA, Mercure de France, 1992 (Prix Interallié)

GALA, Flammarion, 1995

STEFAN ZWEIG, L'AMI BLESSÉ, Plon, 1996 ; nouvelle éd., Grasset, 2010

LE MANUSCRIT DE PORT-ÉBÈNE, Grasset, 1998 (Prix Renaudot)

BERTHE MORISOT. LE SECRET DE LA FEMME EN NOIR, Grasset, 2000 (Prix Goncourt de la biographie)

IL N'Y A QU'UN AMOUR, Grasset, 2003

LA VILLE D'HIVER, Grasset, 2005

CAMILLE ET PAUL. LA PASSION CLAUDEL, Grasset, 2005

CAMILLE CLAUDEL, LA FEMME BLESSÉE, Les éditions du Huitième Jour, 2010

CLARA MALRAUX, « NOUS AVONS ÉTÉ DEUX », Grasset, 2009 (Prix Prince Pierre de Monaco)

DEUX SŒURS, YVONNE ET CHRISTINE ROUART, LES MUSES DE L'IMPRESSIONNISME, Grasset, 2012

JE SUIS FOU DE TOI. LE GRAND AMOUR DE PAUL VALÉRY, Grasset, 2014

LES ROUART. De l'impressionnisme au réalisme magique, Gallimard, 2014

COLETTE ET LES SIENNES, Grasset, 2017

MES VIES SECRÈTES, Gallimard, 2019

DIVINE JACQUELINE, Gallimard, 2021

LES PARTISANS

DOMINIQUE BONA

de l'Académie française

LES PARTISANS

KESSEL ET DRUON, UNE HISTOIRE DE FAMILLE

nrf

GALLIMARD

La résistance. Tu entends ? Endors-toi avec ce mot dans la tête. Il est le plus beau, en ce temps, de la langue française.

JOSEPH KESSEL

Vivre sans admirer m'a toujours paru le pire des déserts.

MAURICE DRUON

1

La nuit du départ

C'est une nuit sans étoiles, le 23 décembre 1942. Celle de leur dernière chance. Il pleut à verse sur le massif des Albères, d'une pluie glacée, torrentielle, et sur les trois silhouettes encapuchonnées qui suivent leur guide en file indienne. Deux hommes, une femme, et leur guide chaussé d'espadrilles, un Catalan aussi bondissant qu'une chèvre. La piste, boueuse et par endroits détrempée, ne garde pas trace de leur passage. Empruntée par les soldats de l'armée romaine, puis par des cohortes de contrebandiers, de bandits et de hors-la-loi, combien de fugitifs sont passés ici avant eux ? En route depuis le matin, ils tentent de gagner clandestinement l'Espagne.

Partis de Collioure, le petit port de pêche où les peintres de tous horizons ont connu autrefois des jours heureux, ils découvrent la rudesse du pays catalan, son maquis inextricable, ses forêts épineuses, ses à-pics sur la mer. La nuit tombée, conjuguée au brouillard, les empêche d'admirer un paysage grandiose : l'ombre violette des montagnes qui descendent doucement vers la Méditerranée et le sommet enneigé du mont Canigou, dieu tutélaire de la région. Ils ne peuvent même pas apercevoir au loin la lueur d'un phare ni celle de quelques barques fantômes. On n'y voit pas à un mètre. Cassés par la fatigue, les deux hommes et la femme marchent sans rien voir, indifférents à tout sauf à avancer un pied devant l'autre. Mal équipés, chaussés de souliers de ville, ils sont encombrés de bagages. Le premier marcheur porte une mallette de cuir dont il prend grand soin depuis le départ, l'autre une valise, et la femme un sac de voyage Vuitton. La confrontation avec les éléments est si brutale qu'elle soutient la comparaison avec le fier souvenir que l'un d'eux, amateur d'expéditions lointaines, garde des territoires hostiles qu'il a traversés en Palestine, au Yémen et en Éthiopie.

Le guide, silencieux devant eux, progresse à un rythme régulier, interrompu de rares haltes dans des abris sommaires, où le repos leur est compté. Sa lampe torche éclaire d'une lueur jaune les troncs des chênes-lièges, dont ils violent pas à pas le sanctuaire. José le Catalan, ainsi appelle-t-on leur guide, semble sûr de lui, sans boussole et sans carte. La frontière, il a l'habitude de la traverser au col du Perthus, à 283 mètres d'altitude. Cet itinéraire peu escarpé, accessible aux randonneurs les moins entraînés, lui paraît plus sûr que celui qui longe la côte à partir du cimetière de Cerbère, où les contrôles sont solidement établis. Et beaucoup moins dangereux que le passage par Prats-de-Mollo et l'Andorre, certes moins surveillé mais où des familles, épuisées par la course à haute altitude, ont laissé la vie ou dû renoncer. José connaît les sentiers par lesquels éviter les patrouilles allemandes. Ce jeune républicain espagnol qui a lui-même fui un régime politique honni s'est converti à la contrebande pour faire vivre les siens, demeurés en Espagne, et, depuis le début de la guerre, au métier de passeur. Ses tarifs fluctuent selon les clients, mais le contact qui les a hébergés à Perpignan, Lucien Billès, employé de l'Électricité, les a assurés qu'ils peuvent se fier à lui.

Vers minuit, comme s'ils s'étaient donné rendez-vous, ils croisent une autre caravane. Les passeurs, qui se connaissent, échangent quelques mots, des informations plutôt rassurantes, aucun homme de la *Grenzschutz*, la Gestapo des frontières, dans les parages. Pas de signalements de chiens-loups aux alentours. Les contrôles se relâchent à l'approche de Noël.

Les voyageurs, qui ne sont pas au bout de leur peine, tentent de reprendre des forces. De l'autre groupe, un homme dans des vêtements cossus, qui se révélera être un riche entrepreneur d'Afrique du Nord, s'approche pour leur parler. Ne connaissant personne en Espagne pour l'aider à rejoindre l'Algérie où sont ses affaires, il leur propose de payer le prix fort que ne manquera pas d'entraîner la suite de leur expédition, en échange de leur réseau de relations. Des adresses, contre la garantie d'un portefeuille bien rempli. Ils scellent un accord. Tandis que les passeurs s'en vont chacun avec son groupe sur des routes séparées, « André » ou « Bernard » – son prénom fluctue selon les récits – s'arrime au trio, sans pourtant le changer en quatuor. Personne ne connaîtra jamais l'état civil véritable de ce compagnon de fortune.

Trois, ils sont partis, trois ils demeurent, soudés dans le malheur et liés par l'épreuve.

L'aîné, avec des épaules de boxeur et une tête de Turkmène sous la capuche, est un écrivain célèbre, décoré de la Légion d'honneur. Grand Prix du roman de l'Académie française en 1927, il publie tous les ans et jusqu'à plusieurs fois par an des romans d'amour et d'aventures qui enflamment l'imagination, tandis que les journaux se disputent les récits de ses reportages sur les sujets les plus divers qui prennent vie sous sa plume. Ils ne laissent aucun lecteur indifférent. Les éditeurs et les patrons de presse savent que tout ce que Joseph Kessel écrit est promis à de gros tirages. *L'Équipage*, *Belle de Jour* et *Nuits de princes*, *Fortune carrée* et autres *Marchés d'esclaves* lui valent un public enthousiaste. Il a déjà à son actif plus de quarante livres. Le dernier, paru avant la guerre, est une biographie de Mermoz, le héros de l'Aéropostale, qui fut son ami et a disparu tragiquement six ans plus tôt dans l'Atlantique.

Baroudeur, aventurier, grand reporter, romancier prolixe, journaliste étincelant, scénariste de ses propres œuvres au cinéma, Joseph Kessel aura quarante-cinq ans en janvier prochain[1]. Ses proches et ses amis le surnomment « Jef ». Il déteste s'entendre appeler Joseph. Au point de faire imprimer sur la couverture de ses livres un J. Kessel qui est le plus souvent sa signature.

Costaud, musclé, occupant si bien l'espace qu'il paraît plus grand qu'il n'est vraiment (1,76 mètre), il en impose par sa carrure et par sa démarche assurée, massive. Même si quelques mèches grises commencent de strier les tempes de sa tignasse, si son visage est buriné, son front déjà creusé de rides, c'est un homme dans la force de l'âge, dont la vie a été à ce jour aussi romanesque et fiévreuse, aussi généreuse que son œuvre.

Jamais jusqu'à cette nuit il n'a ressenti sa parenté avec le peuple persécuté. Jamais il n'a été ce pour quoi aujourd'hui il part, tels ses lointains ancêtres, un Juif errant.

Avant de partir, Kessel a brûlé l'un des deux exemplaires du manuscrit des *Maudru*, son roman de la France occupée, un hymne à la Résistance en train de naître. L'autre, il l'a confié à sa mère, en la priant de le cacher. Et il a enterré dans un jardin de la Côte d'Azur, voisin de la maison où il a vécu ces derniers mois,

1. Joseph Kessel est né officiellement le 10 février 1898 ; en réalité quelques jours plus tôt le 31 janvier.

le manuscrit des deux premiers volumes du *Tour du malheur* – la saga de sa vie. Ils gisent au fond d'un puits désaffecté, à Agay, une station balnéaire au pied de l'Estérel.

Le troisième volume, en cours d'écriture, il le transporte avec lui, dans sa précieuse mallette de cuir. Il en a trouvé le titre, un jour récent de soleil et de joie, *Les Lauriers roses*.

Alors qu'il accrochait une de ces fleurs dans la chevelure de la femme aimée, elle lui a révélé leur particularité : en se fanant, sitôt cueillis, les jolis pétales dégagent une odeur de pourriture.

Le jeune homme, derrière lui, pourrait être son fils. Quoique beaucoup plus mince (67 kilos pour 1,74 mètre), avec des cheveux roux, un teint très pâle, marqué de traces roses par l'effort, leur ressemblance est frappante.

Ils ont le même masque aux traits sculptés, la même implantation de cheveux, drue et léonine, et puis ce regard clair, à nuance de vert chez Kessel, nettement bleu chez lui. À l'allure aussi, on leur reconnaît un semblant de parenté, car ces deux marcheurs traqués, ces fugitifs, évoquent plutôt, par leur solidité, leur manière de porter haut le regard, des seigneurs de la steppe, d'indomptables nomades. Kessel, tout en puissance, avance en écrasant le sol tandis que le jeune homme, élégant en toutes circonstances, a plutôt l'air d'un cavalier tenant par la bride un cheval imaginaire.

Maurice Druon est le fils naturel d'un jeune frère de Joseph Kessel. Il n'a jamais porté son nom. Son histoire familiale est des plus complexes et notamment le mystère de sa naissance sur lequel je reviendrai. Catholique, muni d'un certificat de baptême qui le met à l'abri des persécutions, il se veut solidaire de Kessel, et part sans regrets : la France qu'il aime en patriote, la France qu'il aime admirer, l'a profondément déçu.

À vingt-quatre ans[1] – l'âge de Kessel quand il a publié son premier roman –, le jeune Druon est l'auteur d'une pièce de théâtre, inspirée de la mythologie, *Mégarée*.

Elle a été créée le 3 février dernier au théâtre de Monte-Carlo et jouée conjointement au Palais de la Méditerranée, à Nice. Elle a remporté un succès d'estime. Il a, depuis, commencé d'écrire son premier roman. Et il a donné à *Paris-Soir*, qui l'a publié en 1939, son tout premier article dans la presse. Écrivain débutant, au seuil d'une œuvre tout entière à venir, il marche en somme, littérairement aussi, dans les pas de son oncle.

1898/1918 : vingt ans tout juste les séparent.

Quant à la femme qui les accompagne, Germaine Sablon, quarante-trois ans[2], blonde avec des yeux bleu pervenche, elle est la maîtresse de Joseph Kessel. Du moins l'une de ses maîtresses, sur la longue liste de ses liaisons plus ou moins officielles. Les femmes se relaient près de lui, interchangeables selon les époques, les occasions et les exigeants besoins sexuels de Jef. Germaine prononce le nom chéri de sa voix rauque et cuivrée, légèrement gouailleuse, en étirant sa grande bouche aux lèvres pulpeuses, comme le premier mot d'une chanson. Tout est musique pour elle, danse et chansons.

Artiste de variétés, aussi populaire que Damia, Suzy Solidor ou Mistinguett, elle fait sensation dans les cabarets quand elle interprète *Mon légionnaire* ou *Je rêve au fil de l'eau*, des tubes que tout le monde fredonne. Elle se produit dans les plus grandes salles de spectacle, à l'ABC et au Théâtre de Paris, a enregistré des disques et joué dans des films qui ne sont peut-être pas des chefs-d'œuvre

1. Maurice Druon est né le 23 avril 1918.
2. Germaine Sablon est née le 19 juillet 1899.

mais lui valent d'être devenue une « vedette » – le vieux mot pour les stars. Les journaux en attestent : elle n'est pas moins célèbre que Joseph Kessel dans son domaine, au point que des journalistes indélicats ont surnommé l'écrivain « M. Sablon » ! Quitte à provoquer l'amalgame avec son frère Jean, le vrai M. Sablon, le « crooner » à la voix enjôleuse, dont l'immense notoriété rejaillit sur elle, ne serait-ce que par le nom de famille, en une pluie d'étoiles. Le frère et la sœur ont enregistré à deux voix plusieurs chansons à succès, dont *Un amour comme le nôtre*.

Un amour comme le nôtre
Il n'en existe pas deux
Ce n'est pas celui des autres
C'est quelque chose de mieux...

Son ordinaire, ce sont les lumières braquées sur elle, les applaudissements du public, les loges fleuries d'innombrables bouquets d'admirateurs, les soupers arrosés de champagne. La moins préparée des trois, en principe, à l'épreuve d'une randonnée sauvage, les pieds boueux jusqu'aux genoux, elle fait face avec bonne humeur.

Dans son sac de voyage, elle n'emporte aucune de ses tenues de scène, les somptueux fourreaux de satin qui gainent ses formes avantageuses et ont ébloui Kessel. C'est dans les cheveux de Germaine, d'une chaude couleur mordorée, que celui dont hier encore elle partageait la vie (l'une des vies) sur la Côte d'Azur accrochait des lauriers-roses.

Dépouillée de tout maquillage, sans le khôl et le rouge à lèvres qui dessinent d'habitude son visage, la mise en plis saccagée, les traits tirés, rincés par la pluie, elle ne se plaint de rien depuis le départ. Elle marche d'un bon pas, au rythme des hommes.

Peu porté à l'indulgence, Maurice Druon, que sa présence agace, lui reconnaît un courage de fer. Dans ses Mémoires, à sa manière impitoyable, il la décrit comme « peu intelligente ». En tout cas, c'est flagrant, il ne l'aime pas. Il est possible qu'elle soit de trop à ses yeux. Elle gêne le viril tête-à-tête, et Druon doit partager avec elle l'affection de Kessel.

Trente heures de marche ! Les voilà tous les trois, à dire vrai tous les quatre car ils sont toujours flanqués de leur acolyte anonyme, cachés dans un fossé du bord de la route, du côté espagnol, après le poste-frontière de la Jonquera. José le Catalan, que Druon surnomme don José, leur a demandé de l'attendre, pendant qu'il va chercher la voiture laissée dans le garage d'un ami. Moment de doute et d'angoisse : seront-ils abandonnés en rase campagne, avec leurs passeports sans visas ? Tous ceux qui passent clandestinement les Pyrénées et se font arrêter en Espagne sont conduits manu militari dans des prisons ou au terrible camp de Miranda de Ebro, dans la province de Burgos. On ne les renvoie pas en France, à la manière impitoyable qu'appliquent les Suisses, dans les Alpes, mais ils n'en sont pas moins enfermés et soumis à des conditions de détention qui bafouent les droits internationaux. Il est sûr qu'à cet instant du voyage le spectre de Miranda, avec ses miradors et ses gardes-chiourmes, plane sur eux tous. Même si la prison, depuis quelques mois, relâche plus facilement ses prisonniers. Lucien Bodard, l'écrivain et journaliste, est du nombre de ceux qui ont profité de la mansuétude politique de Franco, qui cherche désormais officieusement l'appui des Alliés.

Quelques heures plus tard, don José est de retour dans une vieille Citroën grise. Après une vingtaine de kilomètres à travers une plaine aride et embrumée, où ils ne croisent aucun *carabinero*, ils arrivent à Figueres où Salvador Dalí est né, dans la maison d'un notaire, et où il construira un jour son musée. Beaucoup de bâtiments portent encore la trace des bombardements qui ont ravagé la ville, brève capitale d'une brève république espagnole en février 1939. Ils y passent la nuit sans descendre de voiture pour dormir un peu, malgré la crainte persistante d'être repérés. Il leur reste à parcourir cent cinquante kilomètres, jusqu'à Barcelone, où ils entrent, le 25 décembre au matin.

Kessel peine à reconnaître, paisible et décorée de guirlandes de Noël, la capitale qu'il a connue en pleine révolte, sous les tirs des fusils et les bombardements. Il y a assisté, alors qu'il y était en vacances avec l'une de ses femmes (pas Germaine Sablon), à une meurtrière insurrection pour l'indépendance, en 1934. Il y est revenu en 1938 durant la guerre civile, envoyé spécial de *Paris-Soir* avec son ami le photographe Jean Moral. Contrairement à ce qu'il a fait miroiter à leur compagnon d'Afrique du Nord, il n'a plus aucun contact sur place : ses amis catalans sont tous exilés ou en prison. Certains sont morts, comme le petit cireur de souliers, anarchiste au cœur tendre, qui est le héros d'*Une balle perdue*, l'un de ses très beaux livres[1], écrit au retour de son premier voyage en Catalogne. Ses personnages, Kessel les transporte avec lui comme autant de compagnons de route.

Il était libre alors de circuler partout où il voulait dans la bouillonnante capitale catalane, de s'attabler dans les tavernes, de boire et de palabrer. Aujourd'hui c'est un fugitif traqué, un homme sans papiers, qui risque à tout moment, comme ses deux compagnons de cavale, d'être arrêté. La moindre irruption dans Barcelone peut attirer l'attention sur eux.

Maurice Druon, qui sort de France pour la première fois mais se montre débrouillard, trouve à s'héberger chez un professeur

1. *Une balle perdue*, Éditions de France, 1935.

au lycée français, Pierre Chevrillon, fils de l'académicien André Chevrillon, lequel est un ami de son beau-père – il sait déjà jouer de ses prestigieuses connexions. Comment a-t-il trouvé la bonne porte, sans demander son chemin car parler français le ferait aussitôt remarquer, à travers le dédale des vieilles rues tortueuses, mal éclairées, c'est pour moi une énigme.

Les trois autres, égarés dans la grande ville, avec la même peur d'être découverts, José les loge pour quelques jours chez sa mère, avec la consigne sévère qu'ils ne s'adressent pas la parole devant les enfants de la maison. Lesquels risqueraient de les dénoncer naïvement aux voisins en racontant qu'il y a des Français chez eux. Comme aucun ne parle catalan, ni espagnol – c'est tout juste si Kessel le baragouine –, et pas davantage l'allemand qu'on leur a conseillé d'utiliser au-dehors, par prudence, au lieu du français, ils sont voués à rester muets, pendant leur bref séjour. Barcelone n'est pour eux qu'une étape, ils n'y sont pas en sécurité. C'est dans une extrême inquiétude qu'ils osent s'aventurer dans le *barrio gotico*, le labyrinthe de ses rues sombres entre la cathédrale et la mer, et faire quelques pas sur les *ramblas*. Ils poussent l'imprudence jusqu'à boire quelques verres dans les tavernes, le temps de négocier avec don José les conditions de leur voyage jusqu'au Portugal.

Il leur faut repartir au plus vite. Commence alors une cavale si invraisemblable que ni Kessel ni Druon, qui la raconteront dans leurs souvenirs, n'ont osé en tirer le scénario d'un roman ou d'un film. Trop abracadabrantesque ! Ils vont parcourir huit cents kilomètres d'est en ouest à travers l'Espagne, de Lerida à Saragosse, de Logroño à Burgos, à Valladolid, à Palencia…, sans être interceptés une seule fois. Les barrages sont très nombreux sur les axes routiers, ils les ont tous déjoués. Croit-on qu'ils voyagent dans la discrétion ? Mais non, ils roulent dans une voiture de petite série, à la carrosserie rutilante et dont le bouchon de radiateur, paré de grandes ailes, paraît être en argent massif, une Voisin ! C'était le rêve de don José de conduire ce bijou et c'est le prix exigé pour la course. Justement renommée pour sa mécanique, son châssis monocoque et sa pompe à refroidissement, la Voisin ne tombera pas une seule fois en panne sur le long trajet.

Autre atout insolite : un authentique garde civil, cousin de José, a accepté de les escorter. Il voyage en uniforme et coiffé de son bicorne, assis devant à côté du chauffeur. Il a fallu lui verser dix mille pesetas, somme non négligeable, mais ils y gagnent la protection de la *guardia civil*.

La voiture fut cependant arrêtée. Alors qu'on leur demandait leurs papiers – des papiers qu'ils n'avaient pas –, le gendarme a joué à la perfection son propre rôle. Sur un ton sans réplique, exhibant ses galons d'adjudant, il a désigné au planton, décidé à faire son devoir, les quatre Français à l'arrière : « Ceux-là, comme tu vois, je viens de les prendre et je les conduis au poste. » On les a laissés passer. Et c'est ainsi que par l'Aragon, la Castille et le León qui déroulent des paysages sans fin, traversant des villages, empruntant de petites routes, ils atteignent enfin la Galice, but ultime de leur périple, le 1er janvier 1943.

Ils ne sont pas pour autant tirés d'affaire. Car il leur faut franchir une nouvelle frontière, perchée dans la sierra hispano-portugaise, et celle-là, don José ne la pratique pas. Jugeant sa mission terminée, il repart avec son cousin dans la Voisin, après les avoir confiés à des villageois dont il est sûr. On se serre la main, on ne se reverra plus.

Accueillis chaleureusement, nourris comme ils l'ont rarement été depuis Barcelone, ils se mettent en route dès le lendemain. La cavale continue, non moins picaresque. Leur guide – un enfant, pas même un adolescent –, qui les conduit à dos de mulet, se perd dans la montagne et les ramène au point de départ. Ils repartent le surlendemain, en plein orage, avec un second guide, le bon cette fois, habillé d'une peau de mouton. La nuit est si noire, la pluie si forte, qu'ils se dirigent à l'aveugle, au son de la voix du muletier qui crie sans relâche : « *Arre, burro... arre, burro...* », Hue, l'âne, hue!

Exaspéré, n'en pouvant plus des cris du muletier, Kessel propose de se piloter en se récitant plutôt des vers, n'importe lesquels, extraits des poésies qu'ils connaissent. C'est l'époque où chacun connaît ses classiques. Racine et Corneille, La Fontaine et Heredia, Du Bellay et Victor Hugo vont leur servir de balises. Se répondant les uns aux autres, autant pour ne pas se perdre que pour se donner du cœur, ils crient dans la tempête. *Comme un vol de gerfauts... hors du charnier natal... Rodrigue, as-tu du cœur?... Les champs n'étaient point noirs... les cieux n'étaient pas mornes...* Les mulets frôlent des précipices.

La température est si basse que Germaine Sablon claque des dents malgré l'alcool de vie qu'une vieille paysanne de Galice lui a fait boire avant le départ. Le flacon qu'elle lui a offert et qu'ils se sont tous partagé est vide, ses vêtements sont trempés, souillés, ses chaussures éculées. La neige s'est mise à tomber, le froid est extrême, ils n'ont à manger qu'un peu de pain.

La nuit du 9 au 10 janvier, ils franchissent la frontière tant espérée, dans la région de Chaves. Quinze jours après leur départ de Collioure, ils n'ont désormais plus rien à craindre – le Portugal, pays neutre, est beaucoup plus accommodant que l'Espagne –, même si près de quatre cents kilomètres s'étendent encore devant eux. Ils effectueront le trajet en deux jours, cette fois en bus et en train. Le 12 janvier, ils entrent dans Lisbonne. Tout étonnés d'être libres. Libres, enfin!

Logés chez Albert Neuvy, directeur de la compagnie L'Air

liquide et ami de Kessel qui le surnomme « Nab », de son nom de guerre, ils sont accueillis à bras ouverts dans sa belle maison à six kilomètres de Lisbonne, La Quinta do Cedro (la maison du cèdre), dont le confort et le raffinement soulignent leur piteux état. Les deux hommes ont des barbes de vagabonds, Germaine Sablon une mine d'épouvantail. Pendant qu'ils se décrassent à tour de rôle dans la somptueuse salle de bains en marbre rose, Mme Neuvy, affolée, appelle au secours une manucure et une pédicure ! Un luxe, même pour Germaine Sablon.

Albert Neuvy, résistant de la première heure, actionne son réseau, prend contact avec les services britanniques auprès desquels il est fort introduit et met en œuvre un plan de départ. Dix jours plus tard, soit le 21 janvier, Joseph Kessel et Maurice Druon embarquent sur un hydravion en partance pour l'Angleterre, via Shannon, en Irlande. C'est la première fois que Druon monte dans un avion.

Ils rejoignent la France libre.

Germaine Sablon, laissée en plan, attendra de trouver un autre vol.

Sans doute n'y avait-il pas de place pour trois dans l'hydravion... ? Mais qui a décidé du choix des passagers... ? Le mystère demeure. On peut se perdre en conjectures. Le neveu a été préféré à la maîtresse : pourquoi ? Dans des circonstances aussi dangereuses, comment Kessel a-t-il pu dissocier son sort de celui d'une femme qu'il aime ? Et ne pas se soucier de la façon dont elle pourrait le rejoindre ? Il la laisse seule, exilée et sans ressources, dans un pays qu'elle ne connaît pas, où elle n'a aucune attache sinon les Neuvy et le consulat de France. Ne lui a-t-elle inspiré aucune compassion ? Ne se sent-il aucune responsabilité à son égard ? Ne veut-il pas la protéger, lui coûte-t-il si peu de la laisser ?

Est-ce faiblesse du sentiment amoureux ? Ou pur machisme ?

Je me suis posé les questions que ce départ sans la femme, départ si bizarre, si choquant, pose inévitablement.

Je me suis mise quelques instants dans la peau de Germaine Sablon. Qu'a-t-elle ressenti au moment de la séparation ? Du dépit, de la tristesse, de la colère ? À sa place et sans abuser des hypothèses, je pense qu'elle a dû être submergée par un terrible sentiment d'abandon. Il est sûr que le brusque départ de son amant pour l'Angleterre, qui se fait sans elle, au profit de ce neveu qui ne l'aime pas, laissera forcément des séquelles dans son cœur.

Ni Druon dans ses Mémoires, ni Kessel dans ses confidences à son biographe Yves Courrière n'évoquent sa silhouette oubliée sur les bords du Tage.

L'oncle et le neveu partent ensemble, unis comme jamais.

La maîtresse va devoir se débrouiller toute seule, ce dont elle a d'ailleurs l'habitude, tandis qu'eux deux s'envolent au-dessus d'elle, dans leur grand oiseau de fer. Direction Londres.

2

Orages d'acier

La guerre, les deux hommes la connaissent, l'un et l'autre. Elle leur inspire des sentiments qui ne sont pas exactement les mêmes. Question de génération et de tempérament.

Joseph Kessel est un ancien combattant de la Grande Guerre. Volontaire à seize ans, dès septembre 1914, il a été patriote avant même de recevoir la nationalité française – il n'est français que depuis 1922. Le bac en poche, qu'il a passé brillamment l'année précédente au lycée Louis-le-Grand, et de retour à Nice avec sa famille, il a été affecté comme infirmier-brancardier à l'hôtel Impérial de Cimiez, transformé en hôpital. Ce poste modeste l'a mis au contact quotidien des blessés, de retour du front italien.

Il a porté et soigné les soldats, il a lavé leurs corps et pansé leurs plaies, entendu leurs cris de douleur, tenu leurs mains pendant leur agonie. Il a encore en mémoire l'odeur de la gangrène, cette odeur sure, « une sorte de musc corrompu » qui lui donnait l'impression de suffoquer « dans une eau épaissie par le suc de grandes fleurs vénéneuses en décomposition[1] ». Le spectacle des

1. *La Fontaine Médicis*, Gallimard, 1950, p. 17.

jeunes gens meurtris, amputés, défigurés, souffrants, a été pour lui une expérience brutale et la première image de la guerre. Si elle l'a profondément marqué, elle ne l'a pas dissuadé de se présenter, l'âge venu, pour prendre la relève. C'est sans naïveté, avec la pleine conscience des misères que la guerre entraîne, que Kessel a voulu se battre. Il préfère dire qu'il a voulu « en être ».

Engagé volontaire, à dix-huit ans, versé au 81e régiment d'artillerie à Versailles, sous le matricule 12007 et toujours sans la nationalité française, c'est dans l'aviation qu'il a combattu. Une arme encore à ses débuts et dont l'état-major a longtemps tardé à reconnaître l'utilité. Après une brève formation au cours de laquelle il a reçu des rudiments de télégraphie et de cartographie, on l'a envoyé prendre ses fonctions d'observateur aérien, sur la base de Jonchery, près de Reims. Il y a été affecté à l'escadrille S.39 – son escadrille, « mon clan, ma bande, ma famille de guerre, mon univers », dira-t-il plus tard[1].

Ce rôle d'observateur restera le sien, même en littérature.

En équipage avec le pilote, dans la carlingue ouverte aux quatre vents, il a volé au-dessus des tranchées dans des Salmson 2A2, récemment armés d'une mitrailleuse, pour repérer la position des lignes ennemies. Il a pris des notes en plein vol, établi des rapports d'une rigoureuse précision. Ce qui a permis de corriger sur les cartes l'emplacement de l'artillerie allemande et par là les plans stratégiques des manœuvres au sol.

Une photographie le montre devant son avion, posant avec d'autres amis aviateurs, dans le long manteau de fourrure qu'exigeait le vol dans une carlingue ouverte, à très basses températures, une peau d'ours comme en portaient en Sibérie les hommes des bois.

1. *Les Temps sauvages* dans Joseph Kessel, *Reportages, Romans*, édition établie et dirigée par Gilles Heuré, Gallimard, « Quarto », 2010, p. 273.

En dix-huit mois, les derniers de la Grande Guerre, Kessel a effectué cent cinquante missions de reconnaissance.

Il a affronté à plusieurs reprises le feu ennemi. Avec la mitrailleuse, placée avec lui à l'arrière du Salmson, il a eu à tirer sur les Fokker qui les prenaient en chasse.

Promu sous-lieutenant en juillet 1918, peu après la naissance du futur Maurice Druon, il a pris part à la seconde bataille de la Marne (du 27 mai au 6 août), d'où plusieurs équipages ne sont pas revenus. Il en est sorti indemne avec une citation à l'ordre de l'armée.

Détaché vers une autre base, loin de son escadrille, il n'a appris que quelques semaines plus tard la mort au combat de son capitaine, Thélis Vachon. Pour Kessel, ce fut la première perte, violente, d'un être cher. Il lui a rendu hommage, aussitôt après la guerre, en faisant de lui l'une des plus éclatantes figures de son premier roman, sous le nom à peine transposé de Gabriel Thélis. Soldat courageux et responsable, vénéré par ses hommes, le premier à partir, le dernier à rentrer de ses missions à haut risque, le capitaine Thélis incarne dans *L'Équipage* l'idéal du combattant, selon Kessel. « Il était l'esprit, le cœur, le foyer vital. Pour tous, le chef auquel obéir était joie[1]. »

Lui-même n'a pas forgé sa légende, comme Guynemer, Nungesser, ou Fonck, ces as de l'aviation, qui comptaient leurs victoires comme autant de trophées. Mais la guerre, il l'a affrontée avec courage. Non seulement il a devancé l'appel, et combattu pour la France avec la ferveur accrue des « recrues étrangères », mais quand l'armistice fut sur le point d'être signé, il a tenu à prolonger son engagement ! À nouveau volontaire, il a demandé à être enrôlé dans l'expédition conduite par les Alliés, pour aller briser l'avance des Allemands entre la Volga et l'Oural, selon la version officielle.

1. *Ibid.*

Le vrai but de l'expédition, hautement stratégique, était de contrer l'avancée des bolcheviques en Sibérie et pour ce faire d'apporter un soutien aux armées blanches sur le front de l'Est. Pour Kessel, l'occasion était trop belle de retourner sur la terre de ses ancêtres. Il avait beaucoup idéalisé la Russie, qui gardait dans ses rêves les couleurs de l'enfance, avec ses paysages de neige, ses isbas où fume le samovar, et ses loups déchaînés dans la steppe. Ce séjour en Sibérie nourrira pour toute la vie sa nostalgie douloureuse d'une patrie lointaine, une patrie perdue où il ne reviendra plus.

L'hiver 1919, après huit semaines de bateau et de train et une traversée surréaliste des États-Unis au cours de laquelle les jeunes soldats accueillis par des foules en délire peuvent mesurer la séduction de leur jeunesse et de leur uniforme, il se retrouve à Vladivostok, balayé par le blizzard, où « tout était gris, triste, sale[1] », le port gelé, les bateaux pris dans la glace, sans rien reconnaître de sa belle Russie de légende ni comprendre ce qui se jouait autour de lui. Les avions n'ayant pas suivi le convoi, il était bloqué au sol en uniforme d'aviateur. Chargé du ravitaillement des troupes du général Janin, basées à Omsk, il a servi là pendant deux mois sans vraie consistance, sauf à rencontrer ses premiers cosaques, dont le redoutable et sanguinaire ataman Grigori Semenov qui se prétendait héritier de Gengis Khan et exposait ses ennemis empalés le long des routes. Semenov donnerait ses traits de caractère à un autre ataman de l'œuvre de Kessel, ukrainien celui-là, au risque de fausser la vérité historique et de nuire à la réputation de Nestor Makhno[2]. Sa légende fascinera, par son

1. *Ibid.*

2. Semenov prêtera ses traits à Makhno, que Kessel n'a jamais rencontré et dont il a fait un portrait soumis à controverse dans son roman *Makhno et sa juive* (Éditions Eos, 1926). Voir l'excellent livre de Mikaël Hirsch, *L'Assassinat de Joseph Kessel*, Serge Safran éditeur, 2021.

horreur même, d'autres romanciers, tel Joseph Delteil qui fera de Semenov le héros de *Sur le fleuve Amour*.

Autant dire que Kessel a eu très tôt une forte expérience de la guerre. Ce n'est pas pour lui un mot vague et abstrait. Il s'enracine, ce mot, dans sa chair et dans le souvenir des hommes qui l'ont faite. Il en a une connaissance concrète, aussi exaltée que douloureuse. En témoigne son tout premier reportage, publié en Une dans le *Journal des Débats* – il avait vingt et un ans. C'était le 14 juillet 1919. Kessel assiste en envoyé spécial au défilé de la Victoire sur les Champs-Élysées et raconte ce qu'il voit. Le tableau est magnifique, haut en couleur, en émotions, en ferveur populaire. On croit y être. Les premières ovations vont aux infirmes, aux amputés, qui ouvrent le défilé, à pied quand ils peuvent, en chaises roulantes ou sur des civières : hommage aux grands blessés. Le maréchal Joffre et le maréchal Foch suivent à cheval botte à botte.

Puis viennent les différentes armées, Américains, Belges et Anglais, Tchèques, Polonais, reconnaissables à leurs fanions, à leurs bannières, à la couleur de leurs uniformes, tous sont pareillement acclamés. Ovation spéciale pour René Fonck, l'« as des as », vingt-cinq ans, soixante-quinze victoires, qui porte le drapeau tricolore en tête des aviateurs. Quand retentit l'hymne du *Régiment de Sambre-et-Meuse*, l'enthousiasme de la foule atteint au délire. On applaudit, on pleure, les hommes lancent leur casquette en l'air, des hourras retentissent dans un hommage fervent. Les « poilus » ont droit à la reconnaissance de la nation unanime. Au cœur du cortège un homme, ce jour-là, symbolise pour tous la Victoire. On l'applaudit en pleurant de joie, d'admiration et de confiance : monté sur un cheval blanc, le chef suprême des troupes, « fier, simple et grand comme un triomphateur romain[1] », le maréchal Pétain.

1. *Sous l'Arc de triomphe*, dans J. Kessel, *Reportages, Romans*, *op. cit.*, p. 267.

Kessel a gardé en lui ce moment fort de l'Histoire.

Il a vécu la victoire, dans sa chair, dans ses tripes.

Il reste marqué par l'amitié des hommes, partagée au milieu des pires souffrances. L'amitié virile, valeur numéro 1 du monde selon Kessel, il l'estime bien plus haut que l'amour.

En 1939, c'est bien un vétéran qui retourne au combat, à quarante ans passés. Mais un vétéran qui n'aurait jamais cru revivre une seconde guerre, persuadé qu'il était d'être un survivant de la « der des der ».

S'il a été témoin de la montée de l'hitlérisme, aux premières loges en tant que grand reporter pour constater l'implacable ascension du national-socialisme, il a conservé jusqu'au dernier moment l'espoir que la paix serait sauvée. Il ne fait pas partie du chœur des pacifistes, contrairement à d'autres anciens de 14-18 tel Jean Giono, revenus des tranchées avec la rage au cœur et que 1939 découvre en objecteurs de conscience, mais il est trop au fait des malheurs que toute guerre implique pour repartir comme en 14, la fleur au fusil. Dans les années vingt, il a pu observer ses ravages dans des pays en proie à des conflits sanglants, telles l'Irlande ou la Syrie qui lui ont inspiré livres et reportages. Et le danger si proche, aux portes de la France, il a su le décrire dans des articles prémonitoires.

Son reportage en Allemagne, de mars à juillet 1932, à l'occasion des élections au Reichstag, lesquelles ont ouvert en toute légalité la voie à Adolf Hitler, lui a permis d'observer la stupéfiante progression de la « marée brune ». Partout, particulièrement à Berlin, mais dans d'autres villes des Länder, il a pu constater l'impact du nazisme sur « la nation la plus ordonnée, la mieux policée, devenue une trouble substance travaillée par tous les ferments de la violence et de la folie[1] ». Dans une brasserie de Dortmund

1. *Les Forgerons du malheur*, dans *ibid.*, p. 646.

il a même assisté à une harangue d'Adolf Hitler, ce qui lui a permis de se faire sa propre et sombre idée du personnage que peu de commentateurs politiques prenaient alors au sérieux : « un homme incroyablement vaniteux, ivre de lui-même », qui, d'instinct, lui est « odieux ». Il a noté dans son article le climat de « frénésie funeste » qui l'entourait. « Hitler entraîne les demi-soldes, tous les éléments troubles, fervents de violences et de coups, les déçus, les aigris, les désespérés de toutes les classes, mais surtout des classes moyennes, et même les ouvriers chômeurs[1]. »

Les bas-fonds de Berlin, qu'il a fréquentés assidûment, avec une curiosité d'explorateur ou d'entomologiste, cet *Unterwelt* pire que la cour des Miracles, dont il a tiré un livre[2], l'ont convaincu que leurs codes et leurs rites, leur agrégat de bandits, de souteneurs et d'assassins, leurs crimes organisés, leur fanatisme tribal portaient en substance l'organisation diabolique et le « gant de fer » des nazis. Là est né son antifascisme : une conviction nourrie de son expérience. En Allemagne, écrit-il en 1932, « la mort violente devient un facteur naturel, normal[3] ».

La Passante du Sans-Souci, à laquelle Romy Schneider prêtera son merveilleux visage au cinéma, pour son dernier rôle avant de mourir, est le roman de cette époque sombre. Kessel y met en scène une chanteuse allemande, Elsa Wiener, dont il raconte la déchéance en exil, dans un hôtel miteux de Pigalle, ainsi qu'un enfant juif, le petit Max, qu'Elsa Wiener a pris sous sa protection et ramené d'Allemagne. Ces martyrs de l'antisémitisme et du fanatisme des nazis, il les a croisés dans la vraie vie avant de les transposer en personnages de roman. Son livre, publié en 1936,

1. *Ibid.*, p. 704.
2. *Bas-fonds de Berlin.*
3. *Les Forgerons du malheur*, *op. cit.*, p. 646.

contient une vision prophétique des crimes qui vont suivre et témoigne de la création des premiers camps de concentration. Conçus au départ pour tenir prisonniers les opposants politiques du Reich, ils ne sont pas encore des camps de la mort, mais les sévices qu'on y pratique ne laissent aucun doute sur les intentions des futurs tortionnaires.

Aussitôt mobilisé en septembre 1939 comme soldat de seconde classe car son grade de lieutenant, par une bizarrerie administrative, n'a pas été reconnu, Joseph Kessel a dû à quelques relations haut placées d'être transféré dans le corps des correspondants de guerre. C'est donc en tant que journaliste qu'il a vécu la « drôle de guerre ». *Paris-Soir*, dont le patron, Pierre Lazareff, sait combien une signature de Kessel fait bondir les ventes d'un journal, a publié ses articles comme un roman-feuilleton, au risque de heurter la censure – « Grand reportage au front de notre correspondant de guerre Joseph Kessel ».

En fait, Kessel a eu beaucoup de mal à atteindre le front. Il a surtout été frappé par la débâcle, le désordre des troupes et la détresse de la population. Il a suivi l'exode sur une vingtaine de kilomètres après Reims, toutes ces familles en fuite, ces longues files de voitures, de vélos, de charrettes qui croisaient des régiments militaires, dans la panique générale à l'approche des Allemands. À Rethel, dans les Ardennes, il a réussi à approcher le général de Lattre de Tassigny – le « roi Jean » –, dont la devise, paradoxale dans la débâcle, ne semble valoir que pour lui seul : « Ne pas subir » ! Lu par deux millions de lecteurs – le tirage de *Paris-Soir* à l'époque, quand Kessel y signe un papier –, le martial portrait de De Lattre accompagnait des réflexions peu amènes sur l'état de l'armée et le moral des troupes. Kessel ne dissimulait pas son étonnement d'avoir, pour la première fois après neuf mois de guerre, essuyé à Rethel le feu des mitrailleuses. Sans la protection de Jean Prouvost, ministre de l'Information dans le gouvernement de Paul Reynaud, il est sûr que l'article n'aurait pas été publié.

Dernière étape de sa guerre, le goût du risque et la passion d'« en être » ont conduit Kessel à Dunkerque qu'il a réussi à atteindre malgré les interdictions. Au mois de mai, le corps expéditionnaire anglais et une partie de la Ire armée française s'y trouvent acculés, sous les bombardements intensifs des panzers et les tirs de Stukas. Kessel a été plongé dans l'enfer. Mêlé à la foule paniquée des soldats français, belges et anglais, piégé et encerclé comme eux, tandis que des mines explosaient sur la plage couverte de cadavres et d'éclats d'acier, il a participé à l'atroce bousculade. Ce fut « la plus belle trouille de ma vie, devait-il dire, celle qui noue les tripes et paralyse ». Il assiste au chassé-croisé des torpilleurs, des croiseurs, des barques de pêche et des bateaux de plaisance, venus récupérer les soldats, et dont beaucoup explosent, s'enflamment, sombrent sous ses yeux. La peur s'en est allée, dira-t-il, devant cette vision d'apocalypse. Comme chez tous les grands reporters, son amour du métier et son goût du danger prennent le dessus : « Au risque de paraître cynique et malgré l'horreur des morts et des blessés parmi lesquels je pouvais figurer d'une seconde à l'autre, j'ai trouvé le spectacle d'une beauté hallucinante[1]. » Il réussit à monter à bord d'un torpilleur français et à rejoindre sain et sauf le port de Folkestone. Il ne s'y attarde que le temps d'écrire pour *Paris-Soir* un article flamboyant, le dernier paru le 8 juin 1940, avant l'ordre donné à la presse de quitter Paris. « Et ce fut la dernière nuit de Dunkerque », le ton est encore au lyrisme, à l'exaltation des cœurs, à l'éloge des valeurs héroïques et viriles.

1. J. Kessel à Yves Courrière, dans sa biographie parue chez Plon en 1985, p. 531.

La guerre, disons-le, exerce sur Kessel une fascination. Malgré les horreurs, une espèce de charme qu'il est allé surprendre et éprouver dans les années vingt et trente à l'autre bout du monde, en Irlande, en Catalogne, en Palestine, en Syrie, au Yémen, partout où les hommes s'affrontent dans des conflits sans fin.

La guerre, c'est l'épreuve suprême, le jeu à la vie à la mort où la main du destin se met à ressembler à la roulette russe.

Ne nous étonnons pas qu'il ne soit pas resté en Angleterre, après Dunkerque. Il n'a pas une dilection particulière pour les Anglais, mais surtout sa vie est si bien organisée en France. Sa mère adorée, ses trois maîtresses fixes, ses autres maîtresses, les journaux où il écrit, qui assurent sa subsistance et son train de vie fastueux – il n'a jamais un sou devant lui et court les cachets –, tous ces arguments plaidaient alors pour un retour rapide au pays.

Quelle place sera maintenant la sienne à Londres ? Y retrouvera-t-il un Gabriel Thélis ? Aura-t-il des frères d'armes ? Renouera-t-il des liens fraternels avec quelques-uns de ces « cœurs purs » qu'il admire par-dessus tout et décrit dans ses livres, des hommes libres, portés à combattre et à espérer, et prêts comme son capitaine à sacrifier leur vie – moins d'ailleurs pour un idéal abstrait, que pour sauver ceux qui se battent sous ses ordres ?

Des deux hommes, c'est le plus jeune qui est paradoxalement amer. Sonné par la défaite, Maurice Druon est encore sous le coup de l'humiliation subie en 1940. Une « humiliation géante », dit-il. Plus de soixante ans après, quand il rédigera ses Mémoires[1], il ne s'en sera pas remis.

Il a de la guerre une vision héroïque, très littéraire, qu'il tient de ses lectures de l'*Iliade* et de sa passion pour les récits de la

1. Maurice Druon, *Mémoires*, Plon/Bernard de Fallois, t. II, 2010, p. 80.

mythologie gréco-romaine. Le héros est son type d'homme. Il croit à la grandeur, au dépassement, aux valeurs militaires. On ne peut pas s'étonner qu'il ait choisi la cavalerie pour faire ses classes d'élève officier. Avec ses camarades, les cadets de la prestigieuse École de Saumur, il a rêvé d'entrer, vainqueur, à cheval, à Berlin. C'est peu dire que ses espérances ont été déçues.

Mobilisé après son oncle, « ce que j'estimai totalement contraire à l'ordre des choses[1] », et tandis que Kessel rejoignait son cantonnement provisoire à Provins, il a dû attendre le 16 septembre pour apprendre son affectation au 111e régiment de cuirassiers, regroupé à la caserne Dupleix, à Paris. Avec d'autres élèves officiers de la cavalerie et tous ceux qui ont un métier en rapport avec le cheval, incluant jockeys et palefreniers, ils se sont vu distribuer les uniformes bleu horizon de 14-18. Son goût de l'élégance, y compris dans le domaine militaire, en a été chatouillé. Mais c'est avec le képi bleu clair de la cavalerie que, huit jours plus tard, ayant rejoint à Rambouillet la garnison du 4e hussards, il a suivi une formation militaire accélérée. Dix semaines d'entraînement à la tactique de Lannes et de Murat : charge au galop et sabre au clair !

Cela n'était pas pour lui déplaire, au risque d'être embroché avant l'heure. Il aime le panache et la tradition. Plus humilié qu'inquiet de constater que l'armée française a vieilli dans ses équipements, il déplore son inadéquation à une guerre moderne.

Juste avant d'être mobilisé – son oncle peut être fier de lui –, il a envoyé à *Paris-Soir*, qui l'a aussitôt publié, son tout premier article. Il y appelait à un autre héroïsme que celui des vétérans de 14-18, « un héroïsme de guerriers stoïques qui vont se battre contre la guerre ». Le temps n'est plus où l'on partait la fleur au fusil vers la sublime aventure, il n'en a que trop conscience. Le

1. Maurice Druon, *Mémoires*, Plon/Bernard de Fallois, t. I, 2006, p. 323.

jeune Druon, non sans emphase, se compare à un chirurgien sur le point d'opérer et déjà écœuré du sang qui va dégoutter de ses mains. Mais il revendique, sans plus attendre, le droit d'aller combattre « la grande barbarie annoncée de l'autre côté du Rhin[1] ».

Pierre Lazareff a corrigé le titre de l'article – « Confiance en l'homme » – pour en trouver un meilleur à ce témoignage émouvant et convaincu d'une jeune recrue : « J'ai vingt ans et je pars ».

Reçu au concours de Saumur, à un rang convenable, Maurice Druon y a passé les quatre premiers mois de l'année 1940, dans un froid glacial, déçu d'avoir à apprendre d'abord la patience. Affecté à la 26e brigade, il a découvert les chambrées de huit, les jurons âcres et les histoires de corps de garde, partagé les gardes d'écurie et les corvées de litières, appris à faire son lit de camp au carré et à astiquer les gourmettes. De cela au moins, il conservera un excellent souvenir. Autre aspect positif, il a découvert cette fraternité des hommes, dont parle si bien Kessel : entre les camarades, « dès le premier moment, et sans nul effort, tout a été mis en commun », constate-t-il. Pour ce fils unique, de tempérament solitaire, l'armée a été un apprentissage de la vie collective. Il s'y est fait quelques amis, avec lesquels il restera en contact par la suite, mais contrairement à son oncle qui se lie facilement aux gens qu'il rencontre, il reste un individualiste assumé, préoccupé surtout d'accomplir sa trajectoire et en l'occurrence furieux de l'inaction forcée.

Sa sabretache en pied de porc ne lui est que de peu d'usage. Il a été versé dans la cavalerie motorisée, autrement dit l'armée blindée. Au lieu de se perfectionner dans l'art équestre, avec les officiers du Cadre noir, il apprend la conduite d'engins motorisés et s'essaie au side-car. Kessel lui écrit, plutôt amusé :

1. « J'ai vingt ans et je pars » dans *Circonstances*, Éditions du Rocher, 1997, p. 23-24.

« Mon cher Maurice, Je reçois ta lettre de motorisé. Coup dur. Mais fort prévisible. Les charges au sabre, malgré tout, je n'y crois pas beaucoup. Évidemment, Saumur sans chevaux, un esprit rationaliste et romantique à la fois comme est le tien s'y trouve dépaysé. Après quatre mois tu pourras ouvrir un garage tant tes connaissances mécaniques se seront développées[1]. »

Il a quitté Saumur le 20 avril – à quelques jours de l'anniversaire de ses vingt-deux ans – pour rejoindre son unité à Montlhéry. Va-t-il enfin se battre ? Il enrage de ne pouvoir en découdre. Son oncle, venu lui rendre visite et pour le consoler, lui offre *Guerre et Paix*, qui restera son livre préféré, pour lui le chef-d'œuvre des chefs-d'œuvre. La lecture de Tolstoï lui est un refuge, pendant de trop longues semaines d'oisiveté et d'inquiétude. Dans la retraite des armées russes en 1812, il trouve, le cœur serré, un étrange parallélisme avec la campagne de France, qui a été si mal préparée et ne pouvait déboucher, faute d'un vrai commandement, que sur une défaite cuisante. Pour la juger, cette campagne, Druon a des mots implacables : « Nous fûmes vaincus par l'impréparation, l'impéritie, et pour tout dire la nullité, à tous les niveaux, de nos états-majors. Mon cas n'était que la pauvre illustration, au bas de l'échelle, de la catastrophique stratégie du général Gamelin, et de la catastrophique décision de ceux qui avaient nommé et maintenu à son poste cet incapable[2]. »

L'aspirant Druon se voit confier le commandement d'un peloton, avec ordre de passer la Loire à Beaugency. Croyait-il bloquer l'avance allemande, qui déferlait vers le fleuve en amont, il dut vite déchanter. On n'a mis à sa disposition que quarante « chenillettes », servant d'ordinaire au ravitaillement d'infanterie. Elles

1. Lettre inédite de Kessel à Druon, non datée, communiquée par les ayants droit de Maurice Druon.

2. M. Druon, *Mémoires*, t. II, *op. cit.*, p. 25.

sortent tout juste de l'usine, n'ont été ni essayées ni vérifiées, et aucun de ses hommes ne sait les conduire, pas même lui. Après quelques essais, d'ailleurs plus faciles qu'il n'aurait cru, il lui faut s'exercer à l'usage de la mitrailleuse d'aviation, ajoutée au dernier moment à chacune et que les autres recrues découvrent avec lui. Ultime ironie, elles étaient toutes dépourvues d'organe de visée.

Ces mitrailleuses, des moins adaptées à la précision du tir, ne leur ont pas servi. Jamais lui et ses hommes n'ont rencontré l'ennemi, ni aperçu son ombre au loin. Le principal souci de l'aspirant Druon fut de ravitailler sa troupe, de trouver du carburant pour les véhicules et, enfin, des munitions qui auraient de toute façon été en quantité insuffisante pour une bataille. Il réussit à passer la Loire, dans le grand repli général vers le sud, fut bombardé deux fois à proximité de Vivonne, sans relever de morts, et ramena son escadron sain et sauf jusque sur la Dordogne. C'est là qu'il reçut l'ordre de cesser le feu. Un feu qu'il n'a jamais ouvert... Il y a appris l'imminence de l'armistice et entendu la déclaration du maréchal Pétain : « Il faut cesser le combat... »

Il a passé près de deux mois avec son régiment dans ce Sud-Ouest où il établira un jour ses quartiers, du côté de Bordeaux. Puis, après le 15 août, encore sous les drapeaux, il a prolongé ces quelques semaines de vacances forcées au quartier du 2e hussards à Tarbes, avant de terminer sa guerre ou plutôt sa non-guerre, au 5e chasseurs, à Nîmes, la plus romaine des villes de France, d'où il a été rendu à la vie civile, à la fois frustré et amer.

Son amertume lui vient moins de la défaite que du sentiment d'être passé à côté d'un destin héroïque. L'idée d'être pour toujours un vaincu parmi les anciens combattants lui est particulièrement pénible. C'est par compensation, pour guérir une blessure d'amour-propre et son patriotisme désappointé, qu'il s'est alors jeté dans l'écriture. Son premier roman sera le récit véridique d'une bataille qui aurait pu être la sienne, mais ne l'a pas été. Une bataille pour la gloire. Une bataille pour l'honneur. Ce sont bien les cadets de l'École de cavalerie de Saumur qui s'y sont illustrés dans un épisode tardif de la guerre, mais le destin, décidément narquois à son égard, a voulu qu'ils soient de la promotion qui a suivi la sienne. Dérision de l'histoire : il va si bien raconter leur résistance héroïque que les lecteurs prendront son roman pour un récit autobiographique. Il aura la loyauté de démentir.

Ils étaient donc cinq cent cinquante élèves officiers, tous volontaires, commandés par le colonel Michon, pour mener la dernière bataille de France. Le maréchal Pétain avait appelé à cesser le feu. L'armistice était annoncé, quand ils se sont donné pour mission de défendre la Loire, à Saumur et dans ses environs. Face aux quarante mille hommes de l'armée allemande, ils n'étaient qu'un contingent dérisoire, pourvu d'une vingtaine de blindés et de cinq canons de 75 mm, contre les trois cents pièces d'artillerie, les cent cinquante blindés, et les avions de la Luftwaffe, dans le camp ennemi. Le renfort de jeunes volontaires de l'École d'infanterie de Saint-Maixent et d'un régiment de tirailleurs algériens a permis aux hommes du colonel Michon de tenir trois jours, les 19, 20 et 21 juin. L'armistice serait signé le lendemain de leur reddition. La moitié des cadets y laissa la vie. Les autres furent blessés ou faits prisonniers. Leur courage fut tel, leur résistance si exceptionnelle, que la section de la Wehrmacht qui les combattait leur a rendu les honneurs. Le général Feldt, commandant de la 1re division de cavalerie allemande, donna ordre de libérer les prisonniers et les autorisa à repartir sans escorte vers la zone de démarcation.

L'épisode évoque *La Grande Illusion*, avec sa vision aristocratique de la guerre, héritée de la chevalerie, et ses héros tendus vers un idéal d'accomplissement. L'écrivain en herbe en partance pour Londres emporte au fond de sa valise le manuscrit quasiment achevé, mais qu'il a dû interrompre pour partir vers l'exil. Il veut encore y travailler. Ses personnages sont déjà en place, Camille Deroche dit Bobby, le petit Jacques Lhervier-Marais dont la mère est si belle, Charles-Armand de Lambreuil fier de ses quartiers de noblesse, les deux Montsignac, l'un qui ressemble à Porthos, l'autre à un moine bénédictin, et puis Malvinier, et jusqu'à Stefanik le volontaire tchécoslovaque, tous sont un peu lui. Il est dans tous les rôles, tant il a rêvé avec eux de monter les chevaux du Cadre noir et de prouver son courage. *La Dernière Brigade*, comme tous les soldats de France, a perdu en 1940 la dernière bataille de France, mais elle y a gagné sa légende. Pour Maurice Druon, c'est son rêve impossible. Lui qui aurait tant aimé laisser son nom parmi les cinq cent cinquante se fait leur chroniqueur, faute de mieux. « Les exemples de la valeur sont fournis par les petits nombres », écrit-il aux dernières pages de son livre. L'Histoire lui réserve-t-elle une chance de relever ce défi ?

Ni lui ni Kessel, comme la plupart des Français, n'ont entendu l'appel du général de Gaulle, le 18 juin 1940.

Druon en a découvert le texte avec retard, raccourci de quelques lignes, dans *La Petite Gironde*, un journal de Bordeaux, alors qu'il bivouaquait dans les environs. Avec d'autres jeunes aspirants, il est allé se présenter au plus haut gradé sur place, un lieutenant-colonel, et lui a demandé au nom de tous de leur rendre leur liberté. Voici le récit qu'il fera dans ses Mémoires de ce bref entretien qui se déroule au garde-à-vous.

« "Votre liberté ? Et pour quoi faire ?

« — Pour essayer de rejoindre le général de Gaulle."

« Nous sortions de Saumur, qu'on veuille bien ne pas l'oublier. Partir pour continuer la guerre, oui, mais pas sans autorisation.

« Alors, notre long, blême et magnifique colonel nous dit :

« “Mes petits amis, vous avez des hommes sous vos ordres. On ne les abandonne pas. Et puis, vous me permettrez de penser que, pour ce qui est de l’honneur de l’armée française, le maréchal Pétain en est meilleur juge que le général de Gaulle.”

« Nous n’eûmes pas le courage de la désobéissance, ce que, pour ma part, je me reprochai souvent. Mais j’en gardai plus encore rancune à Pétain[1]. »

1. *Ibid.*, p. 84.

3

Un cœur qui chante

La guerre n'est pas seulement une affaire d'hommes. Elle touche les femmes, auxquelles elle apporte le plus souvent la part du malheur.

Ainsi, Germaine Sablon, qui a vu son père et deux de ses frères partir pour le front dès 1914, est-elle une de ses victimes parallèles. Charles Sablon et ses deux fils, Marcel et André, sont revenus des tranchées sains et saufs, glorieux et décorés, bien que Marcel ait été gravement blessé aux Éparges de plusieurs éclats d'obus. Le jeune fiancé de Germaine, Maurice Bloch, est rentré du front mutilé. En 1915, un éclat d'obus lui a fait perdre l'œil droit, son visage a été détruit. Recousu tant bien que mal par un chirurgien de l'armée, il est resté une « gueule cassée ». Germaine l'a épousé à l'issue de la guerre, pour divorcer au bout de dix-huit mois. Sa personnalité dans l'épreuve s'était profondément altérée. Maurice Bloch, pour elle, c'est le triste souvenir d'une union malheureuse, qu'elle a préféré oublier.

Quand elle part pour Londres avec le ferme désir de rallier les Forces françaises libres, elle est marquée par la récente et tragique disparition de ce premier époux. Maurice Bloch s'était remarié, avait eu deux fils avec sa seconde épouse, mais en février 1939, à quarante-quatre ans, il s'est donné la mort. D'après ses fils, il continuait de souffrir cruellement de ses blessures.

Pour Germaine Sablon, cette femme en pleine santé, joyeuse, et amoureuse, qui laisse son passé derrière elle, la vraie guerre l'attend. Sa guerre.

Dès l'invasion des troupes allemandes, le 10 mai 1940, elle a abandonné sans hésiter ses robes de scène pour participer à l'effort de la nation. Elle s'est enrôlée en tant qu'ambulancière dans la Hadfield-Spears Ambulance Unit (HSAU), une unité médicale franco-anglaise que venaient tout juste de fonder deux Anglaises – ou plutôt deux Américaines mariées à des Anglais et aussi francophiles l'une que l'autre –, lady Hadfield et lady Spears. La première, très âgée, retirée dans sa somptueuse villa de Saint-Jean-Cap-Ferrat, était la généreuse mécène. C'est elle qui a acheté les ambulances, le matériel, et fourni les subsides. La seconde, forte de son expérience pendant la précédente guerre, où elle avait déjà mis sur pied un hôpital mobile au profit de l'armée française en 1915, était responsable de l'organisation et prenait en charge le personnel féminin. C'était une personnalité originale, une ancienne suffragette devenue poète et romancière sous le nom de Mary Borden. Elle a connu son mari, Edward Spears, soldat héroïque, cinq fois blessé, sur le front, lors des batailles de la Somme. Leur histoire d'amour avait défrayé la chronique car lady Spears était mariée et mère de trois enfants. Le major Spears, diplomate avisé et ami personnel de Winston Churchill, a beaucoup facilité l'implantation de la HSAU en France. Ce francophile, qui parle un français impeccable, est d'autant plus fier de l'œuvre de sa femme qu'elle le rapproche de son pays de dilection. Il veille amoureusement sur ce qu'elle a entrepris. Mieux vaut être en bonnes relations avec lui, car cet agent de liaison est en France un des chefs du Secret Intelligence Service (SIS), dénommé MI6, le service d'espionnage britannique.

On ne sait comment Germaine Sablon a eu l'idée de rejoindre la très chic et performante HSAU, qui a établi son campement en Lorraine depuis fin février. A-t-elle croisé Mary Spears, qui mène la grande vie parisienne et sort beaucoup, dans un dîner en ville, lors d'un cocktail ou un de ces soupers fins qui suivent les tours de chant à l'ABC, le prestigieux music-hall du boulevard Poissonnière, passage obligé des chanteurs qui ont du succès ? Toujours est-il qu'en mai 1940 Germaine Sablon opte pour l'uniforme, jupe et veste couleur kaki, où est cousu l'insigne tout neuf de son unité. Un calot sur la tête et de gros brodequins aux pieds, ce qui la change du tout au tout de ses jolies robes et de ses bibis à voilette, elle suit une rapide formation de conduite et de mécanique, apprend à manier un brancard et les premiers gestes à prodiguer en cas d'urgence. Et la voilà au volant d'un camion, en route vers le front de l'Est.

Rattachée à la IVe armée française, commandée par le général Réquin, un camarade de Spears pendant la Première Guerre, la Hadfield-Spears Ambulance Unit participe activement à la campagne de France. Elle se compose de quatre chirurgiens et d'un radiologue, de douze conducteurs de camions lourds et de cinquante soldats, placés sous les ordres du général Réquin. Mary Spears – May pour les intimes – commande les dix infirmières et les quinze conductrices qui forment son bataillon. Elle les a elle-même recrutées. Les dix infirmières, parfaitement compétentes pour fournir les soins, sont toutes anglaises et diplômées. Les conductrices des ambulances, au nombre desquelles Germaine Sablon, sont expérimentées elles aussi : de bonnes chauffeuses en quelque sorte, pour conduire leurs camions légers, recouverts d'une toile de bâche, sur les chemins défoncés et boueux de la province lorraine. Germaine se prépare à exercer ses fonctions d'infirmière-assistante auprès des « nurses ». Mais elle a dans le groupe un autre rôle, non négligeable : très à l'aise dans la langue de Shakespeare, elle sert de traductrice, car la plupart des soldats français n'entendent rien à l'anglais. Et les infirmières anglaises rien au français.

Si peu nombreuses, mais efficaces ! À peine arrivées en Lorraine, à Saint-Jean-de-Bassel, les vingt-cinq femmes réquisitionnent d'office le couvent désaffecté et le transforment en hôpital militaire provisoire. Il leur faut nettoyer les bâtiments au balai et à l'eau. En un tour de main, elles installent lits et tables de chirurgie, équipements chirurgicaux et radiologiques, stocks de pansements et de médicaments. Pour elles toutes, repas frugaux au réfectoire des religieuses, logement en dortoir et toilette sommaire dans la salle de douche commune. Germaine Sablon s'en fiche : à la guerre comme à la guerre.

Elle s'étonne que le secteur soit aussi calme au début. Les batailles ne se produisent pas tout de suite. Comme le constate Maurice Druon qui ronge au même moment son frein sur les bords de la Loire, la guerre, c'est d'abord une attente.

Certains soirs, les femmes vont à Sarreguemines, qui a été vidée de ses habitants. Des bars fonctionnent encore, à l'usage des officiers et des soldats. D'agréables soirées s'organisent : on chante, on danse, on rit, on flirte. On écoute des airs joyeux sur le gramophone. La guerre a de bons moments. Des photographies montrent Mary Borden en compagnie du général Réquin, fumant paisiblement une cigarette. « Mais que fait ma femme ? » se demande le général Spears, qui raconte dans ses Mémoires combien il fut « contrarié » en apprenant qu'« elle et ses conductrices et infirmières jouissaient du temps printanier et s'amusaient beaucoup[1] ». D'autres photos montrent des infirmières

1. Sir Edward Spears, *Témoignage sur la catastrophe* (*Assignment to catastrophe*), t. I, *Prélude à Dunkerque*, trad. de l'anglais par Michel Brault, Les Presses de la Cité, 1964, p. 238.

insouciantes qui sourient à l'objectif du photographe, l'une d'elles ou peut-être un officier. J'ai cherché en vain des clichés de Germaine. Son dossier militaire en témoigne, elle est bien une de ces femmes, courageuses et libres, pleinement engagées dans la campagne militaire de 1940 et attendant de pied ferme le danger.

Puis la route de Calais est brusquement coupée, Boulogne tombe, et la Belgique capitule, le 28 mai. Des combats très durs ont lieu dans le proche secteur où sont de Lattre de Tassigny, le plus jeune général de France, et les fameux « Diables rouges » du 152e régiment d'infanterie. « Ne pas subir » : Germaine Sablon saura se souvenir de leur devise. Tandis que les blessés affluent vers Saint-Jean-de-Bassel, il faut faire face à l'urgence des premiers soins avant de les conduire vers des hôpitaux mieux équipés à l'arrière. Tel est le but d'un hôpital mobile. Les quatre chirurgiens, sous la direction du docteur Gosset, sont débordés, l'un d'entre eux fait des miracles en utilisant sur les plaies des sulfamides. Germaine Sablon ne montre aucune défaillance. Elle affiche auprès des blessés, couverts de sang, le ventre ouvert ou les membres arrachés, autant de mansuétude que de sang-froid. En trois mois, la HSAU aura pris en charge mille cinq cents hommes et procédé à quatre cents opérations sur place, sous les bombes toutes proches et la menace de la percée allemande.

Pendant ce temps, Kessel est à Dunkerque, plongé dans l'enfer. Tandis que Druon, à la tête de ses chenillettes, se demande comment trouver du carburant.

Le 24 mai, sur le terrain d'aviation de Saint-Jean-de-Bassel, Germaine Sablon n'hésite pas à porter secours à l'équipage d'un avion en flammes. Elle se précipite, alors qu'il menace d'exploser, et aide à extirper les jeunes aviateurs de la carlingue. Sa bravoure et son dévouement, sa conduite exceptionnelle lui valent, le 4 juin, de recevoir la croix de guerre avec étoile de bronze.

Mais les troupes françaises sont refoulées. Elles reculent vers l'ouest et vers le sud. La Hadfield-Spears Ambulance Unit suit leur retraite. Elle est l'une des dernières unités à quitter la zone des combats. Germaine Sablon, au volant de son ambulance, ne peut que constater, désespérée, l'exode de la population, qui fuit en hordes désordonnées et paniquées sur toutes les routes de France.

Parvenues à Bordeaux, les Anglaises repartent outre-Manche, où lady Spears a la ferme intention d'apporter ses services aux Forces françaises libres. Sa passion de la France survit à la débâcle. L'armistice signé, son unité dissoute, Germaine rentre chez elle. Elle dit adieu à ses amies anglaises qu'elle quitte à Valence, chef-lieu du département de la Drôme.

Elle n'a plus, depuis des semaines, de nouvelles de Kessel.

Valence, c'est son ancienne vie – celle d'avant Jef, mais aussi celle d'avant le music-hall. En 1921, elle s'est remariée avec un chanteur d'opéra, le baryton Jean Legrand, dont le père est propriétaire du *Journal de Valence*. Le couple s'y est établi, Germaine y a mis au monde ses deux enfants – deux fils –, Pierre et André. Elle n'a rien à reprocher à son mari, qui lui a offert le confort et la sécurité d'une existence bourgeoise, dans une maison cossue, servie par une domestique à demeure. C'est à Valence qu'elle a appris à conduire et découvert les joies de l'automobile, à bord d'une luxueuse Delahaye. Elle a passé dix ans, très sages, à Valence, vouée à son foyer. Puis elle s'est lassée. Elle s'ennuyait trop. Legrand n'avait eu qu'une seule exigence, mais de poids : que son épouse renonce à la carrière musicale. Lui-même s'absentait fréquemment pour chanter à Paris et ailleurs les opérettes en vogue. Germaine en était malade d'envie. Chanter est dans sa nature. Chanter sur scène, une vocation depuis l'enfance. Alors, sans éclats, doucement, elle est partie. Elle a laissé ses fils à Valence, les a confiés à sa belle-famille mais aussi à sa propre mère qui exerce son affectueuse tutelle sur ses petits-fils, et elle est montée à Paris.

Son mari tolère son départ sans se plaindre. Ils vivent séparés, mais restent bons amis. Elle n'a pas divorcé.

Elle chantait déjà sur scène des opérettes, avant son mariage. Elle a été remarquée dans *Les Cloches de Corneville*, à la Gaîté-Lyrique. Et elle a joué dans de premiers films comme *La Double Existence du docteur Morart* de Jacques Grétillat, en 1919, des rôles qui n'ont pas marqué l'histoire du cinéma. Les films muets ne mettaient pas en valeur l'un de ses principaux atouts, sa voix. Une voix cultivée depuis l'enfance avec des cours de chant et de piano, dès l'âge de cinq ans. Fière d'avoir suivi les cours de comédie de Charles Dullin, à l'adolescence, elle s'est bien rattrapée depuis le temps perdu à Valence. Dès qu'elle a quitté son mari, elle s'est produite dans des films populaires, comme *Le Truc du Brésilien* d'Alberto Cavalcanti en 1932 ou *Sidonie Panache* d'Henry Wulschleger en 1934. Elle y est tour à tour comique, émouvante, et, de l'avis unanime, appétissante.

Dans la famille Sablon, où elle est la seule fille, tout le monde chante ou joue d'un instrument. Il y a plusieurs pianos dans la maison du Perreux-sur-Marne. Son père, Adelmar, dit Charles, Sablon est compositeur, l'auteur en 1911 de la musique de *Bonsoir m'amour*, cette valse lente que ses enfants aiment reprendre en chœur :

Bonsoir m'amour, Bonsoir ma fleur, Bonsoir toute mon âme !

C'est sur cette mélodie qu'un auteur ou des auteurs, restés anonymes, ont composé *La Chanson de Craonne*, celle des soldats de 1917 qui n'en peuvent plus d'endurer et ne veulent plus de la guerre, « C'est fini, nous les troufions, on va se mettre en grève... ». Le désespoir et la contestation des combattants sur le plateau de Craonne ont pour origine une chanson fleur bleue.

Charles Sablon – lui-même un vétéran de la Grande Guerre – a écrit dans un tout autre genre la musique de *Pas sur la bouche* (« Un baiser, oui, mais pas sur la bouche... »), qu'interprétera son fils Jean dans un répertoire à malices.

Le frère aîné de Germaine, Marcel Sablon, élève de Charles Dullin lui aussi, dirige le Palais de la Méditerranée à Nice ainsi que le théâtre de Monte-Carlo où Maurice Druon, recommandé auprès de lui par Kessel, verra jouer sa pièce *Mégarée*, l'année même de son départ pour Londres.

Le deuxième frère de Germaine, André, compositeur connu sous le nom d'André Sab, écrit des partitions notamment pour Arletty et pour Tino Rossi (*Cœur de Parisienne*, *Au long du canal Saint-Martin*) et des musiques de films. Il est également chef d'orchestre.

Quant au plus jeune, Jean, le benjamin de la famille, il est l'une des plus grandes vedettes de la chanson française, après Maurice Chevalier, qui l'a précédé dans la gloire. Il est mondialement célèbre.

Depuis 1937, Jean Sablon vit en Amérique où il est devenu une véritable idole de la chanson. On le connaît là-bas comme le « French Troubadour » ou le « French Bing Crosby ». Il est le premier « crooner », chanteur de charme. Sa voix est à dire vrai assez faible, contrairement à celle de sa sœur, mais si veloutée et caressante qu'elle fait tomber le public féminin en pâmoison. S'il prétendra un jour vouloir épouser la comédienne Jacqueline Delubac, il est homosexuel et a dû briser bien des cœurs. Au cinéma, comme sur scène, il joue toujours les séducteurs, ses cheveux d'un noir de jais, pareils à ceux d'un conquistador dira un journaliste, sa fine moustache qui ourle une bouche aux dents éclatantes de blancheur, son corps musclé et longiligne lui valent des admiratrices éperdues. Il n'est pas indifférent aux charmes féminins, on lui connaît un béguin pour Fraisette[1], l'amie de Mistinguett.

Premier chanteur à utiliser le microphone, en 1936, il est de l'avis unanime des connaisseurs l'inventeur de la chanson moderne. Mais cette innovation lui vaut d'être surnommé, par moquerie, « le Chanteur sans voix » ou « Le P'tit qu'a l'son court ». Ce troubadour au cœur tendre n'a pas son pareil pour interpréter voluptueusement des tubes qui procurent des frissons : *Vous qui passez sans me voir*, *J'attendrai*, *Si tu m'aimes*... « Jean Sablon a très bien compris que le micro n'est pas fait pour hurler mais pour murmurer », dira Henri Salvador. C'est grâce au micro que, au lieu de chanter à tue-tête, Jean Sablon peut créer un climat nouveau d'intimité et de confidences. Il vend des millions de disques. Fidèle à sa famille, il ne perd jamais une occasion de faire chanter sa grande sœur, son aînée de sept ans, quand il revient à Paris. Ils ont enregistré ensemble plusieurs airs d'opérette pour la maison de disques Columbia, dont le plus swingué, selon moi, est cet air de *Vous ne savez pas*.

Vous n'savez pas, madame, c'que vous perdez
Toutes les bonnes choses que j'puis vous accorder...

En 1940, Jean Sablon est toujours en Amérique. Il chante à New York et à Los Angeles, à Boston, Montréal, Chicago. Aux

1. De son vrai nom Michelle Desboutins : « une blonde aux yeux marron », telle que la décrit Jean Sablon dans son livre de souvenirs, *De France ou bien d'ailleurs...*, Robert Laffont, 1979.

dernières nouvelles, en Argentine et au Brésil. Chez les Sablon, des lettres parviennent de Buenos Aires, de Montevideo, de Rio de Janeiro.

Que la vie était douce autrefois, comme elle était légère dans cette famille ! Les deux grandes vedettes que sont Germaine et surtout Jean Sablon gardent l'un et l'autre leur modestie et leur simplicité. Ce sont des artistes d'avant le « show-biz », comme le font remarquer Philippe Jadin et Charles Langhendries dans leur biographie de Jean Sablon.

De Germaine, Jean Cocteau dit : « C'est un cœur qui chante. »

La gaieté naturelle, spontanée, gentille, du clan Sablon n'a rien à voir avec les soirées imbibées d'alcool de Jef, qui réveillent ses nostalgies et le poussent à tous les éclats. Éclats de verre qu'il brise après les avoir vidés à la chaîne, ou qu'il dévore à pleine bouche – il est mangeur de verre comme d'autres sont cracheurs de feu. Il y a quelque chose de lourd dans l'atmosphère quand elle l'accompagne dans les cabarets, avec ces musiques tziganes, sensuelles et tristes, qui étreignent l'âme, ces femmes aux yeux de braise avec leurs amours perdues, et ces hommes qui pleurent en les écoutant chanter. Kessel peut devenir violent quand il a bu. Jamais saoul à s'écrouler, il a la bagarre facile, provoque inutilement des comparses, des gens qu'il n'a même jamais vus et l'exaspèrent tout à coup dans la rue. De retour à leur hôtel une nuit de beuverie, il a voulu la jeter par-dessus la rambarde du balcon du cinquième étage ! Soulevée et tenue d'une main, elle a vraiment cru qu'il allait la lâcher et la regarder tomber. La tête froide, elle avait réussi à le raisonner et il l'avait ramenée dans la chambre. Il n'avait pas eu l'intention de la tuer, juste celle d'éprouver et de lui faire éprouver des émotions – il avait l'intention de la récupérer en bas, en allant plus vite en ascenseur qu'elle dans sa chute ! Quand son frère Jean a connu l'histoire, il l'a suppliée de rompre avec ce fou. Ce qu'elle n'a pas fait.

Elle aime cette atmosphère de folie, ce danger permanent, cette tristesse incurable, qui lui rendent Kessel unique et attachant.

Si loin de Jean Sablon avec son gentil sourire, sa fine et élégante moustache, ses yeux pleins de malice. Si loin aussi du placide Jean Legrand, le père de ses enfants, que rien ne fâche. Avec Kessel, c'est l'aventure à tous les moments du jour et de la nuit. Ce qui pour Germaine n'a peut-être pas de prix.

En juin 1940, la guerre est finie – du moins peut-elle d'abord le croire. L'armistice est signé. Mais il y a dans toutes les provinces, et notamment à Valence où elle est revenue habiter, des milliers de réfugiés, français mais aussi anglais, belges, hollandais, polonais…, sans abri, sans toit, des gens qui ont tout perdu dans l'exode. Elle décide de s'enrôler à la Croix-Rouge, qui a besoin de bénévoles pour s'occuper d'eux. Humanitaire avant l'heure, elle fait partie des équipes chargées de les accueillir, de les regrouper, de leur distribuer nourriture et vêtements, et se démène pour trouver des solutions d'hébergement. En vraie combattante, elle a la volonté de se rendre utile. Rien ne lui paraît trop modeste, au fond. Les jours, les nuits n'ont pas assez d'heures pour parvenir au bout de cette mission harassante. D'autres se seraient découragées, pas elle. Les obstacles ne lui font pas peur. En reconnaissance des services rendus, la Croix-Rouge lui remet la médaille de la Reconnaissance.

Une décoration militaire et une décoration civile – Germaine Sablon n'en a pas pour autant fini avec la guerre. Pas plus que Kessel ou Druon, elle n'accepte la défaite. Rhabillée dans ses robes du soir, de retour dans les cabarets, chantant des mièvreries sentimentales de sa voix profonde et rauque qui a charmé Kessel, cette jolie blonde aux yeux pervenche, vedette de la chanson, n'a en fait qu'un rêve : poursuivre le combat.

Des trois passagers vers Londres, elle est la première à s'engager dans un réseau de résistance. Avant Kessel. Avant Druon. Lorsque Kessel s'affiliera à ce même réseau, d'ailleurs par son entremise, il sera stupéfait de découvrir qu'elle l'y a précédé.

4

Faux départs et vaines promesses

Comme la plupart des Français, Kessel est abasourdi par la défaite de 1940. Il lui a fallu beaucoup de temps pour évaluer la situation, et plus de temps encore pour prendre une décision. Il ne peut pas croire la France définitivement vaincue. Ses réflexes de valeureux combattant de la guerre de 14-18 lui dictent la conduite à tenir : se garder dans l'expectative, en attendant de trouver un moyen de reprendre du service. La France a besoin de toutes les énergies. Autour de lui, le désordre est total. Après Dunkerque où il a assisté en direct au sauve-qui-peut des troupes anglaises et françaises, il a réussi à gagner l'Angleterre mais ne s'y est pas attardé. Il est rentré en France, début juin. Pile au moment où, la capitale sur le point d'être envahie, la presse reçoit l'ordre de quitter Paris. Le principal journal auquel il travaille, *Paris-Soir*, se déplace dans un premier temps à Clermont-Ferrand. *Le Moniteur du Puy-de-Dôme* – journal de Pierre Laval – lui prête ses locaux. Sénateur du Puy-de-Dôme et ancien président du Conseil en 1935-1936, Laval, qui attend son heure, dirige personnellement ses équipes.

L'armée allemande poursuit son implacable progression. Le 14 juin, le drapeau nazi, à croix gammée, flotte sur la tour Eiffel.

Dans tout le pays, c'est le chaos. Des millions de civils en fuite sillonnent les routes, sous la menace des tirs de la Luftwaffe.

Le 16, après la démission de Paul Reynaud, président du Conseil, le président de la République, Albert Lebrun, nomme Philippe Pétain pour remplacer Reynaud. Le nouveau gouvernement émigre à Bordeaux d'où le vieux maréchal, « le cœur serré », appelle à cesser le combat. « Sûr de la confiance du peuple tout entier, je fais à la France le don de ma personne pour atténuer son malheur. » C'est Emmanuel Berl, un intellectuel de gauche, auteur en 1930 de *Mort de la morale bourgeoise*, juif de surcroît, qui a rédigé le discours. Plume étincelante, on peut le déplorer, et ami de Kessel.

Le 22, l'armistice est signé. Le 27, Pétain nomme Pierre Laval vice-président du Conseil ; le gouvernement, après un bref transit à Clermont-Ferrand, s'établit définitivement à Vichy. *Paris-Soir* décide de se fixer pour un temps à Lyon.

Kessel suit ces pérégrinations avec l'esprit du grand reporter toujours préoccupé d'observer ce qui se passe autour de lui. Il aurait pu tomber sur Germaine Sablon à Bordeaux si elle avait suivi le convoi des nurses de la HSAU jusqu'au bout, mais elle s'est arrêtée dans la Drôme. Une rumeur persistante circule après l'armistice et gagne le pays entier : le gouvernement cette fois irait s'établir à Alger. Serait-ce pour continuer le combat en Afrique du Nord ? Kessel s'interroge. Ne faudrait-il pas, en effet, gagner l'Algérie ou le Maroc ? Il fait a priori confiance au maréchal Pétain qu'il continue de voir, tel l'homme monté sur un cheval blanc, défilant en vainqueur sur les Champs-Élysées à la tête de ses troupes le 14 juillet 1919. Il ne doute pas que le vieux maréchal, figure même du patriotisme durant la précédente guerre, trouve dans l'armistice un subterfuge. La France défaite va se rassembler, se réorganiser, et reprendre le combat depuis ses territoires d'outre-mer. Députés et ministres seraient déjà sur le départ. Il faut accompagner ce nouvel exode. Avec son frère Georges, qui vient d'épouser l'actrice Janine Crispin – la blonde interprète de pas moins de quatre films en 1936, dont *Le Secret de Polichinelle* d'André Berthomieu et *Les Réprouvés* de Jacques Séverac –, les voici à Perpignan fin prêts à se rendre de l'autre côté de la Méditerranée. Jef connaît bien le préfet des Pyrénées-Orientales, Fernand Musso, qui pourrait peut-être leur procurer des visas, privilège exceptionnel par les temps qui courent. Le préfet leur confirme qu'il prépare des chambres à la préfecture pour recevoir Pétain et ses ministres, et réserve des chambres dans les divers hôtels de la ville pour les députés et certains hauts fonctionnaires. En revanche, les visas qu'il peut finalement leur obtenir ne sont valables que via Lisbonne. Il faut qu'ils gagnent au plus vite le Portugal.

Pierre Lazareff, le patron de Kessel à *Paris-Soir*, s'y trouve déjà avec son épouse Hélène, dans l'attente de ses propres visas. Le couple, auquel il est lié d'une amitié qui passe largement les liens professionnels, insiste pour qu'ils partent ensemble, non pas vers l'Afrique du Nord mais vers l'Amérique. Bon nombre des amis de Kessel sont sûrs qu'il va les rejoindre. Anatole Litvak – son cher Tola –, le metteur en scène de *L'Équipage*, qui l'aurait bien embauché comme dialoguiste et scénariste de tous ses films futurs. Julien Duvivier, le réalisateur de *Pépé le Moko*, qui veut travailler avec lui, et Charles Boyer, l'acteur fétiche de Duvivier et le meilleur compagnon qui soit. Ces hommes qu'il tutoie et avec lesquels il a partagé des soirées arrosées dans les boîtes et les cabarets de Paname l'attendent à New York ou à Hollywood. À Lisbonne, il retrouvera dans quelques jours un autre de ses proches, l'avocat Henry Torrès, le défenseur des anarchistes, ancien communiste et député de la gauche indépendante, qui vient de sortir d'une prison espagnole. C'est paradoxalement sur une intervention de Pierre Laval que Torrès a pu échapper aux matons du général Franco. Il attend lui aussi avec sa maîtresse, l'actrice d'origine russe Véra Korène, des visas pour l'Amérique.

Georges Kessel, contrairement à son frère aîné, a entendu l'appel du 18 juin. Il veut rejoindre le général de Gaulle à Londres, persuadé qu'il faut rallier le combat de quelques Français libres. C'est qu'il revient de Finlande où il a couvert la courageuse guerre d'Hiver des Finlandais contre l'Union soviétique. Il a pu observer sur le terrain la ténacité de tout un peuple et son esprit de résistance. À Londres, avec d'autres Français, ne pourraient-ils pas réunir leurs forces et poursuivre la guerre, autrement ? Son frère aîné, lui, tergiverse.

Ce général de Gaulle en rupture de ban, qui est-il après tout ? Un patriote comme certains en sont persuadés, ou un traître, de l'avis de beaucoup d'autres ? Peut-on réellement lui faire confiance, alors qu'il n'a rassemblé pour le moment qu'une petite poignée d'hommes ? Surtout, Kessel rechigne à aller servir chez les Anglais. Il déplore leur mentalité d'insulaires, peu portés à la générosité envers leurs alliés français. Du moins le croit-il, en ce début d'été 1940. Certes, ils ont prouvé leur solidarité pendant la Première Guerre, mais le spectacle de la débandade sanglante de Dunkerque l'incite plutôt à la défiance. Kessel, gagné par le doute, s'interroge. Il finit par refuser la proposition de Georges et le persuade même que c'est aux États-Unis et non en Angleterre qu'il faut partir. Georges pourrait bénéficier à New York de la protection affectueuse et des relations des Lazareff pour reconstruire sa vie professionnelle.

Jef – on verra pourquoi plus loin – se sent investi d'une

responsabilité paternelle à l'égard de son jeune frère, aussi bouillonnant que talentueux, mais également joueur, flambeur, et doté d'un tempérament impulsif qui peut provoquer des désagréments. Il le protège depuis l'enfance, veille sur lui avec une sollicitude inquiète. Et lui pardonne tout, même d'avoir failli le brouiller avec Gaston Gallimard, son éditeur, qui avait largement ouvert sa bourse pour leur permettre de créer *Détective*, un magazine populaire, centré sur les faits divers. Georges, promu directeur, a abusé de la générosité de leur mécène et s'est montré indélicat. Il a fallu que Jef prenne sur lui d'arranger le pataquès financier.

À Lisbonne, il passe les mois de juillet et d'août 1940 dans un état d'hésitation et d'angoisse, en proie à une insoutenable torture mentale. Partir ? Ne pas partir ? Se mettre à l'abri en Amérique ? Ou continuer le combat en Afrique du Nord ? Et pourquoi pas l'Angleterre, comme Georges veut l'en convaincre ? Il n'a pas beaucoup aimé la politique anglaise, consistant à Dunkerque à sauver en priorité les Anglais...

C'est alors qu'il apprend, début juillet, le pilonnage de la flotte française dans la baie d'Oran, par la Royal Navy. Les Anglais auront beau jeu de défendre leur stratégie et d'expliquer qu'il fallait à tout prix empêcher que la flotte française tombe entre les mains de l'armée allemande, il est comme tous les Français indigné, révolté, et plein de colère. La perfide Albion n'a jamais autant mérité son nom. Cet épisode de la guerre, postérieur à l'arrêt des combats, aggrave son anglophobie naturelle, nourrie de son admiration et de sa sympathie pour les indépendantistes irlandais – il a exalté leur courage dans son roman, *Mary de Cork*. Comment pardonner l'« odieuse tragédie » de Mers el-Kébir, expression gaullienne, avec ses mille deux cents marins français tués ou disparus, le naufrage du *Bretagne* et la mise hors de combat de plusieurs autres cuirassés ou contre-torpilleurs, fleurons de la marine de guerre ?

De quoi vous dissuader d'opter pour un exil en Angleterre.

En France, le 10 juillet, l'Assemblée nationale vote les pleins pouvoirs constituants à Philippe Pétain. La République française disparaît des actes officiels. Un nouvel « État français » la remplace. Le maréchal Pétain s'en proclame le « chef ».

Fin août, les Lazareff qui ont enfin obtenu des visas pour le Brésil embarquent sans Joseph Kessel. Malgré leur pression amicale, il n'est pas parvenu à se décider. Georges et Janine Kessel s'en vont à leur tour. Au moins saura-t-il le jeune couple en sécurité. Le départ de son frère le dédouane de rester. Rassuré sur l'avenir de Georges, qui s'est finalement rangé à son avis, il revient en France, au premier chef pour continuer à veiller sur leur mère, entêtée à rester dans son appartement du boulevard Brune. Il ne regagne quand même pas Paris. Le 6 septembre, il rejoint l'édition régionale de *Paris-Soir* à Marseille, en zone libre.

Maurice Druon, encore sous les drapeaux, l'y retrouvera dans quelques mois.

En France, le climat s'alourdit de jour en jour. Le 28 septembre 1940, Kessel découvre qu'il figure sur la première « liste Otto », nommée en référence à l'ambassadeur d'Allemagne à Paris pendant l'Occupation, Otto Abetz. Ce document de douze pages, édicté par les autorités allemandes, recense les ouvrages qui doivent être impérativement retirés de la vente ou sont interdits de publication. *Les Rois aveugles* et *Bas-fonds de Berlin* comptent parmi les 1060 livres mis au ban des librairies et des bibliothèques parce que leurs auteurs sont juifs, communistes ou opposants au nazisme. Thomas Mann, Stefan Zweig, Max

Jacob, Louis Aragon, André Maurois, Freud et Trotski, pour ne citer que quelques-uns, deviennent avec Kessel des auteurs proscrits.

Le 3 octobre de la même année, la *Loi portant statut des Juifs*, dite couramment « premier statut des Juifs », qui usurpe le nom de loi puisque le Parlement n'est plus en fonction depuis le 10 juillet, énumère les professions que le régime de Vichy interdit aux Juifs d'exercer. Dont le journalisme, et tous les métiers du cinéma.

Même s'il sait que certains, dont il est, peuvent bénéficier de protections ou d'un régime de faveur, Kessel se voit en théorie réduit au silence et privé de ses ressources financières.

L'article 8 de la loi, disposant que « les Juifs qui, dans les domaines littéraire, scientifique ou artistique, ont rendu des services exceptionnels à l'État français, pourront être relevés des interdictions prévues par la présente loi », l'aurait-il en partie convaincu que tout espoir n'était pas perdu ? D'autant qu'il a beaucoup de relations, et excellentes, avec des personnalités du régime de Vichy. Ou croyait-il vraiment que la situation, comme il l'écrivait à son frère, n'était pas « si épouvantable[1] » et pouvait s'améliorer ?

Kessel entretient des amitiés à Vichy, parmi les têtes de pont du régime.

Il connaît bien Pierre Laval, avec qui il a dîné plusieurs fois avant la guerre chez son ami Henry Torrès.

Il connaît intimement Marcel Peyrouton, ancien ambassadeur de France à Buenos Aires qui l'a magnifiquement reçu quand

1. « La France et son gouvernement ne me paraissent pas tellement épouvantables. » Lettre de Kessel à son frère du dernier mardi d'août 1940, citée par Yves Courrière, *Joseph Kessel ou Sur la piste du lion*, Plon, 1985, p. 540.

il écrivait son livre sur Mermoz : c'est le nouveau ministre de l'Intérieur.

Gaston Bergery, proche conseiller du maréchal, est un vieux copain.

Le propriétaire de *Paris-Soir*, Jean Prouvost, le patron des patrons, qu'il respecte, est devenu (pour quelque temps) ministre de l'Information.

Tous ces hommes se montrent pleins d'amitié et de sollicitude à son égard, ce qui le réconforte au début. La loi sur le statut des Juifs n'a rien changé pour lui. À Vichy, où en octobre il est venu voir comment les choses se passent, il est stupéfait qu'on lui déroule le tapis rouge. On lui assure qu'il pourra continuer à écrire et à publier. On fera une exception pour lui. On lui propose même un futur poste dans la collaboration.

Kessel, outré qu'il puisse y avoir un poids et deux mesures, décline l'offre poliment.

Il est très lié à Horace de Carbuccia, député de la Corse, issu d'une des plus anciennes familles de Bastia. Avec lui, il a fondé *Gringoire*, en 1928, un magazine auquel il a été longtemps très fier de donner des articles. À titre d'exemples, *Belle de Jour* y a été publié en feuilleton, sur deux mois, avant publication chez Gallimard : immense succès, teinté de scandale à cause du sujet (une bourgeoise devient prostituée dans une maison de passe, à ses heures de loisir), *Fortune carrée* – son récit de voyage avec Henry de Monfreid – y a ensuite paru en vingt-six livraisons. Cet ambitieux hebdomadaire, à gros tirages, qui mêlait politique et littérature, grands reportages et grands feuilletons, convoquait dans ses colonnes des écrivains aussi peu faits pour s'accorder que Pierre Drieu la Rochelle, Colette, Roland Dorgelès ou Francis Carco. L'influence de l'Action française y était sensible, bien qu'à aucun moment le journal ne fût monarchiste. C'était « une macédoine » comme le définissait Carbuccia avec bonhomie, des sensibilités diverses pouvaient s'y exprimer. Kessel, promu directeur littéraire, y a fait écrire un jeune inconnu du nom de Roman Kacew – vingt et un ans –, un Juif comme lui, comme lui ancien élève du lycée Masséna à Nice. Il aime son talent et a accueilli dans *Gringoire*, en 1935, ses premières nouvelles : *L'Orage* et *Une petite femme*. Kessel ignore que ce Kacew, qu'il compte au nombre de ses amis et retrouve dans le très mondain salon des Carbuccia avenue Foch, a devancé l'appel du général de Gaulle et s'est envolé pour l'Afrique avec quelques copains de l'armée de l'air, bien décidé avec eux à poursuivre le combat. Il le retrouvera un jour Compagnon de la Libération et écrivain, sous le nom de Romain Gary.

Horace de Carbuccia, qui est assez rond dans ses relations et n'abandonne aucun de ses amis juifs, malgré l'orientation antisémite de son journal, est également éditeur. Il possède les Éditions de France où Kessel a publié de nombreux ouvrages, dont *Fortune carrée* précisément, *Le Coup de grâce*, et cette merveille, *Une balle perdue*. Rupture avec *Gringoire*, rupture avec les Éditions de France – le monde se rétrécit. Kessel ne serrera plus jamais la main de Carbuccia. Dès le milieu des années trente, la campagne anti-Juifs du journal provoque son dégoût et sa tristesse.

Il a rompu avec presque toutes les plumes de *Gringoire*, depuis que la haine a envahi les pages du journal. Avec Joseph Peyré, avec Alphonse de Châteaubriant, mais aussi avec l'écrivain Georges Suarez, cofondateur de *Gringoire*, comme Carbuccia et lui-même. Avant que Suarez ne devienne l'un des chantres de la collaboration, ils ont cosigné trois livres, publiés à la NRF en 1924, sur le 11 mai et le *Camp des vaincus*. Une série d'entretiens avec des hommes politiques, à l'occasion d'élections législatives.

Et il a rompu, pour cause d'antisémitisme, avec le pamphlétaire vedette dont les libelles figurent régulièrement en Une du journal, Henri Béraud. Ils se sont connus lors d'un reportage en Irlande, étaient restés liés depuis. Avec ses cent kilos, sa jovialité affichée et le fait qu'il tient presque aussi bien l'alcool que Kessel, Béraud a été un excellent compagnon non seulement à Dublin mais dans les années trente à Montmartre. Kessel, en 1925, lui a dédié son roman *Mary de Cork*. Prix Goncourt en 1922, pour un doublé romanesque – *Le Vitriol de Lune* et *Le Martyre de l'obèse* –, Béraud est un écrivain brillant dont Kessel admirait le parcours. Son père, boulanger de profession à Lyon, fut un ardent dreyfusard. Le fils a gardé longtemps des convictions d'extrême gauche. Mais après l'affaire Stavisky, en 1934, qui a radicalisé la vie politique, Béraud s'est retrouvé à militer avec l'extrême droite. Il a développé une théorie de l'antisémitisme, qu'il expose à longueur de pages dans un *Gringoire* que Kessel, effondré devant tant de violence, ne reconnaît plus. Il s'est définitivement fâché quand Béraud, le 25 décembre 1936 déjà, dans un papier intitulé « Minuit, Chrétiens », a dit que Kessel était « un Juif à part », un « bon Juif » en somme, et devait être traité comme une exception. Il avait répondu alors, pour solde de tout compte : « Je ne me sens pas un Juif d'une essence particulière. Et par ceux qui établissent des catégories entre Français, je tiens à être considéré sur le même plan que tous les Juifs de France. »

« Aryen d'honneur », en vertu de l'article 8, l'appellation a été proposée à Henri Bergson, à Vladimir Jankélévitch, qui l'ont refusée. Kessel, pareillement offusqué, fait part à son frère de son bref séjour à Vichy, où il a rencontré les huiles de la collaboration, en octobre 1940 : « On m'a proposé de travailler – et à un poste élevé d'information générale mais officieux – pour un ministère. J'ai encore quarante-huit heures pour réfléchir mais je vais refuser. [...] Je ne puis me libérer de la hantise que derrière ces hommes qui font ce qu'ils peuvent (et certains douloureusement avec une tristesse poignante) pour réserver un lambeau de liberté dans un lambeau de France, il y a une main de fer impitoyable qui met de plus en plus ses doigts dans tous les rouages. Et ça, non, non[1]... »

Alors, partir, ne pas partir ? Il vit en plein dilemme. S'il choisit de rester en France, c'est finalement plus pour des raisons sentimentales que par stratégie politique ou philosophique, ou même pour un intérêt professionnel. Kessel est un homme qui a plusieurs fils à la patte, comme on dit au théâtre de boulevard. Lui seul est capable de ne pas les embrouiller et même d'éviter qu'ils se croisent.

Ce sont ces « attaches » qui brident principalement sa décision de partir. Ainsi, lors de son premier voyage à Lisbonne en quête de visas, l'été 1940, tandis que Germaine Sablon se démène auprès de ses réfugiés à Valence, Kessel est-il accompagné de « Mme Joseph Kessel » : Katia née Gangardt, sa maîtresse depuis 1930 et son épouse depuis le 19 décembre 1939. « Des cheveux de paille fraîche, la peau comme neige au soleil levant, un nez bref et fin, une silhouette harmonieuse, fièrement dressée, et un accent exquis dont elle ne se déferait jamais ; elle avait une petite tache lie-de-vin dessinée sur la tempe, juste ce qu'il fallait pour mettre une touche insolite à cette perfection », ainsi que la voit Maurice Druon[2]. Le neveu est à l'évidence beaucoup plus sensible à son charme qu'à celui de Germaine Sablon, cette « petite bourgeoise, pas très intelligente » dont il

1. Y. Courrière, *Joseph Kessel*, *op. cit.*, p. 543.
2. M. Druon, *Mémoires*, t. I, *op. cit.*, p. 286.

concède qu'elle avait tout de même sur son oncle « une emprise d'ordre charnel[1] ».

C'est Katia qui serait partie avec Kessel pour les États-Unis, s'il s'était décidé à partir. Du moins Germaine Sablon le croit-elle. Katia avait exprimé son désir de retourner en France, pour s'occuper de tout ce que, dans leur hâte, ils avaient laissé derrière eux. Le rêve de Kessel aurait sans doute été d'embarquer avec les deux femmes. Il a écrit à Germaine pour lui demander de le rejoindre – ou de les rejoindre – à Lisbonne. Réponse lapidaire de sa maîtresse : « J'ai une mère, deux fils et une patrie. J'y reste. »

Trop de choses dans la vie de Germaine restaient à organiser, notamment le sort de sa mère et de ses deux fils la préoccupait. Mais aussi celui de la France, plongée dans le plus grand désarroi. Ce départ était pour elle prématuré. Et puis, elle n'avait peut-être pas envie de partager une cabine avec Katia...

À Paris, Katia, ancien mannequin chez Molyneux, tient le principal foyer de l'écrivain, celui du 15 boulevard Lannes qu'elle a somptueusement décoré – autre atout aux yeux de Druon qui a du goût pour les beaux décors et se pique de les fréquenter, faute de pouvoir encore les habiter. Jusque-là Kessel, qui préfère la vie de bohème, se contentait d'un appartement de célibataire au 89 boulevard Brune, à l'adresse de ses parents.

Katia ne nourrit pas d'illusion sur les raisons de leur mariage. Kessel ne s'y est résolu que pour mettre fin à sa situation d'apatride – elle est née à Riga, en Lettonie. D'origine aristocratique russe (russe blanche), cette catholique n'a rien à craindre des nouvelles lois racistes, mais elle courait le risque d'être expulsée en tant qu'étrangère. Le mariage lui procure la nationalité française.

1. *Ibid.*, p. 289.

Compagne élégante et aux petits soins, il faut reconnaître qu'elle organise admirablement la vie sociale de Kessel, reçoit ses amis avec les meilleurs vins, tous les alcools nécessaires, et l'accompagne partout où il le désire sans jamais faire de scènes, avec une incomparable égalité d'humeur. Elle sait boire sans tomber, rire sans se déchaîner, et elle accepte avec une patience angélique ses frasques, ses absences, ses coucheries. Quand Germaine Sablon, éblouissante sur la scène du Trône, le cabaret de la place Pigalle, le 9 octobre 1935, lui est apparue la première fois, Kessel a envoyé Katia en émissaire pour demander à la chanteuse de venir à sa table. Lui-même se dit trop timide pour ce genre de démarche – il ne fait jamais la cour. Katia s'est exécutée en sachant bien que son homme ne résisterait pas à ces épaules généreuses ni à cette bouche rouge baiser. Le mariage ne change rien à sa situation de première concubine.

Une autre « attache », plus ancienne, se trouve rue de Marignan, chez Sonia Zitowieska. Une Polonaise d'origine, comme son nom le laisse entendre, « une femme superbe dans sa jeunesse mais qui commençait de s'empâter un peu », selon Druon. Elle est, de ses maîtresses, celle qui lui ressemble le plus, par son goût pour l'alcool, le jeu – poker ou black jack –, l'opium, les nuits de folie dans les bars. Plus âgée que lui de quatre ans, toujours voluptueuse et dangereuse – c'est près d'elle qu'il a perdu en un soir la totalité de sa fortune, au casino de Cannes –, il s'est un peu lassé. Mais il est fidèle à Sonia, fidèle à son étrange façon, et quand il est à Paris, il lui rend visite chaque jour, en fin d'après-midi, dans le petit appartement d'où elle ne sort plus beaucoup désormais. « Sonia se tenait pour la vraie, la seule compagne de Jef : celle qui avait des droits. Les autres n'avaient de lui que ce qu'elle s'imaginait tolérer, ne pouvant faire autrement. Il l'entretiendrait jusqu'à la fin de sa vie[1]. » Elle est la Dominique du *Tour du malheur* : l'un des plus beaux personnages de femmes de l'œuvre de Kessel.

Germaine Sablon connaît tout cela. Kessel s'arrange, on ne sait comment, pour que ses femmes officielles ou non tolèrent ses divers ménages. Il faut avec lui abdiquer tout esprit de possession. Et savoir être une, parmi d'autres.

Il faut même savoir vivre avec un fantôme. Car Kessel, sous le masque de la polygamie, est un veuf inconsolable. Marié en mai 1921 à Nadia Alexandra Polizu-Michsunesti, il continue de pleurer sa « Sandi » – l'amour de sa vie.

Issue d'une riche famille roumaine, elle voyageait sur le même bateau qui le ramenait en 1919 de Vladivostok. À vingt ans (vingt et un ans exactement), ils ont traversé ensemble la mer de Chine, l'océan Indien et la mer Rouge, tout un paysage exotique et fascinant qui reste associé au souvenir de Sandi. Mais la jeune femme était tuberculeuse. Elle s'est éteinte tragiquement, sans lui, à l'âge de trente ans, dans un sanatorium en Suisse, où il allait la voir, désespéré et se sentant coupable de ne pas venir plus souvent. Enterrée en 1928 au cimetière de Montmartre, il lui rend visite depuis, sans faute, tous les samedis, parce que c'est un samedi qu'elle est morte. Cette extraordinaire fidélité posthume s'accompagne d'un étrange rituel.

Dans la sacoche de cuir que Kessel transporte sur les chemins de l'exil, encore là avec lui dans l'hydravion en partance pour Londres, il n'y a pas seulement le manuscrit des *Lauriers roses*, tome II du *Tour du malheur*. Il y a une photo encadrée et jaunie de Sandi, qu'il pose chaque soir sur sa table de nuit, où qu'il soit et même quand il partage sa chambre avec une compagne. Il embrasse cette icône au moment de dormir. Dans la précieuse

1. *Ibid.*, p. 286.

sacoche, il y a aussi une mèche des cheveux de Sandi. C'est la seule attache itinérante, pour ce nomade que lient tant de liens sédentaires et fixes, dont il ne saurait se passer. Les trois vivantes, Sonia, Katia et Germaine, même si elles ne peuvent pas rivaliser avec la morte, le retiennent chacune en France. Comment les abandonner, sans se perdre lui-même ?

Encore faut-il ajouter une quatrième « attache » à ce harem dispersé, séparé par des cloisons étanches : Mamoussia. Elle compte autant que les trois autres réunies. C'est Mme Kessel, née Raïssa Lesk, sa mère. Une femme hardie et très courageuse qui, dans sa jeunesse, était venue du lointain Oural pour entreprendre des études de médecine à l'université de Montpellier et y avait rencontré son mari, lui-même futur médecin. Ils étaient retournés ensuite à Orenbourg, lieu d'origine du clan. Mamoussia incarne à elle seule la saga vivante des Kessel. Pour Druon, qui garde ses distances avec cette pseudo-grand-mère (mère de son père naturel) qu'il n'aura que peu connue, c'était alors « avec un beau visage austère et douloureux, une personne autoritaire, économe jusqu'à l'avarice autant que lui-même était dépensier, et donneuse de leçons comme peuvent l'être les mères juives[1] ».

Mamoussia est, des quatre femmes, Sandi mise à part, la plus chère à son cœur. Il l'aime d'un amour total, inconditionnel, et bénéficie de son amour réciproque, nourri de part et d'autre de la même intensité. Veuve depuis 1931, âgée maintenant de soixante-huit ans, ses cheveux sont gris mais elle appelle toujours « Youssia » ou « Youssienka » son Joseph chéri, qui reste son fils préféré. Lui faire quitter Paris a été une vraie galère. Elle s'est opposée à tous les arguments avec son habituelle rudesse de

1. *Ibid.*, p. 285.

caractère, son obstination et sa prudence de paysanne de l'Oural, qu'il admire au-delà de tout, en arguant simplement que quiconque a échappé aux pogromes des cosaques pouvait bien échapper aux pogromes des nazis...

Son départ impliquerait forcément de l'abandonner. Or, en tant que Juive, victime de lois scélérates, elle est particulièrement exposée. Il ne pourrait plus veiller sur sa sécurité. Pis, car elle est au fond aussi concrète et débrouillarde que Katia ou Germaine, il risquerait de la mettre en danger. S'il rompait les amarres avec la France occupée, il ne doute pas qu'il y aurait sur elle des représailles.

Malgré ses dérives antisémites et la présence sur son sol des armées allemandes, la France est toujours l'ancrage de Mamoussia. Le seul et véritable port d'attache de cette femme ballottée au gré des exodes, de Sibérie en Argentine en passant par l'Europe et retour. Elle a fermement décidé de mourir sur la terre qui l'a accueillie il y a si longtemps déjà, une terre devenue sienne. Elle y a ses morts, enterrés au cimetière du Montparnasse : son mari Samuel, son fils Lazare (le père naturel de Druon), et sa jeune sœur Maria qui est allée les rejoindre en mai 1940. Elle l'a clairement déclaré aux deux fils qui lui restent : jamais elle ne laissera ses morts, jamais elle ne partira. Kessel partage avec cette mère magnifique et redoutable – une mère russe – un patriotisme d'autant plus entier, d'autant plus revendiqué, qu'il n'a pas toujours été français.

La France, terre d'accueil et pays des Lumières, il en a jusque-là éprouvé et vérifié la vérité et les légendes. Longtemps apatride, il se sent français dans l'âme, français mieux que par la naissance. Français de vocation. Comme Roman Kacew, le futur Romain Gary, comme Clara Malraux née Goldschmidt, pour ne citer que ces seuls exemples, il porte en lui un attachement plus que viscéral à la seule patrie qu'il se reconnaisse, une patrie choisie, voulue, aimée.

Aussi l'idée d'avoir à se battre contre des Français – Français contre Français – lui est-elle une source de tourment, et l'un des freins principaux à son ralliement aux forces combattantes du général de Gaulle. « Tuer des Français, je ne peux pas, écrit-il à son frère. Sauver la France malgré elle, on peut le risquer intérieurement si on a vingt générations derrière soi qui ont été de France. Moi, vraiment, je ne sais pas si je peux lever la main sur ceux qui m'ont reçu, enseigné, grandi[1]... »

1. Y. Courrière, *Joseph Kessel*, *op. cit.*, p. 539.

5

La double vie des lauriers-roses

C'est une jolie maison sur la Côte d'Azur, fleurie de mimosas et de lauriers-roses. De la terrasse, on voit la mer s'agiter au pied des roches rouges de l'Estérel. À Anthéor, loin de l'agitation de Cannes ou de Saint-Raphaël, à une distance agréable des autres villas, construites comme elle en dessous du viaduc, La Bagatelle offre une enclave pleine de douceur et de charme, l'illusion d'un petit paradis, miraculeusement préservé en ces temps troublés. Jean Sablon l'a achetée pour sa mère dans les années trente, quand celle-ci est devenue veuve[1], mais c'est Germaine qui y vient le plus souvent, pour oublier dans un paysage radieux les contraintes de sa vie de paillettes et de strass.

Avec Kessel, ils y ont passé des vacances inoubliables, en 1938, à se baigner dans les eaux d'un bleu profond, à bronzer nus sur la terrasse, en buvant des boissons fortes aux cris mêlés des cigales et des mouettes. C'est là qu'elle lui a fait découvrir le secret des lauriers-roses, dont le cœur pourrit sitôt qu'on le touche. Là aussi, tandis que cette sportive pratique la pêche

1. Jeanne Sablon, née Labourier en 1871, a perdu son mari, le père de ses quatre enfants, en 1929.

sous-marine, qu'il écrit le roman du *Tour du malheur*, qui doit être son grand œuvre.

Vers la fin de l'automne 1940, elle s'est installée dans la villa avec sa mère et y a fait venir ses deux fils, André et Pierre Legrand, de grands adolescents qu'un an à peine sépare. Ils n'ont pas vingt ans. Elle a laissé la Croix-Rouge à Valence, avec ses réfugiés, et a repris sa carrière de chanteuse. Elle chante dans les cabarets de Cannes, de Nice, de Marseille, de Monte-Carlo, et a repris ses tournées qui l'amènent à sillonner la zone non occupée – la zone « non-o » comme on dit. Elle chante aussi au bénéfice des prisonniers de guerre, car elle conserve, bien vive, sa flamme humanitaire et patriote. Un soir, au Grand Hôtel du Rayol, près de Cavalaire, lors d'un gala en faveur des prisonniers de guerre, elle manque se faire arrêter parce qu'elle a entonné en anglais *It's a Long Way to Tipperary* et que la salle, soulevée d'enthousiasme, a enchaîné en chœur le *God Save the Queen*. Elle ne craint pas les provocations. Un client de l'hôtel s'étant plaint du bruit, le directeur sauve la situation en expliquant aux gendarmes, venus vérifier et qui se montreront conciliants, qu'il a entendu, lui, l'hymne suisse !

L'avantage de la villa fleurie c'est qu'on y est à deux pas de Monaco, où vit le frère aîné de Germaine, Marcel Sablon. Il y dirige les Ballets et le célèbre théâtre. Elle peut facilement l'accueillir à Anthéor. Son autre frère, André, descendu lui aussi sur la Côte, vient chez elle retrouver sa mère, sa sœur et ses neveux. Les déjeuners au soleil, les dîners aux chandelles se passent en chansons, la maison permet de recréer une vie de famille.

Après une longue séparation, due à leurs bourlingages, Kessel, toujours amoureux, rejoint une Germaine Sablon toujours appétissante malgré les nombreuses restrictions alimentaires, et qui ne cache pas son bonheur de le retrouver. L'automne glisse déjà vers sa fin. Kessel, qui trouve bruyante et agitée la tribu Sablon, n'est pas dans un climat propice pour travailler. Aussi loue-t-il, pour lui seul, afin de ménager sa liberté de célibataire, une autre villa d'Anthéor, proche de celle de sa maîtresse. Toujours très organisé, il prend néanmoins tous ses repas chez elle.

Le soir, quand elle ne se produit pas sur une scène, il l'emmène dans les cabarets de son choix où, entre champagne et vodka, il continue de casser des verres et d'en manger les débris. Souffrant chaque jour davantage de l'angoisse de rester dans une France qui ne se ressemble plus, il se reproche quotidiennement de ne pas être parti, que ce soit à Londres, en Afrique du Nord ou aux États-Unis. Mais il s'en voudrait tout autant de déserter son pays, en laissant derrière lui des êtres que non seulement il chérit, mais dont il se sent et se veut responsable. Il vit dans le regret, le remords, la culpabilité. Et continue d'hésiter entre divers destins possibles. Seule l'écriture le libère de son marasme mental.

Début 1941, il termine son roman *Les Maudru*. Un roman non publiable, selon les nouvelles lois de Vichy, qui a adopté la liste Otto et l'a même élargie.

C'est l'histoire, en pleine actualité, d'un père et d'un fils, paysans dans le nord de la France. Quand la guerre éclate, le fils, Désiré Maudru, prouve sa bravoure sur le champ de bataille, mais le pays vaincu, il rentre à la ferme familiale, le temps d'organiser son départ pour l'Angleterre où il veut continuer le combat. Kessel lui prête la fermeté du choix, qui reste pour lui impossible. Tancrède Maudru, le père, un vétéran de 14-18, bannit Désiré de chez lui comme un véritable traître : il ne se remet pas de la blessure de Mers el-Kébir, où son autre fils a péri. La mère, elle, comprend le jeune homme et le bénit. Devenu aviateur, au poste d'observateur comme Kessel jadis, Désiré contribue à l'effort de la Royal Air Force. Lors d'une mission, son avion est abattu entre Calais et Boulogne. Il échoue à quelques kilomètres de la ferme et regagne le foyer de son enfance pour s'y cacher, à l'insu de son père. Des signaux émis du toit l'ont attiré dans les parages. Il découvre alors, après diverses aventures, que Tancrède soutient la Résistance. Avec de vieux amis du village, dont le propriétaire de l'épicerie-bar ainsi qu'un grand blessé de la Première Guerre, un unijambiste auquel les Allemands – les Boches, dans le livre – ont enlevé ses béquilles, Tancrède, personnage bougon et enflammé, est devenu l'âme de la résistance locale. Les signaux lumineux que son fils a aperçus certains soirs, c'est lui qui les émet du grenier, pour avertir en morse les Anglais de la présence d'un danger. Père et fils poursuivent la lutte main dans la main. Et c'est Tancrède, qui fut marin jadis, qui conduira son fils sur un vieil esquif, jusqu'aux rivages de l'Angleterre.

Le roman, très schématique et plein de bons sentiments, contient en puissance tout l'élan patriotique de Kessel. Il comble ses frustrations. C'est le roman de son engagement. Un engagement qu'il écrit, qu'il raconte, mais qui n'est le sien que par le truchement de l'imagination. On sent une émotion à vif, quand il décrit le drame intérieur de son héros au moment du départ. « Le plus terrible, c'est de se détruire de l'intérieur », dit la mère à son fils.

D'autres font réellement de la résistance, tandis que Kessel ne résiste encore que dans ses rêves et tourne en rond à Anthéor. Il résume ainsi la situation en février 1941 à l'intention de son frère, demeuré dans l'exil le confident de ses états d'âme : « Angoisse, dégoût, sens de mon inutilité. Mais peut-être vais-je en tirer quelque chose. »

Il ajoute, incorrigible noceur jusqu'au fond du plus noir du cafard : « Les grandes traditions ne sont pas tout à fait dépouillées en moi. Il y a Nice, Cannes, l'alcool, les filles. Je cède parfois, mais quel payement ! »

Kessel manque, en 1941, l'occasion de s'engager. Ayant retrouvé par hasard, à Cannes, son camarade Emmanuel d'Astier de La Vigerie, il aurait pu, sitôt arrivé en zone libre, s'affilier à un réseau. Celui que d'Astier était en train d'élaborer, et qui n'en était encore qu'aux prémices, cherchait des adhérents. « Mané » – surnom familier d'Emmanuel d'Astier de La Vigerie – lui en a exposé le projet, le but et la méthode. Kessel, qui bout de faire quelque chose même s'il ne sait pas exactement quoi, était presque convaincu par ce qui ressemblait à un discours de rêveur éveillé. Mais les deux hommes se connaissent bien, trop bien. Ils ont séjourné ensemble il y a dix ans, en 1931, dans la même clinique de désintoxication à Grasse. L'un, d'Astier, y soignait son addiction à l'héroïne, l'autre, Kessel, sa dépendance à la cocaïne. Le genre d'endroit où les liens comptent double. Ils ont d'ailleurs gardé une part de leurs bonnes habitudes : tous deux amateurs d'opium, il leur est arrivé souvent, à Paris, de fumer des pipes sur des tapis mitoyens, comme dans le roman de Colette, parfumé de fumées bleues et qui porte ce titre kessélien, *Le Pur et l'Impur*.

Emmanuel d'Astier, ancien élève de l'École navale, est lui-même un personnage romanesque. Bel homme, au tempérament exalté, il est doué d'une incontestable séduction, mais dans ce bar de Cannes, en 1941, Kessel ne lui fait pas crédit de sa confiance. D'Astier a pourtant déjà réussi à convaincre, sans pouvoir lui donner leurs noms, le philosophe Jean Cavaillès, ainsi que le couple d'enseignants hautement diplômés, Lucie et Raymond Aubrac, mais aux yeux de Kessel l'amitié tissée dans la clinique du docteur Selim est un frein. Comment s'engager dans un réseau de résistance dirigé par un opiomane ? Mané, ce « personnage filiforme comme une statue de Giacometti » selon Raymond Aubrac[1], lui paraît mal adapté aux circonstances. Il a refusé la proposition. Erreur d'évaluation : dans quelques mois, d'Astier, qui a mis fin à son addiction à l'opium pour s'engager pleinement dans l'action résistante, aura créé et organisé « Libération-Sud », l'un des mouvements les plus solides de la France résistante.

Kessel gardera le regret d'avoir mésestimé l'interlocuteur amené par le destin qui lui offrait une issue à son marasme : l'action, décidément, se dérobait.

En cette année 1941, le sort le nargue, en lui fournissant a contrario, au lieu d'un engagement dans la résistance en France, une occasion de départ vers une destination où il pourra sans doute se rendre utile. Cette occasion, il va aussi la manquer...

Il croise en novembre dans les rues de Marseille deux vieux copains de l'Aéropostale, Marcel Reine et Henri Guillaumet. Sur le point de s'envoler pour Beyrouth, ils proposent de l'emmener avec eux, dans leur Farman. Il y a de la place pour lui. Parmi leurs titres de gloire, qui confinent tous à l'exploit, Reine, c'est connu, a été trois fois captif des Maures, et l'on surnomme Guillaumet « le survivant des Andes ». Ces super-héros sont pourvus chacun d'une légende d'invincibles. Ils ont reçu cette fois la mission de convoyer un autre ami de Kessel, le préfet de police Jean Chiappe, qui vient d'être nommé par Vichy haut-commissaire en Syrie et au Liban et doit gagner son poste. Chiappe est le beau-père d'Adry de Carbuccia[2], l'épouse du patron de *Gringoire*.

1. Raymond Aubrac, *Où la mémoire s'attarde*, Odile Jacob, 1996, p. 60.

2. Adry de Carbuccia, née Turpin-Rotival, d'un précédent mariage de sa mère, Marie Chiappe.

Le monde est décidément petit. Retrouver le Levant, qu'il a tant aimé, en compagnie de trois amis qui lui sont chers, Kessel est tenté, mais finalement refuse : « J'ai trop d'attaches en France et je ne veux pas quitter ma patrie[1] », leur dit-il.

Le Farman décolle le 27 novembre, de l'aéroport de Marignane. Le lendemain, Kessel apprend qu'il a été abattu en Méditerranée, au large de la Sardaigne, par un avion de chasse anglais – ou plus sûrement italien. Ses trois amis sont morts. Mauvais augure. S'il est un rescapé chanceux, doté d'une insolente baraka, l'épisode alourdit son angoisse et entretient ce climat de perplexité dans lequel il se débat depuis des mois. Quel sens a maintenant sa vie ?

Il se console dans les bras de Germaine Sablon. Mais pas seulement. Il a en effet réussi cet exploit de rassembler autour de lui, sur un périmètre restreint, les quatre femmes de sa vie. Elles sont à nouveau réunies, quoique à distance les unes des autres, pour rétablir cet équilibre qui, sans elles toutes, lui fait défaut.

Sa mère adorée, « Mamoussia », qu'il a eu beaucoup de mal à persuader de quitter Paris – il a fallu qu'il aille la chercher –, est désormais à Toulon, installée près de la place d'Armes dans le même appartement que Katia, selon l'état civil son épouse officielle. C'est assez pratique quand il leur rend visite, d'autant que les deux femmes s'entendent très bien. Elles tiennent leurs conversations en russe. Aussi attentionnées l'une que l'autre et préoccupées de son confort, elles lui ont aménagé une chambre-bureau, où il peut travailler en paix. Avec le samovar au milieu du salon, il a rendez-vous chaque semaine, à Toulon, avec les femmes de sa Russie de légende.

Katia lui a appris qu'à Paris la Gestapo est venue par trois fois,

1. Y. Courrière, *Joseph Kessel*, *op. cit.*, p. 559.

début septembre, sonner à la porte du boulevard Lannes et l'a réclamé. Il était temps qu'il s'éloigne.

Sonia, sa maîtresse polonaise, a quitté à sa demande la rue de Marignan, deuxième foyer de Kessel depuis les années vingt, pour vivre maintenant à Nice. Elle le reçoit en déshabillé de soie non loin du quartier où l'aristocratie russe avait ses habitudes. Toujours fidèle à Sonia, il va la voir régulièrement, une fois par semaine.

Même s'il réside la plupart du temps à Anthéor, tout près de Germaine Sablon. Laquelle prend si peu ombrage de ses déplacements qu'il finit par s'inquiéter. Elle ne lui pose même plus de questions. Or, c'est elle qui a maintenant la bougeotte. Non seulement le soir, pour ses tours de chants, mais même quand elle n'a pas de contrat, elle s'absente à la moindre occasion. Elle fréquente beaucoup le voisin, s'éclipse sans qu'il sache où elle va. Kessel finit par s'inquiéter. Aurait-elle un amant ?

Comment deviner que Germaine Sablon s'est engagée, sans le lui dire, dans la résistance ? Dès le 1er juillet 1941 – la date figure dans le dossier à son nom que j'ai pu consulter aux archives de l'Armée[1] –, elle est un membre actif du réseau « Carte », et le restera jusqu'au 11 novembre 1942 et son évasion hors de France. Son attestation d'appartenance aux Forces françaises combattantes, sous le numéro 84464, la signale comme « agent » dudit réseau, nommé d'après le nom de son fondateur, André Girard, dit « Carte » dans la clandestinité. Ce nom lui a été inspiré par une opérette de son amie la chanteuse et compositrice Mireille, *La Carte postale*[2].

1. Fort de Vincennes.
2. Mireille, *Avec le soleil pour témoin*, Robert Laffont, 1981.

Germaine a bien connu avant la guerre André Girard. Illustrateur et décorateur de théâtre, auteur d'affiches publicitaires pour des marques aussi fameuses que Dubonnet, Peugeot, Shell, Le Bon Marché, Marconi ou Gitane, il dessinait aussi des caricatures pour les journaux. Ses portraits politiques étaient goûtés pour leur ironie décapante – Hitler et Staline n'échappaient pas à ses coups de pinceaux. Avec la censure, il a dû renoncer à ce métier. Autre corde à son arc : il a réalisé des pochettes de disque pour Columbia, idée totalement novatrice car les disques étaient jusque-là enrobés de papier kraft avec un trou au centre pour laisser lire l'étiquette. Il est notamment l'auteur de la joyeuse pochette du *Chant des tropiques*, l'opérette à grand spectacle du Théâtre de Paris, où Germaine Sablon donnait en chantant la réplique à son frère Jean. Girard est un ami de la famille Sablon.

Elle a eu la surprise de le retrouver un beau jour sur la Croisette.

Père de quatre enfants à la déclaration de guerre (dont la future actrice de cinéma Danièle Delorme, treize ans en 1939), n'ayant pas été mobilisé, il s'est tout de suite installé à Antibes, boulevard du Cap, avec son épouse et leurs quatre filles – ses « fleurettes ». Officiellement, il exerce encore son métier de décorateur, le seul qui lui reste, mais ce n'est qu'une couverture. Germaine Sablon a découvert avec étonnement que cet artiste, expert en belles images, était depuis 1940 le cerveau et la principale main ouvrière d'un des premiers réseaux de résistance en France. Sur la base d'un carnet d'adresses occultes, aussi fourni qu'un annuaire bien qu'élaboré par lui seul, il a mis au point un extraordinaire système de renseignement. Jean Bernard, le futur professeur de médecine, vingt ans à l'âge où Carte l'a lui aussi recruté, juge que « bien avant le temps de l'informatique, cet homme froid était un ordinateur vivant[1] ».

1. Jean Bernard, *Mon beau navire*, Buchet-Chastel, 1980, p. 45.

Girard a eu l'ambition de mettre toute la France en fiches, ou tout au moins comme Jean Bernard le fera remarquer avec humour dans ses Mémoires, « toute la France résistante, ce qui limitait le travail ». Il connaissait ses recrues par le menu et pouvait ainsi les utiliser en fonction de leurs talents, selon que tel ou telle parlait anglais, allemand ou espagnol, possédait une chambre en ville ou une ferme abandonnée dans l'arrière-pays, comptait dans sa famille un commissaire de police ou un douanier, et les habiles artisans capables de fabriquer de fausses cartes d'identité ou de faux tickets d'alimentation, etc. Germaine Sablon était en mesure de rendre service à Carte. Ses tours de chant allaient pouvoir justifier ses déplacements. Et puis, elle habitait une villa isolée en bord de mer...

Ce qu'elle ignorait, c'est que Girard avait établi de solides connexions avec une des directions de l'espionnage britannique, le SOE (Special Operations Executive). « Seul à cette époque », selon Jean Bernard, il recevait régulièrement des armes, du matériel de sabotage et des appareils de radio-émission en provenance d'Angleterre. Ce qui en faisait un réseau exceptionnellement performant. Jean Bernard : « Pendant quelques mois, en 1942, le réseau que Carte avait tissé fut probablement, en France méridionale, l'organisation de résistance la plus rigoureuse, la mieux armée, la plus efficace[1]. »

Ami des peintres Rouault et Bonnard qui habitaient eux aussi la Côte d'Azur, le premier à Golfe-Juan, le second au Cannet, – Georges Rouault avait été son professeur de dessin à Saumur, où tout le monde ne suivait pas les cours de l'École de cavalerie –, André Girard recrutait beaucoup dans les milieux artistiques. Germaine, sans s'en douter, se retrouvait affiliée à Carte

1. *Ibid.*

en même temps que le galeriste Aimé Maeght, le comédien Claude Dauphin, fils du poète Franc-Nohain et frère de l'animateur de radio Jean Nohain, ou encore les frères Diamant-Berger, Henri, le producteur et metteur en scène de films, et Maurice, un des directeurs du Poste parisien – la station de radio à grande écoute qui a cessé d'émettre le 13 juin 1940, jour de l'entrée de la Wehrmacht dans Paris.

Personne n'aurait pu deviner que La Bagatelle, fleurie de mimosas et de lauriers-roses, était devenue un repaire clandestin pour Carte. Ni même ses autres habitants. Germaine cachait son jeu.

Sans que sa mère ni ses enfants, ni même ses frères, puissent s'en apercevoir, et Kessel pas davantage, un intense trafic d'armes et de postes émetteurs y est organisé, ainsi que le départ vers Gibraltar et l'Espagne de résistants traqués par la police allemande. Ils seront ensuite convoyés, sous un parfait anonymat, vers l'Afrique du Nord ou vers l'Angleterre, via Gibraltar. Avec l'appui du voisin, propriétaire de la villa à côté de la sienne, Germaine Sablon se charge de les accueillir puis de les conduire vers les felouques (mot employé par les membres du réseau) qui accostent discrètement, en pleine nuit, en contrebas de sa terrasse. Les chalutiers attendent au large. Elle peut compter sur la complicité du gardien du phare, dans la rade d'Agay, un ancien gendarme qui se trouve être le « bon ami » de la jeune servante de la maison[1]. Sachant que le plus grand danger d'être surpris par une patrouille se situe entre minuit et 7 heures du matin, elle a mis en place des guets qui se relaient pour donner l'alarme.

Elle transfère aussi des messages dans la région, pour cela

1. Thomas Rabino, *Le Réseau Carte. Histoire d'un réseau de la Résistance, antiallemand, antigaulliste, anticommuniste et anticollaborationniste*, Perrin, 2008.

parcourt des kilomètres à vélo, au défi des contrôles. Par la grâce de ses tours de chant qui la conduisent à plusieurs reprises en Suisse pour enregistrer des disques, elle embarque dans un train avec des plis qui, si elle est prise, la feront démasquer. Elle sait qu'elle court chaque fois le danger d'être arrêtée. Là encore, comme au temps où elle conduisait l'ambulance de la Hadfield-Spears Unit, elle assume tous les risques.

Pendant des mois, à l'insu de Kessel, elle est un de ces braves soldats anonymes qu'il illustrera bientôt dans *L'Armée des ombres*. Sa témérité, son dévouement, son sens de l'organisation, sa force de volonté, il n'aura pas à chercher loin le modèle de ces qualités pour les prêter, tels quels, au personnage central du roman qu'il écrira en 1943. Pour le caractère, Mathilde – à l'écran, plus tard, Simone Signoret – est une version à peine romancée de Germaine Sablon. Ses absences répétées, en particulier certains soirs, ses visites au voisin envers lequel Kessel pourtant peu jaloux finit par nourrir des soupçons, la forcent à s'expliquer devant lui. Et Girard de recruter à son tour Joseph Kessel, mais la date est incertaine. Novembre 1941 ?

Chacun n'existait alors que sous un faux nom. Germaine Sablon répondait à celui de « Tante Aurélie », d'après le titre d'un court métrage qu'elle a tourné en 1931 sous la direction d'Henri Diamant-Berger. Elle y jouait une duchesse, dont un aviateur (son frère Jean Sablon) tombait éperdument amoureux.

Kessel choisit d'être « Joseph Pascal ». Admis dans l'état-major de Carte, qui l'a recruté pour ses relations dans les milieux vichystes, lesquelles peuvent se révéler fort utiles, « il participe aux réunions qui se tiennent dans les arrière-salles de petits restaurants cannois » et reçoit « un nombre incalculable de missions[1] ».

1. D'après les archives d'André Girard, dans Th. Rabino, *ibid.*, p. 57.

Il y fait la connaissance de l'adjoint de Carte, Henri Frager, architecte dans le civil et capitaine de réserve, alias Louba.

Quant à Druon, qui habitait Marseille depuis sa démobilisation mais retrouvait souvent son oncle à Anthéor pour des séjours en famille, c'est tout naturellement et sur la double recommandation de Kessel et de Germaine Sablon, qu'il rejoint le réseau et participe à maintes missions de renseignement et de courrier. Il est devenu résistant à leur suite, « par ricochet », dit-il dans ses Mémoires[1].

De sorte que, jusqu'à leur départ pour Perpignan, les trois complices ont pleinement œuvré pour Carte. Chacun et chacune à son poste, unis et réunis dans l'armée secrète.

À Londres, les avis sur Carte étaient partagés. Mais Kessel, Druon et Germaine Sablon n'en savaient rien. Les Anglais soutenaient Girard, dont le principal soutien auprès de Winston Churchill fut le major Bodington, dit « Dick », *chief officer* de renseignement et d'action à la tête des quatre cents agents du SOE envoyés en France. Kessel l'a bien connu, c'est un ancien confrère, correspondant à Paris du *Daily Telegraph*. À la tête de l'Intelligence Service en zone libre, Kessel aura la surprise de le démasquer, à la faveur d'un rayon de lune, parmi les passagers d'une des felouques clandestines qu'il aide désormais Germaine Sablon à affréter. La même nuit du 31 août 1942, sur la même embarcation, il a également aidé à convoyer, accompagné de son épouse et de sa fille, Maurice Diamant-Berger (alias André Gillois), l'un des principaux agents de Carte et collaborateur direct d'André Girard, qu'il retrouvera à Londres.

Girard, beau parleur, élégant et charmeur d'après les témoins,

1. M. Druon, *Mémoires*, t. II, *op. cit.*, p. 116.

savait convaincre ses interlocuteurs les plus perspicaces. Le major Bodington, que les filles de Girard surnomment « Hercule Poirot » à cause de sa moustache cirée, lui fit d'abord entièrement confiance. Mais les services secrets français de Londres, ainsi que le raconte Maurice Diamant-Berger dans ses Mémoires[1], le tenaient à distance. André Girard se montrait à la fois impérieux et incontrôlable, trop souvent irrespectueux de leurs directives. Surtout, il revendiquait haut et clair son antigaullisme. Il fut vite considéré dans l'entourage du Général comme un dangereux agitateur.

Ajoutons qu'il travaillait en famille, avec son épouse Andrée Jouan et ses deux filles aînées. Ce qui n'était pas de la première prudence. Andrée serait bientôt arrêtée, en mars 1943, et déportée en 1944 à Ravensbrück[2]. Ses filles, traquées, échapperont par miracle à la Gestapo.

D'après Druon et Jean Bernard, qui l'ont compris bien plus tard et en ont jugé ainsi, Carte était un maître affabulateur. S'il avait le génie de l'organisation et un sens réel de l'action, en même temps qu'un pouvoir de conviction fascinant, il possédait aussi comme au poker l'art du bluff. Les Anglais – malgré Bodington, qui le protégea longtemps – finirent par s'en apercevoir. Maurice Diamant-Berger qui l'aime bien rend pour sa part un hommage plein d'humour à son action : « Le malheur pour Carte est d'avoir fini par croire lui-même à la réalité de ses rêves. Mais le plus étonnant est qu'il ait réussi à faire partager sa certitude par les services secrets les plus avisés du monde[3]. »

Carte, informé par les Anglais, put avertir Germaine Sablon

1. André Gillois *Histoire secrète des Français à Londres de 1940 à 1944*, Librairie Hachette, 1973.

2. Andrée Girard sera délivrée en avril 1945.

3. A. Gillois, *Histoire secrète des Français à Londres*, *op. cit.*, p. 164.

qu'en cas d'avancée des troupes allemandes vers le sud les Alliés bombarderaient forcément le viaduc d'Anthéor. Sa maison de famille serait détruite, il pouvait l'en assurer. Il lui fallut donc, hélas, déménager. Elle choisit de s'établir non loin de là, dans une autre villa du bord de mer, à Camp Long, près d'Agay. Colette, grande amie de Kessel, avait jadis filé des jours délicieux avec son amie Polaire, dans une villa toute proche, baptisée « Claudine » en souvenir de leur complicité d'artistes. Celle de Germaine Sablon s'appelle La Maritana.

À quelques centaines de mètres au bord de l'eau se dresse le château d'Agay[1], où vivent la sœur de Saint-Exupéry, son mari et leurs enfants. L'écrivain y passait de longs séjours entre deux expéditions aériennes avant la guerre, le dernier en 1940. C'est dans la chapelle d'Agay que Saint-Ex a épousé Consuelo, « son pruneau d'Argentine », ainsi que l'appelle Druon. Lequel admire et aime ce grand ami de Kessel, mais déteste son épouse.

« Agay..., écrit Antoine de Saint-Exupéry. Agay, ce paradis où même la poussière est parfumée. »

Blottie dans un écrin de verdure, plantée au-dessus d'une plage de sable blond à laquelle on descend par un accès direct, La Maritana fut immédiatement convertie à son tour en lieu de résistance active. On avait changé de crique, voilà tout. Les embarquements et les débarquements d'hommes et d'armes continuaient. Germaine Sablon donnait le change en continuant à chanter dans les cabarets de la Côte, à Cannes, à Nice, à Monte-Carlo, partout où on la réclamait, et en Suisse bien sûr pour aider le réseau. Elle a toujours autant de succès avec *Près de toi, mon amour*, ou *Ici l'on pêche*, bien que son répertoire piétine. À Paris,

1. Le château d'Agay a été entièrement détruit par les Allemands en 1944. La famille d'Agay a rebâti après guerre une grande villa sur ses ruines.

ses rivales, Suzy Solidor en tête, s'en donnent à cœur joie pour chanter de nouveaux tubes, dans des salles surchauffées, pleines à craquer d'uniformes vert-de-gris. Germaine chante souvent à fonds perdus, heureuse de partager ses cachets de vedette de variétés avec ceux qui sont dans le besoin et dans la peine. Prise dans le tourbillon de la résistance, elle ne regrette pas d'avoir mis un frein à sa carrière.

Elle non plus n'a pas entendu l'appel du général de Gaulle, mais elle a fait siennes les paroles qui répondent point par point à son idéal : « La Flamme de la résistance ne doit pas s'éteindre et ne s'éteindra pas. » Sans nostalgie, elle garde l'espérance que le plus grand combat est à venir.

Maurice Druon lui-même, malgré ses réticences à l'aimer, le concède : « Germaine Sablon faisait notre admiration. Cette belle femme était vraiment résistante, à tous les sens du terme[1]. »

Sur la terrasse de La Maritana, les soirs où il n'y a pas de mission, Germaine Sablon, assise entre les deux hommes, les écoute avec un sourire ravi : ils écrivent pour elle des chansons.

C'est une tradition française : les écrivains ont parfois du goût pour les rimes faciles, les formules qui frappent et que chacun retient. Boris Vian, Pierre Mac Orlan, Francis Jammes, Jean-Paul Sartre, un jour Patrick Modiano sont de fameux paroliers.

À Agay, Kessel traduit pour son neveu les mots d'amour d'une vieille rengaine tzigane qui a chaque fois le don de lui faire monter les larmes aux yeux. Druon les met aussitôt en rimes, en français. Manquerait la musique, si deux amis musiciens, tous deux juifs et russes apatrides, n'étaient soudés à leur petit groupe. Boris Kaufman, qui a installé sa tente dans le jardin, joue de

1. M. Druon, *Mémoires*, t. II, *op. cit.*, p. 149.

l'accordéon. Leib Polnareff – le père du futur Michel Polnareff, pas encore né – se met au piano. Il signe ses mélodies du nom de Léo Poll. Édith Piaf fait souvent appel à son talent.

Ce sont des parenthèses légères tandis que le climat s'alourdit de jour en jour. Druon et Kessel écrivent ensemble *Tant pis, tant mieux* qui retranscrit la poésie tzigane :

> Tant que l'amour voudra que l'on soit ivre
> Ou c'est tant pis ou c'est tant mieux,
> Et tant pis pour nous deux...

La nostalgie étreint Kessel.

L'alcool aidant, il se souvient tout à coup de la complainte des bateliers de la Volga. « J'me souviens que ma mère m'aimait... » Il fredonne, traduit. Et Maurice Druon, inspiré, transporté, va composer *Le Galérien*. Une chanson aux paroles rudes et désespérées sur un air de complainte obsédante, qui rappelle les vieilles chansons de marins ou de forçats. Après Germaine Sablon, qui la crée, Yves Montand puis les Compagnons de la chanson l'interpréteront.

> J'ai pas tué, j'ai pas volé
> J'voulais courir la chance
> J'ai pas tué, j'ai pas volé
> J'voulais qu'chaque jour soit dimanche
> [...]
> J'me souviens, ma mère pleurait
> [...]
> Toujours, toujours elle disait
> T'en va pas chez les filles
> Fais donc pas toujours c'qui t'plaît
> Dans les prisons y a des grilles

Ce sont des paroles pour les hommes – la voix de Germaine Sablon est grave et cuivrée, sans mièvreries. Encore aujourd'hui, entendue sur YouTube, elle garde une force envoûtante, peut-être la trace de ces nuits d'Agay, suspendues entre ciel et terre, dans l'attente d'un signe du destin. L'ami Boris improvise quelques notes, Léo Poll construit la mélodie. Germaine Sablon chante, le soleil revient dans la nuit. Et tous reprennent en chœur le refrain. *J'ai pas tué, j'ai pas volé, J'voulais courir la chance...*

Un autre soir, Druon, dans un de ces moments échappés à la fureur du monde, écrit *Le Château bleu*. Germaine l'ajoute aussi à son répertoire. Pour moi, c'est sa plus jolie chanson, avant son départ pour Londres. Druon s'est inspiré des contes du Moyen Âge et de la légende de la Belle au bois dormant. Une princesse doucement se meurt, dans un château bleu... Il a mis, sans peser, dans ces quelques rimes presque enfantines une part de son angoisse à voir sa jeunesse se perdre :

Dans un château bleu
Où chaque pas crie
Sous les plafonds creux
Pleins de cris pleins de nuits

Les livres songent
Les rats les rongent
Un vieux laquais dort
En habit d'or

Une princesse
Qui doucement se meurt
Dans sa faiblesse
Entend le pas des heures

Rien ne presse
Car dans la tour
L'horloge sonne
Toujours toujours

Trois dames très vieilles
Auprès du lit veillent
Que disent-elles
À travers leurs dentelles ?

Les bougies baissent
Mais rien ne presse
Le temps est là
Le temps est là

6

L'étrange histoire de Samuel Wild

Maurice Druon promène son spleen à Marseille dans les rues du Vieux-Port. Il porte beau, l'expression lui va bien. De bonne taille, très mince, avec une démarche orgueilleuse, il a une élégance un brin affectée qui, bien qu'il ne soit ni l'un ni l'autre, évoque le dandy ou l'aristocrate. Avec ses cheveux d'un blond acajou, son teint clair, un peu rose, on pourrait le prendre pour un Anglais ou pour un Flamand. Marseille, en 1940, découvre que le monde est plus vaste que la Méditerranée. Des provinces du nord, de Paris mais aussi de pays voisins, tombés sous la botte allemande, de la Belgique à la Pologne, elle accueille massivement des réfugiés de tous horizons. C'est une terre d'asile où l'on parle avec les accents les plus divers. La cité phocéenne, seul grand port français libre, est devenue le havre provisoire et l'ultime recours pour des milliers de gens. Dans les cafés, ils tuent le temps en attendant un bateau ou l'un de ces petits avions, des Lysander, qui décollent de Marignane, emmenant les plus chanceux vers l'Afrique du Nord.

> Marseille, à sa façon, attend la délivrance,
> Et c'est curieux d'y voir toute la France
> À l'ancre…

écrit Druon, d'une plume décidément inspirée.

Au château de Montredon, au fond d'un grand parc tranquille du quartier de la Pointe-Rouge, la comtesse Lily Pastré, mécène courageuse autant que généreuse, héberge des pianistes, des violonistes, des violoncellistes qui ont fui la zone occupée. La musique s'échappe vers la mer, des mélodies étranges signées Arthur Honegger ou Bohuslav Martinu.

En février 1941, enfin démobilisé, le jeune homme de presque vingt-trois ans que son livret militaire décrit « sans profession » est venu rejoindre son épouse Geneviève. Elle a suivi à Marseille l'exode de la radiodiffusion nationale, l'ancêtre de Radio France, où elle exerce des fonctions au sein de la direction.

Cette grande femme, pas très jolie, mais douce et rêveuse et prompte à s'enflammer quand il lui lit ses poèmes, il l'appelle « Lesla », du petit nom qu'on lui donne dans sa famille. Druon l'a épousée entre deux permissions, alors qu'il suivait les cours de la PMS[1] à Paris, le 16 novembre 1939. Mariage civil à la mairie du XVIe arrondissement, suivi d'une cérémonie religieuse à la chapelle de l'église de l'Assomption. Geneviève, fille d'un père catholique et d'une mère juive et élevée sans religion, a été baptisée à cette occasion. Druon a eu pour témoin un inspecteur des finances, petit-fils de rabbin et catholique, fils d'un grand médecin, qui sera le créateur de l'ENA et le futur Premier ministre du général de Gaulle en 1958, Michel Debré[2]. Ils se sont connus à cheval lors d'un déplacement de l'escadron, pendant la PMS. Un peu plus âgé que Druon, Michel Debré est à la fois son camarade et son supérieur. L'amitié va les lier pour la vie.

1. Préparation militaire supérieure, pour devenir officier.
2. L'aîné de Druon – six ans les séparent –, Michel Debré est né en 1912.

Les jeunes mariés se retrouvent après une longue séparation. Certes, ils se sont vus par intermittence au long de l'année 1940, à Saumur où Geneviève a rendu quelques visites hâtives à l'élève officier, mais ces moments volés à la vie militaire n'ont pas permis au couple de se souder. Ils n'ont encore jamais vécu ensemble. Loin de se réjouir de retrouver sa femme, Maurice Druon se sent peu motivé pour commencer une vie conjugale jusque-là en suspens. Son amertume liée à la défaite, sa frustration due au sentiment qu'il a de ne pas avoir rempli sa mission, ses incertitudes quant à l'avenir troublent les retrouvailles. La tendresse ne fait pas défaut, mais il semble, d'après Druon dans ses Mémoires, que la fièvre n'ait jamais été le climat de leur amour.

Geneviève Druon, née le 19 juin 1904, a quatorze ans de plus que lui. Cette différence d'âge, il y est tout à coup sensible, alors qu'il assurait jusque-là à ses proches ne pas y prêter attention. Il est obligé pour s'en convaincre de se répéter cette citation qu'il a lue dans un livre d'André Maurois sur Disraeli : « La femme aimée n'a pas d'âge. »

Ce qui a rapproché les deux jeunes gens, c'est la fréquentation d'un même milieu, à coup sûr le charme bohème, des plus insolites, de la famille Gregh. Car Geneviève est la fille d'un écrivain que Maurice aime beaucoup, un de ces vieux écrivains dont la France a le secret, érudit, amusant, persifleur, tapi dans sa tanière poussiéreuse et encombrée d'ouvrages d'où là seulement il voit l'univers. Cet être sédentaire, exquis, à la barbichette grise, dont l'unique grande aventure consiste à poser et à reposer bon an mal an sa candidature à l'Académie française, où il échoue avec une placide constance depuis plus de vingt ans[1],

1. Fernand Gregh finira par y être élu, après treize échecs, en 1953, à près de quatre-vingts ans.

est le plus caricatural contre-portrait de Kessel, figure même du baroudeur, inépuisable bourlingueur, amateur d'exotisme et de sensations fortes. C'est feutré chez les Gregh, policé et un peu étriqué, dans leur maison du hameau de Boulainvilliers, XVIe arrondissement. Voisine de celle où Pierre Louÿs est mort, l'eau passe à travers le plafond, les jours de grande pluie. Qu'importe ? On y récite de la poésie du siècle dernier, on y parle latin, on se lance la réplique en alexandrins. On y écoute aussi de la musique, car Fernand Gregh, fils d'un éditeur de musique, a longtemps hésité entre la vie de poète et celle de musicien. C'est dans le salon de la rue Boulainvilliers que Ravel a joué pour la première fois *Oiseaux tristes* sur le demi-queue Pleyel où Reynaldo Hahn venait improviser. Il est impossible de rester hermétique au charme de l'atmosphère. L'hôte des lieux est de si agréable compagnie que les académiciens, quand ils l'auront finalement élu, regretteront de s'être privé de lui si longtemps.

Fernand Gregh, qui a fréquenté autrefois le salon des Heredia et suivi en pleurant le corbillard de Victor Hugo dans les rues de Paris, est resté un poète lyrique du XIXe siècle, dont il a la nostalgie. L'auteur de *La Beauté de vivre* et de *L'Or des minutes*, ami de Marcel Proust qui fut son condisciple au lycée Condorcet, a beaucoup d'affection pour « Maurice », venu lui rendre sa première visite comme jadis Henri de Régnier allait voir Sully Prudhomme. Élève au lycée Michelet de Vanves, l'adolescent préparait un exposé sur son œuvre, qui avait alors un certain éclat, pour le cours de français. Le vieux poète et Druon ont tout de suite entretenu des relations de père à fils. Il est vrai que le fils Gregh, François-Didier, le jeune frère de Geneviève, inspecteur des finances lui aussi, n'a pas hérité la fibre littéraire du reste de la famille. Il fait une carrière de haut fonctionnaire qui le mènera dans quelques années à être ministre d'État à Monaco[1].

Mme Gregh, Harlette, née Hayem, écrit elle aussi des essais, des poèmes, et des articles qu'elle signe le plus souvent du pseudonyme de Claude Ascain. Elle est membre du Comité Femina – les Gregh sont gens d'influence. Druon porte à Harlette Gregh un sentiment distancié. Excentrique, toujours vêtue de longues robes de bohémienne, couverte de châles de cachemire où elle se prend les pieds, c'est au quotidien une tragédienne dont le public – son mari, ses enfants et Maurice – se fatigue sans oser le dire, car elle a un caractère impossible, sans doute bipolaire, et ses décharges d'adrénaline répandent souvent la frayeur. L'autrice d'un *Vertige de New York*, qui écrit la nuit car elle est insomniaque, torture un mari pourtant débonnaire. Sa douce fille, « une abeille active dans la maison » selon son père, est sa principale victime : aux ordres d'une mère impérieuse, au point d'en être esclave, Geneviève, pourtant très cultivée, affirme peu ses opinions. À trente-cinq ans, quand son mariage a été célébré, elle se conduisait encore comme une petite fille attendant pour vivre la permission de ses parents.

Maurice Druon a été ému par cette figure de bonté et de soumission. Les dimanches au Bois-Bliaud, la maison de campagne des Gregh, à By-Thomery, proche de Fontainebleau, ont aussi beaucoup contribué à le séduire. Il s'y sentait poète aux champs, retroussait ses pantalons pour goûter l'eau glacée des ruisseaux. Que tout cela est loin ! Maintenant que la vie a soudain basculé, pris des couleurs plus sombres, et que le soleil du Sud dessine sur Marseille tous les mirages possibles, alors que son avenir lui

1. François-Didier Gregh sera ministre d'État de Monaco de 1969 à 1972.

apparaît en points d'interrogation, somme toute très excitants, ce mariage tranquille et si mal assorti n'est pas la chaîne qui le retient au port.

Avec le baccalauréat en poche et après deux ans d'études supérieures à hésiter entre Assas, la Sorbonne et Sciences-Po, il n'est sûr que d'une seule chose : il veut être écrivain. Lauréat du Concours général de 1936, deuxième prix en dissertation française (Fernand Gregh avait remporté, lui, le premier prix, en 1890 !), il se sent encouragé par les muses. Et par les écrivains prestigieux qui, fidèles au vieux Gregh, fréquentent son cénacle, de Paul Valéry qu'il admire éperdument (c'est rare chez lui) à Marcel Prévost, l'auteur des *Demi-Vierges*, deux académiciens qui a priori soutiennent les candidatures de l'éternel candidat. « Marcel Prévost disait gravement des choses légères tandis que Valéry disait légèrement des choses graves... », se souvient Druon[1].

Gregh lui a ouvert sur sa recommandation les portes de *Marianne*, qui a publié sa première nouvelle. Et Kessel celles de *Paris-Soir*, qui a publié son tout premier article d'importance, à la déclaration de guerre. Cet article lui laisse le regret d'un titre « racoleur » qui n'est pas de lui mais de Pierre Lazareff – « J'ai vingt ans et je pars ».

Débutant dans les lettres, le jeune Druon ne manque déjà pas d'assurance. Le verbe haut, la voix mâle et assurée, il n'hésite pas à couper la parole à des aînés qui auraient dû l'intimider ou du moins le rendre un peu modeste, tel Gaston Gallimard lors d'un dîner chez son oncle, boulevard Lannes, comme s'en est étonnée une amie[2]. Il en fait souvent un peu trop.

1. M. Druon, *Mémoires*, t. I, *op. cit.*, p. 243.
2. Jeannette de Brissac.

À Marseille, il reprend sa plume, bien décidé à entamer une carrière dans les lettres. Il écrit quelques courts textes pour *Le Mot d'ordre*, fondé en 1940 à Clermont-Ferrand, sous l'égide d'un directeur habile à camoufler, pour raisons de censure, des textes qui cultivent l'insoumission : Ludovic-Oscar Frossard, figure de la SFIO, député, plusieurs fois ministre, et père d'André Frossard, le futur académicien.

Il envoie des nouvelles à des hebdomadaires de la zone libre, qu'il réunira un jour en volume sous le titre très kessélien des *Seigneurs de la plaine*. Et il se fixe une double tâche : à la fois terminer sa pièce de théâtre, *Mégarée*, en chantier depuis peu – celle-là même qui sera jouée à Monaco en février 1942 –, et commencer son premier roman, *La Dernière Brigade*. Il en a eu le titre, avant même d'avoir rédigé la première phrase.

Avec Geneviève, ils habitent un appartement meublé, à l'étage noble, le *piano nobile* ainsi que le décrit Druon, c'est-à-dire le premier étage, d'un hôtel particulier de la rue Edmond-Rostand, près de la préfecture. Druon y occupe le bureau du chanoine, propriétaire du lieu, qui s'est réfugié pour le temps de la guerre à Aubagne, où l'on est sans doute mieux nourri. De sa table de travail, il a une vue magnifique jusqu'à Notre-Dame de la Garde. Mais il a le ventre creux. Tout manque, le lait, le beurre, la viande, et plus encore le café, qui est un fade jus de gland, et les cigarettes, qu'il faut économiser – Druon, comme son oncle, est grand consommateur de tabac.

Il prend vite l'habitude de déserter le foyer conjugal pour aller respirer plus librement ailleurs, tantôt à Toulon chez Katia et Raïssanton ainsi qu'il appelle Mamoussia, tantôt à Anthéor puis à Agay chez Germaine Sablon. Il y retrouve son oncle et la société bohème, voire interlope, qui navigue autour de lui, accompagne ses virées dans les cabarets russes de Nice ou de Cannes, où il se garde de boire autant bien qu'il ait lui aussi une forte descente, mais surtout il s'installe à ses côtés pour écrire.

C'est une scène que j'aime imaginer et qui n'est pas étrangère à l'idée de ce livre. Deux hommes, qui ont l'âge d'être père et fils, s'assoient tranquillement dos à dos à des tables mitoyennes et travaillent de concert.

L'été 1941, fuyant les femmes de leurs vies, Kessel et Druon s'installent dans un petit hôtel de la Seyne-les-Alpes, près de Sisteron. Chacun a sa chambre mais l'après-midi ils se retrouvent dans la salle à manger que l'hôtelier met à leur disposition et ils écrivent ensemble jusqu'au soir. Kessel poursuit l'écriture de son grand œuvre, le tome II du *Tour du malheur*. Et Druon met en route *La Dernière Brigade*, en songeant aux jeunes héros de l'École de Saumur dont il se veut le chroniqueur fidèle. Kessel lit au plus jeune des passages de ce qu'il vient d'écrire. De son côté, Druon lui lit de sa voix de ténor léger quelques phrases de son roman. Il lui a donné le manuscrit de *Mégarée* qu'il vient d'achever et attend son verdict. Rien ne vaut l'œil d'un écrivain pour un autre écrivain.

Kessel trouve la pièce pleine de qualités, mais trop nourrie, trop bavarde, trop érudite. « Elle était un peu obèse », reconnaît Druon. Kessel lui conseille de la « dégraisser », de la rendre plus maigre et plus nerveuse. Il lui enseigne l'art de la concision. Et comment faire surgir la vie d'un personnage, fût-il issu de la mythologie. Il accompagne les pas de l'apprenti écrivain. « J'ai pu l'aider à finir sa pièce, *Mégarée*, qui est vraiment grande, écrit-il à son frère Georges Kessel. Ce qui importe c'est qu'il se sent plus sûr de lui et qu'il devient un homme, sorti de toute rhétorique. Il écrit un roman, sans moi il ne le finira pas, ou mal. Et je voudrais, au moins, lui laisser le métier en héritage[1]. »

Kessel, avec aucune de ses femmes, n'a eu d'enfant.

Ce lien filial entre l'oncle et le neveu est pareillement ressenti de part et d'autre. « Il avait en moi une manière de fils qui l'admirait en tout, et prenait la même voie dans le même art, dira Druon. Je lui procurais le sentiment d'avoir une descendance[2]. »

Leurs liens n'ont pas toujours été aussi forts. Kessel a attendu que son neveu ait dix-huit ans pour s'intéresser à lui. Sa beauté, son intelligence brillante, ses excellents résultats scolaires, ses airs de conquête, tout lui a plu soudain chez le jeune Maurice, à peine sorti de l'adolescence, comme s'il le découvrait à l'état d'homme. Il retrouve en lui bien des traits de son frère tragiquement disparu, la beauté, le talent. De le savoir fou de littérature et se destinant au même métier touche en lui une corde sensible. Il veille sur lui, depuis, avec sollicitude, comme un père sur un fils ou bien plutôt comme un frère aîné sur l'enfant orphelin. Toutes ses maîtresses aiment ce jeune protégé et ne savent que faire pour lui être agréables. Katia Gangardt l'invitait très souvent à dîner avant la guerre, boulevard Lannes, et l'accueillait à table avec des sommités, Mermoz, Malraux, Saint-Exupéry ou… Gaston Gallimard. Aucun ne l'intimide. Kessel s'amuse de ses reparties, et s'émeut de savoir qu'il partage sa passion de lire. Tolstoï vient souvent dans leurs conversations, mais aussi Stendhal, Dostoïevski, Maupassant, Conrad… En vérité, avec ce neveu jupitérien, aussi doué que solaire, Kessel rattrape le temps perdu.

1. Y. Courrière, *Joseph Kessel*, *op. cit.*, p. 559.
2. M. Druon, *Mémoires*, t. II, *op. cit.*, p. 104.

Dans l'enfance et jusqu'à l'adolescence, Maurice Druon a peu connu son oncle Jef. Il avait deux ans et demi à la mort de celui qu'il n'a jamais nommé son père et dont le nom n'est que rarement prononcé en famille. D'instinct, par un accord tacite, ils évitent de parler de lui. Lazare Kessel est une ombre entre les deux hommes, la part non dite d'un chagrin inavouable, jalousement gardé au secret de leurs cœurs.

Pour Joseph Kessel, la mort de ce jeune frère, né seize mois après lui, a entraîné culpabilité et remords – des sentiments qui ne s'effaceront jamais. Quand il regarde son neveu, c'est ce frère qu'il revoit sans le dire : Maurice lui ressemble par plus d'un trait.

On appelait Lazare « Lola », en famille. Les deux frères, jusqu'au départ de l'aîné pour la guerre, ont toujours partagé la même chambre. Le benjamin, Georges, de santé fragile, a dormi longtemps dans celle des parents.

Lazare Kessel avait tout : la beauté, le talent, en effet, et même la réussite. Il avait l'ambition d'être comédien. Depuis l'enfance, Jef et Lola ont la passion du théâtre. Elle a bien failli orienter tout autrement la vie de Jef. À quinze ans, à seize ans, ils jouaient chacun dans la troupe de leurs lycées respectifs – Louis-le-Grand pour l'aîné, Lakanal à Sceaux pour Lola. Unissant leurs efforts, ils ont réussi, en 1915, à monter chez André Antoine, l'inventeur du Théâtre-Libre, un spectacle de leur invention, pour envoyer de l'argent aux soldats. Ils avaient obtenu, on ne sait par quel prodige, la participation bénévole de deux grands acteurs de la Comédie-Française, Paul Mounet et Édouard de Max. Les projets les plus fous, il semblait que les deux frères pouvaient les accomplir – ils ont donné l'un et l'autre, avant leurs dix-huit ans, au moins un article chacun au prestigieux *Journal des Débats*! Le plus jeune n'était pas le moins doué des deux.

Entrés ensemble au Conservatoire, en octobre 1916 – l'année de Verdun –, Jef sans éclat mais Lazare avec les félicitations du jury, ils ont provoqué la fureur de leur père en s'écartant du destin tout tracé qu'il leur destinait : une carrière de professeur, lettres, droit ou médecine, mais si possible agrégé. Luimême médecin des pauvres, Samuel Kessel, qu'une longue errance et d'incroyables souffrances ont conduit à un diplôme dont il est si fier, leur soutenait qu'il ne pouvait y avoir d'avenir dans ce métier de saltimbanques. Il voulait que ses fils s'engagent sur une voie plus sûre et solide, guidés par le prestige du savoir, la fonction d'enseigner. Mais c'étaient deux irréductibles. Deux têtes brûlées, selon lui. Tout ce qu'il avait gagné, c'est que le nom de Kessel ne figure pas sur les affiches. À Joseph, qui lui demandait avec insolence s'il n'avait pas l'idée d'un pseudonyme : « Tu n'as qu'à t'appeler Dourak ! » – « idiot », en russe. Joseph l'avait pris au mot et jouait ses petits rôles sous le nom de Jean d'Hourac.

Car Joseph Kessel n'a jamais pu décrocher que des rôles de figuration – moins que des rôles en somme –, tandis que Lazare voyait s'ouvrir devant lui la voie royale qui l'aurait mené à la Comédie-Française. Les plus grands comédiens, dont de Max, le lui avaient prédit.

Tandis que son aîné, en attendant sa mobilisation (décembre 1916), jouait sans gloire les hallebardiers ou les ruffians, les grognards de la Garde, pour vingt sous par jour au théâtre de l'Odéon, Lazare, lui, captivait Réjane qui lui offrit un rôle en avril 1917 dans *Madame Sans-Gêne*, au théâtre de la rue Blanche qui portait son nom. Puis Ida Rubinstein, qui l'invita à jouer dans *Antoine et Cléopâtre* au palais Garnier. Elle y donnait chaque année un spectacle assez fou, tiré d'un grand auteur, mais plein de tigres et d'autruches vivantes en cage. Shakespeare après Victorien

Sardou, Lazare avait ce don d'ubiquité des grands acteurs, aptes aux métamorphoses.

Son frère avait rejoint son escadrille et découvrait à bord de son Salmson, sa mitrailleuse en main, la fraternité des armes. À Paris, Lazare maintenait vive pour deux la flamme du théâtre, en travaillant ses rôles avec Édouard de Max – un fameux comédien. Porté à la mélancolie qui souvent noyait son regard selon leur ami et ancien condisciple, le romancier Philippe Hériat[1], il séduisait quiconque l'approchait. Les apprenties comédiennes étaient toutes folles de lui, quoique certaines aient éprouvé le plus vif regret de voir le grand frère partir pour le front.

À tout partager, les deux frères étaient habitués. En décembre 1916, sur le quai de la gare, au moment du départ, Jef confiait à Lazare sa « première vraie maîtresse », comme l'appelle joliment son biographe Yves Courrière. Eva Langan était une petite brune potelée et elle était mariée, son mari mobilisé. Jef, que tout le monde appelait Jef déjà dans le milieu du théâtre, la retrouverait à sa première permission pour comprendre qu'elle était entretemps devenue la maîtresse de Lola.

Elle ne l'avait été que le temps d'engendrer chez lui le chancre de la culpabilité, un sentiment auquel les deux frères sont aussi aptes l'un que l'autre. De ces tourments – la jalousie, la culpabilité –, Kessel nourrirait son tout premier roman, *L'Équipage*, histoire de deux hommes épris de la même femme, d'abord sans le savoir, puis dans le soupçon et enfin dans la réalité cruelle des

1. Pour l'état civil, Raymond Payelle. Né la même année que Kessel. Auteur des *Enfants gâtés*, premier volume de la saga des *Boussardel*, prix Goncourt en 1939. Le second volume recevra le Grand Prix du Roman de l'Académie française en 1947.

jours sur le front des combats. La guerre, comme jadis la Parque, tissait et détissait les fils de leurs vies.

Lazare Kessel, tandis que son frère écrit et se bat, joue le rôle le plus dangereux de sa vie, celui de Raymond Radiguet dans son roman *Le Diable au corps*. Un jeune garçon de quinze ans séduit une jeune femme, Marthe, dix-huit ans, dont le mari qu'elle n'aime plus beaucoup risque sa vie dans les tranchées de la Somme. Le récit très sensuel de leurs amours a choqué et séduit le public, tant d'hommes verraient leurs amours brisées au retour du front.

Après avoir abandonné Eva, Lazare est tombé amoureux d'une autre jeune comédienne du Conservatoire, petite, vive, très brune, avec des yeux de braise, Léonilla Samuel[1], dite Lili. De six ans son aînée.

C'est la mère de Maurice Druon.

Il semble que Jef ait eu une aventure avec elle, Druon en parle dans ses Mémoires sans être, dit-il, à jamais sûr de rien. Dans ce cas, la culpabilité de Lazare a dû s'en trouver renouvelée.

Ce qui complique la situation ou la rend plus excitante, c'est que Lili est mariée, elle aussi, et que son mari, bien sûr, s'en est allé lui aussi à la guerre. Roger Wild[2], peintre de portraits et de paysages, d'ailleurs répertorié aujourd'hui dans le Bénézit, a fréquenté les ateliers de Montparnasse et fut lié avec de nombreux artistes, tels Modigliani, Pascin, Zadkine ou Max Jacob. D'origine suisse, il a été mobilisé en 1914 et a fait toute la guerre au 9e régiment des zouaves, où il obtint deux citations.

Maurice Druon, quand il vient au monde le 23 avril 1918, sous

1. Léonilla Samuel ou Samuel-Cros (1893-1991).
2. Roger Wild (1894-1987).

le signe du Taureau – il croit aux astres –, porte brièvement son nom.

Il est déclaré à la mairie du XIIIe arrondissement où il est né, Samuel Roger Charles Wild.

Quant à Maurice, le prénom usuel, il lui vient d'un parrain qui s'appelait Maurice Saint, et qui était un ami de sa mère. Maurice Druon est baptisé et catholique.

Ses parents – du moins ses parents officiels – divorcent moins d'un an plus tard, en 1919. Divorce assorti d'un désaveu de paternité.

Le petit Samuel Wild disparaît.

Lui succède, pour un temps assez court, Samuel Samuel, toujours dit Maurice : il porte le nom de sa mère.

Roger Wild s'efface totalement de sa vie. Il ne fera sa connaissance que près d'un demi-siècle plus tard quand, élu à l'Académie française, il acceptera que Wild vienne faire son portrait au pastel. Durant la séance de pose, plusieurs heures durant, les deux hommes, du propre aveu de Druon, n'échangeront que des banalités. Rien d'intime en tout cas ne passera dans la conversation qui aurait pu permettre à Druon de mieux connaître ce personnage fugitif. Pas d'explication.

Le couple Lola-Lili ne dura guère. Selon Druon, les amants étaient déjà séparés au moment de sa naissance, « aux sons du canon ». Les Allemands tiraient sur Paris avec la Grosse Bertha tandis que sa mère accouchait, boulevard de l'Hôpital. Le nourrisson fut presque aussitôt confié à la grand-mère maternelle qui habitait dans le XVe arrondissement, près de l'église Saint-Lambert où il a été baptisé. « Une sorte de mise en dépôt », selon Druon. Lili pouvait ainsi poursuivre sa carrière d'actrice – une carrière en dents de scie. Elle fit bientôt partie de la troupe du Vieux-Colombier, sous la direction de Jacques

Copeau. Elle emmenait le bébé dans ses bras, en coulisses, où bercé par les voix des acteurs il ne se mettait à pleurer qu'en entendant déclamer l'emphatique Mounet-Sully ! Je me dois de mentionner, pour sa mémoire, qu'elle joua ensuite de seconds rôles dans des films de Marcel L'Herbier. Lili Samuel est signalée au générique de *L'Homme du large* (1920), de *Villa Destin* (1921) et de *Résurrection* (1923) – des films muets, précisons-le. Je regrette de ne pas l'avoir trouvée dans les premiers films parlants de L'Herbier, surtout dans *L'Enfant de l'amour* (1930) qui me semblait à tort écrit pour elle, et bien sûr dans *Nuits de princes* que le grand cinéaste adapta, la même année, du roman de J. Kessel.

Un visage étroit et mince, la peau très pâle à moins que ce ne soit l'effet d'un excès de poudre de riz, avec des yeux noirs qui crèvent l'écran : elle mimait à la perfection ses rôles de composition, telle la naine tragique dans *Fièvre*, film de Louis Delluc, en 1921, dont Ève Francis, alors l'épouse du réalisateur, est la vedette. Elle joua aussi dans *Le Tonnerre*, du même Louis Delluc, d'après une nouvelle de Mark Twain. L'histoire d'une jeune mère de famille, Évangeline, qui a une peur terrible du tonnerre. Le cinéma muet aimait confier à Lili Samuel les rôles de femmes fragiles ou déchirées. D'autres actrices, ses partenaires dans les films de L'Herbier ou Delluc, Ève Francis mais aussi Georgette Leblanc ou Marguerite Moreno, laisseront un nom dans l'histoire du cinéma, tandis qu'elle demeure une étoile filante, non sans charme ni talent.

Le drame cependant couvait, dans la vraie vie. Lazare, loin de savourer son jeune succès, suivait une pente angoissante et mortifère. Secrètement rongé de sentiments contradictoires, souffrait-il d'avoir, sans provoquer de scènes dignes du *Cid* ou d'*Othello*, trahi son frère, en lui volant par deux fois ses petites amies ? N'avait-il pas aussi quelque peine à assumer cette paternité, qu'il ne reconnaîtrait pas, ou ne souhaitait pas reconnaître ? Son tempérament naturellement porté à la mélancolie s'était-il aggravé d'autres zones d'ombre, restées inconnues ? L'entourage ne se doutait de rien.

Au concours de sortie du Conservatoire, le 6 juillet 1920, Lazare Kessel remportait le prix d'excellence pour son éblouissante tirade extraite du quatrième acte de *Ruy Blas*. Une tirade particulièrement difficile, entre la bouffonnerie et la tragédie, avec quelques accents prémonitoires du dénouement fatal.

« Sans doute. Autour de moi, tout est nuit, tout est gouffre.
Je sens le piège, mais je ne vois pas – je souffre ! »

Le prix lui fut décerné à l'unanimité, dans un silence d'église. Un silence empreint d'une émotion rare devant la révélation d'un phénomène. Le jury était ce jour-là présidé par Marcel Prévost – l'ami de Fernand Gregh, futur beau-père de Maurice Druon – qui jouissait à l'époque d'un très grand prestige littéraire. Sa présidence apportait d'autant plus d'éclat à la remise du prix. Maurice Druon ne dit pas dans ses Mémoires s'il a pu ou non, plus tard, chez son beau-père, s'entretenir avec Prévost du talent de son géniteur.

Ce 6 juillet, Lazare-Lola fut acclamé, porté à bout de bras par ses camarades de promotion. Les journaux se firent l'écho d'un succès, assez exceptionnel pour être signalé. Colette dans *Le Matin* salue « un Ruy Blas gigantesque, fougueux et magnifique ». *La Liberté*, sous la plume de Robert Giraud, parle d'« une interprétation magnifique ». Et Abel

Hermant, chroniqueur redouté d'*Excelsior*, annonce « l'étoffe d'un grand comédien, pourvu du plus précieux des dons : l'intelligence ».

C'est à Édouard de Max que revint de prononcer la phrase définitive : « Après toi, lui dit-il, je ne pourrai plus jouer Hamlet. »

Lazare est aussitôt engagé au théâtre de l'Odéon, considéré alors comme l'antichambre de la Comédie-Française.

Parallèlement au succès, de si bel augure, le jeune acteur devait affronter des soucis graves dans sa vie réelle.

Au cours d'un soir tristement mémorable, Samuel Kessel, quand son fils lui a annoncé qu'il avait fait un enfant à une femme mariée, l'a aussitôt banni. Avec la fureur d'un personnage biblique, il lui a interdit de revenir dans l'appartement de la rue de Rivoli, modeste, mais qui est le port d'ancrage, le foyer tendre et solidaire des trois frères. Plus jamais le docteur Kessel n'a prononcé son nom, ni accepté qu'on le prononce devant lui. Cet homme si calme, si bon, si plein de pitié et de dévouement pour ses malades, s'était durci en Père punisseur.

Maurice Druon, qui n'a pas connu son grand-père, reste l'enfant du péché, l'enfant de la faute, aux yeux des parents Kessel.

Raïssa, « Mamoussia » chérie, lui envoie en cachette de son mari des cadeaux pour Noël et voit son petit-fils une ou deux fois par an, à la sauvette, quand sa mère le lui amène sur un banc du jardin des Tuileries. Druon n'a vraiment connu sa grand-mère paternelle que beaucoup plus tard, après la mort du docteur Kessel (1931), vers l'âge de seize ou dix-sept ans.

Il n'a aucun souvenir de son père.

Et n'a, je le rappelle, jamais porté son nom.

Moins de deux mois après son coup d'éclat au Conservatoire, Lazare Kessel est sur le point de jouer le prince de Condé dans *La Conjuration d'Amboise*, une pièce de Louis Bouilhet, l'ami de Flaubert. C'est le 27 août 1920. À trois jours des répétitions, il déjeune avec son frère aîné dans un bistrot près du Luxembourg, un déjeuner sans histoire. Dans l'après-midi, il croise Pierre de Lacretelle, le frère de l'académicien, qui échange avec lui quelques phrases amicales, dénuées de tout sujet d'inquiétude. Revenu au *Journal des Débats*, Jef reçoit un peu plus tard un appel du commissariat du Vᵉ arrondissement : dans la chambre d'un petit hôtel de la rue de la Sorbonne, Lazare s'est tiré au revolver une balle en plein cœur.

Il laisse une lettre à l'attention assez étrange de « ceux qui m'aiment, s'ils m'aiment vraiment et non croient m'aimer ». Il leur demande de ne pas être tristes, les assure qu'il n'a jamais été aussi heureux qu'en cet instant. Druon, un jour, lira cette lettre. Il a dû être douloureux, même après tant et tant d'années, et bien qu'il ne l'ait jamais connu, d'admettre que son père, au moment de mourir, n'avait pas eu un mot ni peut-être même une pensée pour lui.

« Aucun témoignage, aucun mot tracé, aucun vestige ne m'a laissé apercevoir que ma récente et fragile existence lui ait été à joie ou à peine, qu'elle ait compté en rien, ne fût-ce que pour un regret, dans son geste final. En somme, je suis resté extérieur à ce destin bref, tracé par une interne fatalité[1]. »

L'entourage, comme souvent en pareil cas, demeure devant la question sans réponse. Pourquoi ?

Druon croira longtemps que ce père, mort à vingt et un ans, a succombé à la grippe espagnole, qui a fait tant de victimes à la fin

1. M. Druon, *Mémoires*, t. I, *op. cit.*, p. 100-101.

de la Première Guerre mondiale : c'est la version officielle de la famille, celle dont sa mère lui a fait part. Il n'apprendra la vérité sur le suicide de son père qu'à l'âge de dix-huit ans.

On ne peut que mieux comprendre, à l'éclairage de ce drame qui a eu des répercussions sur tous les membres de la famille Kessel, l'attitude de Joseph vis-à-vis de son frère Georges d'abord, dont il craint qu'il ne cède lui aussi aux démons du désespoir et du découragement. Et vis-à-vis de son neveu Maurice, qui ressemble tellement à son père, au moins physiquement, que l'oncle en arrive parfois à avoir la douloureuse illusion de revoir Lola. Mais un Lola plein d'énergie et de vitalité, de joie féroce et de désir de vivre. Comme pour effacer l'ancien remords, et empêcher le drame de se reproduire, il veut tellement le soutenir ! Tellement le protéger !

Au théâtre, pour respecter la volonté paternelle qui lui refusait le droit d'user du nom de Kessel, Lazare jouait sous un pseudonyme, « Siber ».

Tel est le nom que Maurice Druon, enfant puis adolescent puis jeune adulte, emploie pour désigner ce « père » fantôme, quand il parle à sa mère, mais alors en tête à tête, sur un ton feutré et en baissant la voix. Il ne dit jamais « mon père », encore moins « papa ».

Il évite d'évoquer « Siber » devant Jef, dont le visage se ferme sitôt qu'on le ramène à ce frère adoré et perdu, dont il traîne le poids du remords. Il se reproche sa mort. La photo qu'il garde de lui, jeune homme pâle au profil romantique, forme un diptyque avec Sandi, sa première épouse, tragiquement disparue trop jeune, elle aussi. Il ne se sépare jamais du double portrait qui voyage partout avec lui.

« Siber » est absent, radié, nié des conversations familiales. Par une sorte de pudeur sur laquelle chacun s'accorde, c'est le nom tabou, qu'on ne prononce pas. Craint-on comme dans les contes populaires d'autrefois qu'il ne déclenche des catastrophes en série ? Il y a dans tout tabou une part de malédiction. Dans la famille Kessel, comme plus tard dans la famille Druon, ce tabou c'est précisément « Siber ».

Un raccourci de Sibérie.

7

Mirages de la généalogie

Même s'il est né en Argentine, à Villa Clara, dans la province d'Entre Ríos, à la suite d'une des multiples péripéties de la vie mouvementée de son père, Jef est un immigré russe, un Juif des confins de l'Oural. Ses racines plongent, du côté maternel, dans un paysage de toundra enneigée et de forêts de bouleaux, traversé par un fleuve aux eaux de cristal qui marque l'exacte frontière entre l'Europe et l'Asie.

Enfant, il n'a pas connu Shawli, le ghetto où est né son père, Chmouel-Oscher Kessel, en Lituanie. Il a seulement entendu parler de la misère qui était le sort commun des six ou sept millions de Juifs ashkénazes repoussés aux marches de l'Empire par la volonté des tsars. La religion, pesante et superstitieuse, amenait la mère de Chmouel-Oscher à déchirer les livres qui n'étaient pas la Bible. Fils et petit-fils de rabbin, on peut s'étonner que celui-ci ait pu échapper au carcan des traditions et fuir l'oppressante Lituanie pour aller étudier la médecine en France. Jusqu'à l'âge de dix ans, le père de Kessel n'a parlé que le yiddish et l'hébreu rabbinique. À douze ans, il apprenait le russe, à quatorze le latin et le grec. Et à seize, il lisait *Les Travailleurs de la mer* à l'aide d'un dictionnaire, dans le but exalté et patient d'apprendre le français.

Arrivé à Paris à dix-neuf ans, en 1885 (l'année même de la mort de Victor Hugo), il avait fait le choix de la France qui resterait pour lui, en dépit des déboires et des coups du sort, le pays des libertés et de la tolérance. Rien ne pourrait détruire à ses yeux la belle image d'Épinal.

Ayant francisé son prénom en Samuel et obtenu une bourse du baron de Hirsch, un banquier philanthrope, qui avait fait fortune en construisant des chemins de fer en Turquie, auquel il serait toujours redevable, l'étudiant trapu, au physique courtaud, aux yeux de myope déjà creusés de cernes, s'en fut passer quatre ans à Montpellier où se trouvait, où se trouve toujours, la reine des facultés de médecine. Il y fut un étudiant sérieux, brillant et très pauvre, soigné comme on pouvait l'être alors, en l'absence d'antibiotiques, pour une tuberculose, maladie gravissime qui allait le ronger toute sa vie. Pour ses trois fils, Samuel Kessel est l'image même de la droiture, du mérite et du dévouement. Détaché des biens matériels, indifférent à la modestie de sa position sociale, il ne déviera pas d'un pouce de son sacerdoce : soigner ses malades, au prix de sa propre santé. C'était un modèle moral. Une espèce de parangon de toutes les vertus dont la bonté n'était pas la moindre.

Une jolie image, dans cette existence studieuse et tellement austère : à Montpellier, Samuel Kessel aura beaucoup joué aux échecs avec un jeune poète, étudiant en droit, qui resterait son ami, Paul Valéry.

La mère de Jef, Raïssa Lesk, visage d'icône byzantine, étudiait, elle aussi, la médecine à Montpellier, ce qui me paraît extraordinaire pour cette époque : elle avait quitté la Russie, traversé l'Europe d'est en ouest, vécu quelque temps à Genève avant de choisir de s'inscrire dans l'une des plus anciennes universités d'Europe, celle de Rabelais. Je la trouve aussi décidée et indépendante qu'une jeune fille d'aujourd'hui. Elle me fait penser à Gala Diakonova – Gala –, la Russe qui avait pris le train toute seule pour rejoindre depuis Moscou le sanatorium de Davos, y connut Paul Éluard et, pour l'épouser, retraversa l'Europe, cette fois à feu et à sang durant la Première Guerre. C'était déjà extraordinaire, mais trente ans après Raïssa !

Le mariage de Chmouel-Oscher et de Raïssa eut lieu à cinq mille kilomètres de Montpellier, à Orenbourg qui était le berceau des Lesk.

L'intermède argentin, avec ses gauchos dans la pampa, mais surtout sa population juive de la colonie de Villa Clara où le docteur Kessel fit ses premières armes de médecin, n'aura été que de courte durée et de peu d'influence sur l'imaginaire kessélien, sauf à lui inoculer le virus de la transhumance. Joseph Kessel est encore au sein, quand ses parents reviennent à Orenbourg pour s'y établir, si du moins ce mot ne leur était étranger tant ils sont par nature des nomades, impossibles à retenir longtemps au même endroit. Lazare y voit le jour, le 20 mai 1899. Sous le même signe du Taureau, qui sera celui de son fils Maurice Druon.

C'est alors, pendant les premières années de leurs vies, que les deux frères, Jef surtout, nouent un attachement profond pour la Russie, telle que la leur font voir leurs yeux d'enfant : un décor magnifique peint aux couleurs illusoires d'un paradis exotique. Dans la capitale bâtie aux bords du fleuve Oural, transitent des caravanes en provenance de Boukhara, de Khiva, de Tachkent ou de Samarkand, on y voit passer des marchands venus des Indes ou de la Chine. Turbans, chapkas, caftans, voiles et houppelandes forment un univers chamarré qui les poursuit dans leurs rêves. Les maisons de bois aux couleurs vives, les bulbes dorés des églises, les hauts minarets des mosquées, les chameaux et les moutons qui se mêlent aux passants de toutes origines, de toutes confessions, ils n'oublieront jamais ce mélange oriental, ni cette profusion venue de la steppe.

Une grand-mère leur conte en russe de vieilles légendes du pays des Khazars, dont le sang coule dans leurs veines. Leur mère leur lit en russe des histoires de cosaques. Ne seraient-ils pas un peu kirghizes aussi ? Le russe, c'est la langue maternelle, celle apprise au berceau, que Kessel parlera toujours à la maison avec ses parents, longtemps après leur exil en France.

Pour Druon, une langue étrangère.

Le petit-fils du rabbin, Samuel Kessel, est libre penseur. Les Lesk, de traditions juives, ne sont pas plus pratiquants que lui. Anton Lesk, qui a accueilli son gendre à bras ouverts, à la hauteur de son mérite, croit au progrès, à l'éducation, à la science, beaucoup plus qu'aux pouvoirs divins. C'est un négociant prospère, ce grand-père Lesk, arrière-grand-père de Druon par la loi naturelle. Propriétaire du plus grand magasin d'Orenbourg, il y vendait des peaux et de la soie, des chandelles et des épices, des pierres précieuses et du sucre, des produits ménagers et des parfums, de l'outillage agricole, jusqu'à des pianos et des lustres, en provenance d'Allemagne, d'Italie ou de France. Un bric-à-brac splendide et odorant, panaché, plein de merveilles, qui s'exportait vers des comptoirs établis dans plusieurs villes de l'Empire. Coiffé d'un bonnet d'astrakan, vêtu d'une houppelande, Anton Lesk régnait sur sa tribu en bon despote. Généreux, opulent, et fier de sa réussite. « Si cet homme-là était parti vers l'ouest, écrit Druon, et avait ouvert une banque à Vienne, il aurait fini baron du Saint Empire[1]. »

C'est une banalité de rappeler que Kessel a puisé sans frein dans ses souvenirs d'Orenbourg comme dans les images d'une

1. M. Druon, *Mémoires*, t. I, *op. cit.*, p. 72.

Russie de légende, où se mêlent cavaliers cosaques, grands-ducs et chanteuses tziganes, dans des nuits de princes incendiées de délires et de vodka. Il en a nourri ses romans, jusqu'à plus soif. Je préfère de loin, de très loin, le portrait qu'il donne du docteur Samuel Kessel dans *Le Tour du malheur*, cet homme profondément bon, à la discrétion austère, qui ne buvait que de l'eau et qui n'a jamais dit un mot, même dans les temps les plus difficiles, pour regretter l'exil. Toute la démesure du fils apparaît comme une réaction à la mesure si parfaite et contrôlée du père. Autant le père est calme et réfléchi, autant le fils est impulsif, emporté, jusqu'à perdre le contrôle de ses nerfs et devenir violent.

Pour Maurice Druon, qui n'a pas connu la Russie de Kessel et ne mettra pour la première fois les pieds à Orenbourg qu'à l'âge de quatre-vingt-trois ans, amené là par le succès des *Rois maudits* vendus à vingt-trois millions d'exemplaires dans la seule Russie (« sans pratiquement de droits d'auteur ! » précise-t-il[1]), c'était un décor un peu kitsch, un rêve pittoresque que cette Russie-là. Il sentait bien, en accompagnant son oncle lors de ses tournées dans les boîtes et les cabarets russes à la veille de la Seconde Guerre, qu'il y avait là pour Jef quelque chose d'essentiel – une vérité à laquelle lui-même n'avait pas accès. Un lien perdu. Une nostalgie brûlante, qui pour sa part lui était étrangère et le resterait. Kessel communiait dans la musique tzigane. Il était cosaque et il était grand-duc, prince des nuits de Montmartre, de Pigalle, au mépris de tout ce qu'il avait construit depuis. La Russie ne pouvait pas être séparée de Kessel. Elle coulait en lui, comme le sang dans les artères. C'était un lien constitutif, majeur. Et une souffrance évidente, par la perte et le regret.

1. *Ibid.*, p. 70.

Lui-même, Druon, né en France et élevé dans d'autres dispositions, ne connaîtrait jamais son vertige.

Cette Russie de Kessel, même embellie à travers les yeux de l'enfance, n'était décidément pas littéraire, confinée à des romans, à des récits, à des nouvelles qui en portaient la trace. Elle débordait sur sa vie, expliquait bien des folies, bien des extravagances. Elle l'exaltait, lui faisait du bien, en partie. Mais elle contenait en même temps, et Druon en avait la plus claire conscience, sa part de malheur. Kessel, il n'en doutait pas, était habité par les dibbouks, ces esprits malins qui, dans la mythologie juive, pénètrent le corps et l'âme des vivants et ne les lâchent plus. Les dibbouks insinuent en vous le remords de la faute, le regret de ce qui n'est plus ou de ce qui aurait pu être, jusqu'à votre fin dernière.

De ces démons, qui le terrifiaient et avaient sur lui une emprise obsédante, Jef voulait protéger Maurice. Il avait l'espoir de lui épargner ce qui avait conduit Lola au suicide, et qui le tourmentait lui-même, menaçait forcément Georges aussi, la maléfique influence qui avait toujours plané sur eux trois. Elle polluait leur esprit avec les miasmes d'un imaginaire plein de pogromes, de villages incendiés, de tribus enterrées vivantes dans la neige, et de cavaliers kirghizes qui chevauchent la nuit, alors qu'ils sont déjà morts.

Pour Druon, très tôt, le dibbouk c'est l'ennemi. Il s'en garde avec une extrême prudence. Pour éviter de tomber dans les pièges qui font tant souffrir son oncle et ont eu raison de son père, il va se construire une armure, une carapace, s'entourer d'un mur aussi résistant que celui d'une forteresse. Lui-même sera un homme solide, organisé, déterminé, volontaire, il apprendra à manier une épée pour les tenir à distance et les anéantir.

Taureau, par la volonté des astres, il va donner du fil à retordre à ses propres dibbouks.

La famille de sa mère, la séduisante Léonilla, va l'y aider. Car il ne tient pas tous ses gènes du côté Kessel. Sa généalogie est infiniment complexe, infiniment variée, comme si un dieu malin avait voulu brouiller toutes les pistes. Quel écheveau de fils invraisemblablement imbriqués a conduit à sa naissance !

Par Léonilla, il est en effet l'arrière-petit-fils d'Antoine Cros, écrivain et médecin, traducteur du *Prométhée enchaîné* d'Eschyle, mais surtout troisième souverain du royaume d'Araucanie et de Patagonie, sous le nom d'Antoine II[1] ! Un successeur du fondateur de ce royaume imaginaire, le Périgourdin Antoine de Tounens, dont Jean Raspail a magnifiquement conté la saga[2]. Le royaume a des prolongements inattendus jusqu'à aujourd'hui, puisque pour un roman que j'ai écrit et qui se déroule tout entier en Argentine, je compte au nombre des citoyens qui en font fictivement partie. J'ai ma carte d'identité patagone, un macaron pour la voiture, un passeport patagon pour passer les frontières. Maurice Druon était sûrement Patagon d'honneur, cela me paraîtrait plus que justifié pour un prince d'Araucanie. D'ailleurs, quand il sera reçu à l'Académie, Pasteur Vallery-Radot qui ne manquait pas d'humour l'accueillera par ces mots : « Ainsi Monsieur, vous êtes fils de roi ! »

Druon, par ce bisaïeul royal qui avait deux frères aussi originaux que lui-même, se trouve être l'arrière-petit-neveu de Charles Cros[3], inventeur méconnu de divers procédés techniques extraordinaires, précurseurs du télégraphe, du phonographe (qu'il appelait *paléophone*, le nom aurait pu rester) ou de la photographie en

1. Antoine Cros (1833-1903).
2. Jean Raspail, *Moi, Antoine de Tounens, roi de Patagonie*, Albin Michel, 1981.
3. Charles Cros (1842-1888).

couleurs, mais célèbre pour un poème qui a traversé le temps, *Le Hareng saur*. Il le récitait, un chapeau haut de forme sur le crâne, tous les soirs au cabaret du « Chat noir » :

> Il était un grand mur blanc – nu nu nu
> Contre le mur une échelle – haute haute haute
> Et par terre un hareng saur – sec sec sec…

L'autre frère d'Antoine, Henry Cros[1], peintre et sculpteur de talent, est notamment l'auteur d'une Gorgone en pâte de verre, exposée au musée des Beaux-Arts de Bruxelles, qui ressemble à une œuvre de Camille Claudel.

Les trois frères Cros, aussi sympathiques et fêlés les uns que les autres, étaient membres des fameux dîners des Vilains Bonshommes qui réunissaient de joyeux compères autour des années 1870 – Verlaine et Mallarmé en firent partie –, et assistaient aux réunions du non moins fameux Cercle des poètes zutistes qui aimaient répondre « zut ! » à tout.

Cette joyeuse et fantaisiste ascendance maternelle ajoute à l'arbre généalogique russe et juif de Druon quelques rameaux légers et la belle humeur d'ancêtres languedociens. Sa mère était très fière de cette parenté et portait associé le nom des Cros au sien. De sorte qu'après avoir été Wild, Druon s'est appelé un temps Samuel-Cros, ou plus exactement, d'après son état civil, Samuel Samuel-Cros. Le patronyme figure en toutes lettres à sa page, dans le *Who's Who* de 1990 que je viens de consulter.

« Samuel », dans Samuel-Cros, est le nom du grand-père belge, Henri Samuel, qui avait épousé la fille d'Antoine Cros – Juliette. Celle-là même à laquelle Maurice fut confié en dépôt, tout bébé.

1. Henry Cros (1840-1907).

Juliette née Cros était musicienne et était venue apprendre la musique à Gand auprès du directeur du Conservatoire. Ce directeur, Adolphe Samuel, avait parmi une très vaste progéniture un fils, Henri, dont Juliette tomba amoureuse. Ne perdons pas le fil ! Adolphe Samuel, Prix de Rome, composait des sonates, des cantates, des symphonies, des opéras qui furent joués à l'Opéra de Bruxelles. C'est en composant un jour un oratorio, *Christus*, où il mit toute son âme et qui fut joué à Gand en 1894, qu'il reçut la révélation et se convertit, passant ainsi du judaïsme au catholicisme. Ce qui explique pourquoi son arrière-petit-fils, Samuel-Maurice, fut baptisé dès sa naissance.

Adolphe Samuel fut en son temps si réputé qu'il fut décoré de l'ordre de Léopold – comme le serait un jour Maurice Druon.

Le grand-père, Henri Samuel, était beaucoup moins charismatique. Ingénieur de son état, il inventait des brevets, mais avec moins de génie que l'arrière-grand-oncle Charles Cros. Il ne reste rien de ses inventions. Venu à Paris pour s'y marier et y faire fortune, ou peut-être se rapprocher des Cros, Henri Samuel se lança professionnellement dans une voie promise à un bel avenir et créa un atelier de carrosserie. C'étaient les débuts luxueux de l'automobile. Mais il était prodigue, noceur, il se ruina, et le couple divorça. Maurice Druon n'a pas plus connu son grand-père maternel que son grand-père paternel, le père de Jef. Mais il doit à sa grand-mère Juliette, qui l'a élevé jusqu'à l'âge de sept ans, ses premiers câlins d'enfant, ses premiers éveils à la tendresse.

Sa mère (ainsi que le frère de sa mère, lequel disparaît assez vite lui aussi des radars) porte donc à la fois le nom du carrossier et le nom du troisième roi d'Araucanie.

Ce qui est amusant, c'est de voir se croiser, dans le brouillard des origines, le prénom du docteur Kessel – Samuel –, avec le patronyme gantois de l'autre grand-père. N'oublions pas que

Druon, qui, avant d'être appelé couramment Maurice par toute la famille, avait reçu pour l'état civil le prénom de Samuel, celui du père de son père naturel, s'est appelé plusieurs années durant, Samuel Samuel. Puis, Samuel Samuel-Cros.

De ce même côté maternel où la Flandre vient s'unir au Languedoc, il faut, pour pimenter encore un peu plus le panorama, ajouter un rameau brésilien et quelques notes de samba. Druon eut en effet pour trisaïeul un membre fameux de l'académie brésilienne des lettres, Manoel Odorico Mendes da Silva. Je n'entrerai pas dans le détail de son histoire, où la paternité non reconnue semble être un modèle d'existence officielle, je retiens qu'il était philosophe, traduisit Virgile en portugais, fut l'ami de l'empereur don Pedro II, eut cependant un rôle politique libéral et – ce qui nous intéresse – vint à Paris, alors capitale universelle des lettres et des arts, vers 1850, et y resta dix-sept ans. Fortuné, menant grand train, il tenait à donner à ses enfants la meilleure éducation. Sa fille Léonilla, qui était une beauté tropicale, prenait des leçons de grec. Le précepteur, séduisant Occitan à la barbe noire, était Antoine Cros. Il avait beau être roi, il lui fallait améliorer ses fins de mois en donnant des cours particuliers. Léonilla Cros, née Mendes da Silva, est donc l'arrière-grand-mère de Maurice Druon (la mère de Juliette Cros). C'est d'elle que sa propre mère tient son prénom musical, mais aussi son teint mat, ses cheveux d'ébène et son sang chaud.

Comment Maurice Druon, qui nous a laissé l'image d'un solennel et très gaullien ministre de la Culture doublé d'un Secrétaire perpétuel de l'Académie française, à l'esprit cartésien, épris de clarté et d'architectures classiques, s'y est-il retrouvé dans ce baroque méli-mélo, qui aurait dû selon toute vraisemblance le conduire au théâtre de l'absurde? « Je ne succède pas », dira-t-il un jour avec orgueil. Sa personnalité jupitérienne est un véritable défi à des gènes coruscants.

La sécurité, avec l'apaisement, allait lui être offerte quand il eut sept ans, par le remariage de sa mère. Léonilla Samuel-Cros[1], cette mère actrice, divorcée et pétulante, qui avait séduit les deux frères Kessel, menait une vie libre, en accord avec son milieu bohème. Tandis que l'enfant était confié à la grand-mère, elle sortait après le théâtre, fréquentait les restaurants, les cabarets parisiens. C'est à « La Régence », un café aujourd'hui disparu de la rue Saint-Honoré, fréquenté jadis par des joueurs d'échecs, tels le général Bonaparte ou Marx et Engels, qu'elle rencontra celui qui devait être son second et définitif mari, René Druon. Un grand bourgeois provincial du Nord, déjà âgé de cinquante ans[2]. Son élégance, dans son smoking à la « Régence » où il soupait après le théâtre, seul à une table, lui en avait tout de suite imposé. Elle découvrirait par la suite qu'elle n'était pas seulement vestimentaire, cette élégance, liée à ses costumes taillés dans de beaux tissus, mais un trait de caractère. Avec une allure chic et respectable, René Druon était l'homme le plus courtois de la terre. Très anglais dans ses goûts comme dans son comportement, il cultivait ce côté gentleman que le jeune Maurice allait tout de suite admirer et adopter, montait à cheval, chassait à courre et osait des excentricités comme d'escalader le mont Blanc. Tout cela au passé, avant de rencontrer Léonilla qui fut peut-être conquise avant tout par ses yeux bleus vifs, très gais, et par son sourire chaleureux.

Fils d'un notaire de Douai qui s'était éteint en 1916, René

1. Léonilla Samuel-Cros, dite Lili Samuel au théâtre (1893-1991).
2. René Druon (1874-1961).

Druon vivait en rentier et ne semblait avoir aucun souci pécuniaire – il en aurait beaucoup par la suite. Sa passion pour le théâtre l'amenait souvent à Paris où il ne manquait aucun spectacle. Il en profitait pour visiter ses tailleurs de la rue de la Paix ou de la rue de Rivoli. Ce pour quoi il louait à l'année non loin du café « La Régence » un pied-à-terre dans un hôtel de la rue de l'Échelle. Il avait fait toute la guerre de 1914 à 1918, comme maréchal des logis, impeccable de courage et d'endurance, et content d'en sortir. Il menait depuis une agréable existence de célibataire et garda longtemps le contact avec deux belles amies, Diane Valentine Feydeau, la fille du dramaturge, et Henriette Fouquier qui avait épousé Thierry de Martel, le chirurgien du cerveau qui se tua à la strychnine, à l'entrée des troupes allemandes dans Paris. Tombé amoureux de Léonilla Samuel-Cros, qui avait vingt ans de moins, René Druon l'installa dans un meublé du XVe arrondissement pour la rapprocher du foyer où vivait son fils, ce qui prouve qu'il tenait déjà à l'enfant, et puis il l'épousa, à la mairie du XVe, le 11 mars 1926.

Mais il ne fit pas qu'épouser Lili. Le même jour, il adopta son fils. Le petit Maurice Samuel-Cros changeait ainsi pour la troisième fois de nom. Voici qu'apparaît sur les registres de l'état civil Maurice Druon. À sept ans, bientôt huit, il a enfin un père.

Non pas un beau-père. Mais un père qu'il désignera toujours en tant que tel.

Druon est un nom des Flandres, celui d'un géant féroce qui terrorisait le port d'Anvers. Un adolescent, tel un David flamand, l'avait terrassé en lui coupant le poignet. Mais c'est aussi le nom d'un saint du XIIe siècle, réputé pour guérir miraculeusement les maladies des reins, et que se disputent plusieurs communes du Nord, de Douaisis en Cambrésis. Il figure dans le calendrier à la date du 16 avril. Maurice Druon, jusque dans son grand âge, portera sur lui une médaille en or à l'effigie de saint Druon.

L'enfant, grisé de pouvoir se raccrocher à de si belles légendes, plonge dans la généalogie de sa famille d'adoption et s'extasie d'y trouver la mère du général Cambronne, celui dont le mot en cinq lettres tire ses lettres de noblesse à Waterloo. Le père de son père a relevé le nom des Druon de celui des Reyniac (de Reyniac), une famille originaire de Liège, riche de plusieurs militaires pouvant s'enorgueillir de la Légion d'honneur et de la croix de Saint-Louis. Ajoutons à cela le portrait d'un certain général Porion, aide de camp du roi Louis-Philippe et de Napoléon III, que Maurice Druon de Reyniac – puisque tel est son patronyme – transportera dans ses demeures successives. Voilà pour les ancêtres... Voilà pour le nom.

Fondatrice dans la vie de Druon, cette appartenance à la lignée et au nom des Druon de Reyniac. Car elle marque pour lui le véritable lien au père. Première figure virile devant ses yeux d'enfant, René Druon restera son modèle et sa référence morale. L'homme était droit, honnête, respectable, élégant en toutes circonstances même quand il eut perdu le reste de la fortune familiale, non pas au jeu, démon des frères Kessel, mais dans des placements bancaires tout aussi hasardeux, qu'il crut solides et qui n'étaient que du vent, comme les bons à lot de Panama. L'élevage de poulets dans la région parisienne où le jeune Maurice put passer son bac et finir ses études n'allait qu'en partie renflouer ses fonds. Jamais René Druon ne se départit de sa dignité, y compris dans des colères qui éclataient parfois de manière imprévisible et lui faisaient retrouver un langage de militaire ou de maître de manège équestre.

Curieusement, c'est aux antipodes de l'Oural des Kessel que Maurice Druon s'est découvert des racines. Son enfance à La Croix-Saint-Leufroy fut si heureuse qu'il a fait sien le paysage normand. Proche de Louviers avec sa cathédrale gothique, et d'Évreux où René Druon emmenait femme et enfant déjeuner à l'hôtel du Grand Cerf, il s'est épris de ce village, calme et serein, qui vivait encore au rythme du pas des chevaux et au son des cloches de l'église. Il y restera attaché. Ancré dans un pays de France ancestral, fidèle à son passé, où les petits garçons vont au catéchisme et servent la messe, le dimanche, la sage Croix-Saint-Leufroy est peinte aux couleurs les plus contrastées avec le monde bouillonnant de la famille Kessel, son désordre, son nomadisme, son athéisme mâtiné de traditions juives, et le son vrillant de ses mélodies tziganes.

L'oncle Jef, entre deux reportages à l'autre bout de la planète, vient rendre quelques courtes et rares visites à l'enfant. Il n'aime pas particulièrement la campagne, qui lui est plus exotique que les terres du Maghreb ou du Levant, et se trouve assez gêné en présence de René Druon. Lequel, parfaitement à l'aise, assume son rôle paternel avec autorité et bienveillance. Il a réglé une fois pour toutes le lien de son fils avec les Kessel en fixant à Joseph Kessel sa place définitive dans la famille. Il sera l'oncle qui manquait au tableau. « Ton oncle, dit-il, ton oncle Jef. » Tant il est vrai que Kessel apporte avec lui non seulement l'air du large, le frisson de l'aventure, les rêves dorés de la steppe, mais aussi, mais encore, le fantôme de Siber.

Si Maurice Druon considère et considérera toujours qu'il n'a jamais eu qu'un seul père, René Druon, il aura quand même du mal à l'appeler Papa. Pour sa mère comme pour lui, cet homme attentif et bon qui lui apporte la sécurité et la permanence, c'est « Moune ». Il ne l'appelle jamais autrement.

Aucun autre enfant ne viendra partager la fidélité de cet amour. Maurice Druon est un fils unique. De cette espèce enviée ou plainte, qui monopolise l'intérêt des siens.

En revanche, il n'est pas le neveu unique. Joseph Kessel a un autre neveu, Patrick Kessel, onze ans en 1940[1]. Il est le fils de son frère Georges, dit Gregori en famille comme Lazare est dit Lola et Joseph Yossia. Georges ayant divorcé, son fils, là aussi, est souvent confié à Mme Kessel mère. Onze années séparent les deux neveux, qui sont l'un et l'autre – mais Druon sans doute un peu plus – pour l'oncle Jef des fils de substitution.

1. Patrick Kessel, né le 14 septembre 1929 et mort en 2008, fut journaliste à *France-Soir*, *Paris-Match*, *L'Express* et *France-Observateur*.

8

L'hydre de l'antisémitisme

À Paris, en septembre 1941, la propagande allemande a organisé au palais Berlitz, grand immeuble haussmannien près de l'Opéra, une exposition dont le titre est à lui seul un programme, « Le Juif et la France ». Nourrie des travaux scientifiques, ou prétendument tels, d'un médecin d'origine helvétique, professeur d'anthropologie, ethnologue au musée de l'Homme, George-Alexis Montandon, elle prenait appui sur son livre le plus récent, publié par Denoël, l'éditeur de Céline… et d'Aragon, *Comment reconnaître le Juif*. Curieusement, Kessel a pu, sans le savoir, croiser Montandon, en 1919, à Vladivostok, où la Croix-Rouge avait chargé le jeune professeur d'organiser le rapatriement des Autrichiens, prisonniers de guerre en Sibérie. Montandon, qui fut membre du parti communiste suisse et avait écrit dans *Clarté*, la revue de Barbusse, est l'élaborateur d'une théorie de la race, qu'il exposait avec force détails dans un ouvrage publié par Payot en 1933, *La Race, les Races*. La taille du nez, l'implantation des cheveux, tout y était passé au crible du racisme le plus froid et le plus arrogant.

1. Publié en 1940, aux Nouvelles Éditions françaises.

Au palais Berlitz, de grandes affiches illustraient son propos. Des portraits de Joseph Kessel et de son frère Georges y figuraient en bonne place, à côté de ceux de Pierre Lazareff, d'Henry Bernstein, de Léon Blum ou du fabricant de meubles le plus fameux du faubourg Saint-Martin, Wolff Levitan.

Poursuivie jusqu'à mi-janvier à Paris, l'exposition se déplaça à Bordeaux au printemps 1942, puis à Nancy, pour les deux mois d'été.

1942, l'année charnière de la guerre, les événements se bousculent et les mesures discriminatoires se multiplient. Dès septembre 1940, la préfecture de police de la Seine a mis en place le recensement obligatoire des personnes relevant, selon des critères préétablis, principalement religieux, de la « race juive ». Forcés d'aller se déclarer dans les commissariats, les Juifs définis comme tels ont été recensés, leurs noms et adresses ont été consignés sur une liste, qui servirait de modèle pour les recensements futurs. La mention Juif tamponnée en rouge sur leur carte d'identité.

Dès lors, la population juive, soumise au double feu des autorités allemandes mais aussi de Vichy qui prend largement le relais en promulguant des mesures parallèles ou complémentaires, voit son sort empirer. La série de lois et décrets les concernant atteint le chiffre incroyable de la soixantaine. Les outrages et les humiliations infligés sont pires dans la zone nord, mais ne sont pas exempts de la zone dite libre. Un décret du 22 juillet 1941 étend cependant à tout le pays l'ordonnance dite d'« aryanisation », décidée un an plus tôt en zone occupée, qui ordonne de placer sous séquestre les entreprises et les biens des Juifs absents ou arrêtés.

Bannis de leurs professions dans la magistrature, l'enseignement ou la fonction publique, mais aussi des métiers du journalisme, de l'édition et du cinéma, beaucoup de gens se trouvent privés de leurs ressources, sans plus de moyens d'existence.

En mars 1942, les premiers convois de déportés quittent le camp de Drancy, en Seine-Saint-Denis.

En juin, le port de l'étoile jaune à partir de l'âge de six ans devient obligatoire en zone occupée. Il s'accompagne d'une série de discriminations, telle l'interdiction pour les Juifs d'avoir un poste de radio ou un vélo, d'assister à des spectacles, ou l'obligation de monter dans le dernier wagon du métro – il leur est réservé.

En mai, Louis Darquier de Pellepoix, antisémite notoire, auquel son propre père a fermé sa porte et qui sera condamné à mort par contumace à la Libération, succède à Xavier Vallat, que les autorités allemandes jugeaient trop modéré, à la tête du « Commissariat général aux questions juives ». Le Commissariat, créé en mars 1941 et assorti d'une « Police des questions juives » qui travaille main dans la main avec la Gestapo, possède plusieurs antennes en zone sud. La déportation s'organise.

Le 12 juillet 1942, les Allemands donnent l'ordre d'arrêter tous les Juifs en zone occupée.

Les 16 et 17 juillet a lieu, à Paris, la rafle du Vélodrome d'Hiver. Treize mille personnes, dont un tiers d'enfants, parqués comme des animaux dans le stade de la rue Nélaton, sont déportés en Allemagne.

Quelques jours plus tard, en zone occupée, une loi sur l'aryanisation autorise la spoliation des biens possédés par les personnes tombant sous le coup du statut des Juifs. « Est regardé comme juif, pour l'application de la présente loi, toute personne issue de trois grands-parents de race juive ou de deux grands-parents de la même race, si son conjoint lui-même est juif. »

Kessel, avec quatre grands-parents juifs, est concerné au

premier chef. Parce qu'il vit en zone non occupée, il n'est pas soumis au port de l'étoile jaune. Mais n'échappe pas à l'humiliation des mesures prises par le régime de Vichy, de l'abrogation du décret Crémieux en octobre 1940, ce décret qui accordait aux Juifs d'Algérie la nationalité française, jusqu'aux lois d'aryanisation, qui lui interdisent d'exercer son métier, mais surtout le stigmatisent comme un citoyen inférieur aux autres, pourvu d'un statut dégradant.

Druon, grâce à son adoption par un catholique de vieille souche, échappe côté paternel à cette mise au ban, qui le révolte tout autant. Sa mère est elle-même catholique depuis deux générations, en vertu de la conversion de l'arrière-grand-père gantois. Et depuis bien plus longtemps, du côté Cros. Quant aux Sablon, ils sont tous pourvus des nécessaires certificats de baptême catholique qui, dans un temps de persécutions, peuvent sauver des vies.

La menace, telle une hydre monstrueuse, ne cesse de s'étendre. En zone sud, les trois protagonistes de ce livre qui naviguent entre Marseille, Toulon, Nice et Anthéor, peuvent encore se croire à l'abri et mener une existence à peu près normale. Les restrictions y sont surtout alimentaires, Marseille crève de faim sauf à pouvoir recourir au marché noir, les gros fumeurs tels Kessel et Druon qui n'ont droit qu'à quatre cigarettes par jour récupèrent le tabac des mégots. Maurice Druon, de son propre aveu, s'occupe en priorité des diffusions de *Mégarée* sur les ondes françaises et sur Radio-Lausanne, et espère voir monter sa pièce aux arènes d'Arles. La vie réserve encore de bons moments.

Seules les missions pour le réseau Carte donnent un sens à une existence qui, malgré le contexte, garde sur la Riviera un parfum de vacances. La Résistance intérieure, qui a maintenant dépassé l'état embryonnaire, laisse encore beaucoup de Français dubitatifs ou indifférents. Ainsi, André Malraux coule-t-il des jours tranquilles à Roquebrune-Cap-Martin, à la villa La Souco. Engagé dans les combats de chars à Provins pendant la campagne de France, blessé et fait prisonnier, il s'est évadé et a rejoint dans le Midi sa compagne Josette Clotis, qui vient de donner naissance à leur premier fils, Pierre-Gauthier. Il travaille à un roman qui sera publié en Suisse en 1943, *La Lutte avec l'ange*. Courant 1942, il reçoit la visite d'un jeune polytechnicien, lieutenant dans l'artillerie en 1940, Claude Bourdet[1]. Résistant de la première heure, Bourdet vient lui proposer d'entrer dans le réseau Combat d'Henri Frenay.

« Avez-vous des armes ? demande Malraux.

— Non, répond Bourdet.

— Avez-vous de l'argent ?

— Non, répond Bourdet.

— Revenez me voir quand vous aurez l'argent et les armes », conclut Malraux.

Il ne s'engagera que beaucoup plus tard, après la mort de ses frères, dans les maquis de Corrèze. Et deviendra Compagnon de la Libération, pour sa courageuse attitude à la tête de la brigade Alsace-Lorraine. Mais en 1942, retiré à La Souco, son seul combat est une lutte avec l'ange.

Le régime de Vichy quant à lui s'accorde de mieux en mieux avec la politique raciste et antisémite de l'occupant allemand. Ledit statut des Juifs, hors le port de l'étoile jaune, s'applique à toute la zone « non-o ». Kessel peut venir applaudir la pièce de son neveu Druon, en février 1942, au théâtre de Monaco. Mais, parce qu'il est juif, il n'aurait pas été admis dans un théâtre

1. Claude Bourdet (1909-1996). Il est le fils du dramaturge Édouard Bourdet et de la poétesse Catherine Pozzi.

parisien ni où que ce soit dans la capitale, les Juifs de la zone libre ne sont plus autorisés à rentrer en zone occupée. Paris lui a fermé ses portes.

Le 22 juin 1942, Pierre Laval déclare souhaiter la victoire de l'Allemagne – phrase qui a profondément choqué –, « parce que sans elle le bolchevisme demain s'installerait partout ».

S'ensuit une ère sinistre de catastrophes et de malheurs.

Elle s'ouvre mi-juillet au Vél' d'Hiv sur des scènes insoutenables, puis s'étend à tout le pays.

Le 26 août, eut lieu sur tout le territoire de la France libre une gigantesque rafle de Juifs, étrangers ou apatrides. Plus de six mille cinq cents d'entre eux, dont des centaines d'enfants, furent arrêtés, livrés aux nazis en zone occupée, pour être déportés sans retour vers le camp d'Auschwitz.

Les membres du réseau Carte poursuivaient cependant leurs activités clandestines. Savaient-ils seulement, étant donné l'étanchéité indispensable des rapports entre eux, qu'André Girard, le fondateur, avait des ennuis ? Ou l'apprendraient-ils plus tard ? Les Anglais qui faisaient jusque-là une entière confiance à Carte découvraient qu'il y avait chez lui une part de mythomanie. Ce patriote, profondément antiallemand, était une sorte de romancier sans le vouloir. Il avait aux yeux des services secrets britanniques grossi ses effectifs et prétendu à une puissance technique et opérationnelle qu'il était loin d'avoir. Ayant réclamé bon nombre d'émetteurs radios auprès de Londres et les ayant obtenus, il avait au bout de quelques jours demandé qu'on lui envoie autant d'opérateurs radios que d'émetteurs – ce qui signifiait qu'il n'avait personne pour les faire fonctionner. Appelé à Londres, en même temps que Maurice Diamant-Berger, que Kessel et Druon retrouveraient bientôt, il fut interrogé longuement, puis envoyé aux États-Unis, pour qu'on l'y oublie. Son antigaullisme, qui était aussi fort que sa haine de l'ennemi allemand, fut sans nul doute pour beaucoup dans la décision de l'éloigner. Girard devait garder rancune à vie au général de Gaulle : alors que son épouse, Andrée Jouan, était arrêtée et déportée à Ravensbrück, on lui interdit de rentrer en France où il voulait à toutes forces, par divers contacts qu'il avait dans la Résistance intérieure, tenter de la sauver.

Début novembre 1942, après un automne passé à distribuer messages et colis et à poursuivre les embarquements clandestins à partir de la rade d'Agay, Kessel, Druon et Germaine Sablon apprennent le débarquement allié en Afrique du Nord.

Dès le 11 novembre, les Allemands envahissent la zone libre. Le 12, ils entrent dans Marseille. La France entière est sous la botte.

Le 27, l'amiral Jean de Laborde, le comte Jean pour ses hommes, donne l'ordre de saborder la flotte à Toulon. Aucun bâtiment français ne pourra tomber entre les mains des Allemands.

Le danger est désormais aux bords mêmes de la Méditerranée. Les trois êtres qui ont lié leur sort sont acculés. Les événements leur imposent de quitter le territoire. Hervé Mille, un ami de Kessel du temps de *Paris-Soir* dont il était un des directeurs, est intervenu à Vichy, auprès de Pierre Laval. Celui-ci lui fait immédiatement parvenir quatre passeports : l'un au nom de l'écrivain, les trois autres en blanc pour des personnes de son choix. C'est dire à la fois l'aura littéraire de Kessel – pourtant écrivain juif –, et l'imminence du péril qu'il courait.

Kessel refuse le cadeau. Il ne veut pas devoir quoi que ce soit à un régime qui s'est déshonoré.

C'est Maurice Druon qui trouve la bonne filière pour gagner en priorité l'Espagne. Il a connu, par l'entremise de son beau-frère Gregh, l'inspecteur des finances, la première femme fonctionnaire au ministère des Affaires étrangères, Suzy Borel[1] – future épouse de son ministre Georges Bidault. Très en cour et jouant double jeu, puisqu'elle est membre du réseau Combat d'Henri Frenay, elle lui a fourni il y a quelques mois, lors d'un bref passage qu'il a fait à Vichy pour voir son beau-père, le nom d'un contact précieux à Perpignan. Lucien Billès. Ce jeune Français courageux héberge chez lui nombre de ceux qui cherchent à s'évader par l'Espagne, avant de les orienter vers des passeurs sûrs. Décision est prise : ils partent ensemble, tous les trois. Mais il n'est pas facile de larguer les amarres.

Germaine Sablon a fort heureusement, dès le mois de juin, envoyé sa mère à New York où l'attend Jean Sablon. Il va l'emmener vivre en Argentine. Ses deux fils ont rallié l'Algérie – elle s'inquiète pour eux, espère les rejoindre un jour. Il est plus que temps pour elle de se mettre en route.

À la fin de l'été, l'épouse de Maurice Druon, Geneviève, a préféré rejoindre son père, esseulé à Vichy. Son épouse et son fils, après bien des complications, ont finalement mis pied en Algérie. Il est probable que Druon n'aura pas cherché à retenir « Lesla ». Il se sent délié à son égard. À son grand soulagement, il a pu dire au revoir à ses parents, au mois de juillet, quand il est allé les voir à Paris, muni de son *ausweis*. Il ne leur a bien sûr rien révélé de ses activités ni de ses intentions. Mais il laisse aussi, dans une maison d'Anjou au milieu des vignes, une jolie marquise, à laquelle le lie une histoire sentimentale semi-secrète, Jeannette de Brissac. Le portrait qu'il lui consacre soixante ans plus tard dans ses Mémoires compte parmi les pages les plus enlevées et les plus

1. Suzy Borel (1904-1995). Première femme à passer le concours du Quai d'Orsay en 1929 et première à le réussir (1930). Elle est la première femme nommée attachée d'ambassade.

émouvantes. Née princesse d'Arenberg, de la branche française d'une famille du Saint Empire, elle était la jeune veuve de Roland de Brissac et, comme souvent entre les deux hommes, une amie commune de l'oncle et du neveu. Kessel avait fait le premier sa connaissance sur le bateau qui l'emmenait en Argentine, sur la piste de Mermoz. Druon avait connu « Jeannette » chez son oncle, aux dîners du boulevard Lannes. Plus âgée que lui[1], frêle et pâle, elle souriait à ses défauts et ne manquait jamais une occasion de le retrouver. Elle est venue spécialement, pour lui, en février à Monaco, afin d'assister à la première représentation de *Mégarée*. Il est possible qu'elle ait été son plus vif et douloureux regret, à son départ.

Quant à Kessel, il tranche lui aussi des liens qui lui sont chers. Il abandonne son épouse Katia à Toulon, et sa maîtresse Sonia à Nice. Il peut penser qu'elles ne seront pas inquiétées, puisqu'elles ne sont juives ni l'une ni l'autre. En revanche, il a eu la prudence à la fin de l'été d'installer sa mère sous un faux nom à Vaison-la-Romaine, une petite ville tranquille du Vaucluse. Il lui a obtenu de faux papiers. Elle y vivra jusqu'à la Libération sans être inquiétée, sous un nom à peine maquillé mais qu'elle n'aura pas trop de mal à prononcer de son sonore accent russe : Mme Quaisselle.

La France, à laquelle ils sont tous les trois redevables et très attachés, n'est plus la France. Ils espèrent pouvoir rejoindre l'autre France, la France libre, qui se revendique comme telle, en Angleterre.

Leur départ est d'autant plus urgent qu'ils ont été tous les trois dénoncés comme agents actifs de la résistance. Un des membres du réseau Carte, dentiste à Nice selon Druon, a oublié par distraction sa serviette dans un train. Elle contenait la liste

1. Jeanne de Brissac (1909-1964). Mariée en 1933 à Roland de Brissac (1898-1936).

imprudemment rédigée d'une vingtaine de ses membres ! Sitôt prévenus, ils prennent le train pour Perpignan, logent quelques jours chez Lucien Billès qui leur fournit le nom d'un passeur et les conduit à Collioure. De là, grâce à José le Catalan, ils franchissent comme on sait la frontière espagnole la nuit de Noël, la frontière portugaise le jour des Rois, et atteignent enfin Lisbonne d'où ils s'envolent pour Londres à la mi-janvier, les deux hommes d'abord et puis Germaine Sablon, in extremis.

Les 22, 23 et 24 janvier 1943, a lieu la grande rafle de Marseille. À la suite de plusieurs attentats commis par la résistance, les Allemands ordonnent la destruction du Vieux-Port, et l'arrestation des coupables présumés. Accompagnés par la police nationale, dirigée par René Bousquet, les policiers appliquent à la lettre les consignes de Heinrich Himmler, transmises par un général SS qui supervise l'opération. Sur les six mille personnes arrêtées, soumises à des interrogatoires d'une extrême brutalité, les deux tiers d'entre elles furent relâchées. Mais près de deux mille Marseillais, dont huit cents étaient juifs, furent déportés sans retour en Allemagne.

9

Trois recrues FFL

Des immeubles éventrés, des églises décapitées, des quartiers entiers détruits, la City en partie réduite en cendres, et le palais de Buckingham, où réside la famille royale, gravement endommagé à la suite de trois bombardements : Londres en janvier 1943 est un paysage d'apocalypse. Des sacs de sable protègent les bâtiments publics restés debout. Aux carrefours, des cuves d'eau de la taille d'une piscine servent de réservoirs aux pompiers, en alerte permanente, et accueillent au crépuscule des passées de canards de la Tamise – rare touche de poésie au milieu des décombres. Comparé à Paris, Lyon, Nice ou Marseille, qui sont semblables à ce qu'elles étaient avant la guerre, Londres est une ville meurtrie, une ville martyre, qui a été pendant onze mois la principale cible des bombardiers allemands. Quatorze mille civils tués[1], entre septembre 1940 et mai 1941, cent cinquante mille blessés, les dégâts humains ont été considérables, à la mesure des destructions matérielles.

Mais les rues ne sont pas pavoisées de croix gammées, c'est ce qui frappe Maurice Druon lors de ses premiers pas à Londres. Il

1. Quarante mille morts au total dans tout le Royaume-Uni.

n'y était encore jamais venu. Le drapeau du Royaume-Uni flotte fièrement au-dessus des porches ou sur les balcons que le Blitz n'a pas détruits.

Dans le métro, des milliers de couchettes à bâtis de fer, superposées sur deux ou trois niveaux, accueillent le soir des gens qui ont tout perdu et acceptent sans se plaindre leur sort forcé de troglodytes. Dans ces gigantesques dortoirs souterrains, on distribue le thé collectif dans des boîtes de conserve, et des cuisines de fortune sont mises à disposition. Le matin, après une douche rapide dans les salles aménagées à cet effet dans les couloirs, hommes et femmes se rendent à leur travail et gagnent bureaux, ateliers, boutiques. La vie quotidienne continue, la population faisant preuve du même courage exemplaire que le roi George VI et son épouse, demeurés à Buckingham avec leurs enfants durant toute la bataille d'Angleterre et qui s'astreignent aux mêmes restrictions. La nourriture est pauvre, bien qu'il n'y ait pas à Londres de tickets de rationnement, et il est fortement recommandé d'économiser l'eau et l'électricité. Les magasins les plus bringuebalants, dont certains ne tiennent que par des rafistolages de planches, affichent à leur devanture le panneau : « *Business as usual* ». Les rues grouillent d'une surprenante activité, rien n'entrave le moral des Anglais qui font preuve d'un remarquable civisme.

La ville est devenue un vaste foyer cosmopolite. On y entend parler toutes les langues, polonais, tchèque, grec, flamand... et, bien sûr, français. Depuis 1940, les Londoniens sont habitués à côtoyer les nationalités les plus diverses. Mais les Français y ont un statut à part. Ils sont souvent salués, reconnaissables à leur allure ou à leur képi militaire, d'un « Vive *le* France ! » où l'accent a valeur d'accueil.

Ils étaient trois cents, le 14 juillet 1940, à défiler de White Hall à Grosvenor Gardens, près de la gare Victoria. Les Londoniens s'en souviennent. Ils ont acclamé avec enthousiasme ce petit nombre de patriotes venus poursuivre la guerre avec eux, des soldats, des marins, des pilotes et des chasseurs alpins, en uniforme de l'armée française, incluant une section de la treizième demi-brigade de la Légion étrangère venue de Norvège, dont plus de la moitié des effectifs a rallié la France libre derrière son commandant, Magrin-Verneret (futur Monclar). Le général de Gaulle, lui-même en tenue militaire, accompagné du vice-amiral Muselier et de Magrin-Verneret, a passé ses troupes en revue au son de *La Marseillaise*. Puis, sous les vivats de la population, hommes, femmes et enfants, il s'est avancé vers la statue du maréchal Foch à Grosvenor Gardens et a déposé à ses pieds une gerbe portant cette simple signature sur le ruban, « Les Français libres ».

Ce jour-là, pour la première fois dans l'histoire de Londres, l'archevêque de Canterbury a fait monter au mât de l'abbaye de Westminster un grand drapeau tricolore.

Trois cents hommes : tous unis derrière celui que le Premier ministre britannique, Winston Churchill, a officiellement reconnu comme leur « chef » et considère comme un allié important, sinon à part entière car les frictions ne manquent pas. Leurs rangs se sont depuis beaucoup étoffés, malgré une loi édictée en juillet 1940 par le gouvernement de Vichy, disposant que les Français qui quittaient le territoire seraient déclarés « coupables de trahison et punis de mort ».

Lorsque Kessel et Druon descendent de leur petit avion en provenance de Dublin sur l'aérodrome de Bristol, la France libre a largement dépassé le stade des débuts. Organisée et structurée, tant sur les plans administratifs que politiques, avec un statut juridique rédigé en août 1940 par René Cassin – un des premiers

Français ralliés –, elle est forte de succès militaires qui lui sont propres, forte aussi de l'action menée par les cinq cents comités qui travaillent en son nom à travers le monde. Les contacts avec la métropole se sont intensifiés. La Résistance intérieure, très active, agit maintenant en liaison avec Londres. Malgré les tiraillements dus aux positions politiques ou aux tempéraments, les chefs des réseaux viennent régulièrement par avion, par bateau, apporter des nouvelles ou chercher des ordres. Londres, qui fourmille de *Free French*, est bel et bien devenue la capitale de la France libre.

Avant de signer leur engagement, les deux nouveaux arrivants sont emmenés en panier à salade jusqu'à un endroit inconnu d'eux, dans le sud-ouest de la capitale, au Royal Victoria Patriotic School. Un bâtiment colossal de style gothique, avec des tourelles, au milieu d'un grand parc. Cet ancien pensionnat pour les orphelines, inauguré au XIXe siècle pour celles dont les pères ont été tués pendant la guerre de Crimée, est alors occupé par le contre-espionnage britannique, qui en a fait une caserne provisoire et la résidence forcée de tous les étrangers entrant dans le territoire. La chasse aux espions est un souci constant des Britanniques, qui filtrent soigneusement les entrées sur leur sol national. Le précédent bâtiment dévolu à cet usage, l'Olympia Hall, une salle de music-hall sans fenêtres de la périphérie londonienne, ne suffisait plus à accueillir des effectifs qui grossissent d'année en année. À la Patriotic School, Kessel et Druon vont donc être soumis parmi beaucoup d'autres à une batterie d'interrogatoires et devoir justifier leurs intentions. Ce n'est pas une simple opération de routine. Si des informations se contredisent, les agents du renseignement vérifient le point erroné ou douteux, quitte à remonter la filière jusqu'à la source, et pendant ce temps le candidat à l'entrée en Grande-Bretagne est maintenu en observation. Lorsqu'un espion est découvert, preuves à l'appui, il est conduit sous bonne escorte en prison et aussitôt exécuté par pendaison. On ne plaisante pas avec les agents de l'Intelligence Service.

Kessel, habitué à ce qu'on lui déroule le tapis rouge, est tout surpris, vexé peut-être, de passer à la casserole comme un simple quidam, harcelé de questions par des fonctionnaires par ailleurs fort courtois mais qui mènent sur lui une véritable enquête policière comme s'ils ne le connaissaient pas. Les interrogatoires durent entre huit à dix heures par jour. État civil, famille, études, adresses diverses, liens avec les milieux fréquentés, professionnels ou autres, relations conjugales et extraconjugales, rien n'est jamais anodin aux yeux du contre-espionnage, qui en profite pour lister les renseignements et opérer des vérifications croisées puis entrecroisées, au rythme des arrivages.

« Avez-vous de la famille en France ? lui demande l'agent de l'IS chargé du premier interrogatoire.

— Ma mère.

— Où cela ?

— Dans la zone qui était libre ou soi-disant telle.

— Comment y est-elle arrivée ?

— Elle est passée par Luchon.

— Par le train ou en car ?

— Par le train.

— Ah ! Je respire ! Si vous m'aviez dit : "Par le car", j'aurais dû vous garder car il n'y en a pas[1]. »

1. Kessel a raconté la scène à son camarade Maurice Diamant-Berger (André Gillois) qui la livre telle quelle dans son *Histoire secrète des Français à Londres de 1940 à 1944*, *op. cit.*, p. 113.

Au bout de cinq jours à ce régime, Kessel est libéré de la Patriotic School, prison confortable mais astreignante, dont le seul avantage fut de lui procurer des cigarettes à volonté. S'il n'y a pas de tickets de rationnement à Londres, la tempérance est cependant conseillée aux citoyens. Ni trop manger ni trop boire… et veiller à ne pas dépasser *five inches* d'eau (12,7 centimètres) dans sa baignoire, à peu près la largeur d'une main.

Il s'est installé à Piccadilly, au Ritz, le plus bel hôtel de Londres qui ouvre sur les frondaisons de Green Park, renouant avec le souvenir de ses reportages pour *Paris-Soir* à la grande époque, quand Jean Prouvost allouait au plus fameux de ses journalistes de monumentales notes de frais. Il était logé au Ritz quand il a couvert les funérailles du roi George V en 1936. Mais cette fois, il faut payer de sa poche et la facture dépasse largement ses moyens. Même s'il partage sa « chambrée » avec René Massigli[1], tout juste arrivé lui aussi, mais directement de France où un avion Lysander est allé le chercher. Massigli est l'actuel commissaire aux Affaires étrangères du Comité national de la France libre (et sera à la Libération ambassadeur de France à Londres). Que se sont-ils dit ? On aurait aimé connaître leurs échanges, à l'heure du *black-out*, derrière les rideaux tirés sur la nuit londonienne. Kessel quitte à regret son palace pour une adresse plus modeste, mais idéalement située, à deux pas de là.

Druon, retenu une semaine supplémentaire sous le feu des

1. René Massigli (1888-1988). Ancien ambassadeur de France en Turquie (octobre 1938-juillet 1940), en disgrâce du régime de Vichy pour sa position hostile aux accords de Munich. Tardivement rallié, arrivé à Londres à la même date que Kessel, en janvier 1943, il suivra le général de Gaulle de Londres à Alger, et jusqu'à Paris, commissaire aux Affaires étrangères, de juin à septembre 1944, dans le Gouvernement provisoire de la République française.

enquêteurs, rejoint son oncle, dès sa sortie, et loue un appartement contigu à celui de Kessel, à Pall Mall : près du *flat* n° 2 où Kessel a posé ses bagages, le *flat* n° 5. Plus tard, il ira s'installer à quelque cent mètres de là, dans un autre hôtel divisé en appartements meublés, Hamilton House. Portant le nom de la célèbre maîtresse de l'amiral Nelson, qui n'y a jamais habité, l'hôtel a conservé sa salle de bal blanc et or, quoique réduite à l'usage de débarras. Il ne compte dans ses murs pour figure légendaire que la marquise Casati, l'égérie de D'Annunzio, vieillie et décatie mais toujours originale, avec ses manteaux et ses gants en peau de panthère et son allure de spectre sorti du tombeau d'un poète. Pour deux célibataires, ou presque, Hamilton House est une résidence pratique car elle offre un service hôtelier. Dans chaque « *service flat* », le *butler* (majordome) apporte le thé et le porridge du matin. « *Morning tea, Sir!* » s'entend d'une porte à une autre.

À la sortie de la Patriotic School, Kessel et Druon, pareillement à une semaine d'intervalle, ont dû subir un second assaut d'interrogatoires, côté français cette fois, celui du BCRA, le Bureau central de renseignement et d'action. Autrement dit, les services secrets de la France libre. Ce 2e bureau, situé Duke Street, qui regroupe en une seule entité les activités du MI6 et du SOE britanniques, est chargé non seulement des activités de renseignement mais de toutes les activités clandestines menées en France pour le compte de la France libre, renseignement, évasions, exfiltrations, sabotages, etc. Aux manettes, son chef et fondateur : un polytechnicien, fils d'industriels du Nord, André Dewavrin. Ce lieutenant-colonel de trente ans, ancien professeur de fortifications à Saint-Cyr et officier du génie, rallié de Norvège dès juin 1940, est connu par tous comme le « colonel Passy » – son pseudonyme. Une haute silhouette, un regard bleu acier, un abord réservé et froid, l'homme, intransigeant, s'attire pas mal d'inimitiés, mais le chef est unanimement respecté. Dewavrin, en 1943, a été envoyé en mission temporaire en France, mais son autorité demeure. Le 2e bureau français, qui suit ses consignes, n'est pas moins attentif que l'Intelligence Service aux éventuels infiltrés mais vise surtout à mieux connaître les nouvelles recrues – leur histoire personnelle, leurs convictions politiques et les circonstances de leur départ de France. Ce n'est qu'après ces rudes formalités d'entrée qu'elles peuvent signer leur engagement aux Forces françaises libres (FFL). Sur un simple feuillet, une phrase pour s'engager « à servir avec Honneur, Fidélité et Discipline », et la signature au bas.

Druon, matricule 55224, est officiellement « rappelé sous les drapeaux » selon le terme utilisé sur son dossier, le 3 février 1943.

« Il n'y a jamais eu de serment de fidélité dans la France libre, ni de culte de la personnalité, déclare Pierre Messmer, mais une sorte d'allégeance librement consentie de part et d'autre, et qui durera[1]. »

Lorsque Germaine Sablon débarque à son tour, enfin !, après une longue semaine d'attente impatiente à Lisbonne, elle est soumise à la même sévère épreuve des contrôles d'identité, mais dans un lieu réservé aux femmes à Wandsworth, proche de celui où ont été interrogés Kessel et Druon : au 101 Nightingale Lane, une ancienne école d'infirmières nommée d'après la plus célèbre des *nurses* britanniques[2], Nightingale School.

Son séjour se voit prolongé pour une bourde qu'elle a commise. Une bourde teintée d'humour. Dans l'avion qui la conduisait de

1. Pierre Messmer, « Naissance de la France libre », conférence prononcée à Bayeux, le 18 décembre 1993.

2. Florence Nightingale (1820-1910).

Dublin à Londres, elle a donné à un admirateur américain un autographe signé de ces mots : « Vive l'Irlande libre ! », qui n'ont pas fait rire les inspecteurs anglais et ont bien failli l'envoyer en cellule pour le restant de la guerre. Elle en sort finalement, mais le 6 février, n'ayant pu avertir Kessel ni lui donner la moindre nouvelle. Elle court signer son appartenance aux Forces françaises libres, de sa grande et tonique écriture, puis, munie de son attestation qui porte le numéro 9769, elle erre dans Londres, en brebis égarée.

Téléguidée par les FFL, mais aussi par les passants français qu'elle croise dans les rues, elle trouve enfin Piccadilly, le Hyde Park Corner et le meublé de Hamilton House. Et tombe dans les bras de Jef.

Il vient tout juste de rencontrer, fin janvier, le général de Gaulle. En 1943, celui-ci n'est plus « seul et démuni de tout, comme un homme au bord d'un océan qu'il prétendrait traverser à la nage », ainsi qu'il se décrit dans ses Mémoires au moment de son arrivée à Londres. Au cœur d'une structure et d'une organisation, il incarne vraiment le chef de la Résistance, un chef que Kessel imaginait fort différent, assailli de doutes, rongé d'inquiétudes et assailli de rivaux prêts à en découdre avec son autorité – ce dernier point étant cependant assuré. Or, convoqué dans son bureau, au deuxième étage d'un immeuble devenu depuis fameux, le 4 Carlton Gardens, il est saisi par la force tranquille du personnage. Le Général a lu ses livres, connaît son talent de grand reporter, et se montre curieux qu'il lui dresse le portrait le plus fidèle de la France qu'il vient tout juste de quitter. Une part de nostalgie anime sans doute un homme qui vit en exil depuis près de trois ans et qui laissera couler de vraies larmes lorsqu'un soldat français lui apportera dans une boîte un peu de terre venue de Lorraine[1]. Mais l'entretien avec Kessel répond surtout à la volonté du chef des FFL de se tenir informé sur le moral de la population française, pétainiste dans son écrasante majorité mais où continue de brûler « la flamme qui ne doit pas s'éteindre et ne s'éteindra pas ».

Au moment de le quitter, Kessel lui pose à son tour une question abrupte : « Comment croyez-vous que tout cela se terminera ? »

« Il m'a regardé, presque étonné, raconte Kessel.

« "Mais mon cher, c'est fini, c'est gagné... Évidemment, il y a encore quelques formalités à remplir."

« Ce mot de "formalité" m'a stupéfié[2]. »

Aux yeux de tout un chacun en effet, la guerre est loin d'être finie, encore moins gagnée. L'entrée en guerre des États-Unis, le débarquement allié en Afrique du Nord, la toute neuve victoire de Stalingrad sont autant de signes d'espoir, mais le débarquement n'a encore eu lieu ni en Italie (juillet 1943) ni en Corse (septembre), les batailles continuent sur le continent. « De Gaulle survolait l'Histoire, tant il était sûr du destin de la France », conclut Kessel, définitivement conquis et qui devient gaulliste pour la vie.

Préoccupé de servir son pays à Londres, Kessel se voit refuser d'aller combattre dans l'aviation, comme ce fut le cas pendant la Grande Guerre. Jugé trop vieux, à quarante-trois ans, il ne participera pas à des opérations militaires. Mais il peut se rendre utile de deux façons, lui dit le Général. Première option : partir pour les États-Unis, en mission de propagande. En sous-entendu, car le Général est peu loquace, il y parlerait de la France libre,

1. A. Gillois, *Histoire secrète des Français à Londres*, *op. cit.*, p. 180.
2. Y. Courrière, *Joseph Kessel*, *op. cit.*, p. 573.

parcourrait le territoire américain pour donner des interviews, rencontrerait dirigeants et journalistes, hommes d'affaires et femmes du monde, tous les réseaux d'influence, afin de contrebalancer la désastreuse image qu'offre là-bas la dissidence non gaullienne. En sous-entendu, toujours, celle de l'écrivain académicien, André Maurois, qui, en escale à Londres en 1940, a refusé d'être le porte-parole du Général, celle aussi de Saint-Exupéry – deux écrivains non gaulliens que de Gaulle regrettera toujours de n'avoir pas pu compter parmi ses troupes.

Mais quel autre rôle assigner ici ou ailleurs à Kessel, sinon écrire ? C'est la seconde option que lui propose le Général : « Écrivez donc quelque chose sur la Résistance ! »

Sitôt sorti du bureau de Carlton Gardens et sans perdre une minute, Kessel se met au travail. De sorte que Germaine Sablon tombe au plus mauvais moment : en pleine rage d'écrire de son compagnon.

Kessel commence par contacter la presse – le débouché immédiat pour exposer ses points de vue et faire campagne. Au 85 Fleet Street, dans un immeuble qui est le siège de l'Agence Reuter, il renoue avec ses habitudes de journaliste et retrouve avec un plaisir sensuel l'odeur de l'encre et du papier. Le septième étage abrite les locaux de *France*, le quotidien « des Français de Grande-Bretagne » ainsi qu'il se définit pour marquer son indépendance à l'égard de la France libre. Le Général y a écrit dans le tout premier numéro, le 26 août 1940, un article fondateur : « Un Devoir : combattre ». Il continue d'y écrire de temps en temps, quand la nécessité se fait sentir, malgré ses divergences avec la direction, jalouse de ses libertés et qui refuse de signer l'engagement officiel dans les FFL.

Relations compliquées des Français en exil. Rivalités. Jalousies. Inimitiés. Opinions embrouillées ou jusqu'au-boutistes. « En

Angleterre, dira André Gillois, nous découvrions des éléments complexes, contradictoires ou troublants, mettant aux prises des clans opposés s'agitant dans une confusion extrême et dans une atmosphère de haine indescriptible[1]. »

Georges Gombault et son fils Charles, de leur vrai nom Weiskopf, arrivés ensemble à Londres le 28 juin 1940, ont créé ce journal à tendance plutôt radical-socialiste, qui bénéficie du soutien financier d'un *publisher* et mécène britannique. Tiré quotidiennement à trente-cinq mille exemplaires, vendu en kiosques et distribué gratuitement dans les camps de soldats établis près de Londres, aux aviateurs et aux marins français, il paraîtra sans un seul jour d'interruption, jusqu'à la Libération[2]. La principale cheville ouvrière de *France*, avec les Gombault père et fils, est un agrégé d'allemand, parfaitement bilingue en anglais (les Gombault ne parlent que français), Pierre Comert. Un protestant du Gard, très actif, très sympathique, et l'un des fondateurs de la Société des Nations avec Jean Monnet. Les trois rédacteurs ne sont que trop heureux d'ouvrir leurs colonnes à un romancier célèbre, reporter de haut vol, réputé pour ses magnifiques tirages d'avant guerre.

C'est une très jeune femme, Myriam Cohen[3], vingt-deux ans, arrivée à Londres en 1940 avec son père, sa belle-mère et son chat, qui est la correctrice du journal. Elle relit les épreuves. Corriger

1. A. Gillois, *Histoire secrète des Français à Londres*, *op. cit.*, p. 153.

2. Charles Gombault, *Un journal, une aventure*, Gallimard, 1982.

3. Myriam Champigny Cohen (1921-2018) est la fille unique d'Albert Cohen (1895-1981) et d'Élisabeth Brocher, morte en 1924. Réfugié à Londres, l'ancien directeur de *La Revue juive* à Paris tente de rassembler les amis du sionisme dans un vaste mouvement interallié qui aiderait la cause d'un État juif, la paix revenue. Sa vision consensuelle, généreuse, se heurte à mille écueils. C'est à Londres, en 1943, que Cohen rencontre Bella Berkowich, qui sera sa troisième épouse et l'une des inspiratrices de *Belle du Seigneur* (1968).

Kessel, quand on est la fille d'Albert Cohen, auteur avant la guerre de *Solal* et de *Mangeclous*, est assez dans l'humeur hétéroclite du journal.

Confortablement rémunéré, Kessel devient à partir du 4 mars 1943 la vedette incontestée de *France*. Ses articles, signés de son nom en gros caractères et en première page (le reste du journal est anonyme), déclinent en plusieurs épisodes un tableau de la France occupée. Le premier d'entre eux, « *Nach Canebière* », relate l'entrée des Allemands dans Marseille – Kessel, à son habitude, est le principal témoin, en même temps que l'auteur. Les suivants, avec des portraits de Français anonymes, partagés entre la fidélité et la colère, le refus et la passivité, et surtout écrasés de soucis de toutes sortes, sont assez sensationnels pour que le *Daily Express* les reprenne dans ses pages, traduits et magnifiquement présentés : « ... *by Joseph Kessel, the famous novelist who has just arrived in the country from France* ».

Deux de ces papiers, dont la plume incandescente court sur plusieurs colonnes donnant un exemple parfait de ce que devrait être le style journalistique, vivant, entraînant, et d'une radicale simplicité, montrent bien l'état d'esprit de Kessel, qui s'est porté sans réticence aucune, au service de la propagande. Cet écrivain généreux, ouvert à tous les mondes comme aux subtilités des cœurs, ne fait jamais les choses à moitié. Puisqu'il soutient une cause, ce qu'il écrit se passe de nuances. Je comprends que Gilles Heuré dans son admirable travail sur les reportages et romans de Kessel, où figurent nombre d'inédits, ait fait silence sur les articles parus dans *France*[1]. Le premier, du 6 mars 1943, « Comment est mort le maréchal Pétain », racheté cette fois par l'*Evening Standard* et publié en anglais sous le titre « *How*

1. J. Kessel, *Reportages, romans*, *op. cit.*

Marshall Pétain died », ouvre le feu par un portrait féroce. Une exécution sommaire, pourrait-on dire. J'ai été déçue de n'y trouver aucune explication du désamour de l'auteur, assez tardif, vis-à-vis du maréchal, ni du changement de cap survenu avec la publication des lois de Vichy. Sans doute les circonstances rendaient-elles impossibles toute subtilité d'analyse, toute approche distanciée du personnage, comme tout repentir personnel.

Kessel a choisi l'engagement. Sa plume est devenue une arme.

Dans le second article, « Psychologie de la Résistance », écrit de la même plume trempée dans le vitriol, Kessel stipendie les écrivains restés dans la collaboration, en tête desquels Drieu la Rochelle, Alfred Fabre-Luce et Henri de Montherlant.

Drieu : « une valise vide, bourrée de valeurs allemandes ». Fabre-Luce : « malingre, bossu, exsangue, [...] d'une complicité organique avec le vainqueur ». Montherlant : « orgueil monstrueux », etc.

Pas un mot en revanche, on peut s'en étonner, sur Henri Béraud ni Georges Suarez, ses confrères de *Gringoire* qui continuent de se déchaîner de manière ignominieuse, mais qu'il a tenu à épargner. À moins qu'il n'ait pas voulu attirer l'attention à Londres sur ses anciennes amitiés ?

Lesquelles amitiés n'ont plus leur place dans le combat qu'il doit mener. Table rase du passé. Kessel est tout entier dans la gravité de son engagement.

Il est devenu dès les premiers jours, grâce à *France* et à la presse anglaise, une figure de la France libre. La plume tant attendue de la Résistance. Un symbole pour le « Devoir de combattre » dont parle le général de Gaulle. Dans les rues de Londres, on le reconnaît facilement à sa puissante carrure, à sa chevelure ébouriffée et à sa manière parfaitement décontractée d'arborer le *battle-dress* – pas très différent au fond de ses tenues de grand reporter. Il y est souvent salué, en héraut de la France combattante.

Il donne aussi des articles à *La France libre*, revue mensuelle fondée dès novembre 1940 par André Labarthe et Raymond Aron. Elle accueille des signatures prestigieuses, celles de Georges Bernanos, d'Albert Cohen, de Jacques Maritain, d'Ève Curie, ou de Charles Morgan – le plus célèbre des écrivains britanniques de cette époque, l'auteur de *Fontaine* (1934) et de *Sparkenbroke* (1937), romans qui ont connu un immense succès en France. Druon lui rend immédiatement visite, à son arrivée à Londres, et trouve qu'il a un profil de médaille. Très indépendante à l'égard de la France libre, du moins la France libre officielle, la revue d'Aron se montre sourcilleuse sur sa liberté et fort critique à l'égard du général de Gaulle « soupçonné de viser l'exercice d'un pouvoir personnel peu démocratique[1] ». Kessel, assez peu dans la ligne, y apporte la fougue d'un total, d'un inconditionnel engagement gaullien, qui est moins une position politique qu'un enthousiasme pour l'homme, le rebelle du 18 juin.

La pauvre Germaine Sablon, qui ne peut que se sentir négligée dans cette phase d'ébullition plumitive, en est réduite à regarder son amant écrire. Non seulement Kessel travaille avec acharnement pour la série d'articles de *France*, puis pour ceux de *La France libre*, qui assoient sa position et lui assurent des revenus, mais il a mis en route le roman que lui a suggéré de Gaulle, ce grand roman de la Résistance qui doit marquer les

1. Guillaume Piketty, *Dictionnaire historique de la Résistance*, Laffont, « Bouquins », 2021, dans l'article « La France libre », p. 721.

esprits. Dans la chambre de Hamilton House, l'écriture du livre est en cours. L'auteur a besoin de son temps et de cette liberté si chère aux créateurs, qui la fait détester de son entourage. Ce sera *L'Armée des ombres*, écrite tout au long de l'année 1943 à Londres.

L'univers romanesque de Kessel réclame du lourd : de l'aventure, de l'héroïsme, des situations extrêmes. Il a une dilection pour les récits extraordinaires. Or, lui qui ne veut inventer qu'à partir du réel et nourrit ses fictions de l'expérience des faits et de la brutalité des choses, il se découvre en manque de personnages et en manque d'épisodes. Ses quelques missions avec Carte sont de peu d'envergure au regard de ce que vivent des Français libres, certains de la première heure, engagés avant lui et surtout plus dangereusement que lui dans des missions au péril de leur vie. Ce sont eux, les vrais héros, qu'il veut mettre en scène. Il regarde autour de lui – son œil n'a pas alors à chercher loin. La vie quotidienne va lui fournir ces exemples dont son imaginaire a besoin. Le sang et les larmes forment la toile de fond de la France libre, Kessel ne tarde pas à prendre la mesure des tragédies individuelles.

Son roman sera un témoignage, rien n'y sera inventé, on n'y trouvera assemblés que « des faits authentiques, éprouvés, contrôlés et pour ainsi dire quotidiens[1] ».

L'énergie débordante de Kessel, qui lui permet de mener de front souvent plusieurs destins, trouve un exutoire dans la vie londonienne. C'est avec entrain qu'il plonge dans la frénésie collective de la ville, cette espèce de défoulement général où hommes et femmes tâchent d'oublier la patrie perdue, la séparation cruelle avec les familles, mais aussi les difficultés matérielles

1. Préface de Kessel à *L'Armée des ombres*.

incommensurables et enfin le danger – ce danger qui plane au-dessus d'eux tous comme un oiseau funèbre.

Il le dit lui-même, sans fausse pudeur, à son frère demeuré aux États-Unis : « Ici, il y a des cigarettes, du whisky, des orchestres. On danse[1] ! »

À peine sorti des griffes de la Patriotic School puis de Duke Street où se trouve le BCRA, il rencontre deux anciens condisciples niçois du lycée Masséna, Édouard Corniglion-Molinier et Pierre Fourcaud. Le premier, ancien aviateur, parti à la recherche de la reine de Saba au Yémen en compagnie de Malraux – une folle équipée ! Le second, membre du BCRA depuis sa fondation, pas très ami et c'est peu dire avec Dewavrin, mais un vrai camarade pour Kessel (Fourcaud, dont la mère est russe, parle couramment la langue maternelle). Deux Français libres à vocation de héros et au physique de jeunes premiers qui partagent avec Kessel le goût des nuits sans fin.

« Je commence par faire la foire avec Fourcaud, raconte Kessel. Il m'emmène dans des clubs et des boîtes de nuit. Nous nous saoulons[2]. »

Il n'y a pas seulement du whisky qui coule à flots dans les pubs et les boîtes, mais de la vodka – pour Kessel trois carafons sont la mesure –, et du gin frelaté, fait avec de l'alcool de bois, d'après Druon qui a les papilles plus sensibles que son oncle. Il y a là aussi André Bernheim, l'ancien imprésario de Kessel, son intermédiaire avec les gens de cinéma. C'est par lui qu'il a connu « Tola », autre joyeux compère, Anatole Litvak, le réalisateur de *L'Équipage*, avec lequel – grâce à Bernheim qui lui a

1. Lettre à Georges Kessel, dans Y. Courrière, *Joseph Kessel*, *op. cit.*, p. 571.
2. A. Gillois, *Histoire secrète des Français à Londres*, *op. cit.*, p. 253.

obtenu en outre un formidable cachet – il a tourné *Mayerling* en 1935, écrit le scénario et les dialogues. Charles Boyer et Danielle Darrieux disaient ses phrases sur le fond complètement décalé, presque absurde étant donné le sujet (le suicide de l'archiduc héritier de la couronne d'Autriche), d'une obsédante musique tzigane.

À Londres, les théâtres, les cinémas, les music-halls, restés ouverts même pendant le Blitz, sont bondés. Les boîtes de nuit ne désemplissent pas. On danse beaucoup en effet, ces années-là, au rythme des orchestres ou des gramophones. On danse dans les centres d'accueil pour soldats, où des jeunes filles anglaises de la bonne société sont enrôlées comme hôtesses. Au petit matin, elles retrouvent les bureaux où la plupart travaillent – toutes participent à l'effort de guerre. On danse dans des clubs qui se créent un peu partout et changent de lieu d'une nuit à l'autre. Les femmes passent de bras en bras, qu'importe qu'elles soient mariées. Ou que les hommes le soient. Les nationalités se mêlent, s'emmêlent. Sur la poitrine des hommes, beaucoup en uniforme, on reconnaît des insignes de la guerre du désert, des combats navals ou de la bataille du ciel. Au revers des chemisiers des femmes, peu de décorations encore, mais elles vont bientôt en arborer elles aussi, à titre militaire. Parfois des intrigues sérieuses se nouent. Des mariages suivront, à la Libération, tel celui de Maurice Schumann en 1944 avec Lucie Daniel, qui fut sa secrétaire à la BBC. Mais dans l'ensemble, nombre de Français libres qui ont écrit leurs Mémoires, ceux que ne gênent pas des aveux dans l'ordre de la vie privée, témoignent d'une liberté sexuelle, dionysiaque et joyeusement partagée.

« Oui, on dansait, dira Maurice Druon, on dansait. On

cherchait dans le bercement de la danse à tromper les solitudes, les nostalgies, les éloignements, les angoisses. On dansait pour se sentir vivant, et sentir quelqu'un de vivant contre soi[1]. »

1. M. Druon, *Mémoires*, t. II, *op. cit.*, p. 166.

10

En parlant, en écrivant : la Résistance

Dans l'ombre de Kessel, Maurice Druon tâche de trouver sa voie. S'il suit la cadence de nuit dans les bars et les boîtes, où il se montre cependant moins dionysiaque et beaucoup moins alcoolisé que son oncle, le jour le voit au travail lui aussi. À vingt-quatre ans, bientôt vingt-cinq, il ne jouit d'aucune notoriété. C'est un jeune homme de belle allure, brillant, caustique, et qui parle haut quoiqu'il ne soit riche encore que de promesses. Et de la protection d'un oncle, écrivain célèbre et adulé.

À peine signé son engagement aux Forces françaises libres, il rencontre à son tour le général de Gaulle, qui lui accorde un rendez-vous. L'entretien est bref, équivaut à une simple présentation. Mais le jeune homme en tire une fierté à la mesure de l'honneur qui lui est fait. De Gaulle lui offre une de ces phrases-chocs dont l'effet est immédiat sur son interlocuteur : « Vous êtes de ces bons Français qui nous dictent notre devoir. » Formule écrasante. « En sa vareuse barrée d'un baudrier et ses jambières de cuir fauve, écrira Druon, le personnage était né portant cuirasse[1]. »

Passé les formalités de l'engagement, il est aussitôt appelé

1. M. Druon, *Mémoires*, t. II, *op. cit.*, p. 169.

au micro, puisqu'il est beau parleur, dans la déjà célèbre émission radiophonique que diffuse quotidiennement en français la BBC : *Les Français parlent aux Français*. Cette émission qui émet depuis le 14 juillet 1940 sous le titre de *Ici la France*, puis sous son titre le plus connu, et émettra jusqu'au 31 août 1944, est partie intégrante de la lutte pour la Résistance. Elle incarne la parole libre de la France libre, même si plusieurs tendances politiques s'y concurrencent. Les disputes sont âpres mais se déroulent hors antenne.

Ce rendez-vous du soir, d'une durée de vingt-cinq minutes, que les Anglais offrent aux Français est crédité de cinq minutes supplémentaires, réservées au général de Gaulle, qui peut ainsi s'y exprimer quotidiennement. Il vient au micro une fois par semaine, en moyenne, son porte-parole s'exprime en son nom le reste du temps.

C'est ainsi que chaque soir, depuis près de trois ans, les quatre premières notes de la cinquième symphonie de Beethoven font battre le cœur des Français et des Françaises, qu'ils soient en exil à Londres ou derrière leur poste clandestin en France. Preuve que la musique échappe aux nationalismes étroits, résonnent en ouverture les trois notes brèves, suivies d'une longue :

po-po-po-pom / po-po-po-pom / po-po-po-pom

Puis vient la phrase immuable : « Aujourd'hui, X^e^ jour de la résistance du peuple français à l'oppression... », immuable à l'exception du chiffre du jour. La date est comptée à partir de l'appel du 18 juin 1940. On en était déjà au 26e jour, le 14 juillet 1940.

L'émission s'est assignée trois buts d'importance : elle veut d'abord informer les Français, sans rien leur dissimuler des faits, pour contrebalancer le bourrage de crâne de la propagande allemande qu'ils subissent chaque jour. En second lieu, elle diffuse des messages personnels codés, à l'usage des particuliers mais aussi des résistants de l'intérieur, avec lesquels les liaisons courent toujours le risque d'être décryptées. Ces messages font la joie des auditeurs et composent un poème à la Prévert, aussi saugrenu qu'efficace. « Les carottes sont cuites, je répète, les carottes sont cuites » est une de ces phrases homologuées, avec « Le manchot la serre dans ses bras, je répète, le manchot... »

Pour troisième objectif, l'émission doit veiller à remonter le moral des Français, malmenés par la guerre, l'Occupation, les deuils, les privations, les traques. Sur les ondes de la BBC, lors du moment français, l'optimisme, la gaieté et, plus encore, la dérision sont de règle, même s'il n'est pas interdit d'évoquer des choses graves. Georges Bernanos envoie du Brésil des textes, très écoutés, signés d'une ardeur fiévreuse.

L'équipe où entre Druon compte de brillants éditorialistes.

Pour porte-parole officiel, le Général a très vite choisi Maurice Schumann. Un journaliste de l'agence Havas, trente et un ans, arrivé à Londres le 29 juin 1940. Il n'avait encore jamais parlé devant un micro. Le Général a lu en personne sa toute première intervention avant qu'il ne la dise, le 13 juillet 1940, mais ce fut une exception. Schumann rédige maintenant ses textes sans le contrôle du « Chef ». Sa spécialité, ce sont les diatribes. Très grand, très maigre, le regard caché derrière de grosses lunettes, le visage torturé, son grand corps plié en deux devant sa machine à écrire, tel que Maurice Druon le revoit alors, ce licencié de philo était membre de la SFIO avant la guerre. Il est parti de Saint-Jean-de-Luz à bord d'un navire polonais, le 21 juin, pour rejoindre le général de Gaulle. Schumann – l'un des plus grands amis de Druon, près duquel il siégera à l'Académie française – ne quittera le micro qu'en juin 1944 pour participer au débarquement en

Normandie. Il sera, dans bien des années de là, enterré à Asnelles, le village de son cœur, près de la plage où il aura débarqué. En 1943, sa voix, celle « du couvre-feu » car les Français libres ne parlent qu'à cette heure-là, est d'ores et déjà légendaire. Il a fallu qu'il la travaille : très nasillarde, elle n'a pas été immédiatement radiophonique.

Deux authentiques journalistes l'ont précédé dans l'émission et c'est même l'un d'eux qui a trouvé son titre. Jean Marin, l'auteur du fameux *Les Français parlent aux Français*, et Pierre Bourdan. Trente-quatre ans l'un et l'autre, tous deux sont d'anciens correspondants de l'agence Havas à Londres. Ils s'y trouvaient déjà en 1940, à point nommé pour rallier le Général. Le premier, de son vrai nom Yves Morvan, est officier de marine. Le second, de son vrai nom Pierre Maillaud, perpignanais de naissance, est le neveu du peintre Fernand Maillaud. Son frère, Robert, sous-officier au 4ᵉ hussards, est mort au combat le 10 juin 1940. Inséparables, Marin et Bourdan participeront aux côtés de Leclerc au débarquement de Normandie et, pour Marin, à la Libération de Paris.

Différence notable entre les deux hommes, que lie une amitié et un respect inaliénables : Marin est gaulliste et le restera. Bourdan ne l'est pas. Il est même hostile au Général et le restera. Mais d'un commun accord, les Français qui parlent aux Français font abstraction à l'antenne de leurs opinions politiques – personne ne dit jamais le moindre mal de De Gaulle lors des vingt-cinq minutes accordées par la BBC.

Paul Gordeaux, cinquante-deux ans, niçois d'origine, ancien directeur de la rubrique des spectacles à *L'Écho de Paris* et de la page théâtre du *Soir*, puis l'un des directeurs du groupe de presse de Jean Prouvost qui l'a envoyé le représenter à Londres, s'est opportunément trouvé à la bonne place lui aussi, dès 1939. Dans l'émission, il est chargé de la traduction et du commentaire en de courts billets des principaux articles de la presse britannique – il parle parfaitement l'anglais. Ce qui, entre parenthèses, n'est le cas ni de Kessel ni de Druon.

Jean Oberlé, quarante-trois ans, peintre et dessinateur. Il a hanté la bohème du Montparnasse des années vingt mais reste comme le créateur du slogan célèbre que tout le monde se répète en France sous le manteau. Il l'a composé dans un taxi en fredonnant l'air de *La Cucaracha* : « Radio-Paris ment, Radio-Paris ment, Radio-Paris est allemand. » Son esprit de fantaisie, ses à-propos égaient les ondes.

Un exemple assez leste de l'humour qui régnait dans cette fine équipe : alors que Pierre Bourdan, Jean Marin et Jean Oberlé dînent à L'Escargot, un des restaurants français les plus réputés de Londres, le maître d'hôtel vient les avertir que deux clientes souhaitent leur offrir le champagne. C'étaient en fait deux péripatéticiennes et leur invitation ne se limitait pas au champagne. Ils se retrouvent bientôt ensemble, chez l'une d'elles. « Dans cet appartement très caractéristique de leur profession, raconte Diamant-Berger, trônait au-dessus d'un grand lit, assez grand pour tous, un portrait en pied du général de Gaulle : "Tu aurais pu l'encadrer!" lança Oberlé[1]. »

L'impertinence des joyeux lurons n'empêche nullement l'admiration, et même la dévotion : Jean Marin, Paul Gordeaux et Jean Oberlé étaient présents tous les trois à Broadcasting House, quand le général de Gaulle a prononcé l'appel du 18 juin 1940.

« Ah ! le père de Gaulle, dis don' ! » s'est exclamé Oberlé en sortant. La phrase est restée entre eux comme un cri de ralliement[2].

1. A. Gillois, *Histoire secrète des Français à Londres*, *op. cit.*, p. 173.

2. Rapporté par Jean Marin dans ses Mémoires, *Petit bois pour un grand feu*, Fayard, 1994, p. 324.

Le directeur du poste Radio-Londres où va s'exprimer Druon est un quadragénaire fumant la pipe, leur aîné à tous, Jacques Duchesne, de son vrai nom Michel Saint-Denis. Acteur, metteur en scène d'avant-garde, neveu de Jacques Copeau – le fondateur du théâtre du Vieux-Colombier –, il a fondé à Londres le London Theater Studio, une école d'art dramatique qui balance entre les commandements de Copeau et ceux de Stanislavski. Il a codirigé, juste avant la guerre, la Royal Shakespeare Company. C'est une personnalité charismatique, un bon vivant qui aime Tchekhov.

La régie est confiée à Pierre Lefèvre, un acteur plein de talent, à la fois interprète et parolier. Il sera pendant trois ans, une fois par semaine, la voix de Babar, l'éléphant de fiction créé par Cécile de Brunhoff, dans l'émission consacrée aux enfants.

Jacques Duchesne, qui anime la troupe en fonction des savoir-faire de chacun, n'hésite pas à faire appel aux humoristes qui ont sur les ondes un rôle capital. Le rire, il le sait par le théâtre, est une arme redoutable.

Le chansonnier Pierre Dac qui marquera la radio de son empreinte n'est pas encore arrivé à Londres – il n'y parviendra, après beaucoup de difficultés rencontrées sur la route, qu'en octobre 1943. Ses sketches ravageurs porteront l'émission à des sommets d'écoute et d'influence.

Sont chargés d'animer la station de leurs traits satirico-comiques : Jacques Brunius, de son vrai nom Jacques-Henri Cottance, un acteur à l'abondante filmographie – il a notamment joué dans *L'Âge d'or* de Buñuel en 1930 et dans de nombreux films de Jean Renoir.

Ainsi que Maurice Van Moppès, dit Momo, un ancien élève de l'École du Louvre, épris d'art, expert en tableaux et en beaux meubles, dont les ancêtres furent diamantaires à Amsterdam. Bien que sa voix suraiguë agace souvent Jacques Duchesne, il parodie si génialement les chansons allemandes, pour les convertir en messages de la France libre, que les avions de la RAF les déversent par liasses sur la France occupée. Entre le rire et les larmes, Momo joue en virtuose de ses talents parodiques.

Sa cousine, la séduisante Denise, arrivée en même temps que lui à Londres et qui parle un anglais parfait – elle a traduit Daphné du Maurier –, lui est inséparable. Cette Française libre, car elle est bien sûr inscrite elle aussi sur les registres des FFL, est leur mascotte.

Appelé à son tour au micro, Druon lit des interventions qu'il a pris soin de rédiger au préalable. Sa voix devait se détacher sur un fond de grésillements. J'ai relu ces textes, publiés par un vieux Druon de soixante-dix-neuf ans[1], en essayant d'imaginer l'effet produit. On le reconnaît bien aujourd'hui, ses propos sont d'excellente qualité oratoire et littéraire, et déjà martelés dans le cuivre. Mais il a une approche un peu raide du micro et cherche encore son style. Ses quatre interventions, de février à mars 1943, sont étudiées pour faire vibrer le micro.

Je n'ai pu me défendre de l'effet parfois comique, produit par sa grandiloquence. Comment ses auditeurs ont-ils réagi ? Ont-ils été touchés, stimulés, encouragés par ce lyrisme outrancier ? Ou agacés, furieux, voire exaspérés, qu'on leur parle de si haut – et de si loin – dans leur malheur ?

Son tout premier message s'adresse aux jeunes écrivains restés en France devant leur poste clandestin, tandis qu'il a la satisfaction d'être passé de l'autre côté. Il les exhorte à agir et à prendre les armes. « Me voici en ce moment entre les murs mêmes, dans la pièce même, d'où partait notre espoir. Et vous, vous êtes toujours où tombe le malheur. »

1. Maurice Druon, *Circonstances*, *op. cit.*

« Contre Pierre Laval », sa seconde chronique, met en avant les grands exilés français volontaires, Victor Hugo et Chateaubriand, avant d'apostropher le chef du gouvernement pour l'envoyer aux gémonies : « Ah ! Ne prétendez pas sauver la France ! On ne sauve pas un pays en le roulant dans l'ordure. Vous avez trop souillé l'image de la Patrie, vous et les vôtres ; il faut bien que d'autres la lavent. »

Un autre jour, il raconte le dramatique sabordage de la flotte à Toulon, achevant sa troisième chronique sur le patriotisme exemplaire d'un marin breton : « La marine française est morte. Vive la marine ! La marine française, c'est celle qui se bat. »

Et porte enfin un coup d'estoc en reprochant à Pétain la démobilisation de l'armée de l'armistice. Lui-même en a été le témoin juste avant son départ, en gare de Lyon-Perrache : « L'injure faite, le 27 novembre 1942, à nos étendards, à notre uniforme, à nos morts, n'a pas de nom et pas de pardon. » Loin de souhaiter la paix pour l'Europe, il opte pour l'appel guerrier à la vengeance : « Pas de pardon pour l'armée allemande, pour l'Allemagne nazie. La France sait dans quel sang laver ses drapeaux. »

L'engagement appelle toujours la ferveur. Celle de Druon se drape dans la toge d'un procureur à la Haute Cour.

Druon eut-il un véritable rôle ? Rien n'est moins sûr. S'il a participé à la communication de la France libre, c'est en dilettante. Jamais il n'a eu la présence d'un Schumann, d'un Bourdan, d'un Oberlé, d'un Morvan, d'un Van Moppès ni d'un Pierre Dac. Jean Marin, témoin capital, qui fut de l'aventure radiophonique des Français libres du premier au dernier jour, ne cite qu'incidemment son nom dans ses Mémoires et à propos de tout autre chose. Les deux hommes furent pourtant proches et le resteront, si j'en crois Druon qui de son côté assure Marin de son admiration et de son « amitié définitive[1] ».

Parler à un micro, quelques minutes par jour, ne comble pas le désir d'action de ce jeune homme à l'énergie combative. Il n'est d'ailleurs pas convaincu de l'influence de la radio sur le cours des événements. Son scepticisme a dû être un frein. « J'ai souvent douté de la portée réelle de notre action, dira-t-il. Pourtant, le nombre d'inconnus qui, après la Libération, me reconnurent au seul timbre de ma voix, me permet de penser que l'entreprise ne fut pas totalement inutile[2]. » Vraiment? Il lui faut à tout prix entrer dans la vraie vie des armes et sortir de l'ombre pour se porter physiquement au service de son pays. C'est son souhait, dit-il, le plus ardent.

Il fait donc le siège des bureaux de la France libre pour qu'on l'affecte à un poste de combat. Dans l'âge idéal pour servir, il a tout de même fait ses classes à Saumur. Pourquoi le laisser végéter dans le civil? En mars, il croit avoir obtenu satisfaction. Le colonel Vautrin, ancien chef du 2e bureau, qu'il a croisé il y a peu sur la Côte d'Azur où il venait apporter son soutien au réseau Carte, vient d'être nommé chef d'état-major du général de Larminat. À la suite de frictions avec le colonel Passy (Dewavrin), on a préféré l'éloigner du BCRA. À ce titre, il emmène quelques jeunes officiers en renfort, en Afrique. Druon est sur la liste. Il doit embarquer le lendemain sur un bateau en direction de Lagos au Nigeria. Après quoi, traversée de l'Afrique en avion jusqu'au Caire, où ils rejoindront Larminat. Plein de ses nostalgies de la bataille de France, il est tout fier de faire

1. M. Druon, *Mémoires*, t. II, *op. cit.*, p. 171 : « Que le nom de Jean Marin demeure inscrit dans l'histoire de la presse française! »

2. *Ibid.*, p. 207.

enfin partie d'une unité militaire, et pour fêter l'événement, il donne un grand dîner à ses proches. Une fête à casser les murs... C'est au Hungaria, un restaurant aussi connu pour son tokay, le prestigieux vin liquoreux hongrois, que pour ses musiciens tziganes. Toute sa solde y passe. Une salle réservée, un orchestre, de bons plats, de l'alcool, et les plus belles filles de Londres... Le lendemain, il apprend que sa cabine sur le bateau qui devait l'emmener à Lagos a été donnée à un général : tout simplement, parce qu'il était le plus jeune et le moins gradé parmi les recrues. Il reste donc à quai, gros jean comme devant, avec sur la tête un casque colonial tout neuf, devenu inutile. Son désespoir est à la hauteur de son humiliation. Comble d'ironie, après cette fête dont il tire honte et rancœur, il n'a plus un penny en poche.

Il se console dans des bras câlins. Plutôt discret sur ses aventures amoureuses, il livre deux noms sur cette période londonienne dans ses Mémoires. Celui de Joan Hamer, mais en passant, à titre de curiosité psychologique. Son mari est le réalisateur bien connu de l'inoubliable *Noblesse oblige* (*Kind Hearts and Coronets*), Robert Hamer – « Bob ». Ils ont fait connaissance dans les studios de cinéma d'Ealing, dans le nord de Londres, où l'a entraîné un ami de la bande de Kessel, Alberto Cavalcanti. Ce même Cavalcanti qui a offert des rôles à sa mère, Lili Samuel, dans les années vingt, et qui est un proche de Germaine Sablon.

Être consentant et doux, non dépourvu de masochisme, « Bob » nourrissait son amour des infidélités innombrables de son épouse. « Dès que j'apparaissais, il s'empressait de me dire : "Je vais chercher Joan". » Pour un romancier, tous les types d'hommes sont intéressants, Bob est pour Druon le plus parfait modèle des maris consentants.

Le second nom qu'il livre à la postérité est celui d'une maîtresse qui l'emporte sur toutes les autres pendant ces années à Londres : Googie Withers[1]. Googie, pour Georgette Lizette, « petit pigeon ». Un *nickname* donné par sa *nanny* indienne. Née à Karachi, Googie parle couramment ourdu. C'est une danseuse de claquettes, au fin visage triangulaire, et une actrice de théâtre et de cinéma. Elle a tourné dans de nombreux films, depuis 1935 : au rythme de trois à quatre par an. L'un d'eux, sous la direction de Michael Powell et Emeric Pressburger, l'a propulsée en vedette sur les écrans, avant l'entrée en scène de Maurice Druon : *One of Our Aircraft is Missing* (« Un de nos avions n'est pas rentré »). Le film, en noir et blanc, aurait pu être tiré d'un récit de Kessel... L'équipage d'un bombardier anglais, touché au-dessus des Pays-Bas, saute en parachute, est recueilli par des patriotes hollandais (dont la fragile Jo de Vries, qu'interprète Googie) et peut enfin rejoindre Londres après bien des péripéties héroïques. Googie Withers sera l'année suivante au générique d'un autre film produit par les mêmes Powell et Pressburger, *The Silver Fleet*. Dans la Hollande occupée par les nazis, le scénario se répète autour cette fois d'un sous-marin.

C'est au Globe Theater, un des théâtres de West End, où elle jouait dans une pièce de J. B. Priestley, *They Came to a City* (« Soudain une ville! »), que Druon la découvre, au printemps 1943. Aussitôt séduit par sa fraîcheur et son minois de chatte, il va la voir en coulisses et l'invite à souper.

Ils deviennent amants dans l'appartement de l'actrice à Portland Place, l'avenue même où est installée la BBC.

« Jeune femme assez gracile, dira-t-il, elle surprenait par une voix profonde, presque rauque, qui contrastait avec son

1. Googie Withers (1917-2011).

physique[1]. » De cette voix spéciale, un critique de cinéma dira qu'elle lui faisait l'effet du Cointreau, versé sur des cubes de glace.

Le côté chaud-froid de Googie a séduit Hitchcock, juste avant la guerre – elle a tourné dans *The Lady Vanishes* (*Une femme disparaît*). Héroïne blonde, aux yeux d'opale, elle a cette espèce de chic mystérieux qui laisse soupçonner le feu sous la glace. Druon a été, selon ses propres termes, « sincèrement amoureux » de Googie.

L'éclat sensuel de la jeune femme, âgée d'un an de plus que lui, est inséparable des longs mois qu'il a vécus à Londres entre oisiveté et espoir. Le soir, elle court au théâtre où les deux cent quatre-vingts représentations de la pièce de Priestley ne lui laissent aucun répit, et le jour enchaîne avec les prises de vues aux studios d'Ealing où Basil Dearden tourne une adaptation cinématographique de la pièce, avec la troupe du Globe Theater. Le film sortira en 1944. Maîtresse exquise, mais très occupée, son agenda n'a pas assez de pages. Mais elle est entièrement libre, la nuit, quand les lumières de la ville s'éteignent.

Le charme amoureux s'éteindra de lui-même, « doucement, comme une fumée », dira l'amant à son retour en France. Googie épousera, en 1948, un réalisateur de films australien, John McCallum, un héros de la guerre, engagé volontaire dans la Second Australian Imperial Force, et elle aura avec lui trois enfants. Googie et John fêteront un jour leurs soixante-cinq ans de mariage. Et Googie s'éteindra en Australie sans avoir revu Druon, en 2011.

Laissons le conte de fées et revenons en 1943. Druon, si épris soit-il, continue de courir les bureaux de la France libre pour

1. M. Druon, *Mémoires*, t. II, *op. cit.*, p. 208.

trouver une nouvelle affectation. Le commissariat à l'Intérieur, que dirige Georges Boris, le recrute dans sa section de l'Information. Boris, qui a été évacué de Dunkerque à peu près en même temps que Kessel fin mai 1940 et a rallié de Gaulle dès le 19 juin, est entre autres tâches responsable des relations de la France libre avec la BBC. La nouvelle recrue y travaille un temps aux côtés de Jean-Louis Crémieux-Brilhac, alors lieutenant et secrétaire du Comité de la propagande, avec lequel il restera lié. Crémieux-Brilhac, lui, s'est évadé d'un camp de Poméranie, a subi six mois d'enfermement dans un camp en Russie, avant de rallier Londres à son tour – il est l'un de ces authentiques héros auxquels Druon voudrait tant ressembler.

Loin d'entrer dans l'action par les armes, le voici rivé à sa plume : il sait écrire, après tout... C'est l'argument qu'on lui oppose chaque fois qu'il demande à s'engager pour de bon. On attend de lui, comme de Kessel, qu'il soit une plume au service de la France libre. Rien d'autre qu'une plume. La mission, si exaltante soit-elle, le déçoit car il rêve d'un autre type d'héroïsme. Dernier défi assigné par la direction : voilà maintenant qu'on lui demande de rédiger une préface pour un petit livre, qui vient d'arriver en Angleterre en ce printemps 1943, et fait déjà grand bruit. *Le Silence de la mer*.

Une nouvelle de quelque cinquante pages, frappée du double sceau du secret : elle a été écrite anonymement en 1941, sous la signature parfaitement inconnue d'un certain « Vercors », et tirée dans la clandestinité à trois cents exemplaires. Ce sont les Éditions de Minuit, qui viennent tout juste de se créer, qui l'ont publiée. Elle a été depuis propulsée au firmament des best-sellers. Lue en feuilleton sur les programmes français de la BBC, les avions de la RAF l'ont parachutée à cent cinquante mille exemplaires au-dessus de la France occupée.

De Vercors, qui se cache sous un pseudonyme de la Résistance (le Vercors était le lieu de cantonnement de l'écrivain pendant la drôle de guerre), on n'apprendra le véritable nom qu'une fois la paix revenue : ni Gide, ni Mauriac, ni Aragon, ni Duhamel, qu'on supputait pour auteurs, mais Jean Bruller. Un modeste dessinateur, l'illustrateur de *Patapoufs et Filifers*, le conte pour enfants d'André Maurois (1930). Qui se souvient, aujourd'hui, du dodu Edmond et du mince Thierry, les deux frères Double, inventés par Maurois pour amuser sa fille ?

Druon n'a aucune idée de qui est Vercors, et il ignore l'état civil de Jean Bruller. Tout comme il ignore que c'est ce même Bruller/Vercors qui a fondé les Éditions de Minuit pour éditer son propre livre, avec son camarade Pierre de Lescure – le grand-père du Pierre Lescure, fondateur de Canal+.

Mais ses supérieurs ont jugé qu'il manquait à la France libre une collection pour diffuser des œuvres de la Résistance. *Le Silence de la mer* est la première d'entre elles et va inaugurer « Les Cahiers du Silence ». Une collection éphémère, qui n'aura en tout et pour tout contenu qu'un seul titre. Le livre de Vercors.

Le jeune forçat de la plume commis au commissariat à l'Intérieur, section Information, ne mâche pas ses mots dans sa préface. Il claironne plutôt :

« Nos lettres sont bâillonnées, mais pas absentes, bâillonnées mais pas esclaves » (juin 1943).

Il célèbre Maritain et Bernanos, fait peser sur les épaules de Drieu la responsabilité de la trahison et la lâcheté. De tels hommes, écrit-il, « disparaîtront sous le poids du mépris, et l'on n'applaudira même pas à leur mort ».

Le vieil homme du *Silence de la mer* lui paraît exemplaire par son mutisme. Il n'accepte aucun compromis, aucune atténuation. Il ressemble par bien des aspects au père Maudru de Joseph Kessel.

« Aux côtés des francs-tireurs luttant sur leur sol, aux côtés des ouvriers sabotant dans leurs usines, aux côtés des chefs qui préparent une armée d'insurrection, des journalistes, des hommes de lettres, des philosophes se sont rangés. »

Il loue la poésie du *Silence de la mer*.

Il constate que l'auteur a mis sa tête à prix.

Et qu'il faut parfois, à la faveur des circonstances, savoir cacher « le harpon dans le miel et le croc dans la pâte ».

« Ah non ! Ce n'est pas un peuple diminué, ce n'est pas un peuple absent, celui où toutes les hauteurs de la société des hommes sont capables d'offrir leur liberté et leur vie pour la chose écrite. Que personne ne dise du mal d'un pays où le sang coule pour la primauté de l'esprit. » Ce que démontre Druon, ce qu'il donne clairement à comprendre, c'est que Vercors est l'incarnation de tout un peuple qui n'a pas renoncé.

Par sa préface, qui n'est pas moins ampoulée que ses déclarations à la BBC mais qui prend avec le recul la force d'un cachet, « Français libre », il a conscience de participer à l'aventure.

En décembre 1943, Jacques Schiffrin, le fondateur de la « Pléiade », qui a été contraint de quitter Gallimard à cause des lois raciales et a trouvé refuge avec sa famille aux États-Unis, édite le texte dans sa maison d'édition nouvellement créée – The Pantheon Books. L'Amérique va découvrir *Le Silence de la mer*, ou plutôt *Les Silences de la mer* car le titre a été changé. Il demeure accompagné de son texte préliminaire, que Druon mentionnera toujours dans ses œuvres complètes. « Je garde comme un honneur d'avoir été, même très modestement, lié au *Silence de la mer*. »

Sa réputation est désormais acquise au sein des Forces françaises libres. Puisqu'il a une si belle aisance dans la prose, à quoi bon l'utiliser ailleurs ?

Il se démène pour sortir de ce piège flatteur, qui a à ses yeux le grand inconvénient de le maintenir dans la vie civile. Il chante les exploits des vrais guerriers, mais aspire à les égaler. Il croit le destin favorable quand, en juillet 1943, il est appelé comme aide de camp du général François d'Astier de La Vigerie. Un poste prestigieux, puisque de Gaulle étant momentanément parti pour Alger, c'est François d'Astier de La Vigerie qui le remplace à Londres, en tant que commandant des forces militaires françaises. Ancien pilote de chasse, compagnon de combat de Charles Nungesser pendant la Grande Guerre, décoré de la croix de guerre avec sept citations, c'est un personnage qui en impose. Stature magnifique, visage aux traits virils, le physique est lui aussi avantageux. L'homme plaît aux femmes, qui le trouvent toutes irrésistible. Druon est impressionné par cette double figure du héros et du séducteur.

D'une famille originaire de l'Ardèche, titrée sous la monarchie de Juillet, de tradition maurrassienne, les trois frères d'Astier[1] sont aussi différents qu'il est possible, par leurs tempéraments. Tous d'une beauté stupéfiante, Druon connaît déjà le plus jeune, Emmanuel, qui fume ou a fumé l'opium avec Kessel – « Mané », le fondateur du réseau Libération, à tendance communiste. Il aura l'occasion, plus tard, de rencontrer le frère aîné, Henri, engagé volontaire en 1914 et comme son frère aîné couvert

1. François d'Astier de La Vigerie (1886-1956) ; Henri (1897-1952) ; Emmanuel (1900-1969).

de citations, mais, à sa différence, militant monarchiste exalté. Impliqué dans le meurtre de l'amiral Darlan, en décembre 1942, car il a convaincu de sa mission son assassin, le jeune Bonnier de La Chapelle, le général Giraud l'a fait mettre aux arrêts à Alger. Il y est encore quand Druon prend ses fonctions auprès de son frère, lequel n'est pas non plus complètement innocent dans cette affaire : il était à Alger à la date où Darlan a été abattu. Coïncidence, hasard, opportunité ou complicité ?

Druon n'est pas sans savoir que les trois d'Astier, avec leurs opinions politiques divergentes, s'accordent unanimes sur le gaullisme, encore que chacun l'espère à ses propres couleurs. Fait extraordinaire : les trois frères seront Compagnons de la Libération.

À son grand regret, Druon ne reste pas longtemps auprès du général d'Astier. Juste le temps d'aller lui acheter... une paire de bretelles à Jermyn Street, sa première mission ! Et d'organiser la visite à Londres du général Giraud, qui arrivait des États-Unis – en particulier, de préparer le dîner donné en son honneur à l'hôtel Savoy. Pendant ce temps, de Gaulle tâchait de prendre la situation en main à Alger.

« Je n'ai jamais connu de plus haut imbécile que le général Giraud, haut de taille et haut en grade[1]. »

Il est alors affecté à *Honneur et Patrie*, émission radiophonique de la France libre diffusée par la BBC où il fait désormais équipe avec Maurice Diamant-Berger et Claude Dauphin, deux anciens du réseau Carte, dont j'ai déjà parlé – le journaliste de feu Le Poste parisien. Et l'acteur de théâtre, frère de Jean Nohain.

1. M. Druon, *Mémoires*, t. II, *op. cit.*, p. 199.

L'occupation allemande se montre de jour en jour plus cruelle, à mesure que l'ennemi essuie des revers de plus en plus nombreux, en Afrique, en Russie, mais aussi en France, où les maquis frappent des coups de plus en plus durs. Pour un Allemand tué, des dizaines, des centaines d'otages sont exécutés. Il y a un débat au sein de la Résistance, les uns appelant à châtier tout ennemi à la moindre occasion, quitte à en subir les conséquences, et les autres à protéger avant tout la population civile des crimes de vengeance, d'une ampleur sauvage. Un camp contre l'autre : tout est débat politique au sein des réseaux. Face à la propagande collaborationniste, aux tortures et à la délation, il fallait, dira Druon pour justifier ses vindictes, « hausser le ton et recourir à l'outrance[1] ».

Avec le décalage des ans, la relecture de ses textes, écrits pour être lus, souligne certes dès le départ un talent évident pour l'art d'écrire. Mais le ton est uniformément emphatique, évoquant la diction de Sarah Bernhardt déclamant jadis ses tirades. Les idées sont pour le moins tranchées, sans nuances de gris, et assénées de manière péremptoire. Si l'on ne peut que reconnaître la force et la pureté de la langue, Druon devra apprendre à mesurer son lyrisme.

« Les chenilles des chars sont passées sur la France... Les épis seront hauts après la pesée du malheur, après la pesée du silence » (juin 1943).

Dans « La liberté a repris pied en Europe » (3 septembre 1943), il s'exprime en prophète de l'Ancien Testament, avec la même véhémence : « L'heure va venir pour les armées secrètes d'apparaître au grand jour, et l'honneur des peuples sera jugé d'après ces armées du malheur. [...] Le jugement qui sera porté sur la France

1. M. Druon, *Circonstances*, *op. cit.*, p. 100.

et sa place dans la paix dépendent aussi de vous. » Le jeune *speaker* s'adresse directement au peuple de France.

Le « Contre Maurras » du lendemain (4 septembre) a, pour un futur académicien, valeur de chef d'accusation. L'écrivain Maurras, de l'Académie française, y est défini comme un « champion du nationalisme » et un « doctrinaire politique » et surnommé « Charles le Sourd », infirmité qui lui est imputée au physique comme au moral. « Charles Maurras veut qu'on tue les patriotes pour sauver l'Allemagne », affirme-t-il sur les ondes d'*Honneur et Patrie*.

Le 5 septembre, c'est une étude sur la presse clandestine. Le 9, un constat des progrès de la liberté qui avance à grands pas. Druon abordera d'autres questions au fil des jours, entre des intermèdes de silence assez longs parfois : la question des otages, les crimes des tortionnaires, ou la nostalgie poignante d'un soir de Noël, celui de 1943. « Français, ce n'est plus le jour de te plaindre ; laisse les jérémiades au vieillard de Vichy. *Assez manger le pain des larmes / Chaque jour peut être Valmy*[1], ainsi que l'écrit le poète. Courage tous, car ce Noël doit être le dernier Noël de guerre. »

Il croit en vérité de moins en moins à son rôle dans *Honneur et Patrie*. Mentalement, il démissionne. Tout en rêvant d'héroïsme dans les bras de la piquante Googie, il s'attache à écrire pour lui-même des *Lettres d'un Européen* : sous la forme de huit lettres d'une élégance stylistique sans bavure, il y donne sa réflexion personnelle, somme toute assez visionnaire, sur l'avenir de l'Europe après la guerre. Comment renaître de pareils affrontements et de pareils ravages ?

Son livre – le premier qu'il tiendra entre ses mains – sera

1. Aragon, *La Diane française*, collection « Poésie 44 », Pierre Seghers, 1944.

publié à Alger, par l'éditeur Edmond Charlot. Un an tout juste après *L'Armée des ombres* de Kessel, paru fin 1943, sous la même étiquette « Charlot » qui est la marque d'un autre grand résistant des lettres.

11

Une chanson française sur un air russe

« Brune, grande, solide, pleine d'entrain et de vitalité », telle que la décrit Kessel, la chanteuse Anna Marly est la mascotte du Petit Club français, où elle vient souvent chanter à la guitare les airs qu'elle compose en russe, quelquefois en français ou même en anglais, selon son humeur et les sollicitations affectueuses de son public.

C'est au rez-de-chaussée d'un immeuble de Saint James Street, au numéro 13, une vaste salle décorée d'affiches : paysages de Normandie, châteaux de la Loire, plages de la Côte basque alternent avec des portraits de Maurice Chevalier, de Charles Trenet... ou de Jean Sablon. La propriétaire du Petit Club est une Anglaise dans la cinquantaine, vieille fille aux cheveux gris que tout le monde appelle de son prénom, Olween (selon Druon) ou Alwin (selon Kessel). Elle a réussi à recréer l'atmosphère qui manque à tous ces exilés : un petit coin de France en plein Londres. Programme immuable au rythme des chansons d'avant guerre : serrés les uns contre les autres, on dîne, on boit, on danse, on flirte d'abondance.

Tous les amis sont là de soir en soir quand rien d'autre ne les attend : le saint-cyrien Henri Frenay, altier, intransigeant, fondateur du réseau Combat. Le champion ès complots et services secrets Pierre Fourcaud, le seul qui discute en russe avec Kessel. Guy de Boissoudy, avec sa jambe en moins qui ne l'empêche ni de danser ni de sauter en parachute. Fernand Grenier, le crâne dégarni et l'accent du Nord, le communiste de la bande. À son opposé, l'ex-Cagoulard et membre de l'Action française, Pierre de Bénouville, déjà presque chauve, visage émacié, les yeux perçants, très clairs – un ami de François Mitterrand qui a été comme lui élève au collège Saint-Paul d'Angoulême. Qui encore, parmi les aristocrates nombreux au Petit Club comme dans la France libre ? Tout juste évadé des geôles de Vichy, le lieutenant de cavalerie Claude Hettier de Boislambert, qui aurait pu jouer le Boëldieu de *La Grande Illusion* et cache son grand cœur sous sa raideur d'homme à cheval. Ou encore le bel Emmanuel d'Astier, séduisant et fougueux dandy, qui écrit des livres entre deux opérations clandestines. Il est inséparable de son meilleur copain, Édouard Corniglion-Molinier, dont le panache et l'allure conquérante lui valent tous les succès féminins.

D'authentiques héros de la Résistance et les meilleurs des camarades, même s'ils ne partagent pas les mêmes idées politiques, la plupart sont déjà ou seront Compagnons de la Libération. Ils viennent au Petit Club français entre deux missions chercher la chaleur de l'amitié, une parenthèse de joyeuse détente dans leurs vies de combattants. Pierre Brossolette, sa fameuse mèche blanche qui sépare ses cheveux comme une raie médiane teinte en brun pour éviter tout signe distinctif, y passera une dernière fois, avant de retourner en France où il sera malgré tout reconnu, arrêté, torturé et où il mettra fin à ses jours le 22 mars 1944. Brossolette et Druon se connaissent pour avoir fréquenté ensemble le cercle Gregh. Brossolette a été, avant lui, amoureux de Geneviève Gregh à laquelle il a été brièvement fiancé. Cet étudiant brillant donnait alors pour gagner sa vie quelques cours de français à des jeunes filles de bonne famille. Druon ne peut s'empêcher de penser que son âge aurait été mieux assorti à celui de Geneviève (Brossolette a quinze ans de plus que lui).

Parmi toutes ces figures de la Résistance, un jeune écrivain qui n'a rien publié et en est encore à se chercher un nom, Romain Kacew, le futur Romain Gary, promène sa nostalgie inquiète. Il a, lui, devancé l'appel du général de Gaulle et vient d'arriver à Londres après trois ans de guerre en Afrique, le manuscrit d'*Éducation européenne* sous le bras. Grand et maigre, les yeux d'un bleu translucide dans un visage d'Asiate, il porte l'uniforme de la Royal Air Force, avec l'insigne « France » cousu sur la manche. Kessel noue avec lui une amitié et le prend sous sa protection. Ils ont en commun des racines à l'est de l'Europe et une éducation niçoise au lycée Masséna. Navigateur dans le groupe Lorraine, Romain Gary est affecté aux bombardements aériens. Chaque jour, il reçoit de sa mère des lettres qui le réconfortent et le gardent en vie. Lui aussi sera Compagnon. Un peu russe, un peu lituanien, un peu polonais, et juif par son histoire, quand on l'interroge sur sa nationalité, il répond « Français libre ». Tous autour de lui le sont.

Au cercle des héros se joignent les journalistes français de la BBC, ceux des journaux de la France libre, mais aussi les agents du BCRA, épaule contre épaule avec des généraux étoilés et des chefs de réseaux circulant sous pseudonymes. Les Anglais aiment bien l'exotisme du Petit Club où l'on entend des chansons françaises, en tenant dans ses bras de jolies filles de France qui comprennent tous les mots d'amour même en anglais. Kessel et Druon ne manquent jamais une opportunité de fêter l'espérance et la vie avec leurs compatriotes. Des femmes combattantes, amies ou compagnes, ou momentanément esseulées, s'assoient aux mêmes tables. On se tutoie dans la plus fraternelle des compagnies. La chaleur des conversations dans la fumée des cigarettes s'interrompt le temps d'un tango ou d'une valse énamourée.

Anna Marly est russe. Marly est un nom de scène. Née Bétoulinskaïa à Saint-Pétersbourg, d'un père d'ascendance polonaise et d'une mère d'une double ascendance grecque et italienne, elle a grandi à Menton, parmi la communauté russe en exil qu'elle a rejointe en 1919 avec sa mère, sa sœur Marina et sa nounou. Orpheline de père – il fut assassiné par les bolcheviques pendant la révolution –, elle porte en elle une Russie de légende qui, bien qu'Anna soit de religion orthodoxe, n'est pas éloignée de celle de Kessel. Rien ne la fait plus vibrer elle aussi que la musique tzigane et c'est dans ce folklore qu'elle puise son inspiration.

Kessel, qui se défend d'avoir jamais aimé la musique et prétend ne reconnaître *La Marseillaise* que parce que les gens se lèvent aux premières notes, est immédiatement séduit, parfois jusqu'aux larmes, quand retentit une de ces mélodies qui font revivre le pays perdu et alimentent une nostalgie insatiable.

Dès qu'Anna Marly chante, même en français, sur des mélodies qui se rattachent toutes aux origines, son émotion est manifeste. Au point que Germaine Sablon qui l'accompagne dans la plupart de ses virées nocturnes en est piquée. « Évidemment que tu aimes cet air : il est russe ! »

Dans sa longue robe de mousseline plissée noire, les bras nus enserrés de lourds bracelets, la taille bien prise dans une ceinture dorée assortie à ses escarpins qui laissent voir de jolis doigts de pied, Anna est une concurrente sérieuse. Bien que l'admiration spontanée de Kessel ne semble avoir eu aucune suite amoureuse, la jeune femme est assez belle et talentueuse pour inquiéter Germaine. D'autant que, née en 1917, elle a presque l'âge d'être sa fille. Et que tout son corps très à l'aise et harmonieux rappelle au public la grâce de la danseuse qu'Anna a été autrefois, adolescente, dans une troupe de ballets russes.

Les deux femmes se connaissent déjà. Anna Marly a chanté avant la guerre en vedette américaine au théâtre des Variétés à Bruxelles, alors que Germaine Sablon figurait au programme principal.

Plus ou moins séparée de son mari, le baron hollandais Van Doorn, auquel elle est mariée depuis 1939 et qui occupe maintenant un poste ultra-secret dans le gouvernement en exil des Pays-Bas – *the Dutch Government-in-exile*, l'équivalent du 2e bureau –, elle est parfaitement libre. Libre et sans un sou. Elle vit modestement dans la modeste chambre d'une pension de famille, au 30 Campdon Hill Garden, où elle offre à ses amis des tours de chant, derrière les rideaux tirés jusqu'au bout de la nuit.

Sa guitare, près d'elle, n'est pas un simple instrument de musique, mais d'après tous ceux qui ont connu Anna Marly, une part inséparable de sa personnalité à la fois charmeuse et dynamique, comme l'écrit Kessel : « Sa guitare n'était pas pareille à toutes les guitares, elle avait pris l'allant, la santé, le cran, l'exaltation de celle qui en jouait[1]. »

À Londres, où elle a débarqué en 1941 avec son mari, en provenance de Lisbonne, elle s'est tout de suite inscrite au théâtre des

1. Préface de Joseph Kessel à *Messidor*, recueil de poèmes d'Anna Marly, Atelier de Jean Crès, 1965.

Armées britannique. L'ENSA (Entertainments National Services Association) l'a engagée pour une série de concerts illimitée. Elle chante donc pour les soldats – comme Germaine, j'y reviendrai –, d'usine en hôpital et de caserne en cantine. Chaque régiment lui offre en reconnaissance un fanion, qu'elle accroche à son corsage et qui rejoint ensuite sa collection.

À la mi-mai 1943, Maurice Druon, une nouvelle fois débouté du grade d'aide de camp et qui se retrouve face à de faux espoirs, est affecté en même temps que Claude Dauphin et Robert Nivelle[1] à *Honneur et Patrie*, la nouvelle émission de la Résistance, dont la responsabilité incombe à André Gillois. Cette première émission est prévue pour le 17 mai. Il faut d'urgence à André Gillois un indicatif musical, l'équivalent du *po-po-po-pom* des *Français parlent aux Français*.

Emmanuel d'Astier, auquel il fait part de sa pressante recherche, connaît bien Anna Marly, qu'il a connue chez sa compagne, Louba Krassine, dans le petit cercle d'amis russes qui gravite autour d'elle. Aussi a-t-il tout de suite l'idée d'emmener Gillois écouter Anna Marly au Petit Club français, où elle vient régulièrement chanter à la guitare. André Gillois, aussitôt conquis, hésite entre plusieurs airs que la chanteuse interprète ce soir-là, *Courage*, *Paris est à nous*, *Tu appartiens au lendemain*... Composés dans un esprit patriotique et rassembleur, tous peuvent faire l'affaire y compris une chanson de Tino Rossi de 1935.

Il pleut sur la route
Le cœur en déroute

1. André Gillois, *Histoire secrète des Français à Londres*, *op. cit.*, p. 324-325.

Dans la nuit j'écoute
Le bruit de tes pas

Quand tout à coup, Anna Marly abandonne ses poèmes français et se met à fredonner un chant de guerre russe, très ancien, sorti de sa mémoire. Elle l'appelle *Partisansky*, et l'instant d'après *Guerilla Song*. Et comme elle ne se souvient pas de tous les couplets, elle chantonne la musique, puis se contente de siffler les notes. Et ce sifflement c'est exactement ce que Gillois attendait. Il a trouvé son indicatif!

Dès le lendemain, avec Emmanuel d'Astier, il conduit la chanteuse dans un des studios d'Ealing où l'attendent quelques musiciens, pour le lui faire enregistrer. Deux siffleurs professionnels sont chargés des notes du début. Mais ils sifflent trop bien! Gillois veut qu'on ait l'impression de combattants clandestins sifflotant, les mains dans les poches, en marchant sur les routes. Ce sont d'Astier et lui-même qui décident de remplacer les spécialistes et ce sont eux qu'on entendra à l'antenne, sans le savoir bien sûr, à l'ouverture de la toute neuve émission.

L'indicatif, cet air sifflé facile à reprendre et à retenir, sera diffusé deux fois par jour sur les ondes du 17 mai 1943 jusqu'au 2 mai 1944, date de la dernière émission d'*Honneur et Patrie*.

De son côté, Germaine Sablon ne cesse de harceler Kessel pour qu'il lui compose une chanson. Quand elle est arrivée à Londres, début février, absolument démunie, elle est tout de suite allée voir son ami le metteur en scène Alberto Cavalcanti, avec lequel elle a tourné *Le Truc du Brésilien*, pour lui demander de l'aide. Il lui a avancé une petite somme qu'elle a promis de lui rembourser avec ses premiers cachets. Il lui a proposé de chanter dans un des films de propagande qu'il doit tourner pour la France combattante : *Three Songs about Resistance* (« Trois chansons de la Résistance »).

Elle en a déjà deux sous la main : *La Marseillaise* et *La Madelon*. Il lui en manque donc une – elle compte sur Jef pour la lui écrire et aussi sur Druon, qui, à Agay, a donné la pleine mesure de son talent à rimailler. Mais Kessel n'est pas pressé. Elle revient à la charge de semaine en semaine. Quand Jef, un soir, au Petit Club français, entend Anna siffloter *Partisansky*, et s'exclame aussitôt, devant Germaine agacée : « Ah ! cet air-là est formidable !

— Évidemment, réplique-t-elle, puisqu'il est russe ! »

Kessel et Druon qui aiment passer leurs week-ends hors de Londres, à la campagne, imitant en cela beaucoup d'Anglais, ont encore l'air dans la tête – surtout Druon, qui a l'oreille musicale –, quand ils arrivent à Coulsdon, dans le Surrey. Ils y ont chacun leur chambre réservée pour le samedi et le dimanche, dans un petit hôtel vétuste mais plein de charme, l'Ashdown Park Hotel. Il est tenu par un vieux cuisinier français, ancien chef du Savoy, M. Hulin. Nombre de leurs amis, des habitués du Petit Club français, en sont des clients réguliers, entre autres Guy de Boissoudy, Claude Hettier de Boislambert et Fernand Grenier.

Ce dimanche 30 mai, jour de la sainte Jeanne d'Arc – Germaine Sablon en a noté la date dans son agenda[1] –, oncle et neveu décident de se mettre au travail. Ce n'est d'ailleurs pas seulement pour faire plaisir à Germaine, mais parce que Emmanuel d'Astier insiste pour qu'ils créent tous ensemble un chant de la Résistance. Les maquis de France en ont besoin. Persuadé qu'une guerre se gagne aussi en chansons, parce qu'il faut à la Résistance un symbole fort et un repère unificateur, d'Astier sait que Kessel a le don de parler à tous, sa prose est simple et vivante – il est le meilleur barde pour ce projet, aussi ambitieux qu'urgent. Dans l'embrouillamini des relations

1. Elle a montré cet agenda à André Gillois qui a pu ainsi vérifier la date et la communiquer à Maurice Druon, qui l'avait oubliée. *Histoire secrète des Français à Londres*, *op. cit.*, p. 327.

de De Gaulle avec les Alliés, anglais et américains, au milieu des courants divers qui emportent le bateau France sur une mer de force quatre, il faut ce symbole, il faut ce repère. D'Astier a l'intention d'emporter avec lui ce texte fédérateur et s'est promis de le publier au plus vite dans sa revue *Libération*[1]. Son départ est imminent, une mission l'attend. Aussi n'y a-t-il plus de temps à perdre.

Kessel et Druon s'installent après la sieste dans le salon de l'hôtel, au milieu des fauteuils dépareillés, au tissu élimé. Germaine Sablon a acheté un cahier d'écolier à l'épicerie du village et, laissant de côté la liste de verbes irréguliers qu'elle tâche d'apprendre par cœur, écrit sous leur dictée, au fur et à mesure de leur inspiration, les envolées et les multiples corrections. Ses notes servent de brouillon. Il y a dans un coin du salon un piano droit, désaccordé mais fort utile pour essayer de retrouver le rythme de *Partisansky*. Druon « tient la plume », selon ses propres termes, d'ailleurs ambigus. Note-t-il les trouvailles de Kessel dont il ne serait alors que le porte-plume, ou, ce que peut tout aussi bien vouloir dire l'expression, rédige-t-il la chanson « de bout en bout » comme il l'affirmera soixante ans plus tard, tous les autres témoins disparus ? D'après Germaine Sablon, seule personne présente dans le salon du Ashdown Park Hotel, et la seule à avoir vu de ses yeux et entendu de ses oreilles la chanson se créer, « Jef trouvait les idées avec Maurice et celui-ci avait le génie de les mettre en vers », ainsi qu'elle le rapporte à Yves Courrière dans un entretien tête à tête[2]. Il est impossible de démêler leurs styles. Impossible d'attribuer à l'un plutôt qu'à l'autre tel mot, telle image, telle interjection. *Le Chant des partisans*, né d'une chanson russe d'Anna Marly, est une œuvre collective de trois auteurs, pas moins.

1. Les paroles du *Chant des partisans* seront de fait publiées dans *Libération*, en septembre 1943.

2. Y. Courrière, *Joseph Kessel*, *op. cit.*, p. 582.

Kessel et Druon se heurtent aux « corbeaux » qui apparaissent dans le texte russe, ils ne sont pas sûrs d'abord de vouloir les garder. Le hibou, oiseau de rechange, fait une timide apparition sous leur plume, puis s'esquive, jugé sans doute trop placide pour une évocation dramatique. Le corbeau, avec son ramage funèbre, suggère bien mieux l'inquiétude et la menace du danger. Les deux auteurs cherchent en effet à reconstituer l'atmosphère pesante et le risque de mort des maquis. C'est ainsi que « le vol noir des corbeaux sur nos plaines » va évincer « le cri sourd du hibou ».

> Ami, entends-tu le vol noir des corbeaux sur nos plaines ?
> Ami, entends-tu les cris sourds du pays qu'on enchaîne...

La volonté des deux auteurs est de convoquer dans leur chanson tous les maquisards : les étudiants, les ouvriers, les paysans qui sont les soldats anonymes de la Résistance. Ils veulent qu'on les voie, qu'on les entende. Leur hymne sera aussi un code de reconnaissance populaire. Toutes les classes sociales doivent s'unir pour affronter l'ennemi commun.

Est-ce l'influence de Fernand Grenier, sa présence dans l'hôtel de Coulsdon ? Ce chant de guerre est une invocation révolutionnaire, un appel à l'union lancé aux peuples en esclavage. Ni l'espoir ni la foi dans l'avenir ne figurent dans *Le Chant des partisans*. Mais il exprime une valeur morale menacée par les diversions politiques du moment : la fraternité des hommes. À la fois rassembleur et libérateur, il résume avec force et sobriété ce que Bruno Leroux dans une analyse exhaustive nomme l'« esprit ardent de la Résistance[1] ».

1. Bruno Leroux dans le *Dictionnaire historique de la Résistance*, *op. cit.*, p. 1001.

Ohé partisans, ouvriers et paysans, c'est l'alarme
Ce soir l'ennemi connaîtra le prix du sang et des larmes,
Montez de la mine, descendez des collines, camarades
Sortez de la paille les fusils, la mitraille, les grenades
[...]
Ami, si tu tombes, un ami sort de l'ombre à ta place
Demain du sang noir séchera au grand soleil sur les routes
Sifflez, compagnons, dans la nuit la Liberté nous écoute.

De temps en temps, Fernand Grenier passe sa tête dans l'entrebâillement de la porte :

« Alors, c'est bientôt fini, cette *Marseillaise* ? »

Il n'aura fallu qu'une paire d'heures aux deux hommes : au milieu de l'après-midi, la chanson, commencée après la courte sieste, est fin prête. Encore faut-il l'essayer devant les amis. Ils se retrouvent tous le soir chez la compagne d'Emmanuel d'Astier de La Vigerie, Louba Krassine. Son appartement ouvert sur un jardin – « notre chapelle », dira Anna Marly qui adore Louba – est le lieu de rendez-vous des Russes en exil, auxquels se mêlent quelques Français libres, amis de « Mané ». Louba est la fille de Leonid Krassine, révolutionnaire bolchevique, ancien bras droit de Lénine, membre du Comité central et le premier ambassadeur de la Russie soviétique à Paris, puis à Londres où il est mort en 1926. De ses trois filles, elle est la plus romanesque. Divorcée de Gaston Bergery, l'un des espoirs du radical-socialisme français, qui a glissé peu à peu dans la collaboration et le régime de Vichy (il a été nommé ambassadeur à Ankara en remplacement de René Massigli), elle a un fils de ce premier mariage. Son charme slave, son aisance de grande dame et son indifférence politique quasi totale la rendent irrésistible.

Très amoureuse de « Mané », elle l'épousera au lendemain de la guerre.

« Chante, toi ! » dit Kessel à son neveu.

Et Druon, pour la toute première fois, entonne de sa voix puissante *Le Chant des partisans*, dont c'est le baptême du feu. Anna Marly l'accompagne à la guitare.

Réaction immédiate et enthousiaste. Les applaudissements crépitent puis les amis présents, dont d'Astier, dont Gillois, reprennent en chœur, depuis le début. Et sifflent à qui mieux mieux.

Germaine Sablon va pouvoir enregistrer la chanson qui manquait à Alberto Cavalcanti. C'est le 31 mai, aux studios d'Ealing, à 11 h 30. On peut aujourd'hui entendre sur YouTube sa voix étonnamment martiale. Elle qui a l'habitude des rengaines amoureuses ou coquines, des mélodies chaloupées, la voilà qui interprète un texte guerrier, un rude appel aux armes. Sa voix qu'on a connue si câline se veut trempée dans l'acier. Les sifflements manquent au début, dans cet enregistrement inaugural.

> Ohé les tueurs à la balle et au couteau, tuez vite
> Ohé, saboteur, attention à ton fardeau, dynamite...

Mais il y a pour elle une émotion particulière à chanter les mots que Jef et Druon ont écrits.

Avant Anna Marly, Germaine Sablon est la première chanteuse officielle du *Chant des partisans*. En anglais, *Underground Sound*.

C'est elle qui l'a « créé », selon l'expression usuelle du théâtre et du music-hall.

La musicienne russe se voit dépossédée de sa chanson. « C'était beau, dira-t-elle en se souvenant de la soirée chez sa compatriote Louba Krassine. Ça collait merveilleusement. Je n'osais pas avouer que j'avais mon propre texte dans la poche mais j'étais légèrement vexée[1]. »

De l'original en russe, il ne restait en effet que les corbeaux et la musique, dira-t-elle aussi.

Ce que confirme André Gillois, témoin du processus de création. « Elle eut un mouvement d'humeur bien compréhensible, note-t-il dans ses Mémoires. Mais elle m'écrivit honnêtement : le texte original de mon cru était plus court, dans la même idée, mais moins fort[2]. »

Si Anna Marly demeure pour l'Histoire la compositrice de la musique du *Chant des partisans*, Kessel et Druon se taillent la part du lion : ils signent cette marche entraînante et obsédante qui va devenir célèbre et sera un jour sacrée chant national.

Kessel à Druon, le soir du 30 mai : « C'est peut-être tout ce qui restera de nous. »

Et Druon, plus solennel : « Nous venions de glisser un feuillet dans l'Histoire. »

Il y a quand même un dernier épisode à ajouter au feuilleton du *Chant des partisans*. Emmanuel d'Astier, qui en a été l'initiateur, a tenu à écrire sa propre chanson. Et il a fait appel à Anna Marly, qui a accepté d'en composer la musique.

C'est, concomitante du *Chant* à quelques jours près, *La Complainte du partisan*. Un peu différente, un peu semblable, et

1. *Troubadour de la Résistance. Les Mémoires d'Anna Marly*, Tallandier Historia, 2000.

2. A. Gillois, *Histoire secrète des Français à Londres, op. cit.*, p. 326.

signée « Bernard », du nom de d'Astier dans la clandestinité, les paroles en sont plus douces, plus mélancoliques. On peut l'entendre elle aussi sur YouTube, dans diverses interprétations dont celle d'Yves Montand[1].

> Les Allemands étaient chez moi
> On m'a dit : Résigne-toi
> Mais je n'ai pas pu
> Et j'ai repris mon arme…

Là encore, le rôle d'Anna Marly est sous-estimé. Elle rapporte dans ses Mémoires que c'est elle qui a écrit le couplet, point de départ de la chanson que « Mané » a écrite, et qui en est devenu le final :

> Le vent passe sur les tombes
> La liberté reviendra
> On nous oubliera
> Nous rentrerons dans l'ombre.

Pas de chance. Druon, dans ses Mémoires, revendique là aussi son droit d'auteur ! Il aurait aidé son camarade d'Astier à rédiger *La Complainte*. « J'en garde le manuscrit, de nos deux écritures alternées[2]. »

Secret d'Histoire.

Une polémique s'ensuivra[3]. D'abord en sourdine, parmi les

1. Éditions Raoul Breton.
2. M. Druon, *Mémoires*, t. II, *op. cit.*, p. 196.
3. Dans *Libération* décembre 2006 : « La leçon déplacée de Maurice Druon » par Christophe d'Astier de La Vigerie suivi de « J'ai écrit *Le Chant des partisans* de bout en bout » de Maurice Druon.

cercles d'initiés, d'anciens Français libres habitués du Petit Club français qui se retrouveront plus tard Cité Vaneau à Paris, chez Emmanuel et Louba d'Astier. Il faudra des années pour que la postérité redonne sa juste place à Anna Marly et reconnaisse son rôle essentiel dans la création du *Chant des partisans*. Les deux noms de Kessel et de Druon ont renvoyé dans l'ombre non seulement la chanteuse à la guitare et sa *Guerilla Song*, mais aussi Emmanuel d'Astier, à l'origine du projet et qui avait lui-même, en amont de Kessel et Druon, travaillé à la traduction du texte russe.

Un échange musclé entre Christophe d'Astier de La Vigerie, fils d'Emmanuel d'Astier, et Maurice Druon viendra, en décembre 2006, apporter une dernière dose de vinaigre au chant national. Piqué au vif qu'on remette en cause sa participation, jugée purement « symbolique » dans la genèse du *Chant*, et qu'on puisse le qualifier de « dandy, chasseur d'honneurs », sinon de résistant d'opérette – « il faut raison garder : le neveu de Kessel s'est trouvé à Londres au bon moment dans le sillage de son oncle » –, Druon y répondra par une lettre cinglante et même par « une paire de gifles » assénée moralement, par presse interposée.

Le manuscrit du *Chant des partisans* – trois feuillets raturés, de l'écriture de Druon –, classé « monument historique » depuis 2006, est déposé par lui au musée de la Légion d'honneur où chacun peut aller le voir. Et rêver sur ses secrets.

Un regret : que le cahier de Germaine Sablon, acheté à l'épicerie du village, et qui a servi de brouillon au cours de la mémorable soirée du 30 mai, ne figure pas dans la vitrine du musée, à côté de celui du parolier. Il s'est perdu au cours des déménagements successifs qui ont suivi la mort de la chanteuse. Un document de l'INA datant de 1963 en atteste l'existence. Manque aussi dans la précieuse vitrine l'agenda de Germaine où figurait à la date du

30 mai la phrase désormais historique, notée de sa grande écriture, « le Chant des partisans est fait ».

Sifflez, compagnons,
Dans la nuit la Liberté
Nous écoute.

12

Le choix de Germaine Sablon

À Londres, Germaine Sablon broie du noir. Alors que les deux hommes profitent à plein de leur liberté et trouvent un exutoire à l'exil dans leurs travaux d'écriture, elle est d'abord totalement désœuvrée. N'ayant pas bénéficié d'une éducation par une *nanny* britannique, ce qui est le cas de la plupart des *Free French*, elle mesure l'exil à cette langue étrangère qui l'éloigne de ses chansons. Que ne s'est-elle destinée à une carrière internationale comme son frère Jean ?

À son arrivée, elle reçoit une invitation à assister à la réception que donne le général de Gaulle à Grosvenor Square pour les nouveaux arrivants – une manière de leur souhaiter la bienvenue. Kessel l'accompagne. Le personnage en impose, près de trois ans sont passés depuis l'appel du 18 juin 1940, la silhouette, la voix du Général sont déjà légendaires. Au cours de son allocution, de Gaulle cite le nom de deux marins bretons, puis celui de la chanteuse et fait un petit signe de la main dans sa direction. « Lève-toi ! » dit Kessel, tout fier qu'on remarque sa compagne. Mais Germaine, qui juge le geste cavalier, refuse d'obtempérer.

« Il a l'air de dire, petite merde, avancez ! », elle est offusquée. Kessel, furieux qu'elle manque de respect au Grand Homme, insiste mais Germaine reste assise comme une reine offensée. Son visage se ferme, sans sourire. Elle racontera à Yves Courrière[1] qui le rapporte dans son livre que le secrétariat de Carlton Gardens l'a appelée le lendemain, avec beaucoup d'égards, au téléphone pour tenter d'expliquer le geste du Général, certes maladroit mais qui ne se voulait pas offensant. La démarche diplomatique fut inutile : Germaine Sablon refuse la tentative d'apaisement et raccroche sur un : « C'est fini, n'en parlons plus », définitif.

Dès sa première rencontre avec le Général, elle vire ainsi dans le camp des antigaullistes et, comme elle ne fait pas les choses à moitié, elle y campera jusqu'à la fin de sa vie. C'est, à Londres, en plein cœur de la France libre, un désaccord majeur entre les amants. Une note grinçante, une incompatibilité d'humeur. Cette femme de caractère ne craint pas d'afficher ses positions au risque d'indisposer l'homme de sa vie.

Il est temps pour elle d'entrer dans l'action. Ne sachant à quoi s'employer, elle contacte une de ses relations d'avant la guerre, Virginia Vernon, une chanteuse américaine, née à New York mais qui, après avoir chanté à Broadway sous son nom de jeune fille (Virginia Fox Brooks), a fait carrière à Paris, où Germaine l'a connue. Virginia a une voix à la Yvette Guilbert, qui fut son professeur de chant. Elle ne se contente d'ailleurs pas de chanter, elle s'intéresse aussi à la littérature. Avec son mari, Franck Vernon, elle a traduit de nombreux livres du français à l'anglais (dont un Sacha Guitry, entre autres) et de l'anglais au français. En 1937, elle a cosigné, seule avec André Maurois, l'adaptation théâtrale de *Victoria Regina*, une pièce de Laurence Housman qui remporta

1. Yves Courrière cite le témoignage de Germaine Sablon sur cette malencontreuse rencontre avec de Gaulle, dans sa biographie de Kessel, p. 579.

un beau succès au Théâtre de la Madeleine, avec Gaby Morlay dans le rôle-titre. Virginia Vernon a à peu près le même âge que Germaine et la même énergie combative, bien qu'elle soit physiquement plus frêle, plus blonde. À Londres, elle est maintenant à la tête de l'Entertainments National Service Association (ENSA), l'équivalent du Théâtre aux Armées. Elle en est le CWO (Chief Welfare Officer) et tient ses quartiers au Théâtre royal de Drury Lane, non loin de Covent Garden.

L'ENSA se charge d'organiser des tournées de spectacles, en vue de distraire les malheureux soldats sur leurs cantonnements, entre deux batailles. L'association, encadrée par les militaires, recourt aux services de centaines de comédiens, danseurs, chanteurs, musiciens, hommes et femmes, et pourvoit à leurs déplacements, leur logement, leurs subsides, ainsi qu'à la régie des concerts, des ballets, ou des représentations théâtrales. La sonorisation n'est pas toujours au point, les éclairages et la mise en scène sont réduits à l'essentiel, mais le succès est immense. Il s'agit de distraire les troupes, de les faire rêver, de les faire rire aussi, dans le contexte tragique de la guerre. L'humour anglais ne pouvant jamais être pris en défaut, des esprits malins ont surnommé l'ENSA, « *Every Night Something Awful* », parce que le niveau artistique ne répond pas toujours aux attentes, mais les salles sont pleines et chacun applaudit à tout rompre non seulement la performance des acteurs ou des chanteurs mais leur sentiment patriotique. Eux aussi participent à l'effort de guerre, en venant soutenir le moral des troupes. Les artistes ont à se produire un peu partout sur le territoire britannique, mais pas seulement, car on les envoie aussi en Afrique du Nord et au Moyen-Orient, partout où la Grande-Bretagne se bat. Ils sont attendus dans les casernes et les cantines, dans les usines d'armement et les hôpitaux. Ils chantent et dansent sur le pont des navires de guerre, sous les tentes de toile érigées dans le désert, ou sur les ailes d'un avion, transformées en scènes de music-hall.

Laurence Olivier, Peter Sellers, Noël Coward, Vivien Leigh, parmi beaucoup d'autres, se sont enrôlés à l'ENSA. Ainsi que la chanteuse Gracie Fields ou la danseuse de ballet Beryl Grey, qui ont eu leur temps de gloire. Parmi les Français libres, Joséphine Baker, Françoise Rosay, Jean Nohain et Claude Dauphin, pour les plus célèbres. Et notre Germaine Sablon, trop heureuse de retrouver un public et de déchaîner l'enthousiasme de salles pleines à craquer avec ses chansons de Paris. Sa biographe, Dominique Missika, a retrouvé un 78 tours enregistré à Londres avec les Petits Chanteurs à la croix de Lorraine : sur une musique et des paroles d'André Bernheim, l'ami et l'imprésario de Kessel, elle y interprète quatre chansons à la gloire de la Résistance. Elle a pour l'occasion choisi de chanter sous un pseudonyme digne d'un roman de Mauriac, Angélique Pasquier. « Pendant quatre mois, écrit Dominique Missika, Germaine se rend partout où on la demande. La scène est de nouveau sa vie, et une manière de défendre son pays[1]. »

Kessel l'accompagne en service commandé, le 27 avril, dans les Highlands, au domaine d'Achnacarry, où le commando du capitaine Kieffer s'entraîne parmi les bérets verts britanniques. Elle chante pour les cent soixante-dix-sept recrues volontaires qui débarqueront dans un an sur les côtes de Normandie et seront les premiers à toucher le sol de France. Les premiers aussi à offrir leur vie.

Mais dans le tourbillon de ces quatre mois en terre britannique, elle ressent cruellement l'absence de ses fils, restés à Alger,

1. Dominique Missika, *Un amour de Kessel*, Seuil, 2020, p. 150.

et s'inquiète pour eux. Ils sont tous les deux dans l'armée de Giraud. Bien que Kessel refuse de l'accompagner et préfère rester à Londres où il décrète que l'on a besoin de lui, elle décide finalement d'aller les rejoindre. Kessel tente de la retenir, au prétexte qu'il ne peut pas vivre seul, mais elle ne se laisse pas apitoyer et prend le risque de l'abandonner à ses démons, ou à ses démones. Elle affirme son libre arbitre : c'est la seconde fois, depuis qu'elle a refusé de le rejoindre à Lisbonne et de partir avec lui pour les États-Unis, qu'elle dissocie son sort de celui de Jef. Il n'en est pas content. À ses yeux, le départ de Germaine est une forme de désertion.

Partir est compliqué, le seul moyen étant de trouver une place dans un transport de troupes. Grâce à son amie Virginia Vernon, elle obtient d'être dirigée vers la VIIIe armée britannique et, au sein de celle-ci, le sera ensuite dans la 1re division de la France libre en Afrique du Nord. À ce titre une place lui est réservée sur un paquebot qui, le 1er juillet 1943, emporte à son bord en direction des côtes marocaines et algériennes d'autres artistes de l'ENSA, le comique anglais Leslie Henson, l'actrice d'origine canadienne Beatrice Lillie et enfin Vivien Leigh, l'héroïne de *Gone With the Wind* (1939), l'épouse de Laurence Olivier. Germaine voyage avec son pianiste, nommé Salomon. La traversée n'est pas sans danger, la bataille de l'Atlantique se poursuit, aussi le paquebot navigue-t-il au large sous escorte. Jean Marin, un officier de marine et journaliste breton, né à Douarnenez, l'une des voix de Radio-Londres, effectue à quelques jours près le même voyage : « Le détroit de Gibraltar franchi, l'étoile du Berger paraissait toute proche ; sa lumière était suspendue juste au-dessus de la Méditerranée qui la reflétait[1]. »

1. J. Marin, *Petit bois pour un grand feu*, *op. cit.*, p. 362.

La belle Alger, où elle débarque le 8 juillet, est devenue une ville militaire. Ses rues grouillent de soldats en uniforme des armées alliées, d'espions en civil mêlés aux journalistes et à des personnalités de toutes nationalités et de tous bords. Anglais et Américains, Africains et Arabes, Français libres et Français de Vichy s'y côtoient dans une atmosphère de complots et d'intrigues. Deux pôles se partagent la capitale de la France combattante, qui occupe stratégiquement la place qu'avait Brazzaville au début du conflit : le Palais d'Été, où réside le général Giraud, et la villa des Glycines, où le général de Gaulle a pris ses quartiers. Les deux hommes se livrent une guerre intestine, chacun essayant de rallier les forces vives et d'incarner la France.

Germaine Sablon court à l'hôpital Mustapha Pacha voir son fils, Pierre Legrand, qui a été blessé à la face pendant la campagne de Tunisie. Un funeste souvenir la hante, celui de son premier mari, Maurice Bloch, revenu défiguré de la Grande Guerre. Elle est terrifiée à l'idée que son fils puisse à son tour être une « gueule cassée ». Il n'en est heureusement rien. Le jeune homme va se remettre et ne gardera aucune séquelle. Mais il veut repartir au combat.

Elle chante au Majestic, l'une des dix plus grandes salles de spectacle du monde à cette époque, un ancien cinéma de Bab el-Oued, aux côtés de Maurice Chevalier, ce qui est évidemment flatteur, mais sa carrière de chanteuse n'est pas et n'a jamais été le but de sa vie. Elle souhaite s'impliquer directement dans l'effort de guerre et même prendre une part active sur les champs de bataille. Elle signe alors son engagement dans l'Ambulance Hadfield-Spears, du nom de ses deux fondatrices, l'unité médicale ambulatoire dans laquelle elle a servi en France en 1940, son action courageuse sous les bombardements à Saint-Jean-de Bassel en Lorraine lui ayant valu sa première croix de guerre avec étoile de bronze.

Un passage éclair et fort inattendu de Kessel à Alger, où le Général qui a besoin de soutiens l'a fait demander, ne procure pas à Germaine le bonheur souhaité. L'écrivain court de rencontres en rencontres : de Marcel Peyrouton, ancien ministre de l'Intérieur de Vichy, nommé par Giraud gouverneur de l'Algérie et immédiatement révoqué par de Gaulle, au capitaine Collet, vainqueur des Druzes, ou au colonel Bourgoin, l'ami qui a perdu un bras dans une des nombreuses batailles auxquelles il a participé, du Tchad à Bir Hakeim et en Tunisie, et qui est devenu le chef des parachutistes français. L'écrivain-journaliste veut parler avec des hommes de tous partis politiques, mesurer leurs différences, leurs opinions, l'état de leur engagement. Il les mettra ensuite en scène dans ses articles pour *France*. Il prend le temps de se brouiller avec Saint-Exupéry, qui vient d'arriver des États-Unis et se montre agacé des bisbilles politiques incessantes d'Alger. Déjà déçu par les gaullistes en exil en Amérique, Saint-Ex n'a pas de mots assez durs pour le Général et son entourage. Il obtient de s'engager dans une escadrille française placée sous l'autorité des Américains et grâce à leur influence – le Général n'a en effet pas voulu de lui dans les FAFL (Forces aériennes françaises libres). « Il n'est pas des nôtres », aurait-il dit.

Dans ses Mémoires, André Maurois, lui-même débarqué à Alger en provenance de New York aux mêmes dates, et qui partage plutôt les opinions de Saint-Ex, venu l'accueillir sur l'aérodrome de Maison-Blanche, rapporte la conversation qu'il eut avec l'auteur du *Petit Prince* : « Ah ! dans quel guêpier, nous sommes-nous fourrés ? lui dit Saint-Ex. Vous allez découvrir très vite ce qu'est ici l'atmosphère politique. Irrespirable ! Deux cours règnent sur la ville, deux factions rivales... Nous croyions tous deux qu'il y aurait désormais l'armée française, une et indivisible. Ce n'est pas vrai, ou du moins pas encore. Je suis très malheureux, et vous le serez[1]. »

Jef, lui, est d'autant plus convaincu d'être dans le bon camp, ou dans la bonne cour pour reprendre le mot de Saint-Exupéry, que le général Giraud n'est toujours pas revenu sur l'abrogation du décret Crémieux, que Kessel juge être un déshonneur pour la France. Par cette abrogation, signée par Marcel Peyrouton en 1940, le maréchal Pétain enlevait aux Juifs d'Algérie la nationalité française que le décret Crémieux leur avait accordée en 1870. Kessel est intervenu dans *France*, juste avant son départ de Londres, pour dire sa colère. Il ne saurait y avoir à ses yeux plusieurs catégories de Français. L'affaire du décret Crémieux renforce encore, si cela était possible, son sentiment gaulliste, de Gaulle s'opposant quant à lui à l'abrogation du décret par Vichy.

Ces querelles n'atteignent que peu Germaine Sablon, préoccupée surtout de faire quelque chose, de s'employer, d'être utile, en bref d'entrer dans l'action. Et puis, elle a de quoi être agacée elle aussi, moins par le décret Crémieux et ses suites, que par la présence à Alger de Katia – l'épouse officielle. Elle l'avait presque oubliée à Londres, mais la voilà elle aussi à Alger, et qui a repris tout naturellement dès le premier jour sa vie avec Jef. Lequel oscille à son habitude entre les deux femmes – une habitude qu'il a provisoirement mise entre parenthèses plutôt que perdue pendant ces derniers mois à Londres. Elles pourraient l'une et l'autre y voir un progrès, car la numéro trois, la belle Sonia, est restée en France... Mais

1. André Maurois, *Mémoires 1885-1967*, Flammarion, 1970, p. 365.

Germaine n'est plus dans la soumission. Cette vie de harem à peine déguisée lui est-elle devenue odieuse, ou ennuyeuse ? Elle s'envole de Maison-Blanche, pour la Tripolitaine où elle arrive le 1er septembre 1943.

Kessel a mis à profit son bref séjour à Alger – moins de quinze jours – pour rencontrer l'éditeur du *Silence de la mer*, qui sera celui de *L'Armée des ombres* quand son roman sera achevé : Edmond Charlot. Il a connu par son entremise la bande de ses amis, des poètes surtout, des fous de littérature, et notamment Max-Pol Fouchet qui anime la revue *Fontaine* et aime réunir participants et abonnés dans les locaux de la librairie de Charlot, 2 bis rue Charras, aux « Vraies Richesses ». Un nom inspiré par Jean Giono qui avait écrit sous ce titre, en 1936, un essai dédié aux habitants du Contadour (Haute-Provence). Dans ces années de privations et de sacrifices, de censure et de pénurie y compris de papier, les gens qui fréquentent la librairie n'ont pas besoin qu'on leur explique qu'on y vend des produits de première nécessité.

Fin juillet cependant Kessel est de retour à Londres, où il achève le manuscrit de *L'Armée des ombres* et reprend une vie de célibataire, ses tournées nocturnes dans les boîtes et les bars, « l'alcool, selon Yves Courrière, redevenait son seul compagnon ». Il partage désormais un grand studio en duplex, à Knightsbridge, avec son neveu, l'inséparable, le fidèle Maurice Druon, toujours droit dans ses bottes et qui veille comme il peut sur un oncle en proie à tous les excès.

L'Ambulance Hadfield-Spears a connu bien des tribulations depuis la guerre de 1940 en France. Lord Hadfield, sir Robert, son mécène, est mort ; lady Hadfield vit retirée dans sa villa de Saint-Jean-Cap-Ferrat. Lady Spears a assumé seule l'implantation et le renouveau de l'ambulance en Grande-Bretagne. Elle a reçu d'importantes contributions financières, anglaises et alliées, un don généreux anonyme est venu des États-Unis. Elle a donc pu rééquiper son unité de tentes de campement et de camions neufs, mais aussi de tout un matériel médical de pointe, qui la rend opérationnelle et très efficace sur le terrain. L'Ambulance, bien que britannique par son origine et la plupart de ses cadres, garde l'objectif premier qui fut la raison même de sa création : elle se voue entièrement aux Forces françaises libres. Sur le corsage de leur *battle-dress*, d'une assez vilaine couleur kaki pâle, les *spear-girls* ou *spear-ladies*, dites « spirettes » à la française, ont toutes, même les Britanniques, accroché la croix de Lorraine à côté de l'insigne de l'Ambulance (H.-S.).

Laquelle Ambulance a déjà fait ses preuves au Proche-Orient, en Transjordanie, en Syrie et au Liban au cours de l'année 1941, puis lors des diverses campagnes d'Afrique depuis 1942. Elle s'est déployée dans le « *western desert* » africain, à Bir Hakeim, à El Alamein. Active en Tunisie, elle stationne depuis juin 1943 à Zouara, un port en Tripolitaine, à une soixantaine de kilomètres de la frontière tunisienne, et c'est là que Germaine la rejoint en septembre. Le général Brosset commande la 1re division française libre, depuis le mois d'août. C'est un soldat extraordinaire, au courage intrépide, et un non moins extraordinaire meneur d'hommes qui va associer « Spears » à sa future campagne. Diego Brosset se bat toujours en première ligne et son charisme dû selon les témoignages à « une force de vie exceptionnelle » a le pouvoir de galvaniser ses troupes.

Je rappelle que l'Ambulance suit la division, à quelques kilomètres en arrière. Elle ramasse les blessés, les ramène dans ses voitures, pilotées par le personnel féminin, et les conduit jusqu'aux tentes de toile, rapidement montées en repli, où l'équipe médicale est prête à les accueillir. Ils y sont examinés, triés selon leurs blessures, soignés et s'il le faut opérés. Plusieurs chirurgiens y exercent leur spécialité. Quant aux nurses, toutes diplômées, elles sont anglaises pour la plupart. Quand Germaine Sablon rejoint son unité, l'Ambulance se compose de 54 Britanniques : 10 infirmières, dont Mrs. Spears, la « Directrice », 6 conductrices et 38 infirmiers et conducteurs. Côté français, elle compte 108 officiers, sous-officiers et soldats, dont les médecins et infirmiers, et 5 femmes : Germaine Sablon forme une équipe solidaire avec l'infirmière Yvonne Lemoine, l'aide-infirmière Françoise de Juge-Montespieu, l'aide-pharmacienne Antoinette Bondu, et la conductrice-ambulancière Marie Lemaître. Germaine est la plus âgée d'entre elles (quarante-quatre ans). Utilisée d'abord à la réception des blessés puis chargée de la création et de la direction du « foyer », elle doit veiller à la « popote », la salle commune où se prennent les repas et où se déroulent les heures de délassement. Drôle de popote en vérité, construite avec les moyens du bord : murs bâtis en caisses de munitions sous un toit en tôle ondulée, vieux sièges de voiture éventrés en guise de fauteuils clubs, une planche posée sur deux tonneaux en guise de bar. Germaine Sablon la décore avec des palmiers en pot et s'assure que les hommes ne soient jamais à court de chocolat ni de cigarettes. Mais elle relaie souvent Marie Lemaître, la conductrice. Germaine Sablon, qui adore conduire, est un bolide au volant. Elle le restera sa vie durant, jusque dans son grand âge.

Au total, donc, un corps de volontaires formant un hôpital mobile de 167 personnes, dont 27 femmes.

Citons aussi, pour leur rendre hommage, les médecins qui s'activent sous les tentes à chaque arrivage de blessés : le lieutenant-colonel Jean-Frédéric Vernier, les capitaines Coupigny et Thibeaux, chirurgiens. Les capitaines Guénon et Quéméré, médecins, le lieutenant Abouchar dentiste, les sous-lieutenants Guiot et Mergier pharmaciens, l'aspirant Eugène Schick aide-opératoire. Deux aumôniers exercent leur office, l'un est catholique Henri Boillot, et l'autre protestant, Aimé Bonjour. En 1943, selon Jacques Duprey qui a fait partie de cette unité, « on peut avancer le chiffre de 2 500 passages sur les tables d'opération, soit dans les camions, soit sous les tentes. La consommation de plasma sanguin, de sang conservé et de sang frais – en utilisant les donneurs du personnel de l'Ambulance – a été élevée. [...] Le large emploi des sulfamides, le sévère fonctionnement des services de stérilisation et de désinfection ont permis de réduire presque au néant les cas de gangrène gazeuse et de tétanos, malgré les arrivages pénibles des évacués de zones de combat parfois éloignées[1] ».

L'administration française, toujours tatillonne, a voulu débaptiser l'Ambulance Hadfield-Spears, pour la rendre plus conforme à ses standards. Elle a d'abord décidé de la nommer « Formation chirurgicale mobile n° 3 », les numéros 1 et 2 étant déjà attribués aux formations de la comtesse du Luart et de Mme Catroux. La « FCM 3 » lui semblait entrer mieux dans ses plans. Or, elle était plutôt numéro 1 par sa date de création, et d'autre part n'était pas seulement une formation médicale mobile comme les deux autres, mais bien plutôt un véritable hôpital, pouvant être monté et démonté à grande vitesse, selon les besoins, et fournissant

1. Jacques Duprey, *L'Ambulance Hadfield-Spears ou La drôle d'équipe*, préface du général de Larminat, Nouvelles Éditions Latines, 1953, p. 93. Je suis entièrement redevable à ce livre, témoignage de première main et étude exhaustive en même temps que très vivante. Germaine Sablon, dont l'auteur a reçu le témoignage, y est citée à plusieurs reprises.

de véritables lits, pliables mais équipés de matelas, d'oreillers, de draps frais et de moustiquaires. À la suite de cette observation purement technique, il fut décidé de la nommer « HCM 3 », c'est-à-dire « Hôpital chirurgical mobile n° 3 » – tant pis pour le 3 –, appellation qui fut préférée à « FCM 3 » et même à « ACLCA » (Ambulance chirurgicale lourde de corps d'armée) qui un temps prévalut ! La « Spears », qui continuerait d'être désignée sous son nom d'origine malgré les hésitations et le phénoménal gaspillage de temps de l'administration, se fichait pas mal des lettres et des chiffres.

Sur place, le travail ne manquait pas. Dans une chaleur accablante, sous les vents de sable, dans l'insécurité et l'inconfort, les nurses et les conductrices s'affairaient sans se plaindre.

À peine arrivée, Germaine Sablon, à la demande unanime, offre à tous les volontaires FFL et au général Brosset un concert improvisé dans les ruines romaines de Sabratah, en plein désert. Accompagnée au piano par un jeune sous-officier écossais (son pianiste, Salomon, est malade), elle fait connaître à tous *Le Chant des partisans*. Tandis que le soleil couchant embrase les colonnes de marbre rose de l'antique théâtre, son corps moulé dans un fourreau de soie blanche, sa voix venue de Paris qui chante l'amour de la patrie, assez puissante pour défier le souffle du vent et les notes d'un piano désaccordé, déclenchent une émotion unanime. Le général Brosset, frappé par la magie de la scène, relate la « vision inoubliable de sa longue silhouette blanche[1] ».

Son statut de grande vedette n'exclut pas la chanteuse des tâches quotidiennes, bien au contraire. Elle prend chaque jour

1. Geneviève Salkin, *Général Diego Brosset. De Buenos Aires à Champagney via l'Afrique et la France libre*, Éditions Economica, 1999, p. 281.

sa part des choses, conduire les véhicules, réparer une roue crevée, huiler le moteur, ranger les bâtiments, laver, soigner, apaiser, consoler les blessés…, il fallait de l'énergie, de la volonté, et une santé de fer pour affronter les conditions de cette vie militaire.

Comme Joséphine Baker, employée aux mêmes tâches dans une autre unité, elle peut considérer comme une vie magnifique sa nouvelle existence « où l'esprit de communauté, la discipline, l'aventure et bien souvent le danger remplacent les triomphes de la scène[1] ». Seul manque l'amour à ce programme austère et à les en croire exaltant.

Encore que la promiscuité avec tous ces officiers, sous-officiers et combattants ne soit pas sans offrir quelques tentations, y compris à une femme amoureuse, mais forcée de vivre loin, très loin, de son grand amour.

Dès le 8 septembre, la Spears déménage son campement vers la péninsule du cap Bon, dans le nord-est de la Tunisie, où elle suit bravement Diego Brosset et la 1re DMI (1re division motorisée d'infanterie) – le nouveau nom de la 1re DFL ! Celle-ci et son chef n'ont pas échappé eux non plus à la maniaquerie administrative des sigles. Six cents kilomètres de mauvaises pistes et de routes poussiéreuses, en convoi autonome, avec un seul arrêt sur le golfe de Gabès : le trajet s'avère sportif pour toutes, entassées dans les camions avec le matériel et les quelques blessés qui n'ont pu être évacués sur les hôpitaux fixes de la région. Le 10 septembre, la Spears déploie ses tentes à Grombalia-Le Khanguet.

De là, jusqu'au mois d'avril 1944, s'installe une longue attente. Les femmes patientent tandis que les hommes s'entraînent pour le débarquement qui doit se dérouler en un lieu tenu secret

1. *France*, le 3 novembre 1944.

en France. Elles ont déployé les tentes pour y soigner les soldats blessés en exercices, fractures, coupures, mais aussi cas de gale ou maladies vénériennes. Au bout de quelques semaines, elles reçoivent l'ordre de se transporter plus loin, et établissent leur cantonnement au milieu des oliviers d'Hammamet. Des iris sauvages, d'un bleu pourpre, poussent dans cette oliveraie vieille d'un millier d'années. Pour la première fois depuis des mois, les femmes de la Spears sont logées dans un véritable bâtiment en dur, l'hôtel du Golfe, réputé jadis pour son luxe, et que l'armée a réquisitionné. Premiers bains dans une vraie baignoire : elles n'ont pas eu ce bonheur depuis Londres et ses quelques *inches* d'eau autorisés. Le régime militaire est sévère en revanche pour les hommes : les fusiliers marins pratiquent un entraînement intensif qui envoie sous les tentes de l'Ambulance pas mal d'estropiés. De nombreux Corses venus de leur île, libérée à l'automne par leurs propres partisans aidés d'un débarquement allié, ainsi qu'un régiment d'Antillais ont grossi les effectifs.

Le travail est cependant devenu routinier. La visite officielle du commissaire de la Guerre et de l'Air dans le Gouvernement provisoire d'Alger, André Le Troquer, ancien président de la SFIO, l'un des parlementaires qui ont quitté la France à bord du paquebot *Massilia* pour continuer la lutte en Afrique du Nord, et qui siège désormais au Conseil national de la Résistance, puis celle du général de Lattre de Tassigny, qui vient tout juste de s'évader de France après avoir été condamné à dix ans de prison par Vichy pour avoir ordonné à ses troupes en 1940 de poursuivre le combat contre les Allemands – de Lattre de Tassigny qui va prendre la tête de l'armée de Libération –, interrompent à peine la monotonie d'une existence en vase clos. Des soirées en chansons, les fêtes de Noël et du jour de l'an soudent à jamais une équipe qui n'a plus ni foyer ni maison, mais tient la Spears pour une vraie famille.

Dans l'attente impatiente du débarquement qui va tous et toutes les ramener vers la terre de France, cette unité « moralement unie, techniquement au point, et liée intimement à sa Division », ainsi que la résume Jacques Duprey, s'apprête à vivre la plus rude et la plus sanglante campagne de son histoire. Germaine Sablon en sera.

À des milliers de kilomètres, que fait Kessel sans elle à Londres ? Leur séparation est radicale, à une époque où le téléphone est rare, où le courrier est lent. Est-elle si sûre de l'amour qui les lie, alors qu'ils vivent sans se voir, sans se parler ? Ou est-elle si occupée à la Spears qu'elle n'a pas le temps d'en mesurer le prix ?

Le séjour à Hammamet, loin encore des vrais combats, offre bien des plaisirs, ceux de la plage au sable blond où s'allonger paresseusement, ceux de la Méditerranée dont le bleu profond et le goût salé rappellent à Germaine Sablon les bains dans la rade d'Agay, et puis la compagnie des jeunes hommes qui l'entourent. Elle n'a pas perdu sa séduction, conserve une sensualité à fleur de peau que l'âge n'a pas effacée. En short, torse nu et pieds nus sur le sable, Diego Brosset entraîne ses hommes en vue d'un débarquement qu'on dit imminent. Courses à pied, lancer de poids, sauts en longueur ou en hauteur, il note dans ses carnets sa propre performance dans ce dernier exercice : 1,40 mètre. Mais il note aussi, entre deux concertations militaires avec le général de Larminat ou le général Koenig, ses autres performances, dans le domaine amoureux. Ce même jour, celui où il franchit la barre de 1,40 mètre : « Je suis heureux, je suis jeune ; Germaine Sablon m'a montré que je suis toujours désirable ; ma performance, que je suis toujours vif. »

Si douloureuse que soit la séparation avec Jef, Germaine s'accorde une liberté amoureuse. Dans cet interlude de soleil et de paix provisoire, avant les grands combats qui s'annoncent, elle ne se prive pas plus que Kessel des bonheurs que la vie peut offrir.

13

La guerre sépare ceux qui s'aiment

Kessel rencontre à Londres un grand amour qui sera son ange du malheur. Une jeune Irlandaise, de vingt ans sa cadette, Michèle Winifred O'Brien. Non pas une rousse aux yeux verts comme le voudrait la légende mais une « *Black Irish* », une brune aux yeux sombres, à la peau veloutée et à la silhouette sans défauts, dont le caractère imaginatif et emporté correspond le mieux aux plus inquiétantes héroïnes du royaume celte. La fée Morgane, dont elle est une brillante réincarnation, avait emprisonné et enchaîné dans son cercle magique l'enchanteur Merlin en personne.

Élevée en France dans un couvent, elle est la fille d'un champion de boxe « sans gants », engagé dans la Horse Cavalry, et d'une Anglaise qui a donné au champion six enfants et suivi ses pérégrinations aux quatre coins de l'Irlande et du Béarn. Michèle est née dans le comté de Kildare, au centre de l'Irlande. Plus ou moins employée au secrétariat du Centre d'informations et de renseignements de Londres, elle a avoué à Jef sa passion d'écrire. Elle a donné quelques articles de débutante à des revues. Après quelques whiskies, qu'ils ne comptent plus l'un et l'autre, Kessel a appris qu'il y avait eu un grand drame dans sa jeune vie : la mort de son frère aîné et adoré, John O'Brien, lors d'un atterrissage forcé à bord d'un bombardier de la RAF qu'il commandait.

Maurice Druon, qui partage à cette époque le studio en duplex de Kinnerton, à Londres, avec son oncle, s'est trouvé nez à nez un matin avec la splendide Irlandaise. Elle remplissait l'espace, avec un air de conquête et de paisible contentement. Admiratif, évaluant en connaisseur les charmes de Michèle – « Appelez-moi Mike! » –, il ne put cependant se défendre d'un curieux pressentiment : le malheur, dira-t-il à Yves Courrière, venait d'entrer dans la maison.

Michèle O'Brien occupe très vite la place laissée vide par les deux autres femmes de la vie de Jef – je laisse de côté les comparses –, Germaine la brave qui, aux dernières nouvelles, partage le campus de la 1re division française libre en Tunisie, et Katia la fidèle qu'il a laissée à Alger, semble-t-il sans trop de regrets puisque déjà Michèle l'attendait, parée de tous ses sortilèges. Germaine et Katia, toutes deux ambulancières, la première à la Spears, la seconde dans une autre unité militaire, sont certes admirables de patriotisme et de dévouement, mais leur attitude est à ses yeux, n'en doutons pas, sacrilège : qu'ont-elles donc à préférer s'occuper des autres, quand il a lui-même un tel besoin de leur présence physique et de leur sollicitude?

Michèle a plus d'un point en commun avec lui-même. Loin d'être aux petits soins, de lui apporter sa force tranquille ou sa sérénité, comme les deux autres femmes, elle est le reflet de sa nature excessive et angoissée. Elle n'a aucun mal à adopter son style de vie particulier. Car elle a, elle aussi, un penchant pour les boissons alcoolisées et les soirées dans les bars jusqu'au lever du jour. Or, de son propre aveu à son frère Georges, toujours aux États-Unis et qu'il s'apprête à revoir après trois ans de séparation,

Kessel n'a jamais autant bu qu'à Londres depuis que Germaine Sablon n'est plus là.

Fort heureusement, le travail est toujours un puissant dérivatif. André Bernheim, son « frère siamois », demeuré l'imprésario de jadis, a justement établi un contact à Hollywood pour une future adaptation de *L'Armée des ombres*. Il serait bon que Kessel puisse s'y rendre. Ce projet coïncide avec la volonté du général de Gaulle d'envoyer l'écrivain en ambassadeur aux États-Unis pour pallier l'influence des trop nombreux giraudistes ou affiliés qui s'expriment contre lui de concert, pas seulement Maurois ou Saint-Exupéry, qui ont gagné l'Algérie, mais combien d'autres, Alexis Leger notamment, l'ancien secrétaire général du Quai d'Orsay, poète sous le nom de Saint-John Perse, l'auteur d'*Éloges* et d'*Anabase*. Ce fut chose faite dès la mi-novembre.

Le temps de rencontrer à New York Jacques Schiffrin et de signer avec lui le contrat pour l'édition de *L'Armée des ombres* aux Pantheon Books, puis de dîner avec Bernheim et le peintre Moïse Kisling, un vieil ami du temps des fêtes à Montparnasse, et le voilà à Los Angeles, ne comptant plus ses heures d'avion, pour constater que le projet du film tombe à l'eau. Il en profite pour revoir son cher Tola, le producteur et metteur en scène Anatole Litvak, mais aussi Charles Boyer, l'archiduc Rodolphe dans *Mayerling*, qui collecte des fonds pour la France libre à travers le French War Relief Committee, ainsi que Jean-Pierre Aumont. Le héros du film *L'Équipage* est sur le point de devenir un véritable héros – il s'apprête à rejoindre la 1re DFL en Tunisie.

Ce voyage dans l'Ouest donne à Jef l'occasion de serrer dans ses bras son jeune frère, plus oisif et charmeur que jamais. « Aussi paresseux qu'une couleuvre » selon ses propres mots, Georges n'a pas changé. Quoique toujours marié à Janine Crispin, ayant lui aussi rencontré une autre muse redoutable, il ne le sera plus longtemps. C'est que Georges ressemble à s'y méprendre au Daniel du *Tour du malheur*, personnage qu'il a totalement inspiré et qui porte sur ses épaules une large part du poids de la malédiction familiale.

À Los Angeles, Kessel fait la connaissance de deux jeunes Américains, futurs talents de la littérature et du cinéma : Irwin Shaw, fils d'un immigré russe et modeste auteur de scénarios joués à la radio (et pas encore l'écrivain du *Bal des Maudits* qui ne se révélera qu'après la guerre), et le Texan Joshua Logan, qui écrit et met en scène ses premiers spectacles à Broadway. Tous deux deviennent aussitôt des amis. D'autant qu'ils vibrent d'un patriotisme, assez rare à Hollywood : Irwin Shaw est allé se battre en Afrique du Nord et au Moyen-Orient, tandis que Logan va bientôt participer aux combats des Alliés comme aviateur. Hollywood ne retient pas Kessel. Il juge artificielle et décadente la capitale du cinéma, par trop décalée des événements qui, en Europe, restent sa préoccupation majeure. L'issue de la guerre approche, il voudrait participer aux derniers efforts militaires. C'est en fait son seul souhait, son seul vœu : retrouver Londres, retrouver Michèle, et tâcher enfin d'aller se battre pour de bon. Au bout de quinze jours, las du show-business et de la plupart des Français d'Amérique, il est de retour à Londres où il remue ciel et terre pour se faire engager. D'être depuis si longtemps affecté à la vie civile, parmi les planqués de l'arrière, même si chacun a à y tenir un rôle, lui est devenu odieux.

C'est le colonel Rémy – de son vrai nom, Gilbert Renault, alias Raymond, Jean-Luc, Roulier ou Beauce –, chargé des opérations secrètes sur le sol français, qui intervient en sa faveur. Ce gaulliste de la première heure, Compagnon de la Libération depuis 1942, obtient des Anglais avec lesquels il entretient d'excellentes relations que Kessel soit engagé dans l'escadrille Sussex, nouvellement créée. En vue du débarquement, elle doit assurer le contact avec les réseaux de la Résistance intérieure. Il s'agit pour elle de s'approcher au plus près des zones où sont implantés les maquis, de tourner en rond la nuit au-dessus d'eux afin de repérer les points d'où les résistants transmettent des informations en « phonie », afin de pouvoir les capter, la technique de l'époque ne permettant pas les échanges phoniques au-delà d'une certaine distance.

Cette escadrille, placée sous autorité britannique, est composée d'équipages mixtes. Les sept Français qui en font partie sont des volontaires. Ils sont chargés à bord de la réception des messages et de leur transcription. Tous les autres membres de l'équipage, le pilote, ainsi que le navigateur et le mitrailleur, sont britanniques. Kessel effectuera ses missions avec le pilote Moore, et Bernheim qu'il a tenu à faire enrôler par la même occasion avec le pilote Surtee. L'écrivain jouit de deux avantages dont il n'est pas peu fier : il a d'une part l'autorisation de revêtir son uniforme bleu marine d'officier de l'air français, alors que toutes les autres recrues sont tenues de porter l'uniforme de la RAF. Et il peut arborer sur la manche ses tout nouveaux galons d' « *acting-captain* » (capitaine à titre provisoire), concédés par le *squadron-leader* Whinney au vétéran de ses hommes dont la plupart ont vingt ans.

À quarante-six ans, le capitaine Kessel s'envole vers la France à bord de son Mitchell F.V.948, pour une série de missions nocturnes qui le ramènent au petit matin sur la base de Hartford Bridge, à une soixantaine de kilomètres au sud-ouest de Londres, là même où l'escadrille Lorraine, celle de Romain Gary, regroupe ses bombardiers.

« Je ne vous cache pas que les Mitchell seront une proie toute désignée pour la *Flak* et les chasseurs de la Luftwaffe, l'a prévenu le colonel Rémy. À mon avis, ces volontaires auront peu de chances de s'en sortir. Acceptez-vous d'en être ? » Il aurait pu refuser.

Le « oui » fut immédiat, accompagné de larmes de reconnaissance, que Kessel essayait de cacher[1].

Ce que le colonel Rémy ignore, c'est que Kessel, dont la superstition est souvent moquée par ses proches, a une formule magique pour conjurer le malheur. Avant toute aventure à risques, il prononce en russe ces mots censés le protéger contre le mauvais sort : « *Dobri Tchass Zbogom* ». André Bernheim est chargé de la lui hurler dans les oreilles, à chaque décollage. Ayant manqué pour une fois à sa mission, Bernheim s'était rattrapé en cours de vol, juste à temps pour éviter une catastrophe. « Que l'heure nous soit favorable et que Dieu nous accompagne », il manque à la traduction française le concentré du talisman.

À la même date, Germaine Sablon, partie le 27 avril de Bizerte à bord du *Samuel Adams*, un navire américain, débarque quelques jours plus tard à Naples avec sa compagnie pour participer à la campagne d'Italie. Elle sera sanglante et meurtrière, du mont Cassin, où la bataille fait rage autour d'un monastère réduit à l'état de ruines, jusqu'à Rome. Les premières attaques pour le 1re DFL ont lieu dans la nuit du 10 au 11 mai 1944, à Garigliano. Les tentes de la Spears, camouflées sous les arbres à quelques kilomètres, sont établies au bord d'un talus en contrebas d'une pente abrupte, difficile à négocier pour les ambulances. Les bombardements se font ressentir jusqu'au campement. Le sol tremble. Germaine Sablon, étendue de tout son long par terre pour suivre

1. D'après le récit du colonel Rémy, dans *Mémoires d'un agent secret de la France libre*, Éditions France-Empire, t. III, 1991.

les consignes, ressent les vibrations du séisme. Les blessés sont si nombreux que les brancardiers prennent à peine le temps de les décharger en vrac sur l'herbe, devant les tentes, puis repartent. Les infirmières, et Germaine avec elles, se précipitent pour les répartir selon l'urgence ou les soins à fournir. Les chirurgiens militaires opèrent à tour de bras. Il ne s'agit pas de faiblir à la vue du sang et des corps déchirés. Blessures à l'abdomen et au thorax, membres brisés ou pendants, les comptes rendus médicaux sont une litanie d'horreurs. « Je ne voulais pas être une Française geignarde, dira Germaine Sablon. Mais quoi ! Je suis ici pour aider, pour servir, alors courage ! »

La tente de l'aumônier qui sert de popote est détruite – l'aumônier, par chance, était allé porter les sacrements. Au plus fort des combats, ordre est donné aux chirurgiens d'allonger les blessés à même le sol et d'opérer à genoux. Pas le temps pour les infirmières de dormir ni de reprendre des forces. Germaine répond aux cris de ceux qui l'appellent, car elle connaît la plupart des soldats. « J'entendais mon nom répété inlassablement par les blessés, "Germaine ! Germaine !", ils souhaitaient ma présence et mon impuissance à soulager toute cette souffrance me faisait mal. »

Victime, à la suite d'une chute, d'une entorse à l'épaule gauche, « avec arrachement de l'extrémité supérieure de l'humérus », selon le médecin-colonel Frédéric Venier qui la soigne, elle doit garder le bras en écharpe pendant trois semaines, mais refuse l'immobilisation et le repli sur l'arrière. Elle veut poursuivre sa tâche.

Ceux de la 1re DFL, désormais appelée 1re DMI (division motorisée d'infanterie), du général Brosset, sont à fond dans la bataille. Se battent à leurs côtés ceux du 22e BMNA, le bataillon de marche nord-africain, placé sous les ordres du capitaine Lequesne, un héros de Bir Hakeim, et formé de quatre compagnies de tirailleurs principalement nord-africains. Germaine est surtout proche de celle que commande le capitaine Paul-Hémir Mezan – un parfait gentleman qui porte monocle et fait la guerre en calot bleu et en gants blancs. « Ils se battent comme des lions, Germaine, les soldats de votre bataillon d'opérette ! » lui dira Diego Brosset pour la provoquer, sachant qu'elle aime trop ses « gars » pour ne pas les défendre.

Elle sera « tirailleur d'honneur » et marraine du 22e bataillon à l'issue du conflit.

Parmi ses protégés se trouve un très jeune homme, le sous-lieutenant Yves Amanton, que la compagnie a surnommé « le boyard ». Préposé au bar entre les attaques, spécialiste des cocktails maison à base d'œuf pour faire passer le goût du mauvais alcool, il lui a demandé de lui donner son foulard. Celui qu'elle porte depuis qu'elle a quitté la France : « Il a traversé l'Espagne avec moi et subi toutes mes aventures », dira-t-elle. De couleur rose, imprimé du nom des provinces françaises, il a déteint avec les lavages et le soleil tunisien, mais c'est le seul objet qu'elle ait conservé dans l'exil. Yves Amanton veut le nouer autour de son cou, pour les prochains combats de Monte Cassino.

San Clemente. San Giorgio a Liri. Torresino di Palestrina. Zepponami, près de Montefiascone. Bolsena, au bord du lac. Albanova. Des sites enchanteurs sont les bases successives où la Spears fait escale, à l'arrière de combats violents. Course épuisante dans la campagne italienne, où les civils ne sont pas épargnés, leurs villages sont détruits, leurs champs et leurs récoltes dévastés. Les médecins ont à soigner des femmes, des enfants et des vieillards, également meurtris dans leur chair.

La Spears suit la route de la 1re DMI jusqu'à Rome, où la Ve armée américaine commandée par le général Clark est entrée le 4 juin, sans rencontrer trop de résistance, appuyée par la

VIIIe armée britannique du général Leese (Montgomery ayant été transféré en Normandie). Les Allemands, commandés par le feld-maréchal Albert Kesselring, se sont repliés dans le Nord où ils forment un nouveau front. Déclarée ville ouverte, Rome offre un spectacle au premier abord réjouissant – la ville est intacte, ses magasins sont approvisionnés, les gens marchent normalement dans les rues… –, mais l'illusion n'est que de courte durée. Les beautés antiques cachent les pillages et les crimes commis par des troupes de libération. Germaine Sablon en a-t-elle été témoin, aucun récit de sa part ne l'atteste. De son poste de conductrice et d'aide-infirmière, qu'a-t-elle vu, de quoi fut-elle témoin ? Des milliers de femmes italiennes violées et molestées, incluant des jeunes filles et des petites filles, qu'a-t-elle su au cours de cette traversée de la Ville éternelle ? Elle n'a jamais tenu de journal de bord ni confié à un tiers le versant noir de la guerre. Et personne n'a recueilli son témoignage quand les goumiers marocains du général Guillaume ont été mis en cause, répandant la terreur dans la région de la Ciociara ? Aux journalistes qui l'ont interrogée sur ses années de guerre, elle n'a livré que des souvenirs soigneusement choisis, des anecdotes édulcorées, quelques portraits pleins de sens et d'émotion. Les choses les plus cruelles qu'elle a pu voir dans sa vie d'ambulancière, aux premières loges pour observer les souffrances des blessés et leur agonie, mais aussi les exactions perpétrées par des militaires, elle les a gardées pour elle seule. Elle est restée mutique sur l'horreur. La seule chose qu'elle ait dite et répétée, c'est que la guerre, qu'elle déteste, elle ne l'a faite à sa faible mesure que pour soutenir ses frères et ses sœurs dans le malheur. La fraternité prime pour elle sur l'héroïsme.

Il faut rapidement pour la division quitter Rome, revenir vers Naples, et se préparer au prochain débarquement qui doit avoir lieu en Provence. C'est là qu'elle est attendue. La Spears doit déposer les blessés les plus graves dans les hôpitaux de campagne américains qui jalonnent son parcours. Mieux équipés, l'affluence y a été bien moindre, mais ils n'ont à offrir ni sa mobilité ni sa fidélité à la division. Le matériel a lui aussi souffert, presque autant que les hommes et les femmes qui constituent l'équipe courageuse et soudée de la Spears.

L'Ambulance ne compte aucune perte parmi son personnel, mais les quatre mois de 1944, du début mai à la fin août, resteront gravés dans sa mémoire au prix du sang. La 1re division motorisée d'infanterie dresse son terrible constat : sept cents morts et plus de deux mille blessés. Jamais la Spears n'a eu à affronter pareille misère. Ni à porter secours à autant d'hommes atteints dans leur chair. Parmi les morts, figurent deux êtres avec lesquels Germaine Sablon a noué des liens d'amitié affectueuse, le capitaine Paul-Hémir Mezan, déchiqueté par un obus. Et le sous-lieutenant Yves Amanton qui, le jour où il a été fauché par la mitraille, avait laissé le foulard rose au mess, avec sa baraka. Son ordonnance l'a rendu à Germaine au lendemain de la bataille meurtrière de Monte Cassino. Elle a veillé personnellement aux détails de l'enterrement de Mezan et d'Amanton en terre italienne.

« L'horreur de la guerre ! témoigne-t-elle. Au plus loin que je me souvienne, des récits de ma grand-mère parlant de 1870 à mes déchirements en 1914 devant le départ de mon père et tous ceux de ma famille, j'ai jugé la guerre comme le fléau le plus abominable, le plus inadmissible qui soit au monde. Par un étrange paradoxe cependant, la guerre je l'ai faite ! Je l'ai faite car l'action me paraissait le seul moyen d'endurer cette épreuve insoutenable. L'action était la seule façon pour moi d'être en paix avec moi-même[1]. »

1. *La Revue de la France libre*, n° 79, 18 juin 1955.

La vie pourtant continue. Pour Germaine, la vie est toujours la plus forte. Fin août 1944, elle se confond, cette vie, avec les couleurs inespérées et merveilleuses des rivages azuréens. L'Ambulance a en effet quitté Naples et vogue à bord d'un vapeur anglais, le *Fort Dauphin*, avec ses camions, ses tentes et son personnel épuisé vers des destinations dont le nom est une promesse de bonheur : Anthéor, Agay... et au-delà la belle Provence.

14

Les hommes forts ne tombent jamais

Maurice Druon est rattrapé par son passé. Dans le confort de sa vie londonienne où les charmes de Googie Withers agissent plus sûrement que ceux de l'émission *Honneur et Patrie* où il s'ennuie ferme, son esprit critique et ironique lui faisant voir chaque jour les limites de ce travail en marge des vrais combats – « j'ai souvent douté de la portée réelle de notre action », écrit-il dans ses Mémoires[1] –, il reçoit un beau matin une lettre de Geneviève, née Gregh, son épouse devant la loi. Il ne l'a pas vue depuis près de deux ans. Leur relation s'était déjà beaucoup affadie durant les mois passés à Marseille dans une vie conjugale, dont il a mesuré la grisaille, mais à Londres, entre *Le Chant des partisans* et le corps délicieux de Googie, il a oublié qu'il était marié.

La lettre le rappelle à son ancienne vie. Geneviève a finalement quitté son père vénéré et, estimant sans doute qu'il n'avait plus autant besoin d'elle, elle a quitté la France et vient tout juste en ce mois de mars 1944 de retrouver sa famille, c'est-à-dire son frère et sa mère, à Alger. « En » Alger, comme dit Druon. Elle lui

1. M. Druon, *Mémoires*, t. II, *op. cit.*, p. 207.

annonce avec des mots d'amour qu'elle a l'intention de venir le rejoindre en Angleterre.

Loin de l'attendrir, la promesse de cette arrivée lui fait l'effet d'une bombe. Que fera-t-il de Geneviève à Londres, dans sa vie de célibataire, désormais si bien organisée ? Il est sûr d'y perdre sa liberté. Et puis Geneviève est quand même restée assez longtemps à Vichy, près de Fernand Gregh, certes sans se compromettre, mais enfin, elle est entièrement étrangère aux cercles qu'il fréquente. Le pire serait que son encombrante famille, et en particulier sa belle-mère, la poétesse, fasse elle aussi irruption : il n'a aucun mal à imaginer Harlette Gregh toutes voiles dehors, récitant sa poésie éthérée au Petit Club français où ses insomnies la fixeraient, infatigable jusqu'à l'aube. Geneviève est plus discrète mais n'a jamais rien pu faire sans l'un ou l'autre de ses parents. La comparaison avec Googie Withers qui tourne au désavantage de l'épouse légitime achève de le persuader qu'il faut éviter ce traquenard : on ne saurait inventer créatures plus opposées, ni hésiter un instant entre les deux dans l'attribution de la palme du sex-appeal.

Il vient tout juste de terminer ses *Lettres d'un Européen*, un essai politique, où il donne sa vision de l'Europe d'après guerre et qui le classe – il le dit lui-même avec son habituelle modestie – parmi les précurseurs. Partisan convaincu d'une Europe des Nations, débarrassée des douanes et des frontières et pourvue d'une monnaie unique, il défend avec fougue la nécessité d'un continent unifié, solidaire, où l'Allemagne aura un rôle à assumer, une fois la paix revenue. Ce livre, en une centaine de pages, est le bilan des deux années qu'il a vécues en marge des vrais combats mais qui lui ont au moins permis de réfléchir à l'avenir. Sa pensée se veut libre et claire, au-dessus des contingences. Ce travail achevé, en lequel il voit sa véritable mission, bien plus importante à ses yeux que de « clamer dans le désert[1] » à son poste de radio, il peut dégager un peu de temps pour régler de toute urgence son problème personnel. Grâce à ses relations haut placées – est-ce par son ami le général Hettier de Boislambert qui vient d'être chargé de former une nouvelle cellule de Liaison et d'Administration, ou par le colonel Buckmaster qu'il connaît bien lui aussi et appelle « Buck » comme tout le monde, le chef de la section F (France) du SOE (Special Operations Executive) –, il n'a aucun mal à décrocher un ordre de mission, sans objectif précis, dont le vrai but est de lui permettre de gagner Alger. Un avion anglais le dépose à l'aéroport de Maison-Blanche, le 1er avril 1944.

Il a la ferme intention de dissuader son épouse et sa belle-mère de venir s'installer à Londres, où il compte repartir au plus vite. Pourquoi ne s'est-il pas contenté de s'expliquer par lettre ? Le courrier circule plus facilement que les hommes entre Londres et Alger. Veut-il montrer plus de tact en leur parlant tête à tête ? Ou a-t-il vu dans le voyage une occasion de connaître cette Alger devenue une plaque tournante du jeu politique ? Il y sera surtout, comme Saint-Exupéry et Maurois, frappé par le climat délétère tissé d'intrigues qu'il juge secondaires et d'innombrables difficultés matérielles. « Je commis là une lourde erreur, écrira-t-il en repensant à ces jours maudits. Il ne faut pas mettre les doigts dans les fils du destin en croyant les redresser. »

Trois jours après les intimes retrouvailles avec la famille Gregh, où il dut avoir quelque peine à trouver le juste équilibre entre l'émotion et la froideur, l'Angleterre promulgue un ban que rien ne laissait prévoir. Elle ferme ses frontières. Du jour au

1. *Ibid.*, p. 214 : « J'attendais tranquillement de quitter mon poste de radio clamant dans le désert. »

lendemain, il est impossible à quiconque d'entrer ou de sortir du territoire britannique : une précaution hautement stratégique, pour protéger les préparatifs du débarquement en Normandie, sur le point d'être lancé. Druon est pris au piège.

« Je ne pouvais m'en prendre qu'à moi-même. »

Ayant perdu toute chance de participer aux futurs combats, il est de surcroît séparé de sa maîtresse anglaise et « obligé de vivre avec qui j'avais voulu éviter ». Il va devoir passer plusieurs mois en Algérie, puni comme un ours en cage, piaffant d'agacement et d'impatience, tandis que les Alliés libèrent la France. Normandie, Provence : des nouvelles lui parviennent du front, faits d'armes et actes d'héroïsme, villes reprises une à une, campagnes et falaises, routes principales et secondaires reconquises. La guerre continue de se dérouler sans lui. Malheureux, déprimé, il passe des heures sombres au bar de l'hôtel Aletti, l'adresse la plus luxueuse d'Alger, et trouve un dérivatif à sa mélancolie dans les soirées costumées que donne Duff Cooper, l'ambassadeur de Grande-Bretagne, avec son épouse Diana, deux figures de l'ancienne *Café society*. Seule vraie compensation à un *blues* d'enfer : il se lie d'une amitié qui perdurera avec le couple que forment Edgar et Lucie Faure. Lui, petit, rondouillard, binoclard, mais d'une intelligence supérieure, esprit toujours au taquet, humour irrésistible, reparties au couteau, doté d'un zézaiement dont il a fait une manière de signature, fut le plus jeune avocat de sa génération, et l'un des plus brillants. Devenu chef du service législatif du Gouvernement provisoire de la République, Druon le trouve « toujours là où il faut quand il faut ». Elle, extravertie, lumineuse, avec des cheveux courts crantés et un sourire enjôleur, aime bien rappeler qu'elle est née Meyer et qu'elle est la nièce de Julien Cain, le directeur de la Bibliothèque nationale de France. Elle vient de fonder *La Nef* avec Raymond Aron, poétique anagramme de la Nouvelle Équipe française, « la revue de celles et ceux qui ont des choses à dire ». Elle invite aussitôt le jeune Druon (plus jeune que le couple de dix ans) à écrire dans ses pages et à prendre position sur les grands thèmes de l'époque, selon l'objectif que s'est donné *La Nef*. C'est pourtant l'empreinte de la vacuité des jours, celle de sa propre existence qui le tenaille. Tout lui paraît dérisoire, la vie file entre ses doigts. Il fait le siège des bureaux d'embarquement, passe des heures sur le tarmac de Maison-Blanche pour trouver un avion de fortune, en bref tâche par tous les moyens et en vain d'échapper au désespoir de ne servir à rien.

Quand enfin un avion le ramène en France, à l'automne 1944, il se précipite rue de Presbourg, chez la marquise de Brissac. Ambulancière militaire elle aussi au début des hostilités mais rendue depuis des mois à une vie civile sans grand attrait, il la retrouve telle qu'en elle-même, avec son élégance d'aristocrate et son sourire d'ange. Googie Withers s'efface illico, « doucement, comme une fumée », dira-t-il. De l'appartement de Jeannette, assez vaste pour y loger une compagnie, il a la vue sur les arbres de l'avenue du Bois et sur l'Arc de triomphe.

Mais il est frustré d'aventures.

Son ordre de mission ne lui précise paradoxalement aucune mission. Il n'est affecté à aucune compagnie militaire. Devenu une sorte d'électron libre, il décide d'utiliser au mieux le document qui fait de lui un « officier d'information », désignation des plus vagues, pour prendre la plume et témoigner. C'est somme toute la vocation de maints écrivains, tel Victor Hugo, face aux événements de leur temps. Comment pourtant parler de « choses vues » sans être jamais allé sur le terrain ? De son propre chef, il emprunte une voiture à un ami et prend la route des Alpes pour rejoindre... la 1re DMI conduite par le général Brosset. Un général qui vient de fêter ses quarante-six ans le 3 octobre. Et qui a opéré avec ses troupes une longue et rude marche à travers les provinces françaises depuis le débarquement de Provence. La division qu'il commande et qui a perdu en route plus d'un tiers de ses effectifs a atteint le territoire de Belfort. La pluie et la boue compliquent les manœuvres. Brosset déplore auprès du haut commandement l'absence des tanks et le trop peu d'artillerie. Il s'inquiète aussi de l'étirement du front sur vingt-six kilomètres qui affaiblit ses attaques, et des liaisons difficiles entre les secteurs nord et sud.

Maurice Druon, arrivé sous une pluie battante, va passer les quinze premiers jours de novembre 1944, « flanc à flanc », dira-t-il, avec l'un des plus étonnants baroudeurs de la France libre et avec ses hommes. Envoyé spécial du *Parisien libéré*, il doit remettre à son journal un tableau de la 1re DFL en pleine action, le récit de la vie militaire sur le front de l'Est, et un portrait de son chef. Un détail, pour mieux camper le moment où Druon rejoint la division, du côté de Lure : il voyage à bord d'un cabriolet de sport.

Les cinquante-quatre camions de la Spears, débarqués à Fréjus près de dix jours après la division, ont tardé à la rattraper. Le général Brosset, suivi d'une unité médicale mobile réduite à sept médecins et infirmières de Spears, a gardé longtemps une longueur d'avance, essuyant ses premiers combats à Saint-Tropez et à Saint-Raphaël, puis remontant du Lavandou à Hyères, Saint-Rémy, le pont du Gard, Lussan, Vallon, Tence, dans une marche triomphale et meurtrière. Germaine Sablon, avec le gros de l'Ambulance, bringuebalait encore sur les routes du Sud entre Avignon et Uzès, quand la 1re DFL a pris Lyon, dans la nuit du 2 au 3 septembre. Brosset qui a souffert de ne pouvoir participer à la libération de Paris, entre le 19 et le 25 août, peut s'enorgueillir d'avoir libéré la deuxième plus grande ville de France. Les affrontements, sanglants, ramènent vers la Spears, à l'arrière, des centaines de blessés, sans que la troupe ralentisse sa course poursuivie à un rythme trépidant. Sa progression dépasse les prévisions les plus optimistes des états-majors. C'est au château de Francheville, à l'approche de la Bourgogne, que l'Ambulance peut enfin opérer la jonction avec le commando qui suit Brosset depuis le cap Nègre. Elle retrouve là sa vocation et sa fidélité, puisqu'elle se doit de soutenir les Forces françaises libres en toutes circonstances, et par monts et par vaux.

Depuis qu'elle a débarqué en Provence, parcourant une à une la plupart des provinces dont les noms sont imprimés sur le foulard de Germaine Sablon, la Spears a modifié ses méthodes. Elle n'a pratiquement plus recours, sauf exception, à ses tentes en toile kaki, et préfère établir ses quartiers provisoires dans les hôpitaux des villes qu'elle traverse. Quand ceux-ci n'ont plus un seul lit à offrir, elle réquisitionne mairies, écoles, hôtels, cafés ou maisons particulières, pour les transformer en salles de soins et d'opération. Avec l'aide bénévole et efficace de la population, elle peut ainsi faire face à l'afflux des blessés. À Vals-les-Bains, c'est le casino qui remplit cet office. Le travail des ambulancières et des infirmières est aussi âpre qu'en Italie. Il est impossible de se reposer plus de deux ou trois heures. Les nuits sont les plus éprouvantes. Germaine Sablon assiste à l'agonie de jeunes soldats qui leur ont été ramenés atteints à l'abdomen ou les membres arrachés. Parmi eux l'aumônier du 22e bataillon de marche nord-africain, le capitaine Bigo. Un ancien de l'évacuation de Dunkerque.

Les blessures n'ont heureusement pas toutes la même gravité. Bernard de Lattre de Tassigny, le fils du général en chef de l'armée française, âgé de seize ans, a été victime d'une balle dans le pied, qui ne l'immobilise que quelques jours. Et le sous-lieutenant Jean-Pierre Aumont, blessé au Lavandou, s'est contenté de se faire désinfecter et panser une plaie au thorax par une infirmière anglaise de la Spears, de ce commando parti en éclaireur avec les premières unités. Les soins auraient mérité d'être suivis d'un séjour de convalescence, mais il a refusé cette aubaine, a repris son fusil et ses fonctions d'aide de camp de Diego Brosset.

Le 30 septembre, c'est le général Brosset en personne qui passe à l'Ambulance pour se faire extraire un petit éclat qui l'a atteint à la poitrine lors d'un bombardement, mais il repart valide, sur-le-champ, au volant de sa jeep.

La Spears « colle » désormais, selon le vocabulaire consacré, à sa troupe de choc. Dijon, Autun, Besançon, Chalon – les noms sont rapides à écrire. Et faciles à situer sur une carte. Mais les hommes paient le prix d'une conquête arrachée pas à pas à un ennemi qui n'a pas encore rendu les armes. Les Allemands se défendent avec acharnement. Quand leurs soldats cèdent du terrain, ils laissent derrière eux des tireurs isolés ou quelques miliciens qui font beaucoup de dégâts. La Spears se prépare à accueillir les futures victimes de l'avancée des troupes en Bourgogne et en Franche-Comté. L'approvisionnement en eau, en nourriture et en bidons d'essence est rendu compliqué par l'état des routes, rendues périlleuses par le verglas. Il faut trouver des couvertures supplémentaires pour les blessés et assurer le chauffage des bâtiments réquisitionnés, car le froid est intense. Le baromètre est descendu au-dessous de zéro. Il y a encore les corvées de sable et de graviers pour éviter l'enlisement boueux des ambulances. Plongée en plein travail, la Spears a droit à une diversion avec la visite du général en chef, de

Lattre de Tassigny, venu remettre des Légions d'honneur et des croix de Lorraine à une quinzaine de grands blessés à Lure et à Villersexel.

Je peine à croire que Maurice Druon et Germaine Sablon, dont les routes se croisent dans la boue et le gel de ce début novembre, ne se soient pas rencontrés. Druon, qui ne pouvait ignorer la rupture effective de son oncle et de la chanteuse, a-t-il préféré se tenir loin de leurs affaires ? Il n'y a pas trace de Germaine Sablon dans le récit qu'il donnera de sa visite auprès de la 1re DFL. L'atmosphère fraternelle et chaleureuse propre à la division le frappe dès l'abord : « 8 heures du matin, tout le courrier est expédié ; on dévore le petit déjeuner par larges tartines. C'est le deuxième jour que je prends place à cette table et déjà elle m'est une patrie. L'ambiance est réchauffante comme un feu de bois, nourrissante comme le pain qu'on mange. Je crois que la meilleure récompense de ces hommes, plus que les croix et tout ce qu'on peut dire d'eux, c'est cette atmosphère qu'ils ont faite eux-mêmes et où ils vivent. »

Il accompagne Brosset aux premières lignes. « Il semblait écraser le danger devant lui. »

L'homme lui en impose, par sa vitalité, son courage, le contact exceptionnel qu'il entretient avec ses troupes, enfin par ce défi intrépide et permanent à la mort qui plane au-dessus d'eux tous. « Je l'entends encore me crier par-dessus le ronflement du moteur : *Les hommes forts ne tombent jamais quand il faut passer.* »

L'écrivain a quitté le champ des opérations lorsque dans les environs de Champagney, en Haute-Saône, le 20 novembre au soir, la jeep conduite par Diego Brosset s'engage à toute vitesse, selon son habitude, sur le pont qui traverse le Rahin, un petit sous-affluent du Rhône, d'ordinaire caillouteux et de faible débit mais que les pluies torrentielles ont considérablement grossi. Sur un coup de frein, pour éviter un groupe de soldats, la jeep dérape dans la boue et saute le parapet. Jean-Pierre Aumont, assis à côté du général, ainsi que le chauffeur, relégué à l'arrière, sont éjectés et s'en sortent en gagnant le rivage à la nage. Diego Brosset disparaît sous la jeep, emporté par un courant violent. On ne retrouvera son corps que deux jours plus tard. Ramené le 22 à midi à la Spears dans la chapelle de l'Institution Sainte-Anne où l'Ambulance a établi son cantonnement, il sera veillé par les « spirettes » et par quelques camarades de sa division, éplorés, puis enterré le 24 novembre au cimetière de Villersexel. Le chagrin est unanime chez les Français libres. Maurice Druon n'apprendra la mort de Diego Brosset qu'en arrivant au journal pour remettre son article, plein d'une admiration sincère pour les hommes de la 1re DFL et pour son chef. Ce témoignage de première main, de l'écriture vivante et forte propre à Maurice Druon, paraîtra en deux fois dans *Le Parisien libéré* les 24 et 28 novembre. Il marquera ses lecteurs par l'émotion mêlée d'enthousiasme de son auteur. « Mort d'un héros, écrit Druon. Mort d'un ami. »

La guerre cependant continue. Le général Garbay qui succède à Brosset suit à la lettre le plan que son prédécesseur avait fixé. Les hommes, fidèles à l'idéal guerrier de Brosset, fournissent un effort intense pour libérer Mulhouse et dégager deux autres divisions françaises prises sous le tir des mortiers, en territoire alsacien. La 1re DFL se bat dans la neige et la pluie jusqu'en décembre, amenant à son inséparable Ambulance son lot impressionnant de blessés et de morts. Brosset aurait sans doute rêvé de libérer Strasbourg, ce qui sera fait le 23 novembre mais par la division Leclerc ; rêvé aussi de forcer le repli des

Allemands loin au-delà de la frontière. Mais ordre est donné de se replier sur la façade atlantique, où subsistent des poches de résistance allemande. Les lourds véhicules de la Spears suivent cahin-caha, chargés à bloc de leur vieux matériel, des blessés transportables pour lesquels aucune solution d'hospitalisation durable n'a été trouvée en route et d'un bon lot de prisonniers allemands. Les conditions sont de plus en plus spartiates pour les infirmières et les ambulancières, les nuits se passent sur la paille des granges, dans la poussière des greniers ou parmi les caisses à l'arrière des camions. De retour à Autun, mi-décembre, où le camion de Germaine Sablon rend l'âme – le premier d'une funeste série –, le convoi gagne Limoges puis Angoulême. On passe Noël à Saintes, dans une maison de retraite débarrassée de ses pensionnaires et devenue le refuge de partisans FFI venus du Sud-Ouest. Il a fallu tout déblayer et laver à grande eau avant de loger personnel et blessés – en tout une centaine d'hommes et quelques femmes. Royan essuie par erreur un bombardement aérien anglo-américain qui visait des fortifications allemandes et ravage la ville. Deux cents civils sont touchés. La Spears, malgré sa vocation militaire, soigne sans discrimination toutes les victimes de la guerre, ennemis compris, et déploie son énergie et son savoir-faire. Elle doit faire face à un manque d'effectifs, une partie de l'Ambulance est déjà en route vers le nord-est ! La 1re DFL a en effet reçu pour nouvel objectif de relever la 2e division blindée au sud de Strasbourg. Retour express pour la Spears vers les Vosges !

De janvier à mars 1945, Germaine Sablon participe comme ambulancière à la campagne d'Alsace. En tant que directrice du foyer, elle peine à se fournir en produits de première nécessité – cigarettes, chocolat, savon... tout manque malgré l'aide de la population civile, elle-même plongée en pleine pénurie. La

Spears n'a plus qu'une trentaine de camions en état de fonctionnement, le matériel est à la limite de l'usure, le personnel épuisé mais le moral toujours au beau fixe. C'est de toute façon « Marche ou Crève! » dans un hiver maximal, sous les tirs et les bombes qui n'épargnent pas même les hôpitaux. Germaine Sablon n'a pas le loisir de suivre la progression des armées sur une carte ni de s'interroger sur le bilan stratégique des batailles, chaque heure se suffit à elle-même, il faut sans cesse lutter contre le froid, le sommeil, la peur, et surtout l'horreur qui saisit ces femmes, jadis délicatement loties, au spectacle éprouvant des corps martyrisés. Les chirurgiens de la Spears ne connaissent pas non plus de répit. Le colonel Vernier et ses aides opèrent à tour de bras.

Tandis que la 2e division blindée du général Leclerc entre en Allemagne et s'apprête à planter le drapeau français sur le repaire de Hitler à Berchtesgaden, la 1re DFL reçoit l'ordre de rejoindre les Alpes franco-italiennes au nord-est de Nice. Ce sera la dernière grande bataille à laquelle la Spears va être associée, la dernière mais non la moins meurtrière. L'enlèvement du massif de l'Authion, occupé par une division d'élite allemande, sera notamment l'enjeu de combats parmi les plus violents de la guerre. C'est l'ultime sacrifice de la division. L'opinion publique, grisée par la libération du territoire et par les victoires retentissantes des autres fronts, passe complètement à côté de ce qui se joue près de Nice et de Cannes, ces stations balnéaires d'une Riviera réputée pour ses charmes, où nul n'aurait imaginé pareil déchaînement de violences. La Spears, établie à l'hôtel Bristol de Beaulieu-sur-Mer, voit affluer vers elle des milliers de blessés, non seulement des hommes de la 1re DFL mais aussi des fusiliers marins, des tirailleurs sénégalais, des soldats des 1er et 2e bataillons de la Légion étrangère, des

FFL alpins du bataillon étranger et du 3e régiment d'infanterie alpine, ceux des bataillons de marche 4 et 21... C'est un véritable massacre auquel le personnel soignant est confronté. Un effort supplémentaire est demandé à tous et à toutes. D'autant qu'aux soldats français s'ajoutent prisonniers allemands et italiens ayant besoin de soins ainsi que les quelques civils en provenance des villages frontaliers, principalement victimes des mines qui jalonnent la région.

L'Ambulance arrive toutefois à la fin de sa longue course. Quand le 8 mai cessent les hostilités, elle a parcouru rien qu'en France plus de quatre mille kilomètres, du Var au Bas-Rhin, en passant par la Bourgogne puis la Franche-Comté, avec un détour par la Charente et la Charente-Maritime et une escale malheureuse en Haute-Saône, marquée par la mort de son chef, pour finir en plein hiver aux marches du Piémont. Elle est usée, épuisée, mais fournit son service médical sans rechigner jusqu'au 30 mai. Sur les photographies qui témoignent de son histoire, Germaine Sablon apparaît en uniforme militaire : pantalon et veste kaki, un foulard noué sur la tête. Sa silhouette s'est alourdie, son visage semble empâté. Sa beauté est atteinte et le cœur a sans doute autant souffert. La mauvaise nourriture, le travail continuel, la fréquentation de l'horreur, elle a poursuivi l'effort de bout en bout, sans une seule journée de relâche.

Seule permission dans ces années de guerre : elle participe à Paris, le 28 mars 1945, à un gala au bénéfice des Forces françaises combattantes, présidé par le général de Gaulle, au théâtre des Champs-Élysées. Elle y chante, parmi une vingtaine d'artistes, aux côtés de Joséphine Baker. Les deux femmes sont également et chaleureusement applaudies.

Kessel n'était pas dans le public.

Quand elle a voulu le revoir, boulevard Lannes, dans l'appartement de l'écrivain en partie pillé par les Allemands, l'entretien a été glacial. Sans chercher à se justifier, Jef lui a clairement et définitivement signifié la fin de leur histoire.

Germaine qu'on imagine accablée fait partie du convoi de la Spears, quand celle-ci effectue son dernier voyage : celui de son retour définitif de Beaulieu-sur-Mer à Paris. Le 18 juin 1945, sur les Champs-Élysées, un défilé commémore l'appel du général de Gaulle en 1940. Toutes les Forces françaises combattantes sont présentes. La 1re DFL décimée, réduite à ses survivants, est ovationnée. La Spears, en fin du cortège, avance fièrement avec ses vieux camions. Usés jusqu'aux derniers boulons, ils ont été repeints et astiqués. En tête, trois jeeps transportent les officiers. Elles suivent celle de leur chef, le médecin-colonel Vernier. Viennent ensuite quatre *staff-cars* qui roulent sur la même ligne, avec à leur bord les infirmières et les ambulancières. Lady Spears se tient au milieu d'elles. C'est un jour de triomphe et de reconnaissance populaire. Germaine Sablon est debout elle aussi dans l'une des *staff-cars*. Certains Parisiens – et, dit-on, le général de Gaulle – sont choqués de découvrir le fanion de la Spears. En ce jour bleu blanc rouge, l'Ambulance arbore sur ses jeeps les drapeaux anglais et français côte à côte.

Le 30 juin, comme toutes les autres unités combattantes, la Spears est dissoute. Alors seulement Germaine Sablon revient à la vie ordinaire.

Éloignée de ce « foyer » qui a été le sien depuis 1943, elle quitte ceux et celles qui ont constitué, pendant deux ans, sa seule famille dans l'épreuve. « Tout ce que j'ai vu m'a fait tant de mal que j'ai de la peine à me réadapter à une existence qui voudrait être normale », dira-t-elle dans quelques jours à un journaliste. La Libération a pour elle un goût amer. Marquée par la disparition d'êtres chers, elle souffre de la séparation avec une équipe solidaire et fraternelle dont elle cherche en vain le reflet dans la société civile. Autour d'elle, ce ne sont que querelles nationales, règlements de comptes entre partisans de la dernière heure, collabos repentis et faux résistants. Elle aspire au silence et à la solitude de sa maison d'Agay.

Au paysage français déprimant qui l'environne s'ajoute la douloureuse rupture avec Kessel. « Du jour au lendemain il a tout coupé, ça m'a fait très mal de ne pas savoir pourquoi », confiera-t-elle des années plus tard à Yves Courrière[1]. Son amant ne lui aurait pas pardonné, selon son biographe, un certain entretien avec Katia à Alger, où les deux femmes auraient achevé de se brouiller. Mais ne lui en a-t-il pas plutôt voulu de l'avoir quitté pour s'engager auprès d'une unité combattante, d'avoir en somme préféré vouer sa vie au service de la France libre, plutôt qu'à lui ? Blessure d'amour-propre ? Rancune d'homme délaissé ? Ou sèche vengeance d'un amoureux déçu, qui s'accorde le privilège de liaisons parallèles mais refuse ce droit à la femme dont le récit des infidélités est parvenu jusqu'à lui ? Elle n'a elle-même obtenu aucun éclaircissement sur cette fin notifiée.

Le 28 mai 1951, dans la cour des Invalides, le général de Larminat décore Germaine Sablon de la Légion d'honneur. Seule femme sur une longue rangée d'hommes, vêtue d'un court manteau et coiffée d'un bibi blanc, semblable à un papillon, elle arbore une gravité de circonstance. Déjà détentrice de la médaille de la Résistance et de la croix de guerre, elle est, de loin, la plus décorée des artistes de variétés. Et la plus discrète car elle garde ses décorations dans un tiroir.

1. Y. Courrière, *Joseph Kessel*, *op. cit.*, p. 615.

Du trio parti de France en décembre 1942 pour rejoindre Londres, elle peut tête haute supporter la comparaison. Son dévouement patriotique a été exemplaire.

Lorsque son frère Jean Sablon, dans quelques années, se verra proposer la Légion d'honneur, il préférera la refuser. Élégance d'un chanteur mondialement célèbre, mais demeuré modeste en son cœur : « Ma sœur et mes frères sont décorés de la Légion d'honneur à titre militaire. Je ne peux pas la recevoir au titre de la chansonnette. »

15

Devant le tribunal de l'Histoire

L'escadrille Sussex dissoute en août 1944, avec les félicitations des trois états-majors alliés, Kessel redevient tout naturellement le grand reporter qu'il n'a jamais cessé d'être. Son premier article à la Libération, paru dans le *New York Times* et dans *France*, à Londres, le 30 août, est pour Paris, « source des libertés humaines ». Paris libéré après quatre ans « de force et de malheur » et où il est revenu sous l'emprise d'une formidable émotion. À la joie de revoir la ville si libre et si belle en cette fin d'été s'associe le malaise qu'il éprouve à avoir été trop longtemps coupé de son histoire. Il n'a partagé aucun des moments forts, aucun des moments tragiques que Paris a eu à vivre. Il lui semble même, par un tour que lui joue son imagination, entendre les plaintes des prisonniers qu'on torture à la Santé et au mont Valérien. La figure de Pierre Brossolette, martyr de la Résistance, qui a préféré se donner la mort plutôt que de dénoncer ses camarades aux bourreaux de la Gestapo, l'accompagne où qu'il aille.

Ce n'est qu'en octobre que Jef est définitivement de retour en France. Il a le désagréable sentiment d'être un étranger dans son pays, dans sa ville, et essaie de cacher sa déception. Car il peine à reconnaître la capitale de ses plaisirs, marquée de blessures encore à vif. Son seul bonheur est de retrouver sa mère, Raïssa, à Vaison-la-Romaine qu'elle n'a pas envie de quitter. Elle y a vécu paisible, près de voisins aimables, attentifs à la protéger, et a déjoué avec aplomb deux visites de la police allemande.

À Paris, Kessel ne veut revoir ni Jean Cocteau ni Gaston Gallimard, malgré l'amitié qui les liait naguère, et évite de serrer la main de nombre de ses anciennes relations. Le Comité national des Écrivains a établi une liste noire d'auteurs coupables de collaboration et réclame un châtiment en proportion de leur notoriété. Les intellectuels vont être jugés. Certains, comme Sacha Guitry contre qui aucune charge ne sera finalement retenue, en feront injustement les frais. De ses amis écrivains, deux sont condamnés à mort : Georges Suarez, qui lui a écrit de sa cellule pour lui dire son amitié au moment de mourir, est fusillé en novembre 1944. Henri Béraud, condamné à mort en décembre, aura plus de chance, il sera gracié et libéré six ans plus tard. Pierre Drieu la Rochelle, en fuite après une tentative manquée pour se donner la mort, se suicide en mars 1945. L'heure est aux châtiments.

Selon Simone de Beauvoir dans *La Force des choses*, « la vengeance est vaine mais certains hommes n'avaient pas leur place dans le monde qu'on tentait de bâtir ». Les anciens résistants ne s'accordent pas sur le principe de l'épuration. En tête du clan des « indulgents » avec Jean Paulhan, et face aux communistes qui réclament la « rigueur » avec Aragon et Éluard, François Mauriac reconnaît la nécessité de la punition. Mais il s'insurge contre les abus et condamne toute justice expéditive. Soucieux que les Français retrouvent au plus vite une cohésion et puissent se réconcilier, afin d'éviter les plaies inguérissables qui découlent des luttes fratricides, l'auteur des *Mains jointes* en vient à prêcher la clémence puis le pardon. « Nous aspirons à mieux qu'à un chassé-croisé de bourreaux et de victimes, écrit-il dans *Le Figaro*. Il ne faut à aucun prix que la IVe République chausse les bottes de la Gestapo[1]. » *Le Canard enchaîné* le surnomme, grinçant, « saint François des Assises ». Il se porte au secours des écrivains les plus compromis, n'hésite pas à témoigner en faveur de Béraud qui l'a pourtant agoni d'injures dans *Gringoire*, ou à orchestrer la pétition pour obtenir auprès du général de Gaulle la grâce de Robert Brasillach. Elle sera cosignée par Albert Camus. Kessel ne signe quant à lui aucune pétition. Mais il est quand même intervenu, en dépit de leurs graves désaccords, pour épargner – en vain – à son ami Suarez la peine capitale.

Une autre génération d'écrivains est née de la guerre. Les Américains Ernest Hemingway, Joseph Steinbeck ont les préférences du jeune public. Romain Gary publie à Londres en 1944 un premier roman en anglais, *Forest of Anger*, qui fera date à sa publication en France un an plus tard sous le titre d'*Éducation européenne* : la saga des résistants dans les forêts de Lituanie, tandis que fait rage la bataille de Stalingrad. À quarante-sept ans, Kessel est-il soudain devenu vieux ? Il se pose la question, accablé d'angoisses, en dépit du succès critique et commercial des *Maudru* et de *L'Armée des ombres*, publiée en France cette année-là par l'éditeur René Julliard.

Pierre Lazareff, de retour des États-Unis, sauve l'écrivain d'une déprime assurée en l'invitant à rejoindre l'équipe du journal qu'il vient de fonder, rebaptisé *France-Soir*, sur le modèle de celui qu'il dirigeait avant la guerre. Kessel en sera l'écrivain vedette. Deux premiers articles, les 22 et 23 avril 1945, témoignent de son retour sur le terrain du grand reportage de guerre. Il y raconte son expédition aux côtés du général de Lattre de Tassigny dans la dernière

1. François Mauriac, « La vraie justice », *Le Figaro*, 8 septembre 1944.

offensive contre l'Allemagne nazie sur le Rhin. Il succède sans les voir, auprès du « roi Jean », à André Malraux et à André Chamson, deux écrivains combattants, associés aux efforts de la reconquête. La Ire armée française commandée par de Lattre est appuyée par la 2e division blindée du général Leclerc. Les lecteurs de *France-Soir* vont tout de suite l'apprendre : le style de Kessel est toujours aussi inspiré, toujours aussi efficace. Il a traversé la guerre sans y perdre sa force. « Des projecteurs d'une énorme puissance éclairaient les berges du fleuve, l'ancien pont brisé, les maisons détruites, les eaux du Rhin. Et les piliers ruinés se tordaient comme d'immenses larves noires... »

Son reportage lui donne l'occasion de revoir brièvement son épouse Katia, infirmière-ambulancière elle aussi, mais depuis peu dans l'armée de De Lattre. Il n'a pas l'intention de prolonger les retrouvailles. Bien que Katia demeure pour quelque temps encore son épouse, il tient à la préparer à la prochaine officialisation de la maîtresse en titre, Michèle, restée à Londres et qui piaffe d'impatience en attendant qu'il prononce le mot magique : « Viens ! »

Le 8 mai 1945, jour de la Victoire, Paul Valéry signe en Une du *Figaro* un texte magnifique intitulé « Respirer ». Kessel, assistant pour *France-Soir* au défilé militaire qui célèbre l'événement, ne peut que ressentir une émotion violente. Elle offre un parfait contraste avec celle qu'il a ressentie le 14 juillet 1919, quand il était un jeune journaliste débutant, envoyé spécial du *Journal des Débats*. Le Général rebelle a remplacé sur les Champs-Élysées le maréchal monté sur son cheval blanc que la foule avait ovationné. Lui-même, comment pourrait-il oublier qu'il a vénéré le chef des armées françaises à l'époque de son engagement dans l'escadrille S.39, un quart de siècle plus tôt, et qu'il s'en est remis à lui aux premiers temps du régime de Vichy. Comme aux casinos où il risquait jadis sa fortune, l'Histoire a bouleversé la donne.

Le parallèle des deux scènes grandioses est lourd à soutenir au passage des troupes sous l'Arc de triomphe. Tant de confiance, tant d'admiration perdues ! Le vainqueur de 14-18, de retour de Sigmaringen, est maintenant un vieillard de quatre-vingt-neuf ans, qui s'apprête à comparaître devant la Haute Cour de justice. Il doit répondre de complot contre la France et d'intelligence avec l'ennemi.

Avec l'ancien chroniqueur judiciaire à *L'Œuvre*, Pierre Bénard, Kessel représente *France-Soir* au procès qui s'ouvre le 23 juillet 1945 – deux jours avant les funérailles nationales de Paul Valéry. Dans une salle exiguë du Palais de justice, bondée et surchauffée, où il regrette que « ce procès géant à cause des dimensions de l'enceinte où il se déroule prenne figure d'un pauvre drame bourgeois[1] », il rejoint sur les bancs de la presse, où les journalistes sont serrés comme sardines en boîte, Jean Schlumberger (*Le Figaro*), Léon Werth (*Résistance*), Madeleine Jacob (*Franc-Tireur*), Maurice Clavel (*L'Époque*), ou encore Jean Dutourd et Francine Bonitzer (*L'Aurore*). Georges Bernanos tient la plume pour *Combat*. Assis à moins de trois mètres de l'accusé, Kessel a tout loisir d'observer Philippe Pétain. « Il est en uniforme. Pour toute décoration, la médaille militaire. Il se tient droit. Il ne regarde rien, ni personne. Il va au vieux fauteuil, pose son képi lauré sur la vieille petite table, s'assied. Le silence dure. On sent dans l'assistance une vibration, un frémissement, tendus, intenses... »

Le souvenir du maréchal victorieux défilant sur les Champs-Élysées le 14 juillet 1919 restera présent dans sa mémoire tout au long d'un procès qui prend à ses yeux le relief d'une fable morale, particulièrement cruelle. Ainsi qu'il le dira à Michel Droit au

1. 24 juillet 1945.

cours d'une série d'entretiens sur France Culture[1], le procès de Pétain fut « l'illustration tragique des sommets et du gouffre » résumée en une même vie humaine. C'est dans la tristesse et la gêne qu'il va de son propre aveu traverser ces journées historiques.

Douze jurés ont été choisis sur une liste d'anciens députés et sénateurs, parmi les quatre-vingts qui, le 10 juillet 1940, n'avaient pas voté les pleins pouvoirs au maréchal Pétain, et les autres sur une liste d'anciens résistants. Kessel tente de deviner leurs impressions au moment de juger ce vieil homme, rentré de lui-même de son exil en Suisse, pour affronter le jugement de son pays. Les sentiments des Français sont mitigés sur sa personne, et plutôt moins sévères qu'aujourd'hui. Un sondage de l'IFOP de 1945, le premier de l'après-guerre, leur ayant posé la question : « Faut-il infliger une peine au maréchal Pétain ? », 32 % de Français seulement ont répondu « oui ». Dans la presse aussi, les opinions divergent. Les journaux communistes appellent sans concession au châtiment suprême et à la mort – des exigences qui évoquent les déclarations des plus extrémistes des révolutionnaires au procès de Louis XVI. Mais d'autres voix s'élèvent, Mauriac dans *Le Figaro* se montre le plus conciliant, se demandant ce que les Français auraient fait à la place de Pétain… « Ne reculons pas devant cette pensée qu'une part de nous-mêmes fut peut-être complice à certaines heures de ce vieillard foudroyé[2]. »

En une dizaine d'articles, jour après jour, les lecteurs de *France-Soir* verront défiler sous la plume de Kessel une théorie de témoins dont il saisit la diversité et le pittoresque. Président de la République, présidents du Conseil, généralissime, commandants d'armées, hommes d'aventures, d'Église, proscrits et déportés.

1. France Culture, 19 septembre 1969.
2. 26 juillet 1945.

D'Albert Lebrun, qu'il peint assez falot, à Maxime Weygand qui s'égare dans ses propres diversions et que le président Mongibeaux doit sans cesse ramener à l'essentiel, en passant par l'ambassadeur Charles-Roux (« Nous n'avons plus devant nous qu'un causeur mondain. On attend qu'on passe les gâteaux secs… »), les portraits se succèdent, avec des variations dans le ton tantôt ironique, tantôt factuel et le plus souvent pathétique. Les avocats, maîtres Isorni et Lemaire, le procureur, André Mornet, tous les acteurs du procès sont en place sous les yeux des lecteurs pour camper cet épisode clef de leur Histoire et tenter d'apporter un peu de clarté sur quatre ans d'obscurs et cruels déchirements. Comme l'écrit Kessel le 7 août, à la Une du journal : « Faisons le point ! » Parmi les moments cruciaux, il met en avant le témoignage de Léon Blum (« Je dis que le maréchal Pétain a malheureusement abusé par son passé, sa stature, son visage, de la confiance du peuple aux abois. Et cela c'est la trahison »), dans le numéro du 29 juillet, mais aussi l'assaut qui confronta violemment l'ancien président du Conseil Paul Reynaud au chef des armées françaises, le général Weygand.

Souvenirs, accusations, plaintes, colères : face au déferlement des passions, Pétain oppose une sérénité, une indifférence, dont personne n'a jamais su si elles étaient feintes ou réelles, et qui ont stupéfié l'assistance. Il s'est même endormi pendant les dépositions !

Kessel n'a jamais livré aux lecteurs de *France-Soir* de portrait à charge du vieux maréchal, auquel il reproche surtout d'être resté inerte, comme impuissant, face aux atrocités commises. Sa vindicte reste modérée. Mauriac peut l'en féliciter, lui qui rappelle sans cesse en ces temps troublés la parole chrétienne, il aura ressenti à l'égard de l'accusé, comme pétrifié dans son fauteuil, plus de pitié que de rancune. Il garde sa haine pour Pierre

Laval, contraint de revenir d'Espagne où Franco l'a lâché, et qui débarque le 1er août en plein procès. Son apparition lui inspire une répulsion physique immédiate – « cette face huileuse..., cette lippe pendante..., ces cheveux et cette moustache mal soignés... » – que ne feront que confirmer au cours de l'interrogatoire ses torsions et contorsions, « ses soubresauts de couleuvre prise au piège ». L'entrée en scène de Laval est le seul moment où Pétain, sortant de sa léthargie, laisse voir une imperceptible réaction. Une moue de mécontentement, d'ailleurs assez vite effacée, surgit un bref instant sur le masque impassible. Kessel en vient à déplorer l'influence du politicien sur le maréchal et, bien que les deux hommes ne se soient jamais aimés, se soient même détestés, affirme qu'ils ont formé jusqu'au plus profond de leurs ressentiments un « monstre bicéphale, planté sur la France au plus profond de ses tourments ».

Le 6 août 1945, une bombe atomique détruit la ville japonaise de Hiroshima. Les historiens font remonter à l'extermination de sa population civile, qui résume par son ampleur et son atrocité l'horreur absolue de la guerre, la véritable fin des hostilités du second conflit mondial.

Le 15 août, Pétain se voit signifier sa condamnation à mort. Le général de Gaulle commuera la peine, le surlendemain, en détention à perpétuité.

Mais la Justice poursuit son cours. Hitler s'est suicidé dans son bunker, à Berlin, le 30 avril 1945. Ce sont les dirigeants de l'Allemagne nazie que l'on s'apprête maintenant à juger. *France-Soir* envoie Kessel à Nuremberg, pour la première audience du tribunal militaire international, le 20 novembre. Il se trouve mêlé à la centaine de journalistes qui vont comme lui couvrir l'événement, dont une cinquantaine de collègues français parmi lesquels Pierre

Scize (*Le Figaro*), Jacques Sernas (*Combat*) ou Sacha Simon (*L'Est républicain*). Autres figures connues : Alexandre Vialatte, l'auteur du *Fidèle Berger*, correspondant de guerre à Bergen-Belsen, Richard Llewellyn, le romancier britannique, auteur de *Qu'elle était verte ma vallée*, ou Erika Mann, la fille aînée de Thomas Mann, ici la seule femme correspondante de guerre – elle travaille pour *The Office of War Information* américain –, mais encore, le Russe Ilya Ehrenbourg, membre du Comité antifasciste juif et futur coauteur avec Vassili Grossman du *Livre noir*, ouvrage contenant témoignages et documents sur l'extermination des Juifs pendant la Seconde Guerre mondiale.

Nuremberg, en Bavière, haut lieu des rassemblements nazis, là même où furent promulguées les lois racistes de 1935, demeure un symbole aux yeux du monde. Située dans le secteur d'occupation américain, la ville présente l'avantage sur Berlin, Dresde ou Leipzig d'avoir gardé intacts bon nombre de ses bâtiments. Le Palais de justice qu'un tunnel relie à la prison est utilisable. L'hôtel de ville et le Grand Hôtel, réputé jadis pour son luxueux confort, sont encore debout. L'armée américaine a rétabli l'eau, l'électricité, le téléphone, et refait fonctionner le tramway. Elle approvisionne généreusement le Grand Hôtel, qui accueille les visiteurs de marque : le whisky y est distribué sans restriction. Le gros de la presse est logé dans les environs de la ville, au château Faber, une étonnante architecture baroque qui appartient à la famille propriétaire des célèbres crayons.

À la barre des accusés, épaule contre épaule dans un box sur plusieurs rangs, vingt et un dignitaires du régime nazi vont devoir répondre de leurs crimes. Martin Bormann, en fuite, sera jugé par contumace. Leur nombre s'est réduit à la suite du suicide de Robert Ley et du diagnostic de pathologie mentale de Gustav Krupp von Bohlen und Halbach, le dirigeant du groupe industriel éponyme, principal fournisseur de l'acier et des canons du Reich. Face à eux, les magistrats, juges, assesseurs et procureurs, répartis équitablement entre les alliés, sont français, britanniques, américains et soviétiques. C'est le lord Justice Geoffrey Lawrence, un Anglais, qui a été élu président de la Cour. Le juge français, le professeur Henri Donnedieu de Vabres[1], éminent spécialiste de droit international, assisté du juge Robert Falco, sera remarqué comme l'un des plus enclins à la clémence. Il s'insurgera tout le long du procès contre la rigueur selon lui excessive de la délégation soviétique et dans une autre mesure contre celle des États-Unis. Du côté du ministère public, auprès du procureur général pour la France, François de Menthon[2], Kessel ne peut manquer la ronde figure d'un des dix Français, procureurs généraux adjoints : Edgar Faure, l'ami de Druon à Alger. Innovation pour l'époque, acteurs et témoins des procès suivent les débats en traduction simultanée grâce à un système IBM et douze interprètes qui travaillent en quatre langues – anglais, français, russe, allemand.

L'encre de Kessel jaillit cette fois du plus noir des abîmes. Il contemple, fasciné, les visages de ces hauts dignitaires nazis qui portent le poids de tant de crimes, de tant d'atrocités. Négligeant les aspects juridiques d'une inextricable complexité, passant outre la lecture des chefs d'accusation qui a duré cinq heures, le premier jour, il va s'attacher à peindre les hommes et tâcher de pénétrer le mystère du Mal. Hermann Göring, l'ancien dauphin du Führer, le commandant en chef de la Luftwaffe, jadis obèse, apparaît amaigri jusqu'au dessèchement et, bien qu'il s'exprime toujours avec grandiloquence, a pris le curieux faciès d'« une

1. Henri Donnedieu de Vabres est le grand-père du ministre Renaud Donnedieu de Vabres.

2. Il sera remplacé en cours de procès par Auguste Champetier de Ribes.

vieille femme méchante ». Wilhelm Keitel, privé de ses étoiles de maréchal, claque encore des talons à l'appel de son nom. Julius Streicher, l'ancien Gauleiter de Franconie, arrogant, cruel, n'est plus sous ses yeux qu'un petit vieillard hargneux. Hans Frank, le bourreau de la Pologne, a tout à coup rapetissé, fondu, et a la larme facile. Joachim von Ribbentrop, qui ne dort plus qu'avec des doses massives de bromure, a la langue sèche quand il prononce à son tour la phrase que tous répètent à tour de rôle après Göring : « *nicht schuldig* » – non coupable. Certains protestent, trouvent des arguments de défense, d'autres ricanent, haussent les épaules, ou rejettent leurs écouteurs. Rudolf Hess, atteint d'« amnésie hystérique » selon le professeur Jean Delay qui l'a examiné avant le procès, affiche une santé mentale à l'évidence altérée. Arthur Seyss-Inquart, qui a affamé la Hollande et déporté massivement la population juive, affiche sans remords une intacte arrogance. Wilhelm Frick, le principal auteur des lois antisémites de 1935, garde un sourire sardonique. Alfred Rosenberg, le théoricien du nazisme, a souvent les yeux mi-clos et ressasse intérieurement sa colère.

Le 29 novembre, Kessel est dans la salle d'audience quand toutes les lumières s'éteignent, sauf sur le box des accusés. Un film est projeté ce jour-là sur un écran de cinéma. Tourné par les Alliés aux jours de leur entrée dans les camps de concentration et d'extermination, c'est un témoignage cru, dénué de toute mise en scène, auquel ils vont tous assister. Les images défilent et parlent d'elles-mêmes. Corps émaciés et torturés de Buchenwald, de Dachau, d'Auschwitz... La salle découvre l'ampleur et l'horreur du génocide. « Crispés, égarés, incrédules ou rompus, dix visages, et derrière ceux-là dix autres encore, fantastiques rangées émergeant des ténèbres, se tendaient comme magnétisés vers le mur du fond. »

Alors, Göring, vice-roi du IIIe Reich selon l'expression de Kessel, « serra ses mâchoires livides à les rompre ». Keitel se couvrit les yeux d'une main tremblante. « Un rictus de peur abjecte déforma les traits de Streicher. Ribbentrop humecta de sa langue ses lèvres desséchées. Une sombre rougeur couvrit les joues de von Papen. Frank qui avait décimé la Pologne s'effondra en sanglots. [...] Et nous tous qui, la gorge nouée, assistions dans l'ombre à ce spectacle, nous sentîmes que nous étions les témoins d'un instant unique dans la durée des hommes[1]. »

Les cinq articles de Kessel s'inscrivent dans l'Histoire. Ils apportent sur la sécheresse des quarante-deux volumes de minutes, à quoi se résument les quatre cent deux audiences du procès de Nuremberg, une lumière de sépulcre. L'essentiel étant dit, le témoignage apporté, après tout juste un mois passé dans la salle d'audience chauffée à blanc, à contempler des tortionnaires et à entendre le récit de leurs crimes, avec pour seule récréation les soirées au Grand Hôtel qu'anime un orchestre de jazz et pour seul dérivatif au cauchemar l'oubli que lui procure l'alcool, il quitte le banc de la presse et laisse ses confrères journalistes aller jusqu'au bout du procès. Il n'est plus là, au printemps, quand arrive Elsa Triolet, la pétulante envoyée spéciale des *Lettres françaises*. Venue sans Aragon, son indissociable moitié, elle assiste à l'interrogatoire de Baldur von Schirach, l'ancien chef de la Jeunesse hitlérienne et Gauleiter de Vienne. Tout auréolée de son récent prix Goncourt décerné au sortir de la guerre à son recueil de nouvelles, *Le premier accroc coûte deux cents francs* (Éditions Denoël), et d'autant plus qu'elle est la première femme à obtenir le Goncourt, son reportage reflète son intelligence caustique et son humour léger. Deux qualités que les circonstances les plus

1. J. Kessel, *France-Soir*, 3 décembre 1945.

graves n'ont pas le pouvoir d'altérer. Accablée par l'atmosphère irrespirable du tribunal, par la noirceur des récits et des témoignages, elle préfère s'enfuir hors du tribunal pour décrire en deux papiers[1] qui ont des airs de valse, la ville, le château Faber et les folles soirées du Grand Hôtel. Les gens dansent, en effet, ils flirtent et s'amusent au milieu des ruines, ils rient, à deux pas du tribunal où le compte rendu des crimes n'en finit pas et que le journaliste inspiré de *L'Est républicain*, Sacha Simon, a baptisé « la Galerie des monstres ». Elsa Triolet dira à propos du procès, dont la lenteur et l'implacable monotonie dans l'horreur l'ont fait bouillir d'impatience, qu'elle en a retiré l'impression dominante « d'avoir plongé dans un abîme sans fond ».

Le verdict sera rendu dix mois après le retour de Kessel à Paris, le 1er octobre 1946. Onze des vingt et un accusés restés en lice seront condamnés à mort, dont Hermann Göring qui après avoir été averti du mode d'exécution de la sentence a tenté en vain de se suicider. Sept se verront signifier la détention, à plus ou moins longue échéance, jusqu'à la perpétuité. Trois seront acquittés. Le juge français, Henri Donnedieu de Vabres, n'a pas obtenu des autres magistrats que les onze condamnés à mort soient passés par les armes. Ils furent tous exécutés par pendaison, quelques jours après le verdict.

De retour à Paris, le 5 décembre 1945, avec la sensation de respirer à nouveau un air pur, Kessel, décidé à tourner la page, a rendez-vous avec la vie. Avec l'amour. Le passé soldé, il n'est pas encore assez vieux pour se désintéresser de l'avenir et, pour la première fois de sa tumultueuse existence, il est peut-être prêt à l'ultime amour.

Il a récupéré Michèle et éloigné Katia. Il ne veut plus entendre

1. Parus dans *Les Lettres françaises* les 7 et 14 juin 1946.

parler de Germaine. La brave Sonia demeure fidèle au poste, rue de Marignan, il s'en souvient quand l'existence est trop difficile près de Michèle. Laquelle se montre la plus exigeante et farouche de toutes les femmes qu'il a jamais eues. Elle ne supporte pas le harem. Il doit consentir à lui être fidèle, ou à lui mentir avec soin, sinon la cavale irlandaise lui fait des scènes à tout casser. Jalouse de son territoire, elle a réussi à tenir à distance la redoutable Raïssa qui espérait loger chez son fils, en forçant Kessel à prendre un appartement pour eux deux. Il n'y aura ainsi nulle trace dans leur nid d'amour d'une quelconque muse ou mère l'ayant précédée. La guerre s'achève pour Jef sur un décor qu'il n'a jamais connu. Un appartement bourgeois de la rue Quentin-Bauchart, cinq pièces au troisième étage, entre l'avenue George-V et les Champs-Élysées. Avec ses bibliothèques bien rangées, ses canapés confortables, sa table basse, c'est la demeure d'un écrivain qu'on peut croire au sommet de sa carrière.

Divorcé de Katia en octobre 1948, Kessel épouse Michèle O'Brien le 10 mars 1949, dans le district de Westminster, à Londres. Les témoins du couple sont le fidèle Anatole Litvak et John Mills, qui joue cette année-là le rôle du capitaine Scott, le découvreur de l'Antarctique, dans le film de Charles Frend. L'aventure préside à l'esprit des noces. Après Sandi, après Katia, Michèle conclut la trilogie des épouses de Jef.

Germaine Sablon a définitivement disparu de sa vie.

Kessel, qui commence une nouvelle existence, n'en a cependant pas fini avec ses tourments intérieurs. En 1948, l'année de ses cinquante ans, il met le point final au *Tour du malheur*, qu'il aura mis dix ans à écrire, lui qui est capable de ficeler un roman en moins d'un mois – c'est le cas des *Amants du Tage* paru à grand fracas de publicité en 1954. Mais les quatre tomes de son roman-fleuve, le plus long qu'il ait jamais écrit, *La Fontaine Médicis*,

L'Affaire Bernan, *Les Lauriers roses* et *L'Homme de plâtre*, c'est le cœur battant et secret de sa vie. Il s'y décrit à travers le personnage de Richard Dalleau, « traînant sans fin, toujours désuni, toujours interdit d'estime et d'amitié à moi-même, le sac de cendres que je suis ». En dépit des apparences qui peuvent faire croire au bonheur, sous les auspices favorables de la littérature et de l'amour, le *dibbuk* veille au grain. Le petit démon familier et sadique va bientôt lui rappeler le poids du « sac de cendres ».

16

Qui ose gagne !

Maurice Druon est le neveu idéal. Plein d'admiration pour son oncle, il lui est également dévoué. Quand Kessel, débordé par ses activités de journaliste et par ses contrats d'édition, et qui retarde sans cesse la parution du *Tour du malheur* pour y apporter d'ultimes corrections, ne peut répondre aux multiples demandes qui l'assaillent, c'est lui qui s'attelle à la tâche. Il faut rappeler que les activités littéraires et cinématographiques de Jef assurent non seulement son prestige et sa notoriété mais un train de vie supérieur à la moyenne : il entretient deux ex-épouses, Sonia et Katia, en plus du couple qu'il forme avec Michèle, une mère en fin de vie qui est entièrement à sa charge, mais aussi un frère, toujours à court de pécule, qu'il continue de protéger en grand aîné responsable de tous les siens. En 1947, Kessel signe à des fins lucratives le scénario et les dialogues du *Bataillon du ciel*, un film de guerre que Marcel Rivet lui a demandé de concevoir pour célébrer l'épopée des Français libres. Kessel va raconter la véritable histoire d'un colonel manchot, tueur de lions d'Afrique, parachuté à la tête de ses hommes en Bretagne pour créer une diversion stratégique au débarquement de 1944 en Normandie. Ils doivent tenir jusqu'au dernier combattant. Entièrement inspiré par la saga du colonel Pierre-Louis Bourgoin que Kessel a connu à Londres et de ses parachutistes du 2e régiment de paras, « dont les témoignages m'ont permis d'appuyer une œuvre d'imagination sur la vérité de l'histoire et de l'épopée[1] », dira-t-il, le film colle à la vérité historique et illustre le courage, l'intrépidité, le patriotisme d'authentiques héros. Pierre Blanchar et René Lefèvre, qui sont eux-mêmes d'anciens résistants, ont été choisis pour interpréter les rôles principaux, Blanchar le capitaine Férane et Lefèvre le soldat François, « le béret toujours vissé sur les yeux ». Henri Nassiet incarne Bouvier (le colonel Bourgoin) qui entraîne les hommes et porte le bataillon.

Le cinéma, travail d'équipe, paie bien et même très bien, mais exige cependant une patience et une endurance qui sont peu dans le tempérament tout feu tout flamme de Kessel. Vite lassé, surtout des questions budgétaires qui absorbent l'énergie du producteur et freinent la réalisation, il abandonne le champ du tournage au réalisateur, Alexander Esway, et à ses techniciens et songe à fabriquer un roman à partir du scénario qu'il a construit avec Rivet. Processus inverse de *L'Équipage*, cette fois le scénario ne sera pas tiré du roman, mais fournira la trame. La parution groupée du film et du livre, Kessel ne s'en cache pas, est un argument commercial et profitera sans nul doute aux lancements de l'un et de l'autre. Malheureusement, il n'a ni le temps ni le goût de s'y mettre. D'autres projets l'attendent qui sollicitent son attention et ses efforts.

Maurice Druon est, lui, tout à fait disponible. Sans métier déclaré, sans travail fixe, la parution de *La Dernière Brigade*, son premier roman publié chez Grasset en 1946, celui-là même qu'il

1. Déclaration liminaire de Kessel au *Bataillon du ciel*, roman paru en 1947, la même année que le film, aux éditions Julliard.

avait commencé d'écrire avant son départ pour Londres, lui a rapporté un succès d'estime, mais guère plus. Il a besoin d'argent. Être le « nègre » de Kessel, comme on dit encore à l'époque, représente une opportunité. Il sera rémunéré généreusement – Kessel n'est pas pingre. Et puis, il se fera la main, comme un pianiste s'entraîne à ses gammes. *Le Bataillon du ciel* n'est pour lui qu'une parenthèse en coulisses, avant d'orchestrer son œuvre majeure. La tâche n'est pas trop ardue : Jef lui fait valoir qu'il n'aura qu'à reprendre le scénario et à l'étoffer pour en faire une de ces sagas dont ses lecteurs sont friands. Aventures, amours, héroïsme, grands espaces, qu'il y mette donc les ingrédients kesséliens du succès.

Druon écrit vite. Les mots, les phrases lui viennent facilement, il a le sens du rythme et des belles formules. À bonne école il est vrai, il a étudié auprès de son oncle les recettes d'une littérature qui a fait ses preuves. Se garder de tout intellectualisme. Bannir les théories, les idées générales. Mêler l'émotion à l'efficacité du récit, afin que le lecteur ne soit jamais soumis à l'ennui qui se dégage invariablement de développements abstraits. Tout doit être relié à la vie, qui prime les autres qualités. Pas de descriptions trop fouillées. Des dialogues brefs et incisif, en lieu et place d'analyses psychologiques toujours rébarbatives. Un récit vivant, oui vivant, voilà ce qu'il attend. Voilà ce qui signe un vrai bon roman.

Pour Kessel, ce jeune auteur, son neveu, est une aubaine. Ils se comprennent si bien ! Ils écrivent au diapason. *Le Chant des partisans* et avant lui les chansons de Germaine Sablon, composées à Agay, au clair de lune, sont la preuve qu'ils communient dans le Verbe. Ils ont en commun le goût de l'aventure (plus fort chez Kessel) et de l'héroïsme, et une commune volonté de décrypter les âmes. Pour écrire *Le Bataillon du ciel* au pas de charge car la demande est urgente – il ne faut pas rater la sortie du film en salle –, Druon va toutefois devoir mettre en sourdine des qualités qui lui sont propres et que l'on trouve à l'état d'esquisse dans *La Dernière Brigade* : une ironie décapante, et un noir pessimisme qui l'amène à voir chez les hommes et les femmes les défauts plutôt que les qualités, les ridicules et les vices plutôt que la gloire. Kessel est indulgent avec les personnages de ses livres, il y a chez lui des trésors de tendresse et de la compassion. Druon entretient avec eux une distance un peu froide. Son intelligence n'abdique jamais l'amer sourire voltairien.

Le Bataillon du ciel se devant d'être kessélien, puisque c'est une commande, respect du patron. Druon va appliquer à la lettre les consignes. Il va même imiter, à la manière d'un pasticheur, les tics et manies de l'auteur au point de les faire siens. Tout est action dans cet excellent *thriller*. Moteur !

« C'était le 27 mars 1944, à Greenlock, petite ville d'Écosse, dans la taverne centenaire à l'enseigne du "Bull" et que tenait le vieux Tom Mac Intyre. Dans le fond de la salle, cinq verres à bière étaient vides sur une table de bois épais.

« "Merde, et merde et merde ! Bordel de pays, putain de métier ! Garce de vie !" dit le Gorille. »

Druon a tenu les délais prescrits. Le roman est fin prêt pour sa publication chez Julliard au moment même où sort le film, qui sera projeté en salle en deux épisodes, le premier en mars, « Ce ne sont pas des anges », et le second en avril, « Terre de France ». Le succès du *Bataillon du ciel* est colossal : avec 8,6 millions d'entrées, il détient le record de l'époque pour la fréquentation en salle, historiquement en deuxième position après *La Grande Illusion* (12 millions d'entrées en 1937), mais il est talonné dès le mois de juin par *Pour qui sonne le glas*, film sur la guerre d'Espagne tiré du roman d'Ernest Hemingway

– désormais le plus grand concurrent de Kessel, en termes de tirages.

« Qui ose gagne ! » La devise du 2e régiment de parachutistes vaut également pour les écrivains.

Kessel, dans un texte liminaire à son roman, remercie le colonel Bourgoin et ses parachutistes, sans lesquels l'histoire n'aurait pu être écrite. Il remercie aussi Marcel Rivet, avec lequel il a construit le scénario. En dernier lieu, il adresse sa gratitude à Maurice Druon qui lui a été, dit-il, « d'une aide précieuse pour ce livre ». Gratitude assumée mais mesurée.

La vie est douce pour Maurice Druon. Avec le salaire du *Bataillon du ciel*, il peut envisager pour quelques mois une existence sans contraintes matérielles. Il ne sera jamais de ceux qui consultent leur montre pour savoir à quelle heure se rendre au bureau. Grâce à Jeannette de Brissac, à laquelle il est lié d'un tendre attachement, il peut maintenant mener la vie de château. Il en découvre avec volupté les agréments, et n'a aucune peine à y être parfaitement à son aise. Comme s'il était né avec du sang bleu lui coulant dans les veines et des titres à revendre inscrits sur son arbre généalogique. La particule, il l'arbore déjà sur sa fiche d'état civil, puisqu'il porte le nom de Druon de Reyniac... qui rime avec Brissac. Les ducs font remonter leurs preuves de noblesse au XIVe siècle d'après Gustave Chaix d'Est-Ange, plus exactement à 1492 – date de la découverte de l'Amérique par Christophe Colomb –, bien qu'il y ait eu des seigneurs de Cossé du temps de Philippe Auguste. Avec ses maréchaux de France, ses chevaliers du Saint-Esprit, ses grands panetiers et ses grands fauconniers, la comparaison avec la vieille Maison est difficile à soutenir. « De sable à trois fasces d'or denchées en pied », le blason des Cossé-Brissac est en soi un poème.

Leur château, à une quinzaine de kilomètres d'Angers, en Maine-et-Loire, domine toute la région de ses sept ou huit niveaux. C'est le plus haut château de France. Construit au XIe siècle par Foulque Nerra, ce sombre et austère bâtiment d'allure médiévale est dans la famille depuis le règne de Charles VII. Le château a sa Dame blanche qui apparaît, dit-on, les nuits d'orage. Transpercée par l'épée de son mari pour une liaison adultère, elle n'en finit pas d'expier son péché dans la demeure même où elle commit sa faute.

Pendant la dernière guerre, le duc de Brissac – frère cadet de Roland, le mari défunt de Jeannette – y a abrité, dans ses huit mille mètres carrés et ses deux cent quatre salles, un lot considérable de trésors[1] : les grandes tapisseries Louis XIV du château de Versailles, des tableaux et objets précieux de la collection d'Isaac de Camondo donnée au Louvre en 1914, le mobilier de l'ambassade de Grande-Bretagne et une partie de celui de l'Élysée, les archives de la Comédie-Française, enfin quelques collections privées dont celle de Philippe de Luynes, en provenance du château de Dampierre.

Jeannette, si son mari avait vécu, aurait été duchesse et aurait habité Brissac. Le destin ne l'a pas voulu. Roland de Brissac a été emporté par une septicémie, à la suite d'une banale opération de l'appendicite, le 30 juillet 1936. Veuve à vingt-sept ans et demeurée marquise, elle a choisi pour villégiature une maison plus discrète et modeste mais pleine d'un charme ancien, entourée d'une trentaine d'hectares de terres en Anjou. Maurice Druon aime partager ses séjours au domaine de La Soucherie[2], dans le décor

1. Duc de Brissac, *En d'autres temps. 1900-1939*, mémoires, Grasset, 1972, p. 447.

2. Revendu en 1952 à la famille Béguinot, on y cultive des vins en AOC : anjou, savennières, coteaux-du-layon et chaume.

élégant et sans tapage dont la gracieuse propriétaire sait s'entourer. Environnée de vignes qui à l'époque arrivaient au pied de la maison, c'est une ancienne métairie des ducs de Brissac. Jeannette en a fait le havre qui accueille leur histoire d'amour secrète.

Druon, très gourmet et dont le fort appétit s'accompagne d'un goût raffiné, apprécie le savoureux vin blanc qu'on y sert. Il s'acclimate au style de vie aristocratique, nouveau pour lui, avec ses us et coutumes venus du fond des âges, son héraldique, son vocabulaire qui lui est propre, son art de la vénerie, et ses alliances complexes, hermétiques aux yeux ordinaires, au sein du Gotha. Il apprend qu'on ne souhaite pas « Bonne chasse ! » au départ de l'équipage, dans l'aube mouillée et froide où Jeannette de Brissac, si paisible et réservée, prend tout à coup des allures de walkyrie dans son costume de cavalière. Et il découvre que le mot « équipage » jusque-là lié pour lui à Kessel, à ses aventures en plein ciel et à la chaude fraternité des hommes, se comprend autrement en bonne et grasse terre de France, traversant dans les aboiements de la meute des forêts et des champs, propriété d'une même famille depuis près de six siècles.

Autant Joseph Kessel est indifférent au grand monde et plonge ses racines de romancier dans un univers populaire, où l'égalité, la fraternité des hommes ne sont pas de vains mots, où l'état civil s'efface au profit des actions personnelles, mesurées à la valeur de chacun, autant Druon est attiré, fasciné comme par un aimant par la magie de l'aristocratie, ses rites, ses privilèges et son esprit de caste. Il s'immerge dans ce monde que lui découvre Jeannette de Brissac et va se l'approprier, non sans lever son chapeau devant l'hôtesse merveilleuse qui l'aura initié à ses codes. « Elle fit plus que de m'enseigner la vénerie dont elle était fervente, et le maniement de l'almanach du Gotha où elle était inscrite.

Elle m'apprit à aimer comme au XVIIIe siècle. » Il précise dans ses Mémoires, en lui rendant un hommage souligné et ému, que personne ne les a jamais surpris dans le même lit, au petit matin, ni se livrant à quelque heure du jour à la moindre dispute publique. Noblesse oblige.

« Elle sut aussi faire que le mot de rupture n'eut jamais à être prononcé. La passion physique s'étant éteinte se mua en un tendre attachement », écrit-il. Lorsque Jeannette de Brissac va mourir prématurément en août 1964, à cinquante-cinq ans, d'une malformation cardiaque, Druon assistera à la dépose du cercueil dans le sépulcre ducal de Brissac, baptisé par les ducs et leur famille « le château d'en face[1] » car il dresse son imposante façade de temple antique juste devant leur demeure, rappelant sans cesse les morts au souvenir des vivants. Un vieux piqueux, « la face enduite de larmes », rapporte Druon, sonna les honneurs.

Telle la Dame blanche, Jeannette de Brissac survit dans l'œuvre de Maurice Druon. Mieux, elle a été intimement associée à la naissance de l'écrivain. Il le reconnaîtra volontiers : « Je dois tout à Jeannette de Brissac. » *Les Grandes Familles* ne baignent pas seulement dans l'air de sa tribu, selon son expression, elle a été l'inspiratrice et la bonne fée près de laquelle écrire en paix les longues pages d'un roman qui lui est d'ailleurs dédié.

Le feuilleton, qui est la spécialité de Kessel, habile à enchaîner les épisodes et à trouver des prolongements à toute action romanesque, Druon s'en veut l'héritier. *Les Grandes Familles* sont le pendant du *Tour du malheur*, une ambitieuse saga familiale. De nombreux personnages, campés avec pittoresque, de la couleur

1. Duc de Brissac, *Le Château d'en face*, Grasset, 1986.

des cheveux au pli du pantalon ou à l'ampleur de la cape, y vivent des aventures qui se succèdent et s'entremêlent, sur le fond d'un panorama historique des plus fidèles à la vérité des faits. Plus intimiste chez Kessel où le héros angoissé de *La Fontaine Médicis* (le tome I du *Tour*), son frère jumeau dans la fiction, concentre d'un épisode à l'autre l'intérêt du lecteur, la fresque que signe Druon s'apparente plutôt aux séries que les six volumes des *Thibault* de Roger Martin du Gard et les vingt-sept volumes des *Hommes de bonne volonté* de Jules Romains ont mises à la mode, une histoire à maints rebondissements, qui se déploie sur plusieurs générations. Celle écrite par Druon est vaste, généreuse, menée de main de maître mais, cela lui sera reproché, elle manque de naturel et, dans sa perfection plastique, est aussi glacée qu'un somptueux cénotaphe.

Kessel, dans *Le Tour du malheur*, a écrit tout au contraire une œuvre d'introspection, nourrie de ses propres angoisses et de la conscience d'être devenu au fil du temps « un sac de cendres ». Il descend au fond du gouffre de ses remords, un gouffre insondable, où gît le sentiment d'avoir déçu son père, un être complètement pur sur le plan moral et auquel il aurait voulu ressembler. « Les beaux feux, les puissantes flammes, les étincelles pures, tous ses astres intérieurs, il avait usé d'eux en sauvage sacrilège et n'avait rien fait pour entretenir leur chaleur. Et il ne restait plus que des cendres amères, étouffantes et glacées. Il était un sac de cendres... » Comme l'a si bien compris André Brincourt, « *Le Tour du malheur* rompait le rite. Faut-il s'étonner qu'il ait dérangé les esprits frappeurs ? Personne ne s'était aperçu que Joseph Kessel l'avait écrit le doigt sur la gâchette[1] ».

La saga de Maurice Druon devait s'intituler *La Fin des*

1. André Brincourt, *Les Écrivains du XXe siècle*, Éditions Retz, 1979.

hommes[1], titre fidèle à son sombre climat. Mais le premier tome, paru sous celui des *Grandes Familles*, s'imposera de lui-même pour désigner l'ensemble de l'œuvre. Le roman se situe dans l'entre-deux-guerres, de 1916 à 1927 pour le premier tome, jusqu'en 1932 dans le second (*La Chute des corps*), et s'achève en 1939, à la veille de la Seconde Guerre mondiale, dans le troisième et dernier (*Rendez-vous aux enfers*). Toutes sortes d'événements historiques vont intervenir dans le récit, tels des épisodes de la Grande Guerre, mais aussi la crise de 1929, l'affaire Stavisky ou plus tard la conférence de Munich, moins pour fournir la toile de fond, un décor accessoire ou un simple repère, que pour nourrir l'action. L'Histoire chez Druon est un élément essentiel de la fiction, elle porte les personnages, tributaires de ses soubresauts, de ses élans comme de ses catastrophes. Elle s'immisce dans leurs vies qu'elle a tout pouvoir de détourner de leurs cours, et influence même leurs amours – certaines ne survivront pas au krach de 1929.

Deux familles, avec leurs ramifications, se partagent la saga : d'un côté les Schoudler, des banquiers qui possèdent un formidable empire industriel, de l'autre les La Monnerie, des aristos sur le déclin, mais dont les vieux restes (hôtels particuliers parisiens, châteaux et équipages) ont de quoi fasciner Simon Lachaume, jeune et brillant professeur de lettres qui va bientôt verser dans la politique, mais aussi Gabriel de Voos, un beau capitaine sans situation qui se verrait bien en châtelain. La scène de chasse où la veuve de François Schoudler, née Jacqueline de La Monnerie, lui offre de servir le cerf, est un des morceaux de bravoure du roman, par sa noblesse et par sa cruauté. Le style ne peut pas être pris en

1. *La Fin des hommes* : le tome I paraît en 1948, le tome II en 1950, le tome III en 1951, aux éditions René Julliard.

défaut : précis, extraordinairement efficace, il est imagé, coloré, mais sans débordements. Le rythme va à l'amble. On se sent porté, guidé par un écrivain omniscient qui possède de surcroît l'art de vous envoûter par un savant suspense. Dès le premier tome, les lecteurs sont saisis par une indéniable force d'évocation. Les phrases ont l'air d'avoir été coulées dans le bronze, j'en choisis une au hasard : « Il y a à l'intérieur même de la gloire autant de degrés que de l'obscurité au succès. »

J'aurais pu tout aussi bien citer celle-ci, qui non seulement rend bien le cynisme d'un personnage mais reflète la tentation ironique de l'auteur : « Cette certitude d'être un salaud lui procurait en même temps la sensation salutaire d'être un homme. »

Les Schoudler sont directement inspirés des Schneider, la famille propriétaire des usines de construction mécanique et d'armement du Creusot, auquel le duc de Brissac (Pierre, frère de feu le mari de Jeannette) est apparenté. Son épouse, May, duchesse de Brissac, est née Schneider. Quant aux La Monnerie, ils doivent beaucoup aux Brissac bien sûr, dont Druon a pu observer les mœurs et apprendre les coutumes, grâce à la tendre compagne arrachée trop tôt à son affection. La saga s'ouvre sur une de ces scènes d'anthologie dont l'auteur est prodigue : l'agonie d'un vieil académicien, Jean de La Monnerie, parvenu au bout de son âge mais qui, aspirant ses dernières gorgées d'air, veut encore léguer quelques vers sublimes à la postérité. La beauté de la description, dans la chambre de l'Immortel, n'a d'égale que sa cruauté : l'œil ironique du narrateur saisit l'angoisse du personnage, voluptueusement épris de littérature et de jolies femmes, mais dont le cerveau embrumé et la main trop faible ne parviennent plus à maîtriser les mots. Ne lui échappe pas non plus la ridicule prétention de l'académicien à durer au-delà de la mort, persuadé qu'il est que son œuvre de papier, pourtant si dérisoire au regard du temps, lui survivra.

Dans la galerie de portraits, peints d'un pinceau habile et sarcastique, j'ai pour ma part une préférence pour un des nombreux seconds rôles, Sylvaine Dual. Jeune et pétulante comédienne, jeune du moins au début du livre, elle n'a pas d'autre moyen pour réussir au théâtre que de se donner à l'affreux Lucien Maublanc (apparenté aux Schoudler), richissime homme d'affaires, obsédé sexuel et impuissant, qui lui a promis un million de francs si elle acceptait de lui faire un enfant... Il sera obligé, à la suite de péripéties rocambolesques, de lui signer une rente de deux millions, avant de sombrer dans la démence. Je ne raconte pas l'épisode en détail pour ne pas déflorer l'intrigue, palpitante, et qui tourne au tragique. Sylvaine Dual est l'exécutrice d'une vengeance à retardement dont le processus, bien avant l'ère MeToo, a fasciné Druon.

À l'opposé de Sylvaine, Jacqueline, la veuve de François Schoudler qui s'est suicidé à la suite d'investissements malheureux auxquels son propre père l'a conduit (le patriarche, jaloux de ses dons de financier, lui a tendu un piège fatal), est l'exacte et radieuse copie, selon moi, de Jeannette de Brissac. Frêle, délicate, mais déterminée, comme son modèle, toujours fidèle à un mari tendrement aimé dont la mort reste sa plus grande blessure, elle affiche dans son maintien l'élégance des « grandes familles », leur inaltérable fierté et leur sentiment d'être redevable à une tradition qui remonte à peu près aux Croisades. Jacqueline/Jeannette a dans le livre une lumière à laquelle on ne peut rester insensible. Druon s'est plu à la peindre et lui a offert un rôle majeur, bien qu'il la conduise vers des abîmes de désespoir. Lui qui s'était jusque-là illustré dans des récits de guerre, à dominante virile (*La Dernière Brigade* et *Le Bataillon du ciel*), révèle dans *Les Grandes Familles* un vrai talent à peindre le cœur des femmes dans ses tours et détours. Les femmes, chez Kessel, sont toujours des caricatures : soit anges, soit démons. Leur présence, dans le récit, n'est qu'un faire-valoir des actions héroïques, bonnes ou mauvaises, des hommes. On sent au contraire chez Druon un goût pour l'univers féminin, dont il efface vite les mièvres différences prêtées par la légende pour lui accorder autant d'ampleur dans la fiction qu'à l'autre sexe. Même si, dans *Les Grandes Familles*, les femmes n'ont finalement pas d'autre choix que d'être des épouses trompées, des veuves inconsolables ou des compagnes vénales.

Une différence notable sépare le personnage de Jacqueline Schoudler de son modèle, la marquise de Brissac. Cette dernière n'a pas eu d'enfant, ce qui aurait posé un problème de succession si son mari avait vécu; il avait rédigé un testament pour que son neveu, fils de son frère Pierre, soit son héritier[1]. Sa réplique romanesque, en revanche, est mère. Jacqueline Schoudler née La Monnerie a mis au monde une fille et un fils, Marie-Ange et Jean-Noël, que leur grand-père, Noël Schoudler, rend malheureux mais qu'elle défend bec et ongles. Ils seront les héros du dernier tome, le plus grinçant, le plus sombre de la saga.

Tout comme chez Kessel, c'est dans un univers très « genré » que les personnages évoluent, bien que les homosexuels soient chez Druon, que son réalisme rend ouvert à toutes les tendances de la société, très bien représentés. Basil Pemrose – « Pem » – en est le meilleur exemple dans le tome III de la saga. Le personnage lui a été inspiré par un écrivain qui a été l'un de ses meilleurs amis à Londres, et qui devait le rester jusqu'à sa mort en France des années plus tard, le critique et essayiste, Raymond Mortimer. Une des plumes de la revue *Horizon*, héritière du mouvement Bloomsbury, attachée à défendre les avant-gardes littéraires sophistiquées. À propos de Mortimer, que Druon décrit dans

1. D'après le duc de Brissac, *En d'autres temps*, *op. cit.*, p. 393 et suiv.

ses Mémoires comme un « homosexuel sans honte, sans dissimulation et sans hypocrisie », il ajoute ce compliment qui est sans doute de sa part le plus flatteur qu'il puisse adresser à un individu, quel que soit son sexe, à savoir qu'il était en toutes circonstances, « toujours lui-même ».

Druon assume son franc-parler, et même il le revendique comme une preuve de sincérité. Rien ne peut être plus laid à ses yeux, qui décryptent si facilement la laideur physique ou morale d'où qu'elle vienne, rien ne peut être plus détestable, que la dissimulation ou l'hypocrisie. C'est un des traits marquants de Maurice Druon, un de ceux qui me font oublier ses défauts : s'il aime se montrer à son avantage, il ne ment pas, il ne triche jamais. On ne peut pas lui reprocher de faillir à cette conviction, inscrite dans son caractère : quoi qu'il arrive, il est « toujours lui-même ».

C'est étrange de relire *Les Grandes Familles*, en écrivant la biographie de son auteur. On y retrouve son goût du luxe et de la pompe, ses manies vestimentaires (souliers et bottes bien cirées, costumes en beau tissu...) ou gastronomiques (les bons vins, la bonne chère), sa sensualité, son goût pour les plaisirs de la vie. Mais ce qui frappe, au-delà du tempérament qui s'y exprime, c'est sa vision de l'humanité. Michel Houellebecq paraît en comparaison écrire pour la Bibliothèque rose. Aucun personnage, en effet, sauf Jacqueline Schoudler et dans une moindre mesure ses enfants, n'échappe à un pinceau trempé tour à tour dans le fiel et dans le vitriol.

Alors que Kessel a une vision romantique du monde et aime avant tout émouvoir et faire rêver, Druon est un écrivain naturaliste, à la Zola, à la Maupassant, une tradition que Houellebecq perpétue. Il décrit la vie telle qu'elle est, ou plutôt telle qu'il la voit avec son œil bleu au laser, impitoyable de lucidité. Le scabreux, le malsain, l'obscène, toutes les laideurs morales se relaient sous sa plume pour créer une atmosphère propre aux *Grandes Familles*, satire féroce de la société aristocratique et bourgeoise de son temps ou, comme l'a résumée un critique, « grand roman de l'ambition, du pouvoir et de la déchéance ». Avortement, inceste, viols ou tentatives de viols, harcèlements divers dont celui d'un père vis-à-vis de son fils, suicides, prostitution, nymphomanie, compromis et lâchetés, trahisons, chantage, sans oublier le meurtre : une théorie de vices et de méfaits, voire de crimes, sert d'architecture à cette magnifique construction. La réussite, la célébrité, le talent en sont les colonnes doriques, le soleil le plus éclatant la colore de ses mirages, mais ses soubassements plongent dans un humus de turpitudes. « Vivre avilit », conclut Druon à la fin des *Grandes Familles*. La devise, empruntée à Henri de Régnier, poète qu'il place aux sommets, pourrait être la sienne, n'était son goût profond et puissant pour la vie. Loin de céder à la noirceur de sa vision romanesque, il en rit, amèrement, mais il en rit. « Vivre avilit, écrit-il, mais pour Simon Lachaume, comme pour l'univers qu'il représentait, c'était encore la seule manière d'exister. »

Le 6 décembre 1948, au restaurant Drouant, place Gaillon, Maurice Druon qui était donné favori, se voit attribuer le prix Goncourt pour *Les Grandes Familles*, au troisième tour de scrutin, par six voix contre deux, l'une pour *Vipère au poing* d'Hervé Bazin et l'autre pour *Le Temps des rencontres* de Michel Zéraffa. C'est Alexandre Arnoux, « nez d'aigle et cheveux d'argent », le romancier du *Rossignol napolitain*, qui l'a annoncé d'une voix à peine audible devant l'habituel brouhaha des journalistes, photographes et badauds. Parmi les dix jurés, présidés par Lucien Descaves, d'ailleurs absent ce jour-là et qui a voté par correspondance, figurent Colette, Roland Dorgelès et Francis Carco (grippé, il a lui aussi voté par correspondance). L'absence de

Sacha Guitry et de Rosny jeune qui ont démissionné au courant de l'année, ou qui ont été démissionnés à la suite des remous de la Libération, a réduit leur nombre à huit.

Maurice Druon a trente ans. Le voilà d'un coup célèbre, et consacré. Il peut d'autant plus s'enorgueillir de sa jeune gloire que Kessel, lui, n'a jamais eu le Goncourt. *L'Équipage* a figuré sur la liste des jurés en 1923, mais c'est un autre auteur de la NRF, Lucien Fabre, qui l'avait obtenu cette année-là avec *Rabevel ou le Mal des ardents*. Si Kessel est aimé d'un nombre impressionnant de lecteurs, et bien que les académiciens lui aient décerné en 1926 leur Grand Prix du roman de l'Académie française, le milieu littéraire ne lui est guère favorable, dans son ensemble.

René Julliard se félicite à juste titre d'avoir fait entrer dans son écurie le neveu après l'oncle : il est l'éditeur des deux. Ayant traversé l'épuration sans dommage contrairement à d'autres, il recueille de nombreux auteurs, attirés par l'image quasi virginale de sa maison d'édition. En fait, Julliard a habilement conduit son équipage dans les marécages de l'Occupation et évité ses fondrières. Pour lui aussi, ce 6 décembre est un jour faste. Il vient de réussir une performance inédite : c'est la troisième fois consécutive que la couverture blanc et vert, dessinée par Marcel Jacno (le dessinateur du paquet de Gauloises bleues), remporte le prix prestigieux. Jean-Jacques Gautier l'a eu en 1946 pour *Histoire d'un fait divers*, Jean-Louis Curtis en 1947 pour *Les Forêts de la nuit*, et maintenant Druon : Julliard a l'art de choisir les chevaux gagnants.

La presse fait la part belle au jeune auteur apparu devant les micros « la voix vibrante, le menton impertinent et le chef couronné de cheveux flamboyants » (*L'Aurore*). Les qualités qu'on lui reconnaît sont la clarté, la fermeté du trait, l'habileté du récit. Mais il y a toujours ce reproche de « froideur », voire d'« artifice », dans l'approche romanesque. *Combat*, sous la plume d'Émile Scotto-Lavina, lui décoche les flèches les plus acérées. Le journaliste est agacé par son « parti pris caricatural » et trouve qu'il a « gaspillé son talent en morceaux de bravoure, en portraits à charge et en descriptions oiseuses ». Scotto-Lavina préfère consacrer l'essentiel de sa chronique au prix Renaudot, concurrent du Goncourt et décerné le même jour à un Belge, Pierre Fisson, pour son roman intitulé *Voyage aux horizons*. Si *Combat* boude le triomphe des *Grandes Familles* et de son auteur – « Il a visé le succès et l'a obtenu... » –, c'est que Paris fait souvent la fine bouche au succès, quand celui-ci semble trop aisé et comme allant de soi. L'écrivain Druon aura plus d'une fois à affronter la critique fielleuse, que ses chiffres de vente et sa personnalité solaire mettent de fort méchante humeur.

17

La vie sans lui

Il n'y a rien de tel que la jeunesse des autres pour prendre conscience que le temps a passé. Lorsque Germaine Sablon, quatre mois après sa démobilisation, fait sa rentrée au music-hall et remonte sur scène à l'ABC, la grande salle du boulevard Poissonnière, en novembre 1945, elle mesure d'un coup combien elle a vieilli. Les artistes avec lesquels elle partage le spectacle, Georges Guétary et les Compagnons de la chanson, la considèrent comme une vétérane. De fait, elle a l'âge d'être la mère de Fred Mella, le principal choriste des Compagnons. Pour eux, elle vient d'une autre planète. Tandis qu'elle était en Tunisie, cantonnée à la frontière du désert avec la 1re DFL, Georges Guétary, physique et voix de beau gosse oriental, chantait *Robin des Bois*, l'opérette de Francis Lopez qui connut un gros succès en 1943. Quant aux Compagnons, leur groupe de neuf chanteurs s'est constitué en 1941 à Lyon, alors en zone libre, et a pris son envol devant un public charmé lors des années d'Occupation. Ils n'ont pas encore enregistré leurs chansons les plus connues, comme *Les Trois Cloches* qu'ils chanteront dès l'année suivante avec Édith Piaf, mais ils possèdent déjà leur touche mélodique – cette union de voix chaudes et viriles capables de rivaliser avec la musique *a cappella*.

Germaine Sablon ne reconnaît plus la France. Celle qu'elle a connue, généreuse, fraternelle, héroïque, n'est plus. Les règlements de comptes, les dénonciations, les tribunaux d'exception, les exécutions sommaires, les femmes tondues, le marché noir grèvent le tableau idyllique. Un climat délétère, bien différent de ce qu'elle attendait et qui dure au-delà du raisonnable, empoisonne le pays. « Le mot d'épuration était déjà assez pénible en lui-même. La chose est devenue odieuse », écrit Camus dans *Combat*[1]. Il faudra une dernière amnistie en 1953 pour mettre fin à la « chose », au moins officiellement. Les mentalités seront plus longues à retrouver un équilibre, sinon la sérénité. Alors que le décalage de l'Histoire nous fait voir aujourd'hui dans la Libération, et dans le mot lui-même, une explosion de joie après des années d'occupation et de soumission, il en fut tout autrement pour les contemporains qui vécurent à partir de la fin de 1944 une époque troublée et sombre, marquée dans toutes les strates de la société par un esprit de division et de colère.

Pour Germaine Sablon qui a connu les vrais combats dans la Résistance et l'Ambulance Spears, traversé des années frappées du sceau de la sincérité, du dévouement et du partage auprès de ses camarades de la 1re division française libre, le choc est rude. « Cette guerre m'a minée. J'ai vu trop d'horreurs, trop de types magnifiques enlevés à la fleur de l'âge. Et puis, quelle déception de voir le monde d'après la Libération ! » déclare-t-elle avec franchise à un journaliste de *Combat* venu l'interviewer. La France en 1945 ne lui offre qu'un spectacle déprimant. Son pays serait-il devenu mesquin et revanchard, hypocrite, profiteur ? Tant de faux résistants à tous les coins de rue ! Tant de faux héros ! L'euphorie des premiers jours a laissé la place aux sentiments

1. 30 août 1945.

les plus bas. Ses concitoyens se déchirent pour savoir comment punir les coupables, « vite et bien », selon Camus qui changera bientôt d'avis pour rejoindre le clan minoritaire de la clémence. Mais les jugements se font à l'aune d'un passé qui brouille les pistes, se répand comme une eau saumâtre dans un marécage nauséabond.

Kessel lui-même, ce que Germaine ignore, confie à son frère Georges dans une lettre datée de la fin octobre 1944 qu'il se sent « étranger » dans sa ville, étranger dans son pays : « Et je jure que se sentir étranger dans sa ville, c'est pire que d'être un vrai étranger[1]. » Il lui recommande de ne pas rentrer tout de suite, d'attendre que les choses s'arrangent. Sa lettre témoigne de la crise morale qu'il traverse, crise liée au triste contexte politique et social : « Les injustices, les saletés, les duplicités, les traîtrises ou simplement les abandons font que l'on a envie de pleurer. » Il essaie de se réconforter en prenant l'exemple de « gens magnifiques » car il y en a forcément autour de lui, dans la lignée du général de Gaulle, mais, tout comme Germaine Sablon, il ne parvient pas à surmonter une déception atroce. À Londres, pendant la guerre il se faisait une telle joie de rentrer en France. Il avait une telle nostalgie, un tel besoin de revoir son beau pays. Il avait pleuré mais de joie en survolant Paris, à bord du Mitchell de la mission Sussex. Or, c'est la laide France de 1940 qu'il voit resurgir, « cette boue, cette bouillasse de 40, c'est stupéfiant après quatre années ». La France de la Libération est pire à ses yeux que la France occupée car celle-là avait au moins l'excuse d'être sous la botte ennemie : « Ce froid, cette obscurité, cette peine à vivre qui n'ont plus les Allemands pour les durcir et les exalter ont un caractère misérable. C'est une liberté sans joie. »

1. Citée par Y. Courrière, *Joseph Kessel*, *op. cit.*, p. 609.

La liberté sans joie, c'est pour Germaine Sablon l'expérience la plus douloureuse.

Comme pour Kessel, tout le côté plaisir, charme et insouciance de la vie a disparu. Le monde est sombre et amer. Au moins, Kessel a-t-il près de lui une femme à aimer, alors qu'elle se sait abandonnée. Son plus vif souhait serait de pouvoir s'enfermer un temps dans sa maison de la Riviera, seule avec ses regrets, ses dégoûts, et son amour perdu. C'est ce qui lui conviendrait le mieux pour reprendre souffle et surmonter ses désillusions.

La rupture avec Jef la laisse totalement défaite. Cette femme au caractère bien trempé, à laquelle l'énergie n'a jamais fait défaut, accuse le coup. Le chagrin la submerge. Pour la première fois de sa vie, le courage lui manque, elle est tentée d'abandonner la lutte. Au journaliste de *Combat* auquel elle avouait ses états d'âme à la Libération, elle cache l'autre raison de son désespoir : elle n'évoque pas sa rupture amoureuse qui est pourtant de notoriété publique, sa liaison avec Kessel ayant été quasi officielle, et ne dit pas qu'elle ne parvient pas à s'en remettre. L'avenir sans Jef n'est pas ce qu'elle aurait voulu. Peut-être même n'y a-t-il plus pour elle d'avenir. Signe de sa détresse, elle a perdu le goût de chanter. « Je dois me forcer pour chanter », dit-elle au même journaliste, encore en 1950. Au point d'ajouter : « Si je n'avais pas une vieille maman et deux fils, je me suiciderais... Quatre piqûres de morphine, et le tour serait joué[1]. »

Il lui faut pourtant, à cause de ceux qu'elle aime toujours, continuer de vivre et pour vivre se remettre à travailler. L'argent, elle l'a toujours su, ne tombe pas du ciel. Elle doit fournir l'effort nécessaire pour en gagner. Elle accepte de chanter au

1. « Une brève rencontre avec Germaine Sablon », interview par Jacques Vorageolles, *Combat*, 26 mai 1950.

« Perroquet », un cabaret de la rue de Ponthieu, pour le réveillon du nouvel an, et joue les illusionnistes en essayant de recréer sur scène la vedette de variétés qu'elle était avant la guerre : son brio, son insouciance.

Quand elle se regarde dans le miroir, coiffée et maquillée, elle ne peut que constater qu'elle a changé, hélas à son désavantage. Alors qu'elle était un beau spécimen de femme, solidement charpentée et allurée, elle se retrouve maintenant avec un corps épaissi, des kilos disgracieux. Son éclat naturel qui a captivé Kessel s'est comme évaporé. Où est la splendide silhouette moulée dans sa robe de déesse, apparue au soleil couchant entre les colonnes du théâtre de Sabratah ?

Sa mère et ses fils sont au Brésil, dans la *fazenda* que son frère Jean Sablon a achetée en 1939, à une soixantaine de kilomètres de São Paulo. Ses deux autres frères, Marcel et André Sablon, habitent Monte-Carlo, alors que dans un dernier espoir de croiser Kessel au hasard, dans les rues de Paris, plutôt que de retourner à Agay elle a préféré réemménager dans son ancien appartement de la Plaine-Monceau, au 15 rue Daubigny. Un rez-de-chaussée qui lui paraît tout à coup sinistre par manque de lumière et de compagnie. La vie n'est plus pour elle que solitude et contraintes. Même son métier lui pèse.

Jean Sablon, qui éprouve depuis toujours pour sa sœur aînée une tendresse et une admiration sans bornes, a l'heureuse idée de revenir chanter à Paris, qu'il n'a pas revu depuis 1939 et son dernier spectacle à l'ABC. New York est son domicile fixe depuis 1937, date à laquelle il a choisi de vivre en Amérique. Il la parcourt en tous sens au cours de tournées triomphales qui le conduisent du Canada en Argentine et au Chili, en passant par la Californie, Panama ou Punta del Este, mais le Brésil est le pays qu'il chérit entre tous et où, sur un coup de foudre pour cette « Terre d'avenir[1] », il a acheté sa *fazendinha*, la *fazenda* de son cœur.

Il y a construit une maison au sommet d'une colline, qu'il a dessinée lui-même et pourvue, en dépit des difficultés géographiques, de tout le confort californien. Il a fait creuser des puits, bâtir une citerne, acheté un générateur électrique. Des balcons et de la galerie à arcades protégée du soleil et des pluies, on peut contempler jusqu'à l'infini un paysage tropical où poussent au milieu des bambous et des herbes luxuriantes, pommiers, orangers et citronniers, manguiers, kakis et caféiers. À 900 mètres d'altitude, la vue y est extraordinaire, le soir par temps clair, on peut apercevoir les lumières de São Paulo. Jean Sablon s'extasie au chant des crapauds-buffles qui ont élu domicile sous les arcades, ou à celui du colibri qui le réveille chaque matin. À São João les papillons sont bleus et les fourmis rouges. Seules les noires sont redoutables, capables de dévorer des animaux enchaînés ou des enfants dans leur berceau. Mais tout l'enchante au Brésil et il se dit lui-même « sous son envoûtement[2] ». Il y élève du bétail en liberté, en vrai *gentleman-farmer*, mais il doit confier à sa mère et à ses neveux le soin des cultures et de l'élevage : ses tours de chant l'appellent aux quatre coins du continent américain, il ne tient pas en place. Ses mirobolants cachets lui permettent d'assurer des revenus à tous les siens. Au contraire de la ferme qui exige plus d'investissements qu'elle n'offre de bénéfices, la chansonnette, comme Sablon la nomme, est d'un excellent rapport. Toute la famille en vit. La *fazenda*, déjà baptisée du nom de João (Jean, en portugais) lorsqu'il l'a achetée, est placée sous le

1. Titre du livre de Stefan Zweig, *Brésil, Terre d'avenir* (*Brasilien, ein Land der Zukunft. Brasil, país do futuro*) paru en 1941.

2. Jean Sablon, *De France ou bien d'ailleurs*, *op. cit.*, p. 215.

signe de la Saint-Jean : le 24 juin, proche du solstice d'été, tout le Brésil fête la lumière et la joie.

Autant Georges Bernanos, réfugié sédentaire à la Croix des âmes, sa *fazenda* dans le sud du Minas Gerais, a le sentiment d'un exil forcé et le regard braqué sur une France déchirée et malheureuse ; autant Jean Sablon, nomade par vocation, sincèrement épris de voyages qui jamais ne le lassent ni ne l'ennuient, entretient avec le Brésil, et d'ailleurs avec tous les pays qu'il traverse mais celui-là a sa préférence, une relation de sincère et tendre amitié. Il ne fuit pas ; il passe, s'arrête un temps, repart. Voilà son rythme, voilà sa vie. Jamais le moindre chagrin ou une passion par essence excessive ne peuvent entamer son humeur parfaitement égale ou assombrir son sourire. Il a l'élégance de la légèreté. Ce qui n'exclut pas la profondeur des sentiments : sa famille, ses amis connaissent sa générosité et sa fidélité sans faille.

Près de lui, un jeune homme d'origine allemande mais de nationalité américaine et qui parle très bien français, Carl Galm, est désormais chargé de son secrétariat et notamment de l'abondant courrier du chanteur avec ses innombrables admiratrices – chacune des apparitions sur scène de Jean Sablon, où qu'il se produise, déclenche des délires. Le *french troubadour*, *french singing star*, ou *idolo de Paris*, chante toujours en français mais a appris assez d'anglais, d'espagnol et de portugais pour introduire dans ses récitals des couplets ou des chansons entières dans la langue des pays qui l'accueillent. C'est ainsi que *J'attendrai*, reprise du succès d'avant guerre de Rina Ketty, devient pour le *crooner*, traduite et adaptée pour lui, *Esperare* en Argentine, *Eu sempre esperarei* au Brésil, *I'll be yours* aux États-Unis et au Canada... Il a abandonné le port du smoking trop formel et lance la mode du *casual chic*, costume blanc et chemise noire aux tropiques où il n'hésite pas à se montrer en *guayabera*, la chemise brodée de fleurs ou de

1. Deux frères : Joseph et Lazare Kessel. L'oncle et le père de Maurice Druon.

2. Oncle et neveu : vingt ans les séparent.

3. Kessel, engagé volontaire de la Grande Guerre.
En 1918, il est apatride et patriote français.

a

b

c

4. Le « harem de Jef ».
a Sandi, le grand amour.
b Katia, la maîtresse-épouse.
c Sonia, un collage durable.

5. Jef et Germaine Sablon, en 1935. Une passion physique, selon Maurice Druon.

6. Un Français libre, à Londres, en 1943. Kessel écrit *L'Armée des ombres*.

7. Maurice Druon en 1944.
Le préfacier du *Silence de la mer*, sur les traces de l'armée de Libération.

8. *Acting-captain* Kessel, escadrille Sussex, 1944.

9. « Peut-être est-ce là tout ce qu'il restera de nous… » : Kessel à Maurice Druon, au soir de la création de l'hymne de la Résistance.

10. « Vous deux, Anna, toi et la guitare… » Hommage de Kessel à Anna Marly, née Betoulinskaïa, inspiratrice et coauteure de la musique du *Chant des partisans*.

11. Germaine Sablon, chanteuse et combattante, en 1943. Elle est la première interprète du *Chant des partisans*.

12. Kessel écrit sous le regard de son frère Lazare. La photo ne le quitte jamais.

13. Un long jeune homme rêveur : Maurice Druon en 1948, l'année du Goncourt. Il a trente ans.

14. L'atelier de Maurice Druon : le maître et quelques-uns de ses assistants à la table des *Rois maudits*.

15. Une muse-écrivaine : Edmonde Charles-Roux, l'année de son Goncourt. Le personnage de Mahaut d'Artois, dans *Les Rois maudits*, lui doit beaucoup.

16. Complicité filiale, quai de Conti :
Kessel est académicien, Druon le sera bientôt.

17. « Oncle Jef » remet
à « Maurice » son épée
d'académicien,
24 novembre 1967.

18. Le cigare : une passion en partage.

19. Kessel et Michèle O'Brien : un couple tumultueux.

20. Maurice Druon et Madeleine Marignac : un couple raisonnable.

21. Kessel au pays des *Cavaliers* : un Afghan de cœur.

France-soir

DÉFENSE DE LA FRANCE – FONDÉ SOUS L'OCCUPATION (14 JUILLET 1941)

Mercredi 19 Mai 1948 — Prix : 5 fr.

6e DERNIÈRE

JOSEPH KESSEL NOUS CABLE DE TEL-AVIV

A HAÏFA, j'ai obtenu le visa d'entrée n° 1 de l'Etat d'Israël

Et mon avion fut le premier à toucher le sol de la Palestine libre

ELIZABETH ET PHILIP RENTRENT A LONDRES

L'éblouissante soirée de l'Opéra fut un triomphe pour la princesse

La bombe d'Hiroshima : jeu d'enfant à côté des "engins" d'Eniwetok

STALINE répond à WALLACE : « Le règlement pacifique des différends entre U.R.S.S. et U.S.A. est possible et nécessaire »

Foire de Paris : Deux millions de visiteurs

Le nouveau Landru aurait avoué à un voisin :

« J'ai étranglé une Boche sur les bords du Rhin »

LES FOUILLES POUR RETROUVER LE CADAVRE DES PREMIÈRES VICTIMES COMMENCENT AUJOURD'HUI

L'ex-intendant Marty, inventeur de la torture électrique, et ses quarante complices sont jugés à Toulouse

Bataille acharnée pour Jérusalem

Les « lieux saints » sont menacés de destruction

Un riche colonial assassiné, dévalisé et jeté dans le canal du Midi

Cinq cents Arabes noyés

Maximum + 28° de l'O.N.M.

22. Israël, terre d'amour et de feu.

23. Maurice Druon sur ses terres, en Gironde, avec son labrador, Isocrate.

Crédits photographiques :

1, 3, 4a : Coll. particulière / fonds Anne-Marie Kessel. Photo Jacques Faujour © Éditions Gallimard ; 2 : Coll. Germaine Sablon, in Yves Courrière, *Joseph Kessel ou Sur la piste du lion*, 1985, avec l'aimable participation des Éditions Plon ; 4b, 6, 18 : Coll. particulière. Photo Frédéric Hanoteau © Éditions Gallimard ; 4c : Coll. particulière / fonds Anne-Marie Kessel, *in op. cit.*, avec l'aimable participation des Éditions Plon ; 5 : Photo © Coll. Michel Lefebvre / adoc-photos ; 7 : Photo © Tallandier / Bridgeman Images ; 8 : Photo © Fonds France-Soir / BHVP / Roger Viollet ; 9 : Illustration René Lefebvre, Éditions Raoul Breton / Photo © Paris - Musée de l'Armée, Dist. RMN-Grand Palais / Émilie Cambier ; 10 : Photo © AFP ; 11 : Maurice Séveno © 1963 INA ; 12 : Photo (détail) © Pierre Choumoff / Roger Viollet ; 13 : Photo © Roger-Viollet ; 14 : Photo © Walter Carone / Paris Match / Scoop ; 15, 16 : Photo © Keystone-France / Gamma Rapho ; 17 : Photo © Jean-Claude Deutsch / Paris Match / Scoop ; 19 : Photo © AGIP / Bridgeman Images ; 20 : Photo © Ministère de la Culture - Médiathèque du patrimoine et de la photographie, Dist. RMN-Grand Palais / Jean Mounicq ; 21 : Igor Barrère © 1967 INA ; 22 : Coll. particulière / © France-Soir ; 23 : Photo © Micheline Pelletier / Sygma / Getty Images.

Nous avons recherché en vain les ayants droit de certains documents. Un compte leur est ouvert à nos éditions.

feuilles de palmier que les hommes portent flottant au-dessus du pantalon. Quelles que soient ses tenues, il garde en privé comme sur la scène son inimitable élégance « à la française ». Carl Galm l'accompagne dans ses tournées qui vont bientôt le conduire au bout du monde. Présence discrète, incontournable en coulisses, il sera le compagnon de Jean Sablon jusqu'à la fin de ses jours, une union de cinquante-six ans.

Pour Germaine, le retour du frère prodigue, devenu une véritable idole française en Amérique, et pour les Argentins à titre d'exemple l' « *astro maximo de la canción* », est une immense joie : la première depuis de longs mois. Son cœur se remet à battre. Elle l'attend à Orly sur le tarmac, en mars 1946, au milieu de la horde des journalistes et des photographes qui tiennent à immortaliser sa descente d'avion. Mais le Constellation en provenance de New York a trois jours de retard. Après avoir patienté en vain des heures durant et effectué des allers et retours entre l'aéroport que vient de quitter l'US Army Air Force et Paris, il n'y a plus personne à son arrivée ! La joie pour Germaine n'en est pas moins totale. Nul mieux que son frère n'a le pouvoir de lui rendre le sourire.

À peine de retour, il lui échappe déjà pour aller chanter à Bruxelles où son public le retient pendant un long mois, puis quand il revient pour honorer son contrat à l'ABC, où il occupe la scène pendant quatre semaines, il est très pris par l'enregistrement de nouveaux tubes que lui a écrits son parolier préféré, Jacques Larue : *Utrillo*, *Laura* ou *La Maisonnette*. Le public français, connu pour son chauvinisme et pour son esprit critique, boude d'abord le chanteur. N'a-t-il pas préféré bâtir son succès en Amérique et chanté sans frein pendant toute la guerre, dédaignant le malheur national ? Comme par automatisme, à croire que le temps écoulé n'a rien changé aux mentalités, le vieux débat sur le microphone renaît de ses cendres. La presse reproche à Jean Sablon de ne pas avoir de voix et reprend son méchant *nick-name* d'avant guerre, le « chanteur sans voix ». Mais les boudeurs sont vite débordés par l'élan que Jean Sablon suscite à chacun de ses spectacles. Aussitôt le charme agit, le fin sourire est irrésistible sous la moustache, et les airs qu'il murmure au micro sur le ton de la confidence donnent aussitôt envie de les fredonner en chœur. Ce sont pour la plupart des chansons d'amour. Germaine Sablon doit frémir, pleurer peut-être, en écoutant son frère chanter comme un écho à sa souffrance :

J'attendrai
le jour et la nuit
J'attendrai toujours
Ton retour
J'attendrai

Le temps passe et court
En battant tristement
Dans mon cœur si lourd
Et pourtant j'attendrai
Ton retour

Le clan Sablon, soudé comme autrefois, se retrouve au complet à Nice, où Marcel, André et Jean sont venus entourer leur sœur. Elle chante plusieurs soirs d'affilée au Maxim's, un bar-cabaret de l'avenue des Phocéens, véritable institution niçoise fondée en 1907, et ils tiennent à l'applaudir. Ils se retrouvent ensuite pour quelques jours dans la maison d'Agay. André, atteint d'un cancer, est déjà très malade et va s'éteindre dans quelques mois, à peine âgé de cinquante ans. Pourtant, sur la terrasse, devant le bel horizon où les souvenirs se bousculent, Germaine entourée des siens retrouve le bonheur de chanter. Un bonheur qui ne doit rien aux lumières de la scène, aux accords de l'orchestre, aux applaudissements du public, mais entretient des liens mystérieux avec la nuit étoilée d'Agay, la musique des vagues qui s'échouent sur le sable, et l'amour de sa tribu.

Le 23 juin, elle s'envole avec Jean pour l'Amérique, dans un vol inaugural d'Air France. Vingt-deux heures de vol, à quoi s'ajoutent plusieurs escales en transit, quelques heures supplémentaires de routes et de pistes au Brésil, dans un paysage tropical incendié de bougainvillées et de jacarandas, et les voilà ensemble, enfin, escortés de l'inséparable Carl Galm, à São João. Ses fils se précipitent pour l'embrasser. Sa mère lui tend les bras. Que demander de plus à la vie ?

Jean Sablon, conscient du désarroi de sa sœur et du risque de dépression qui la guette, a décidé de l'associer à ses tours de chant. Ils interprètent en duo, comme ils l'ont déjà fait dans les années trente, des airs célèbres dont le public américain est friand dans le Nord comme dans le Sud. Elle l'accompagne à New York puis à Montréal. C'est la meilleure façon de reprendre goût à son métier. Sur les photographies de ces galas, elle apparaît amincie et parée de ce sourire qui est l'emblème de la famille Sablon – un défi à toutes les morosités.

Ce qu'elle préfère pourtant, c'est partager la vie campagnarde à São João. Elle monte à cheval, s'occupe des animaux, cueille des fruits, et se souvient que Kessel aimait jadis accrocher dans ses cheveux des lauriers-roses. Les deux ans qu'elle va passer en famille, hors de France, loin de toute vie mondaine, lui permettent de se réconcilier avec la vie.

Son frère fait exploser les box-offices. Toujours en forme et toujours juvénile, content à toutes les heures, il parcourt désormais la planète, accompagné de son orchestre de dix musiciens et souvent plus. Les Français sont jaloux, les Françaises désespérées que le chanteur dont les refrains sont internationalement célèbres vienne si peu en France. Des récitals l'appellent à Athènes et à Beyrouth, à Calcutta et à Bombay, à New Delhi, Singapour, Melbourne et Tahiti. Il est un jour en Turquie, un autre en Égypte ou en Afrique du Sud, au Canada, en Iran, aux îles Fidji. Sa silhouette d'éternel jeune homme ne change pas, c'est à peine si quelques rides marquent son visage, aucune fatigue n'interrompt ses épuisantes tournées. Il adore son métier. Et il adore voyager. Comme il le dira à la fin de sa vie à un journaliste, qui le félicitait pour son succès planétaire : « Je ne sais pas si j'ai réussi une grande carrière, ce n'est pas à moi d'en juger. Je considère en revanche que je n'ai pas trop mal réussi ma vie. J'ai fait du mieux que j'ai pu un métier que j'adore, mais je n'ai pas laissé le métier envahir la totalité de mon existence. J'ai sillonné le monde entier, en chantant à mon rythme, m'accordant le loisir de découvrir les pays où je me produisais, rencontrer les gens les plus intéressants, qu'ils soient grands de ce monde ou simples paysans[1]. »

Sa sagesse et sa joie contagieuses ne pouvaient que déteindre sur sa sœur, convaincue de ne pas se laisser abattre et d'aller de l'avant comme elle l'a toujours fait.

Mais contrairement à son frère, le métier ne lui plaît plus autant. Honnête, répugnant à se donner pour ce qu'elle n'est pas, elle reconnaît devant un journaliste ses difficultés à poursuivre sa carrière d'artiste. « Je trouve que je ne fais pas assez d'efforts

1. Entretien avec Alain Poulanges, cité aux pages 236 à 238 de *Jean Sablon. Le gentleman de la chanson*, biographie de Philippe Jadin et Charles Langhendries (Christian Pirot, 2002) : une bible sur le sujet, à laquelle je suis largement redevable.

pour mon métier. Je ne suis pourtant pas paresseuse mais j'ai une nature contraire à ma profession. J'aime vivre seule, cachée. Le monde m'intimide. Lorsque je dois sortir, il faut que je me force[1]. »

Elle chante encore de loin en loin dans les années cinquante. Elle joue en 1955 un rôle secondaire dans un film de Jean Stelli, *La Foire aux femmes*, d'après le roman de Gilbert Dupé adapté par Antoine Blondin et Serge de Boissac. Elle n'avait pas tourné pour le cinéma depuis *Sixième Étage*, le vaudeville de Maurice Cloche où elle donnait la réplique à Pierre Brasseur en 1939, mais le cinéma ne la retient pas. Est-elle trop sincère pour faire des mimiques devant une caméra ? Trop elle-même, pour créer des rôles dont elle ressent surtout la superficialité ? Trop décalée ou trop vieille, pour se confronter aux jeunes comédiennes, Etchika Choureau ou Élisa Lamothe, dont l'éclat dans *La Foire aux femmes* la renvoie à sa beauté perdue ?

En 1953, elle enregistre pour la Voix de son maître un tout dernier *single* – le monde s'américanise : *Tout bas, tout bas*. Au moins la chanson est-elle gaie, entraînante, et donne-t-elle envie de danser : elle est écrite sur un rythme de samba. Au Brésil, grâce à son frère dont l'actrice est une grande amie, elle a connu Carmen Miranda, la *bomba latina*, la chanteuse et actrice brésilienne la plus populaire de toute l'Amérique : éclatante de santé, de joie de vivre et de magnétisme scénique, une véritable reine. La samba, c'était la danse des esclaves africains amenés enchaînés dans le Nouveau Monde. Dans les favelas, pieds nus, en guenilles, ils revivaient l'Afrique et ses sortilèges. Les tambours et la danse créaient l'illusion, le rêve d'un temps de liberté. La samba, c'est un rythme brûlant et nostalgique

1. *Portraits non retouchés*, cité par D. Missika, *Un amour de Kessel*, *op. cit.*, p. 65.

qui conjure toutes les malédictions. Germaine Sablon, dont la voix est toujours aussi sûre, pleine et vibrante, l'entonne à sa façon, plus française que brésilienne, et plus malicieuse que dramatique, mais dans la même illusion liée au passé, et liée à la perte.

Tu ne pourrais dire
si, si, si
Le dire sans rire
non, non, non
Ces petits mots gentils
Qu'on murmure parfois
Au creux de l'oreille
tout bas, tout bas

Même si tu l'oses
si, si, si
C'est pas la même chose
non, non, non
Car on ne dit bien
Ces mots-là
Qu'au creux de l'oreille
Tout bas, tout bas

Le cœur pourtant n'y est plus. Germaine Sablon qui marche vers ses soixante ans s'apprête à entamer le dernier chapitre du livre de sa vie. À la samba de sa fin de carrière répond la douceur d'une chanson de Jean Sablon, qu'elle aime chanter avec lui. Une vieille chanson de 1936 et l'une des plus célèbres de son répertoire. Elle la chante « tout bas » dans l'impitoyable cours des jours et des nuits où elle peut mesurer sa solitude :

Vous qui passez sans me voir
Sans même me dire bonsoir
Me donnerez-vous ce soir
Un peu d'espoir[1] ?

1. Paroles de Charles Trenet et Raoul Breton, musique de Johnny Hess et Paul Misraki.

18

L'étoile de David

« Allô, allô, Haïfa Tower ? Allô, allô, Haïfa Tower ? »

Les six passagers du Petrel, petit avion de tourisme qu'ils ont loué au Bourget et que pilote son propriétaire, M. Narbonne, assisté d'un navigateur radio, ne savent pas dans quel pays ils vont atterrir. Après escales à Athènes et à Nicosie, ils tournent dans la brume de chaleur qui efface les lignes de la côte, leur permet à peine de deviner les neiges du mont Hermon. Kessel est parmi eux, aussi anxieux qu'excité de vivre l'événement, envoyé spécial de *France-Soir*. L'identité des deux autres passagers lui est inconnue et le restera. Il n'est sûr que d'une chose : une guerre les attend au sol. Mais quel sol ? Et à quelle nation appartient-il ?

Est-ce en Palestine, mandat de l'Empire colonial britannique, qu'ils vont se poser ? Mais une Palestine « libérée » de l'occupant anglais après des mois de guérilla, d'attentats et de crimes terroristes, et dont l'ONU il y a quelques mois a voté le partage entre Juifs et Arabes, provoquant la colère non seulement des Arabes de Palestine, mais de leurs voisins. L'Égypte, la Transjordanie, l'Irak, la Syrie, le Liban ont fait savoir qu'ils pénétreraient dans son territoire dès que les Anglais l'auraient quitté. Kessel et ses camarades de vol espèrent atterrir en *Terre promise* : David Ben Gourion a proclamé la veille l'indépendance d'un État juif qui, après la malheureuse épopée de l'*Exodus*[1], amenant à son bord des pionniers qui furent en partie refoulés vers leurs pays d'origine, est déjà menacé de toutes parts. Assister à la naissance de ce nouvel État, raconter ses premiers jours, tel est l'objectif du reportage que Pierre Lazareff a confié à Kessel. Les communications sont coupées. Les passagers n'ont aucune idée de la façon dont évoluent pourparlers politiques ou représailles militaires, entre les Anglais, les Arabes et la Haganah (l'organisation sioniste de défense). Ils savent seulement qu'on se bat dans de violents combats et sont décidés à se poser coûte que coûte, quels que soient les risques.

Tel-Aviv, « grand port étalé au bord de la mer », future nouvelle capitale du nouvel État, où les Juifs forment l'essentiel de la population, la ville où fut proclamée l'indépendance, est le but de leur voyage. Pourtant on leur en refuse l'accès et ils doivent se résigner à atterrir ici, à Haïfa, zone d'embarquement des troupes britanniques qui s'apprêtent à quitter définitivement leur ancien protectorat. Or, Kessel s'est vu refuser à Paris le visa du Royaume-Uni, ce qui lui donne toutes les raisons de craindre d'être renvoyé d'où il vient. Le Beechcraft ayant enfin reçu l'autorisation de la tour de contrôle, l'incertitude est totale dans le petit avion, où personne ne dit mot. Quand la porte s'ouvre, ils voient courir vers eux trois jeunes soldats en short à l'anglaise et chemise kaki. Le passager qui voyageait à côté de Kessel, un homme maigre, au visage buriné, dont il ne sait et ne saura jamais qui il est, jaillit littéralement du fuselage et échange avec eux quelques mots « brefs, gutturaux, ardents ». Kessel en est saisi. Ce langage lui

1. 1947.

semble venu de la nuit de la mémoire. Il ne comprend pas tout de suite que les hommes se parlent en hébreu. Le passager, à la mine sévère et qui a voyagé muré dans son silence, se tourne alors vers ses compagnons de vol, tandis qu'un sourire radieux illumine son visage : « Nous sommes en Israël ! »

Kessel, le premier à tendre son passeport au jeune officier des douanes qui inaugure sa fonction et tamponne le document d'un cachet en caractères hébraïques, reçoit le visa n° 1, chiffre magique qui le remplit de fierté[1]. C'est le 15 mai 1948, l'État d'Israël existe depuis un jour.

Ce sourire radieux apparu sur le visage du passager, Kessel le retrouvera tout au long de son séjour sur ceux des hommes et des femmes, de tous âges et de toutes conditions, croisés en cours de route, dans les villages traversés, au seuil des maisons, des échoppes, des forges, près des puits. Les gens sont pauvres, dénués de tous biens superflus, leur vie quotidienne est rude et périlleuse, mais ils ont tous, les enfants aussi, écrit Kessel, « la même expression éblouie des commencements ».

Israël n'a longtemps été rien de plus qu'une chimère quand Theodor Herzl, avant la Première Guerre mondiale, en imaginait les fondements. Mort en 1904, le prophète inspiré de la *Neue Freie Presse*, important journal viennois, l'auteur visionnaire du *Judenstaat*, son livre capital, qui passait pour un illuminé aux yeux de nombre de ses contemporains, était présent le 14 mai dans la salle du musée des Beaux-Arts où David Ben Gourion a déclaré l'indépendance : son portrait, barbe assyrienne et regard enflammé de poète, était accroché au-dessus de la table où se tenaient les principaux dirigeants sionistes. Le grand rêve de

1. « J'ai reçu le visa n° 1 » sera le titre du premier article de son reportage paru à la Une de *France-Soir* dans le numéro du 19 mai 1948.

Herzl est devenu réalité. Et c'est cela que Kessel veut raconter : comment la chimère a pu devenir Israël. Il va s'y employer sans théorie, en amenant au premier plan non les politiques, les diplomates ou les chefs de guerre, mais en décrivant sa population, la seule capable de donner chair au songe le plus fou.

Pendant quatre semaines, de la vallée du Jourdain aux portes du Néguev, à Aïn-Mamifraz devant Saint-Jean-d'Acre, et sous les bombardements quotidiens de Tel-Aviv qu'il doit regagner chaque soir, il contemple les paysages bibliques, pris sous le feu des Arabes qui défendent leur territoire, et fait provision de témoignages humains. Venus de tous horizons, détachés de leur patrie d'origine, ces gens qui vivent « de croûtes de pain et d'une poignée de fèves », assaillis mais heureux, le fascinent. Leur foi, leur optimisme, leur courage, c'est cela qu'il veut mettre en valeur pour les lecteurs de *France-Soir*. Ses onze articles, parus entre le 18 mai et le 9 juin, sont écrits au jour le jour, dans l'actualité brûlante. Fidèle au style qui lui vaut tant de succès, son reportage se lit comme un feuilleton, mais celui-là est sans doute le plus émouvant et le plus fervent qu'il ait écrit. Ce n'est plus le journaliste, le simple témoin qui parle, mais l'homme engagé dans la cause qu'il veut défendre, le militant qui veut convaincre. On sent très bien au long des pages, et c'est bien la première fois, que cet écrivain désengagé, qui n'appartient à aucun parti et d'ailleurs ne vote pas, pour lequel l'humain a toujours été une valeur universelle supérieure ne pouvant être rétrécie à un chauvinisme de frontières, oui c'est la première fois, si l'on met à part son engagement gaullien dans la Résistance, qu'il choisit son camp avec une pareille détermination. Il le dira lui-même, « je me suis attaché pour toujours à la cause du sionisme ». Cela ne s'est pas fait en un jour. Mais en débarquant à Haïfa en ce printemps 1948, il prend la mesure de l'extraordinaire défi que représente la création d'Israël. Et mesure aussi de ses yeux la patience inusable de son peuple, une patience « tissée, tramée depuis des siècles », qui lui permet de fertiliser les déserts et de résister dans un combat à un contre cinq à l'invasion arabe. Après l'holocauste – le mot Shoah viendra plus tard – qui a décimé en Europe près de six millions d'entre eux, les Juifs ont enfin une terre et ils espèrent y vivre en paix.

Cette terre, Kessel la connaît pour y être déjà venu à l'occasion de deux précédents voyages, en 1925 et 1926. À peine y avait-il mis le pied, qu'il s'y sentait en plein accord. « Je connaissais cette terre où je n'avais jamais vécu[1]. »

Il avait rapporté de ses séjours, de deux mois chacun, un reportage pour *Le Journal*, et écrit un livre, dont le titre même, *Terre d'amour et de feu*, dit déjà tout de ses sentiments. Ce livre, il en avait offert l'édition originale à ses parents, reliée par ses soins, avec le titre en hébreu sur la couverture. Ce n'est pas toutefois à la demande du directeur du *Journal* qu'il s'était rendu en Palestine, ni même en tant que journaliste, mais sur l'invitation d'un ami, ou plutôt d'un ami d'ami, rencontré à Paris : Haïm Weizmann. En 1948, Weizmann, né en 1874, sera devenu le premier président du Conseil d'État provisoire – le premier président d'Israël. Dans les années vingt, ce Russe né près de Pinsk en Russie blanche, installé en Grande-Bretagne et devenu sujet de Sa Majesté en optant pour la nationalité britannique, présidait l'organisation sioniste mondiale. Il avait été chimiste dans une autre vie, et un chimiste de génie. Il avait inventé un procédé de fermentation de l'acétone que je ne suis pas en mesure de pouvoir expliquer, mais qui avait permis aux Anglais de réaliser des obus d'une efficacité telle qu'elle avait contribué

1. Entretien avec Michel Droit, France Culture.

à la victoire. Il avait ensuite refusé le titre honorifique de lord et demandé en échange à lord Balfour, le Premier ministre britannique, la création d'un foyer national juif. Il avait ensuite eu à refuser l'idée de l'Ouganda comme terre d'accueil. Kessel trouve que Haïm Weizmann, homme politique de premier plan, ressemble physiquement à Lénine et le décrit « avec une barbiche en pointe, des yeux mongols, une grande bonté et aussi quelque chose de démoniaque dans l'expression, quelque chose de méphistophélique ».

Kessel, qui fréquentait à l'époque le milieu des émigrés russes et était lui-même très antibolchevique, s'était lié d'amitié avec un journaliste de dix ans son aîné, « homme de très grand talent », dira-t-il, sioniste de la première heure, Salomon Poliakov. Né à Mir en Biélorussie et naturalisé français, il avait été aumônier juif sur le front des combats pendant la Première Guerre, et était le Grand Rabbin de Lille quand Kessel l'a connu. Il serait plus tard Grand Rabbin de Genève puis de Lyon. Kessel l'admirait et avait traduit son livre intitulé *Le Messie sans peuple*, paru chez Gallimard un an avant *L'Équipage*. Son nom apparaissait sur la couverture, ce qui est rare pour le traducteur : « *Le Messie sans peuple*, version française de J. Kessel ». C'est Poliakov qui lui avait présenté Haïm Weizmann.

Les trois hommes avaient parlé autour d'une tasse de thé et Weizmann – Haïm désormais – avait dit simplement à Jef : « Viens avec moi en Palestine ! »

Ses deux premiers voyages en Terre sainte, alors qu'il n'a pas encore trente ans, ont ancré en Kessel une série d'images qui ne devaient jamais le quitter : des hommes et des femmes asséchant des marais, creusant des puits, cultivant la terre aride, créant des jardins « pour la joie de se trouver plus près du ciel, plus près de leur Dieu », dans le parfum des orangers. Le pas lent des ânes, l'acharnement d'un peuple à habiter sur le sol de ses ancêtres, il en avait gardé un souvenir aussi puissant qu'une légende. Comme à la Russie de son enfance, il y resterait attaché de toutes les fibres de son imaginaire romanesque. Ces images n'étaient-elles pas une part de sa propre histoire ?

De même que sa superstition l'inclinait à prononcer les mots russes rituels, « *Dobri Tchass Zbogom* », avant chaque épreuve, il allait inscrire à son répertoire avec la même ferveur, le même respect des rites, la plaisanterie sacrée que les Juifs du monde entier échangeaient avant l'exode, eux aussi pour conjurer le sort : « L'année prochaine à Jérusalem ! »

Jérusalem, c'est le grand regret de ce voyage de 1948. Kessel n'a pu se rendre dans la ville assiégée, meurtrie et finalement prise par les Arabes. Il n'a pas pu aller se recueillir au « Mur des pleurs », ainsi qu'il le nomme, ni y déposer ses larmes. Un mois avant son arrivée, le 9 avril, la population de Deir Yassin, un village palestinien à sept kilomètres à l'ouest de la Vieille Ville, a été massacrée par l'Irgoun. Hannah Arendt et Albert Einstein ont protesté dans le *New York Times*, et assimilé au fascisme le mouvement de Menahem Begin.

« Je n'ai eu conscience d'être juif que très tard, dans mon âge d'homme », dira Kessel. Il a été élevé par des parents agnostiques, qui ne pratiquaient pas leur religion et se montraient indifférents à ses rites. On parlait russe et français à la maison, jamais yiddish ni hébreu. Son père, Samuel Kessel, était pourtant né à Shawli dans l'immense ghetto constitué à l'est de l'Europe d'un bout de Lituanie et d'un morceau d'Ukraine, où la Russie tsariste avait envoyé dans l'autre siècle trois millions de ses Juifs. Sa mère, née à Orenbourg, sur le fleuve Oural, avait connu les pogromes. Lui-même, arrivé dans la ville maternelle à peine âgé de quelques mois, n'y avait vécu au total que six ans, scindés par un séjour en France[1]. Il en avait retenu le folklore, dont les couleurs indélébiles s'étaient gravées dans sa mémoire, les caravaniers druzes et kirghizes, les chameaux, les troïkas à grelots, les chants, les samovars, et la cour des échanges où se faisait le troc de sucre et de thé, de fil et de peaux de mouton. Mais il avait aussi connu, à son second séjour aux bords de l'Oural, le statut spécial réservé aux Juifs. À l'école – le Gymnase –, on disait la prière orthodoxe à chaque ouverture de classe. Tous les enfants se levaient. Au moment des génuflexions, les enfants juifs restaient debout : ce fut là la seule prise de conscience d'une différence, qui ne l'avait ni gêné ni même préoccupé depuis, pendant longtemps.

« Je ne savais pas que j'étais juif », répète-t-il en repensant à son enfance. L'affaire Dreyfus avait convaincu ses parents, comme elle avait convaincu le père d'Emmanuel Levinas, né lui aussi en Lituanie, qu' « un pays qui se déchire, qui se divise pour sauver l'honneur d'un petit officier juif, est un pays où il faut rapidement aller ». Ayant appris le français en cachette dans Victor Hugo, et bénéficié plus tard d'une bourse du baron Hirsch pour suivre ses études de médecine à Montpellier, Samuel Kessel exprimait sans cesse sa dette envers la France. Il avait foi dans le progrès et la science, comme il avait foi dans cette patrie accueillante où il n'avait jamais eu d'autre ambition que de donner une éducation laïque à ses fils, et de soigner les pauvres. Ainsi qu'il le dira à Michel Droit, « Ni au lycée de Nice, ni au lycée Louis-le-Grand à Paris, ni à la Sorbonne où j'étudiais les Lettres, ni au régiment, ni dans mon escadrille, ni jeune journaliste, je n'ai eu – pas une

1. Kessel a vécu à Orenbourg de 1899 à 1902, puis de 1905 à 1908 (l'année de ses dix ans).

seule fois – à sentir que j'étais juif[1]. » Quant à la société française des années vingt, il la regarde alors avec indulgence « comme un large éventail allant de l'*Action française* à *L'Humanité* », où chacun peut trouver sa place.

C'est dans ces dispositions d'esprit, libérales et laïques, qu'il s'est rendu en Palestine sur l'invitation de Weizmann, sans rien lui cacher de son agnosticisme. Kessel déteste la mystique et, comme son père, croit aux vertus d'un monde sans religion. Laquelle religion, quelle qu'elle soit, lui paraît entretenir ghettos, pogromes et guerres, et relever d'un penchant au fanatisme et à l'exclusion des autres. En 1925, 1926, pour toutes ces raisons, il ne se sentait pas habilité à partir en mission d'observation en Palestine, où s'installaient les premiers pionniers sionistes et dont son ami Weizmann parlait déjà comme de la *Terre promise*. Il le lui avait dit. Et Weizmann sans du tout chercher à le convaincre avait répondu ces simples mots, dont il allait vérifier la justesse : « On verra bien ! »

En 1928, deux ans après sa découverte de la Palestine, Weizmann fait partie des membres fondateurs de la LICA – la Ligue contre l'antisémitisme, qui deviendra beaucoup plus tard la LICRA, Ligue contre le racisme et l'antisémitisme. Cet engagement fait suite au procès de Samuel Schwarzbard, un horloger d'origine juive ukrainienne, jugé pour avoir assassiné de sang-froid en plein Paris, rue Racine, un ancien responsable politique ukrainien, Symon Petlioura, au motif que celui-ci s'était rendu coupable de cruautés et de massacres envers les Juifs d'Ukraine. Ce procès qui défraya la chronique et amena à la jeune LICA une affluence d'adhérents, de la comtesse de Noailles au professeur Paul Langevin, le conduisit

1. *Joseph Kessel, le témoin inspiré*, série d'entretiens avec Michel Droit, archives de l'INA.

à reconsidérer la place que l'antisémitisme occupait en France. Son camarade Henry Torrès, avocat de Schwarzbard, eut une influence dans sa prise de position. Encore l'engagement de Kessel s'inscrit-il dans une conception universaliste et répond-il à son rêve d'un monde réconcilié, où toutes les « races » comme on dit alors et comme il dit lui-même, le mot n'étant pas encore banni du vocabulaire, pourraient vivre ensemble en se tolérant les unes les autres.

Au retour d'Israël, en 1948, alors qu'une trêve vient d'être acceptée par les belligérants, Kessel, à l'appel du Fonds national juif, prononce une conférence à la Maison de la Chimie. Salle comble d'un millier de personnes. Le profit de la vente des places est destiné au « Secours à l'État d'Israël ».

Pendant plus d'une heure, lui qui aime si peu parler en public, il va célébrer « cet extraordinaire peuple juif, sorte de légion étrangère qui s'était assemblée sur le sol des ancêtres, qui avait retrouvé pour langage commun la plus vieille des langues mortes, et nourrissait pour ce sol et cette langue le respect, l'attachement, l'amour passionné des hommes qui voient pousser une maison, croître un arbre, fleurir un jardin né de leurs mains[1] ». Contrairement aux Arabes, qu'il présente « sans cohésion, uniquement menés par les ambitions de leurs maîtres et dont les troupes, parce qu'elles ne savent pas pourquoi elles se battent, se battent mal », la nation juive mérite sans restriction toutes ses louanges. En dépit de la caricature, ou à cause d'elle, dans une atmosphère surchauffée où Kessel emporté par son sujet fut « follement acclamé[2] », il

1. Cette citation et la suivante sont tirées de Joseph Kessel, *Témoin parmi les hommes*, Éditions Del Duca, 1956.

2. Y. Courrière, *Joseph Kessel*, *op. cit.*, p. 644.

déclare s'exprimer « non pas en juif, parce que l'histoire d'Israël au combat dépasse la cause juive », mais en témoin d' « événements historiques, d'une importance exceptionnelle, extraordinaire[1] ». Après quoi les spectateurs qui ont applaudi l'écrivain debout entonnent *Hatikvah*, l'hymne national d'Israël, adapté d'un vieux chant écrit en Ukraine. Kessel qui a toujours prétendu ne pas savoir chanter et ne fait d'exception que pour *La Marseillaise* et *Le Chant des partisans*, chante ce jour-là « à pleins poumons[2] », devant le drapeau bleu et blanc d'Israël, frappé de l'étoile de David.

1. J. Kessel, *Témoin parmi les hommes*, *op. cit.*
2. *Ibid.*, p. 645.

19

Discordances du Verseau et du Taureau

La cause juive est un sujet de désaccord entre l'oncle et le neveu. Autant Jef a désormais pleinement conscience d'avoir partie liée par son histoire, par ses rêves, et de tout son élan, à la communauté d'Israël, autant Maurice se veut affranchi de ses liens avec le passé judéo-russe des Kessel. Ni russe ni juif, il ne revendique pas son ascendance. Il ne la récuse pas non plus, à la manière d'un Malraux qui a maquillé sa biographie et, par exemple, caché qu'il a vécu son enfance au-dessus d'une épicerie. Ou à la manière d'un Romain Gary, qui avance masqué et a aboli les frontières entre le roman et sa vie. Lui ne cache rien, ne dissimule pas. Mais il ne se sent pas déterminé par ses origines. « J'ai eu souvent le sentiment d'être mon propre géniteur, écrit-il dans ses mémoires. Je ne succède pas[1]. »

Juif par son père biologique, un père qu'il n'a pas connu, il se veut le fils de son père adoptif, qu'il considère avec la plus grande tendresse comme son véritable père. Un père, dont il est fier de porter le nom. René Druon l'a élevé comme il l'avait été lui-même dans sa province de Douai, dans des traditions

1. M. Druon, *Mémoires*, t. I, *op. cit.*, p. 101.

chrétiennes et bourgeoises. Sans être du tout pratiquant, Maurice Druon, qui croit au sacré plus qu'au dogme, a été très marqué spirituellement par les pères dominicains de son enfance, et tout particulièrement par la figure exceptionnelle du père Padé, provincial de l'ordre des frères prêcheurs – « un saint homme » ainsi qu'il le qualifie dans ses Mémoires. Les pères dominicains ne lui ont pas seulement inculqué le catéchisme, ils lui ont donné l'exemple de leur foi lumineuse, capable d'éclairer les Mystères. La religion catholique est pour lui un choix assumé dans l'âge adulte, bien plus qu'une tradition consentie, ce que rappelle la médaille en or de saint Druon suspendue par une fine chaîne à son cou. Non pas saint Maurice, comme on s'y serait attendu, mais bien saint Druon, le patron des bergers dans le nord de la France. Il ne manque jamais de se souvenir du 16 avril, jour où l'on fête ce saint et qui est aussi celui de la sainte Trinité.

Le rejet du judaïsme, car c'est bien ainsi qu'il aborde la question, va de pair pour lui avec le rejet d'un certain folklore russe, samovars, troïkas, chanteurs tziganes et cavaliers cosaques, qui occupe une part importante dans l'imaginaire de Kessel, profondément marqué par sa petite enfance à Orenbourg. Sur tous les documents d'archives télévisées, quand on évoque devant Druon le sujet cent fois rebattu, « Kessel et la Russie », il a un sourire amusé, non pas du tout moqueur mais indulgent, ce sourire qu'on a pour les enfants naïfs dont les rêves sont merveilleux mais tout de même très à côté des réalités du monde adulte.

Si Druon s'est émancipé de la famille Kessel, il faut souligner que celle-ci a d'abord nié son existence, avant de le considérer comme l'enfant du péché, de la faute, et le fruit d'une erreur de jeunesse. Non seulement son père, Lazare Kessel, quelles que soient ses raisons, ne l'a jamais reconnu, mais son grand-père, Samuel Kessel, a, lui, ignoré sa naissance. Parce qu'elle était illégitime, hors des liens sacrés du mariage, la grand-mère, Raïssa Kessel, la lui avait cachée. Elle devait craindre les foudres de son mari, qui avait chassé « Lola » (Lazare) du foyer familial et lui avait interdit de remettre les pieds sous son toit. Elle ne voyait son petit-fils qu'en cachette, une fois par an, pour lui donner son cadeau d'anniversaire sur le banc d'un jardin public où l'amenait sa mère – la comédienne honnie par Samuel Kessel. Celle-ci, je le rappelle, qui descendait de la famille Cros du Périgord, n'était pas juive mais catholique elle aussi, d'où le fait que son enfant fut baptisé à sa naissance bien avant qu'elle ne rencontre René Druon.

Ces drames familiaux, que Maurice Druon racontera dans ses Mémoires avec une distance ironique, quoique sans aucun reproche ni amertume, ont cependant marqué ses jeunes années. S'il a toujours su qu'il était le fils de Lazare Kessel, il n'a appris qu'à l'âge de dix-huit ans, par un concours fortuit de circonstances, que son père s'était suicidé. Il le croyait mort de la grippe espagnole et en a éprouvé un choc. « On ne doit pas cacher leurs origines aux enfants, il vaut mieux leur dire le plus tôt possible la vérité », dira-t-il à Thierry Ardisson à la table de *Tout le monde en parle*, l'émission de télévision où le journaliste l'a invité à l'occasion de la parution du premier tome de ses Mémoires. Druon avait alors quatre-vingt-huit ans. Il se défend durant cette émission d'avoir souffert d'éventuelles séquelles de cet épisode tragique de son enfance : « Il vaut mieux ne compter que sur soi », la force de caractère semble lui être venue très tôt.

À l'opposé de l'univers familial des Kessel, où la Russie, mêlée au judaïsme des ancêtres dans un exil revendiqué mais difficile en France – les conditions de vie n'ont jamais été faciles pour les parents Kessel et leurs trois fils –, compose un terreau bouillonnant et instable, nourri de fièvres, propice aux drames et aux excès, l'univers des Druon a pu lui apparaître telle une solide architecture : stable, organisé, régulier, bourgeois. Il a tout de suite aimé cet univers-là. Pareil à un garde-fou qui le protégeait de gènes incontrôlables, il lui a permis de se construire. Et d'éviter les pièges des Kessel, les dangereux démons de l'oncle Jef.

Maurice Druon apprécie le vin et les boissons fortes, il a une bonne descente à la boisson mais jamais ne s'enivre ; il fume d'abondance de bons, d'épais cigares, mais sans cette nervosité qui pousse son oncle à allumer une cigarette après l'autre ; il garde mesure en toutes choses, sauf dans ses éclats de colère homériques, qui alors le rattachent, malgré lui, à l'oncle Jef. Lequel oncle a encore un point d'avance dans ce domaine puisqu'il est capable sur un coup d'humeur de casser la vaisselle, les vases, et les meubles d'un bar ou d'un restaurant, ou même d'une maison d'amis, quand on l'a contrarié et qu'il a trop bu. Maurice Druon se contente de hausser le ton et d'afficher mépris ou condescendance. C'est qu'il a choisi pour phare Apollon plutôt que Dionysos. Il sera toute sa vie et volontairement du côté de la mesure, de l'organisation, de la maîtrise de soi et de la calme ambition, plutôt que de l'esprit d'aventure, du goût du risque et de la passion qui inclut toujours des débordements.

La vie n'a pas été pour lui un lit de roses. Dans sa jeunesse, il a souffert du manque d'argent et vécu dans des conditions matérielles étriquées. René Druon ne l'a pas éduqué en enfant gâté, ni ne lui a inculqué la mentalité d'un héritier. Il a dû très vite se débrouiller pour gagner sa vie, son père ayant liquidé la fortune de ses ancêtres notaires dans de mauvaises affaires et perdu son lustre dans des investissements imprudents, comme son élevage de poulets en région parisienne. Alors que Kessel est indifférent au luxe, peut dormir dans des gourbis et se sentir chez lui dans n'importe quelle cabane de bûcheron ou de pêcheur, sous des tentes de nomades syriens ou yéménites, alors qu'il porte toujours le même pantalon froissé, la même canadienne déformée aux poches bourrées de tabac et de boîtes d'allumettes, et qu'il se fiche pas mal de la qualité de la boisson dans son verre pourvu qu'elle soit fortement alcoolisée, Maurice Druon, doté d'un tempérament jouisseur, en vrai sybarite, aime vivre en usant de tout ce que l'argent offre en abondance : les bons repas, les bons vins et les belles voitures, les meubles de prix, les porte-plume et les montres en or, les costumes sur mesure, les cravates de soie, et ses pantalons de flanelle sont impeccablement repassés. Aux expéditions risquées aux quatre coins du monde, au Yémen ou en Éthiopie, sans parler de la Palestine, dans des pays en guerre qui attirent Kessel comme un signal dans la nuit, il préfère quant à lui la *dolce vita* dans des hôtels cinq étoiles, à Capri, à Ischia, à Rome.

Deux types d'hommes, deux styles de vie.

Même leurs signes astrologiques devraient les opposer. Kessel est un Verseau, signe d'Air, principalement lié à la planète Saturne. Pour les Mésopotamiens, tout Verseau était un « Géant ». Maurice Druon est un Taureau, soit un signe de Terre, principalement lié à Jupiter, principe d'ordre et d'autorité comme chacun sait, et descendrait tout droit des « Étoiles » selon les Mésopotamiens.

D'après les astrologues, le premier affirme singularité, indépendance, pouvoirs d'imagination, mais aussi universalité : « Tous comme un, dit le Verseau. Je suis solidaire et identique à mes frères[1]. »

Le second se définit par la stabilité, la prudence, et le goût d'acquérir. Encore faudrait-il nuancer ces analyses de l'influence des ascendants et autres planètes, amies ou contraires. Ainsi Druon exprime-t-il une nette préférence pour Jupiter, qui selon lui gouverne sa personnalité : « J'ai toujours eu pour lui attrait et révérence. »

Une précision, dans l'ordre astral : ni l'un ni l'autre, malgré leur crinière, ne sont donc des Lions, signe auquel on les a souvent assimilés, surtout Kessel. Bien à tort, le Lion étant des signes du zodiaque le plus opposé au Verseau et le moins compatible avec le Taureau. Encore que l'influence jupitérienne de Druon adoucisse les angles.

L'oncle, que l'astrologie indiffère, et le neveu qui en nourrit ses recherches et en a fait l'instrument d'une auto-analyse, consacrant au Taureau un chapitre entier de ses Mémoires[2], n'en sont pas moins liés, de liens profonds, solides, et par bien plus que des étoiles dans leur Ciel, ou par un simple atavisme. Ils ne peuvent vivre sans se parler, sans s'embrasser, sans prendre des nouvelles l'un de l'autre. Cela s'appelle s'aimer.

« Qu'est-ce que vous avez en commun, l'un et l'autre ? » demande à Maurice Druon l'écrivain Daniel Picouly qui anime une émission de télévision et reçoit lui aussi l'écrivain pour ses Mémoires. Druon, curieusement placé devant un miroir et qui se contemple lui-même pour les besoins de la scénographie, reste silencieux un quart de seconde. Lui a-t-on jamais posé la question ? Réponse claire :

1. Aline Apostolska, *Verseau. Une vision inédite de votre signe astral*, Dangles, 1999.
2. M. Druon, *Mémoires*, t. I, *op. cit.*, chapitre « Jupiter au fond du ciel », p. 105 à 108.

« Nous avons en commun la passion d'écrire. »

« Et vos différences ? » poursuit Picouly, implacable.

Alors Druon sourit, il doit revivre un moment lointain, dont l'affectueux souvenir adoucit tout à coup son comportement de grand notable, arborant la rosette au revers de son costume gris anthracite : « Kessel n'était attaché qu'à l'individu. Moi, c'est la collectivité qui m'intéresse. Jef me disait : "Tu veux toujours mettre de l'ordre dans la société, laisse donc tomber, c'est impossible." »

C'est en Italie, où il trouve facilement l'inspiration, que Maurice Druon écrit un roman très XVIIIe siècle par le style, une sorte de promenade raffinée et exotique au pays de tous les enchantements, *La Volupté d'être*. Il en a trouvé l'héroïne à Londres où il l'avait croisée dans les couloirs de son hôtel, à Piccadilly : la marquise Luisa Casati, qui fut une des muses les plus célèbres et des plus aimées de son temps, eut son propre palais à Venise et compta au nombre de ses amants innombrables – plus de quatre cents, disait-on –, le poète et héros italien Gabriele D'Annunzio. À Londres, en 1943, elle n'était plus qu'une épave, mais encore bien vivante puisqu'elle ne mourrait qu'en 1957, soit trois ans après le roman que Druon lui consacre et qu'elle n'a vraisemblablement pas lu. Mystère de cette silhouette entrevue, croisée comme en songe, qui le frôlait de ses longues jupes de faille noire déchirée, de la traîne de son manteau de panthère galeuse ou des immenses plumes mitées de son chapeau d'autrefois.

Dans le roman, elle est devenue comtesse (*contessa*) et se nomme Lucrezia Sanziani. Druon décrit avec panache, dans des couleurs puissantes, une vieille femme qui tient de la mendiante ou de la sorcière, mais se conduit comme une reine déchue, orgueilleusement parée des oripeaux de son ancienne gloire. Dans son hôtel minable, pire que la pension Vauquer du père Goriot, elle se conduit au mépris du temps qui pour elle n'a pas passé, comme si elle était encore jeune et belle, entourée d'une cour d'admirateurs et comblée de richesses. De cette rencontre fugitive dans les couloirs de sa résidence londonienne, laquelle était loin d'être « minable » mais qu'il a adaptée aux besoins de la fiction, Druon allait tirer l'un de ses livres les plus secrets et, selon moi, les plus réussis. Cette *Volupté d'être*, que Julliard publie en 1954, rencontre un joli succès et sera traduit dans de nombreuses langues, italien compris. On y reconnaît la patte précise, efficace, de l'auteur des *Grandes Familles*, dépouillée de tout sentimentalisme – un défaut que Maurice Druon n'a pas non plus dans la vie. Il contrôle trop ses émotions pour en être victime. Un exemple ? Voici son héroïne : « Elle choisissait bien ses amants et laissait rarement passer un homme célèbre à sa portée sans lui organiser un souvenir. Elle faisait l'amour avec la gloire, et son lit était un Panthéon. »

L'histoire n'en est pas moins émouvante. Car Druon trouve la note juste entre ironie et tendresse pour décrire la confrontation d'une femme, qui fut splendide, avec la vieillesse et son lent naufrage. Lucrezia Sanziani n'a pas d'autre solution que de se fuir elle-même telle qu'elle est devenue, cet être enlaidi, affreusement solitaire et malheureux. Elle a trouvé refuge dans un monde de souvenirs qui la rendent incompréhensible au commun des mortels. Taxée de folie, parce qu'elle vit en marge des réalités, elle survit d'expédients en se nourrissant comme un oiseau, aussi menue, aussi fragile qu'un moineau. Druon met en valeur sa folie, qui est une folie douce, il la comprend et la respecte car elle est une source d'énergie, un leurre de joie, un dernier bonheur. Rien ni personne ne pourra convaincre la Sanziani que ses amants sont morts, que ses rivales ont désormais son âge et qu'elle est à deux pas du tombeau. Le romancier invente pour elle une amitié sublime avec une jeune femme de chambre, Carmela, la seule à admirer sa beauté et à ne pas se lasser de sa conversation en forme de monologue. Carmela assistera l'égérie moribonde jusqu'à son grand départ pour la fosse commune, « dans le chariot des pauvres ».

J'aime ces pages très romanesques où l'empathie de Druon pour la Sanziani, sa faculté à se glisser dans ce fantôme lui permettent d'en tracer un portrait plein de grâce autant que de cruauté. Il révèle dans une préface, sorte de confidence liminaire, sa prédilection pour les courtisanes – ces femmes libres, « maîtresses des formes raffinées de la sensualité, capables de tirer de leur chair et de la chair d'autrui les variations et les richesses inépuisables d'une musique, aptes à toutes les délectations et prenant l'amour tel qu'il est – l'acte par excellence qui trouve sa fin en soi –, elles sont faites pour éprouver *la volupté d'être* et la faire partager aux hommes de leur race ». Le roman fait l'éloge de la sensualité, de l'amour libre, de la jouissance païenne, du rejet de la procréation. Il célèbre un modèle de femme, qui est à l'évidence l'idéal de Druon, celui des « amoureuses » dont il partage les penchants pour « le luxe, le succès, l'absence de monotonie dans l'existence, la liberté de la quête sensuelle ». Dédié à « Allegra », secrète compagne, il reflète sa propre humeur propice aux plaisirs et attentive à savourer les moments de joie. Il veut les boire jusqu'à la lie.

C'est sous un titre italien qu'il donnera une prolongation à son roman en l'adaptant pour la scène. *La Contessa*, version théâtrale de *La Volupté d'être*, sera jouée au Théâtre de Paris, en 1962, avec Elvire Popesco dans le rôle de Lucrezia. Vêtue d'un manteau de panthère, les mains gantées de panthère, je la vois comme une sœur de la Folle de Chaillot, interprétée par une autre tragédienne empathique, Marguerite Moreno.

L'Italie, où il aime écrire, convient au caractère de Maurice Druon. Un doux climat, des paysages harmonieux et souriants, une civilisation ancienne et raffinée, des villes et des campagnes où il est agréable de se promener, des auberges où la nourriture et le vin sont bons, et puis tout un art d'aimer, qui semble lié à l'air qu'on respire. Où pourrait-il être plus heureux qu'en Italie ? C'est tout naturellement qu'il sera un jour président d'honneur de France-Italie[1]. Le roman, plus romain que vénitien par sa structure solaire et son élégance classique, il l'a écrit à Rome en effet, mais aussi à Ischia, dans la compagnie légère d'une « amoureuse », une « Allegra » pleinement au diapason de sa *volupté d'être*.

Les relations de Jef et de son neveu se sont relâchées dès les lendemains de la guerre. On peut trouver à cela plusieurs raisons. D'abord Druon n'est plus le jeune homme incertain dont Kessel devait guider les premiers pas. Il est devenu lui-même. Un écrivain, couronné du Goncourt, dont le talent lui vaut d'avoir gagné la sphère où Kessel évolue depuis tant d'années, celle des auteurs à succès. Le neveu a rejoint son aîné presque en haut de l'échelle et peut prétendre à l'égaler. Même si Kessel, outre le succès commercial, jouit d'une notoriété immense – sa vie est une source d'inspiration pour beaucoup de jeunes gens tentés par le risque et par l'aventure, ces deux moteurs kesséliens. Druon est un écrivain brillant mais jeune encore. Kessel, une légende. Autour de lui gravitent telles des phalènes attirées par ses rayons de lumière des Yves Courrière, des André Asséo,

1. En 1972.

des Georges Walter, des Louis Nucéra, de jeunes journalistes qui aspirent à devenir écrivains et le considèrent tous comme un Maître. Druon ne succède pas, dit-il, mais il n'engendre pas non plus de ces admirations inconditionnelles, si nombreuses autour de Jef. S'il a des amis, il n'aura pas de disciples. Il n'en cherche pas.

Il peut cependant s'enorgueillir d'un nombre croissant d'admiratrices. Kessel, si l'on scindait la littérature en livres pour filles et livres pour garçons, serait à classer dans la seconde catégorie. Ses histoires d'aviateurs, d'aventuriers, de baroudeurs, recueillent davantage de suffrages chez les lecteurs de sexe masculin. Il y a dans ses livres de la virilité à revendre, alors que Druon sait donner des rôles de premier plan aux femmes, rendre leur complexité humaine, très simplifiée chez Kessel.

Mais ils sont l'un et l'autre dans leur vie des Casanova, cela aussi les rapproche, ou peut les mettre en concurrence. C'est le cas avec Jeannette de Brissac. D'abord amie de Kessel, qui l'a connue le premier lors d'une traversée de l'Atlantique, dans les années trente, et fut sans nul doute amoureux d'elle, elle s'est rapprochée de Druon, a été sa maîtresse puis, comme il l'a lui-même confié, « une fois la passion physique éteinte », est devenue une compagne délicieuse. Ce « tendre attachement » entre Jeannette et son neveu éveille chez Kessel, peu porté pourtant à envier quoi que ce soit à quiconque et moins encore à « Maurice » qu'il chérit depuis l'enfance, une pointe de jalousie.

Rivalité insurmontable entre deux hommes : le succès auprès de la femme convoitée. Kessel et Druon n'échappent pas à cette fatalité. D'autant que Kessel, qui a dévoré tant de superbes créatures, commence à vieillir. Le succès de Druon auprès des femmes, sa santé, sa vigueur peuvent lui porter ombrage.

Lui-même paraît s'être assagi et même fixé auprès d'une

seule femme. Même si Sonia, rue de Marignan, n'a pas encore disparu de l'horizon et le reçoit chez elle lors d'une visite hebdomadaire que rien ne saurait interrompre, sinon une guerre, il est devenu monogame. Michèle l'Irlandaise a eu raison de toutes ses amours. Elle l'accompagne partout y compris dans ses voyages les plus lointains (sauf en Palestine toutefois), et ne le lâche pas d'une semelle, ce qui est la meilleure façon de le surveiller et d'empêcher les tentatrices de l'approcher. Excessivement jalouse, elle lui fait des scènes dès qu'une menace pointe le bout de son nez, quitte à le houspiller sans raison, pour un simple regard accordé à une passante ou à la voisine de la table d'à côté. Michèle O'Brien est belle, elle est jeune mais elle a un défaut aux yeux des amis de Kessel : elle ne tient pas la boisson aussi bien que ses précédentes compagnes, Katia et Germaine, qui levaient le coude en cadence mais savaient ne pas tomber ivres mortes. Michèle met un point d'honneur à boire autant que Kessel, ce qui est une folie car l'organisme de Jef est celui d'un colosse. Elle se saoule régulièrement et, avant de perdre conscience, a le temps d'injurier la tablée, ses amis comme les gens qu'elle ne connaît pas et bien sûr, en tout premier, son mari. Elle n'hésite pas à le traiter de « youpin », de « vieux Juif », de « salaud », ou de « vieux salaud de Juif » selon Georges Walter qui a assisté à de nombreux débordements. Jef lui pardonne tout. Il la ramène à la maison avec des mots d'amour. Persuadé qu'elle boit à cause de lui, parce qu'il ne la rend pas heureuse, il a ajouté une croix de plus à la longue liste de ses culpabilités.

Druon n'aime pas Michèle O'Brien. Il ne l'a jamais aimée. Son antipathie s'est éveillée le premier jour où il l'a vue à Londres, dans l'appartement qu'il partageait alors avec son oncle. Il la considère comme la malédiction de Jef.

Cela m'a frappée en regardant l'émission télévisée où il est l'invité de Daniel Picouly[1]. Celui-ci, qui ne tourne pas longtemps autour du pot, interroge Druon sur les femmes de Kessel : « Alors, maintenant, dites-nous qui sont les femmes qui ont compté dans la vie de Kessel ? »

Druon cite Sandi, la première épouse, morte à trente ans de la tuberculose. Il cite Katia Gangardt, « la seule capable de mettre un peu d'ordre dans sa vie ». Et il cite Germaine Sablon, « la chanteuse célèbre, la première interprète du *Chant des partisans* ». Point final. Il ne mentionne pas celle qui fut pourtant pendant près de trente ans l'épouse de son oncle, la troisième officiellement, Michèle O'Brien Kessel. C'est tout dire.

Michèle le lui rend bien. Elle déteste ce neveu qu'elle trouve arrogant et prétentieux, ce neveu qui ne l'aime pas. Elle lui a trouvé un surnom à la mesure de sa vanité, « Imbu » !

Parfois, elle l'appelle « Imbuvable », ce qui – dira Georges Walter – est l'injure suprême donnée par quelqu'un qui aime la boisson. « Il [Druon] vouait à Michèle une haine absolue camouflée en commisération pour sa victime, à savoir son mari », affirme le journaliste dans une prise de position définitive et sans nuances[2].

L'antipathie de l'épouse et du neveu, par trop sensible, empoisonne l'atmosphère familiale, rend impossible de trop longs séjours en commun ou, comme du temps de Germaine Sablon à Agay et à Anthéor, une heureuse cohabitation. Dès le moment où Jef et « Mike » forment un couple uni à la vie à la mort, les

1. *Café Picouly*, 2006.

2. Georges Walter, *Le Livre interdit*, Le Cherche-Midi, 2016, p. 113 du chapitre 10 dont le titre donne le ton : « Comment Imbu observa de loin ces événements et pourquoi l'auteur l'a détutoyé. »

relations de l'oncle et du neveu s'espacent. Le chaleureux climat est gâché.

Il serait faux et même injuste de dire que les deux hommes ne comptent plus autant l'un pour l'autre. L'affection est toujours présente. La confiance, l'admiration aussi. Aucun des deux ne brisera le lien indéfectible, ni ne voudra desserrer ce lien – un des plus solides qui se puissent voir entre deux écrivains.

Simplement, ils se voient moins. Ils cessent de travailler l'un pour l'autre ou l'un près de l'autre. Leur dernière œuvre commune est une adaptation du *Coup de grâce*, un roman de Kessel datant de 1931, qui devient vingt ans plus tard sous leur double signature, un mélodrame en trois actes et à quatre mains. L'histoire d'une amitié forte entre deux hommes – deux soldats –, le sergent Bibard et le commandant Féroud, qui se déchirent pour les beaux yeux de Violette, une petite prostituée libanaise. L'action se passe à Beyrouth, dans un Liban qui est alors sous mandat français ; quant aux personnages ils sont aisément identifiables : Bibard, avec son charme sauvage, est un Kessel bis, Féroud un modèle de conseiller occulte où Druon a mis beaucoup de lui-même et notamment son goût pour la politique. *Le Coup de grâce* sera créé au Théâtre du Gymnase, le 9 septembre 1953. Avec Paul Meurisse et Jean Wall, dans les rôles principaux. Après quoi, plus aucun roman, plus aucune pièce de théâtre, ne portera leurs deux noms côte à côte.

Surtout, leurs amis ne sont plus les mêmes. Un fossé sépare leurs mondes. Druon évolue dans les cercles mondains, fréquente les duchesses et les marquises, les industriels milliardaires, les académiciens. Kessel a beau vieillir, et même si les patrons de journaux, les grands journalistes, les photographes de renom sont à ajouter à la liste, il préfère toujours autant la compagnie des mauvais garçons, des voyous, des buveurs, des vagabonds, celle des enfants perdus, dont son œuvre est truffée.

20

Une usine à rois de France

Maurice Druon a beau mener la *dolce vita*, il a une grande puissance de travail. Quand il s'y met, sans renoncer à ses plaisirs et en tirant sur de gros cigares, tout en flattant son fidèle labrador blond dont la tête vient se poser sur sa cuisse, il devient une véritable machine de guerre. Pendant cinq ans, avant même d'avoir achevé la saga des *Grandes Familles*, il nourrit l'idée d'un second roman-fleuve, qui prendra lui aussi sa source dans l'Histoire, mais remontera beaucoup plus loin dans le temps, à la fin du Moyen Âge, quand la France en était encore à établir ses fondements. Il en a trouvé le titre en rêvant sur ses futurs personnages : *Les Rois maudits*.

Le Moyen Âge le passionne, comme l'a passionné la saga des deux cents familles sous la IIIe République, cette « féodalité financière » selon Édouard Daladier, dont il a décrit l'omnipotence, le cynisme et la décadence à travers des portraits au vitriol des Schoudler et autres La Monnerie. Il va maintenant plonger dans une époque dont il n'est pas spécialiste, et l'explorer avec la plus grande attention, car le roman doit de son point de vue coller à la vérité historique, ne se permettre aucun écart avec elle, aucune fantaisie dans la reconstitution. C'est la règle qu'il s'est fixée pour « permettre l'exercice de l'imagination sans s'écarter du réel[1] » : tout dans cette fiction sera vrai ou devra le paraître. Sans en mesurer encore les profondeurs, il sait en abordant à la cour des derniers Capétiens et surtout des Valois qu'il va découvrir des figures magnifiques, hautes en couleur comme il les aime, des hommes à poigne et à vastes desseins, un univers aux dimensions d'une cathédrale. Il s'en réjouit par avance, en savoure en amateur les soleils incendiaires et les ténèbres prometteuses. Un parfum envoûtant qui mêle l'encens et les poisons païens, le sang, le sexe et la vermine, lui chatouille les narines, excitant son désir d'écrire.

Il pense au début tirer de son exploration dix-huit volumes qui prendront leur essor à partir de 1314, date de la fin du règne de Philippe le Bel, et auraient dû courir jusqu'à la mort d'Henri IV, en 1610. Il arrêtera la saga bien avant, à la veille de la guerre de Cent Ans et au bout de six tomes, mais si fournis en péripéties et en personnages que le lecteur se verra abreuvé d'aventures jusqu'au vertige. Dès le départ, il se sent une sympathie pour Philippe le Bel, « prince calme et cruel, homme de très haute taille, aux yeux immenses et pâles qui ne cillaient jamais » – un roi auquel la France doit beaucoup. Elle lui est, selon lui, redevable « de la liberté du territoire, de l'unité de la loi et de l'autorité de l'État ». Tout grand roman ne peut négliger l'enjeu politique ou géopolitique du moment : le Moyen Âge n'est peut-être qu'un miroir de nos passions et de nos erreurs, de nos grandeurs et de nos fautes.

Mais fi des idées générales (« fi » est bien dans son langage), son livre célébrera le triomphe du romanesque. Il a l'idée de l'ouvrir sur le plus long et le plus cruel procès de l'Histoire, celui que

1. Préface à la première édition des *Rois maudits*, Éditions mondiales, 1955.

Philippe le Bel intenta à l'ordre du Temple, alors tout-puissant, et richissime, un État dans l'État. Ce procès, où « toutes les infamies furent perpétrées[1] », dura sept ans, pesa sur près de quinze mille inculpés et s'acheva sur un bûcher de l'île de la Cité où périt dans les flammes le Grand Maître de l'ordre, Jacques de Molay. Le condamné aura la force, au cours de son supplice, de lancer à ses bourreaux et à ses juges son ultime malédiction. Ces bourreaux, ces juges qu'il désigne par leur nom ne sont autres que le pape Clément V, le roi de France Philippe IV le Bel, et le principal conseiller de celui-ci, Guillaume de Nogaret. « Pape Clément!... Chevalier Guillaume!... Roi Philippe!... Avant un an, je vous cite à paraître au tribunal de Dieu. Maudits, soyez tous maudits, hurle-t-il alors qu'il rôtit dans les flammes, maudits jusqu'à la treizième génération de vos races! »

Le ton général de la saga est donné. Sombre, cruelle, tourmentée, épique, elle va convoquer dans ses pages les plus éminents personnages du XIVe siècle, ceux qui ont « fait » l'Histoire. Ils seront mêlés à d'autres, ceux-là inventés mais qui devront paraître aussi vrais que les vrais, pour que le lecteur, dans l'incapacité de démêler la fiction de la réalité, soit emporté dans la fresque et s'imagine en faire partie, galopant à bride abattue dans le décor baroque des *Rois maudits*.

Il imagine déjà la galerie de portraits extraordinaires qu'il va pouvoir camper. Il voit de preux conseillers, connétables et chambellans, s'agiter autour du roi : outre Nogaret, le plus redoutable et le plus froid, « fanatique du bien public et de la raison d'État », Enguerrand de Marigny, tout-puissant ministre qui passait pour avoir « la parole la plus habile du royaume », ou le fidèle Hugues de Bouville, grand chambellan, dévoué et

1. Maurice Druon, préface à l'édition Plon/Del Duca des *Rois Maudits*, en 1965.

soucieux de plaire mais « dont la pensée n'était pas tournée à l'initiative », voilà de nobles gens qui font passer leurs intérêts avant celui du royaume en se livrant à des luttes intestines, une misérable guerre de clans. Les successeurs de Philippe ne sont pas quant à eux reluisants : Louis le Hutin (« le Disputeur, le Confus, Louis la Brouille ») a le regard fuyant, les cheveux sans lustre et de maigres épaules, comme tous les êtres faibles il se montre féroce à mauvais escient ; les deux autres fils, les futurs Philippe V et Charles IV, sont falots et inquiétants à force d'insignifiance. Il y a bien une fille, Isabelle, mariée au roi Édouard II d'Angleterre, et qui souffre d'être mal aimée – un bon point pour la fiction, cette reine malheureuse.

En contrepoint du monarque, de ses descendants et de sa cour, Druon conçoit un sombre héros, tel qu'il les affectionne, aussi brutal que jouisseur et fin stratège, passé maître ès intrigues-et-complots. Ce sera un géant, « aux cuisses comme des troncs de chêne, aux poings comme des masses d'armes », et il sera chaussé de bottes rouges, taillées dans un cuir cordouan : Robert d'Artois. Pour l'accompagner dans les méandres abondants de la narration, l'auteur a l'intention de faire une large et belle part aux femmes, elles seront toutes des indomptables, ou alors de petites martyres délicieuses : reines et souillons, catins et magiciennes, nourrices et dames d'honneur, il va s'offrir un éventail, une palette de corps splendides, à dévêtir et à prendre, il partagera leurs révoltes et leurs soumissions. Et puis, et puis, il lui faudra affronter Mahaut, la tante de Robert d'Artois, qui dispute âprement l'héritage de sa province à son neveu et se montre sa plus dangereuse rivale : Mahaut, « perdue de crimes et de poisons, une véritable nature de criminelle », celle-là même qui a servi au roi de France des belles-filles indignes, Marguerite, Blanche et Jeanne, coupables d'avoir mis des cornes aux fronts de ses trois fils.

Les bourgeois, cette force montante, Druon ne devra pas oublier d'en farcir sa saga parce que l'argent est déjà au Moyen Âge le maître du monde, mais ils n'auront pas de rôle de premier plan. Il y convoquera plutôt un banquier lombard « car on appelait Lombards, indistinctement, tous les banquiers ou marchands originaires d'Italie », un faux Lombard en vérité puisqu'il le fait naître à Sienne en Toscane, mais c'est le plus intelligent et retors de l'espèce redoutable des banquiers, il le nommera Spinello Tolomei. Et pourquoi pas affubler cette sorte d'ancêtre de la dynastie Schoudler d'un neveu ? Ce sera Guccio, un jeune homme intrépide et cœur d'artichaut, que Tolomei regarde comme s'il était son fils. Une relation dont Maurice Druon peut apprécier les bienfaits. Tolomei envoie Guccio négocier à sa place en Italie et en Flandres, une manière qu'a son oncle de le former à l'école de la vie.

Enfin, bien sûr, et même en premier lieu, sur le devant d'une scène embouteillée de comparses étonnants, de types secondaires pittoresques, sur laquelle la cour étend son ombre dorée et sanglante, il y aura la foule anonyme des gens du peuple : boulangers, bouchers, forgerons, marchands de fruits, etc., se côtoieront dans l'entrelacs des vieilles rues de Paris, le long de la Seine où la nuit les assassins déversent les cadavres. On ne se contentera pas du décor de la déjà grande ville. On ira chercher en province, ici ou là, comme à Neauphle-le-Château, des échappées non moins colorées pour une intrigue dont l'essentiel pourtant se joue dans la capitale. Le jacobinisme sévit déjà, avant de naître, avec la nette volonté qu'a Philippe le Bel de centraliser le pouvoir et l'administration.

Quant aux hommes d'Église, à ne pas négliger, car ils eurent souvent le maître mot dans une France chrétienne dont le souverain tient son trône de Dieu, ils serviront eux aussi la fiction suivant tous les degrés de la piété, de l'ambition et de la majesté. Moines et cardinaux, évêques corrompus, curés crevant de faim, il lui faudra un pape ou deux, mais savez-vous qui a régné sur l'église de Rome après Clément V?... Comme au théâtre, où le choix des acteurs est essentiel, Druon envisage avec gourmandise la distribution des rôles.

Ce grand roman, tout entier à venir, il en élabore la structure, il en voit en songe les couleurs, aussi vivaces que les vitraux incendiés de soleil d'une église italienne, il en pressent le rythme tour à tour ample et saccadé, comme un cheval emporte son cavalier pour un très long voyage.

Pour les *Grandes Familles*, il a travaillé seul. Il a été son propre documentaliste, son archiviste en chef, son secrétaire particulier. Mais là il cale devant la montagne de documents à consulter, d'archives à exhumer, de notes à accumuler. Il ne va quand même pas sacrifier au bas mot dix ou vingt ans de sa vie à un livre, fût-il un chef-d'œuvre! Maurice Druon est à l'opposé d'un moine bénédictin, un trop bon vivant pour finir ses jours dans une bibliothèque, étouffé sous la poussière des vieux grimoires. Il est sûr de son fait : il lui faut une équipe. Des gens compétents, qui mèneront l'enquête à sa place, mais sur ses indications, et qui lui établiront des fiches : chronologie, édits et traités, arbres généalogiques, plans de Paris avec l'emplacement des principaux monuments déjà construits incluant le gibet et les prisons, etc., il lui faut regrouper les informations, amasser les connaissances. Qui, entre autres soucis, composa la cour des Valois? Les épouses et maîtresses, les héritiers, les principaux conseillers, les médecins, le frère du roi, ce monseigneur de Valois qui est un boulet pour le monarque, il veut une fiche pour chacun, en plus du tableau d'ensemble. Mais ce n'est pas tout. Il veut qu'on le renseigne sur le mode de vie des gens, celle des mariniers sur la Seine ou des maraîchers sous les fortifications, des marchands de poulets, des soldats du roi, des bourreaux investis de la charge de torturer ou de couper les têtes, il veut tout savoir. Quid de la monnaie, de l'habitat, des coutumes, des costumes ? Il exige des détails, beaucoup de détails, un roman s'écrit avec des détails. Que portaient les femmes de cour sous leurs robes d'hermine, des jupons, des culottes, des jarretières, ou étaient-elles nues ? Combien de chambres y avait-il au Louvre ? Où battait-on monnaie ? Que servait-on à la table des seigneurs ? Que mangeaient les bourgeois, les domestiques, les gens du peuple ? Quelle était la durée d'un voyage jusqu'en Bourgogne, à cheval ou dans un coche ? Et faisait-on l'amour comme aujourd'hui ?... Tant de questions préalables se posent qu'il faut résoudre avant de se lancer. Oui, décidément, c'est trop lourd, trop vaste pour un seul homme, il lui faut recourir à des aides.

Maurice Druon va donc créer son propre atelier : l'« atelier Maurice Druon ». Il l'a ainsi baptisé avant même de le constituer. Deux prestigieux prédécesseurs lui indiquaient la voie à suivre. Alexandre Dumas, le tout premier, n'eut-il pas de célèbres « nègres », nom donné à ceux qu'on préfère aujourd'hui appeler « collaborateurs », « assistants » ou *ghost-writers* : Auguste Maquet et Gaspard de Cherville ont servi le maître pour les *Trois Mousquetaires* et quelques autres romans. Willy, en seconde main, de son vrai nom Henry Gauthier-Villars, confiait à Colette mais aussi à Paul-Jean Toulet et à Jean de Tinan, à Tristan Bernard, Lugné-Poe, Curnonsky, Francis Carco, liste non exhaustive, le soin d'écrire ses livres, au point que Jules Renard s'en amuse dans son *Journal* : « Willy *ont* beaucoup de talent. » Tout comme Dumas, Willy donnait l'idée de départ, concevait le plan et les chapitres, dictait les personnages, puis réécrivait les pages qu'il recueillait au final. Ce travail collectif se faisait sur l'idée et la propulsion d'un seul patron. Maurice Druon ne se revendique pourtant ni de l'un ni de l'autre. Jupitérien, dans l'ordre solaire il n'a qu'un seul modèle : Michel-Ange en personne ! L'artiste phare de la Renaissance avait en effet recours à des peintres, restés anonymes, qui non seulement préparaient ses grands supports, murs ou plafonds d'églises et de palais, mais peignaient eux-mêmes sous l'autorité du Maître une partie, plus ou moins étendue, de ses ambitieux sujets. Le Maître se réservait la conception d'ensemble, le choix des couleurs et la peinture des figures de premier plan. Idem pour la sculpture, une tradition reprise jusqu'à Auguste Rodin.

Maurice Druon sera le Michel-Ange du roman : un chef d'atelier, un maître d'œuvre. Il en tire un orgueil, non pas du tout une gêne.

Son ami l'écrivain Alain Decaux, quoique avec humour, ne s'y est pas trompé : « Au fond, comme pour les peintres de la Renaissance, il fallait qu'on te prépare les fresques ! »

À la première édition des *Rois maudits*, l'auteur remercie ses collaborateurs et dans une déclaration liminaire, en caractères parfaitement lisibles, il cite leur nom en clair. Loin de les pousser sous le tapis avec la poussière, il se fera photographier parmi eux. Il en emmènera quatre à France Culture répondre aux questions que leur pose le journaliste curieux de savoir jusqu'où ils ont collaboré au roman. Autrement dit, il assume pleinement sa démarche. Il est fier d'y avoir eu recours.

Honneur donc aux *ghost-writers*. Ils sont six pour le premier tome. Car l'atelier est d'envergure : Druon a du travail pour tous – et pour toutes, des femmes sont du nombre. Je les citerai à mon tour, dans l'ordre non alphabétique où ils apparaissent, selon la hiérarchie mystérieuse qui a présidé aux remerciements de Maurice Druon. « J'exprime ma vive reconnaissance à mes collaborateurs [...] pour l'assistance précieuse qu'ils m'ont donnée pendant l'élaboration de ce roman. »

Ces techniciens, ces ouvriers de la saga, il les a choisis autant pour leurs compétences que par fidélité et le plus souvent, comme l'écrit si justement Philippe Lançon, « à l'affect[1] ».

Honneur à Pierre de Lacretelle, soixante-neuf ans, le doyen de l'équipe. Historien, auteur de livres sur Lamartine et Madame de Staël ainsi que d'une *Vie privée de Racine*, il a quelques soucis d'argent à cause du jeu. Le salaire que lui offre Druon sera le bienvenu. C'est le frère cadet de l'académicien Jacques de Lacretelle. Un vieux dandy qui « chuinte entre ses chicots[2] ». Druon ne saurait se passer de quelque rapprochement possible avec l'Académie, fût-ce par un parent.

Georges Kessel : à quarante et un ans, le frère de Jef n'est toujours pas assagi. Sans profession déclarée, journaliste par intermittence, marié et remarié trois fois, lui aussi perclus de dettes qu'il rembourse grâce à l'aide financière de son frère, il voit dans les *Rois maudits* une belle occasion de se refaire, comme on dit au casino. Druon rend service à Jef en venant ainsi au secours de Georges, qui traverse une mauvaise passe.

Christiane Grémillon, une jeunette née en 1920, vient tout juste d'épouser le cinéaste Jean Grémillon, et de créer avec lui une maison de production, « Les Films du Dauphin », destinée à produire essentiellement les futures œuvres de son mari. *Gueule d'amour*, *Lumière d'été*, *Le ciel est à vous*, *L'Étrange Monsieur Victor*, malgré la présence de Gabin, de Raimu, de Pierre Blanchar ou de

1. Philippe Lançon, « Aux origines des *Rois maudits* », *Libération*, 30 et 31 juillet 2022.

2. Selon Matthieu Galey, *Journal intégral 1953-1986*, préface de Jean-Luc Barré, Bouquins/Robert Laffont, 2017, p. 132.

Madeleine Renaud – l'actrice fétiche de Grémillon –, ses courts ou longs métrages les plus connus, n'ont eu en effet qu'un public de *happy few*. Trop subtils et sensibles, trop musicaux, peut-être. Allons, allons, pour *Les Rois maudits*, donnez-moi des cuivres et de la fanfare, à réveiller les morts !

Le suivant, Gilbert Sigaux, né la même année que Druon, est un romancier de l'écurie Julliard. Il a reçu le prix Interallié en 1949 pour *Les Chiens enragés*. Lecteur érudit et boulimique, c'est une excellente recrue. Il adore faire des recherches en bibliothèque, ce qui tombe on ne peut mieux.

Enfin, José-André Lacour, autre poulain de René Julliard, de la génération Druon – tout juste un an de moins. On travaillera en famille. Ce Belge francophone a la manie des pseudonymes, si nombreux qu'on ne s'y retrouve pas[1]. Son goût de brouiller les pistes lui permettra de mieux saisir les esprits tortueux ou machiavéliques de nombre de personnages des *Rois maudits*. Mieux encore, il a une prédilection pour le théâtre, pour lequel il écrit. Or, *Les Rois maudits* seront un roman mis en scène : décor, costumes, intrigues, rebondissements, dialogues incisifs et rapides, tout relèvera du théâtre dans cette œuvre romanesque. C'est un bon point pour l'auteur du *Châtiment des victimes* (1949) et de *La Mort en ce jardin* qui paraît l'année même de son entrée dans l'« Atelier ». Cet excellent polar sera porté à l'écran par Luis Buñuel en 1956, sur un scénario et des dialogues d'un certain Luis Alcoriza qui n'est autre que... José-André Lacour.

Un sixième nom apparaît au « générique » du roman, entre ceux de Christiane Grémillon et de Gilbert Sigaux, celui de Madeleine Marignac. Je reviendrai plus tard vers elle.

1. Benjamin Rochefort, Connie O'Hara, Sarah Lee, Marc Avril, Christopher Stork... sont quelques-uns des pseudonymes de José-André Lacour.

Aussi diverse et éclectique qu'originale, la fine équipe se met au travail. Chacun effectue des recherches assidues à la Bibliothèque nationale, à la Mazarine, aux Archives nationales, avant de rapporter notes et fiches au maître d'œuvre, qui les attend chez lui, plein d'impatience. La consigne est la suivante : respecter au plus près la vérité historique. Mais ne pas ligoter pour autant son imagination. On est dans le roman, que diable ! On n'est pas sûr que Jacques de Molay ait parlé sur le bûcher ? Tant pis... La scène est trop belle. Il faut pouvoir se permettre quelques libertés de parcours. Des historiens professionnels feront plus tard leur manne de ces libertés prises avec la grande Histoire : des thèses et même un livre destiné au grand public leur seront consacrés[1].

L'embauche des collaborateurs a un coût. Druon veut négocier leurs contrats, en plus du sien, et obtenir pour chacun d'eux une large rémunération. Or, plein de son sujet, il a beau présenter son projet médiéval avec fermeté et conviction, les éditeurs se montrent réservés, sinon très froids. Le Moyen Âge ? Ce n'est pas une époque qui plaît aux lecteurs d'aujourd'hui. Les six tomes (Druon en présentait dix-huit !) ? C'est beaucoup trop long, dès le deuxième volume, les ventes s'affaiblissent, l'intérêt se dilue au rythme des productions, en bref il n'y a plus personne pour lire la fin de l'histoire. Quant au budget nécessaire à l'écriture du livre – ces collaborateurs dont les mensualités vont gonfler les droits d'auteur qu'exige un récent Prix Goncourt –, il est d'emblée prohibitif. Druon se heurte à des « non » à répétition, dont celui de son propre éditeur, consulté le premier, René Julliard. D'ordinaire téméraire, Julliard est sûr que le livre, trop vaste et

1. Éric Le Nabour, *Les Rois maudits, l'enquête historique*, préface de Colette Beaune, Perrin, 2005.

trop coûteux, trop fou, est voué à l'échec. Son auteur est en train de se fourvoyer dans une galère.

Mais Druon n'est pas du genre à renoncer. Son projet n'est pas fou mais ambitieux, car rien n'est jamais trop cher pour qui aime dans la vie le meilleur. Il finit par dénicher un éditeur prêt à prendre avec lui tous les risques. Ce sera Pacifico, dit Cino, Del Duca. Un autodidacte italien, originaire de Montedinove, dans les Marches, où il est né en 1899, et qui s'est affirmé dès les années cinquante comme un magnat de la presse, tant en France qu'en Italie. On le surnomme « le Napoléon de la presse du cœur », car il a fait fortune en publiant des romans à l'eau de rose qui se vendent comme des petits pains dans les gares, mais aussi des magazines imprimés sur mauvais papier mais dont le tirage vaut de l'or, tel *Nous Deux magazine*, son fleuron, créé en 1946, enfin des illustrés pour enfants, dont le fameux *Tarzan*, qui ont eux aussi des centaines de milliers de lecteurs. Propriétaire de librairies, de quatre imprimeries, d'une maison de films, en plus des Éditions mondiales où paraissent les romans qu'il publie, il aurait pu figurer dans les *Grandes Familles* en y apportant son sang neuf.

Autant Gallimard, chez lequel Kessel publie ou plutôt republie ses livres depuis *Le Tour du malheur*, représente l'aristocratie de l'édition, avec ses couvertures blanches siglées NRF, si parfaitement élégantes et sobres, sacralisées par les Gide, les Malraux, les Paulhan, auteurs maison, garants d'une haute Littérature, autant Cino Del Duca incarne le livre à bon marché, populaire, aguicheur, un brin vulgaire, les gros succès liés à l'argent, aux produits de masse – tout ce qui chez Gallimard relève du mauvais goût et surtout de la mauvaise littérature, celle qu'on écrit sans majuscule.

De la part de Druon, qui avec son étiquette Julliard relevait de la première catégorie – celle des aristocrates qui a toujours eu sa prédilection –, le choix n'allait pas de soi. Mais la personnalité de Cino Del Duca, généreuse jusqu'à la prodigalité, son parcours flamboyant, ses deux croix de guerre l'ont emporté sur tous les Gallimard et tous les Julliard de la terre. Une amitié durable et forte va sceller leur entente, au-delà du magnifique contrat d'édition.

Personnage d'un roman qui reste à écrire, Cino Del Duca fut tailleur, télégraphiste, employé des chemins de fer italiens dans sa jeunesse, avant de vendre avec ses frères, Domenico et Alceo, des romans-feuilletons au porte-à-porte pour le compte de l'éditeur milanais Lotario Vecchi, qui a été le premier à publier des bandes dessinées. Militant socialiste, syndicaliste, antimussolinien, Del Duca est devenu richissime sans perdre son humanité. C'est une sorte de Parrain qui travaille en famille avec ses frères et prend soin de tous ceux qu'il emploie, des journalistes aux protes en passant par les secrétaires, à la manière d'un père de famille, à la fois bienveillant et sévère. Ses complets gris impeccables, ses grosses lunettes rondes cerclées d'écaille, quoique peu connus du grand public, ce qui peut étonner, se repèrent désormais dans les cercles parisiens huppés. Avec sa jeune épouse Simone, née Nirouet, qu'il a épousée en 1947, il mène grand train, et cela aussi compte aux yeux de Druon, lequel n'a jamais aimé les mesquins.

Grâce à Cino Del Duca, l'écriture des *Rois maudits* est assurée. Voici ce qu'en dit dans son *Journal* le jeune Matthieu Galey, qui aspire à être écrivain mais ne l'est pas encore, et se verra bientôt promu comme l'un des « collaborateurs » officiels de l'auteur, mais pour un autre livre à venir. C'est à la date du 6 mai 1955, peu de temps avant la parution du premier volume de la saga, et c'est un tout petit peu ironique : « Maurice Druon. Superbe, solaire, heureux, et portant beau. À trente-sept ans, voici un homme qui a su tirer profit de sa timbale Goncourt. Un contrat mirifique lui assure huit cent mille francs par mois, contre un certain nombre de feuilletons historiques annuels. Il fait travailler trois nègres, deux secrétaires et un valet de chambre : c'est un bienfaiteur de l'humanité. »

La parution des six volumes va se faire sur le rythme régulier, constant, du feuilleton historique, à raison d'un voire de deux volumes par an. Les deux premiers, *Le Roi de fer* et *La Reine étranglée*, paraissent en 1955 ; le tome III, *Les Poisons de la Couronne*, en 1956 ; le IV, *La Loi des mâles*, en 1957. *La Louve de France* – tome V – s'accorde un délai supplémentaire et paraît en 1959. Le VI, *Le Lis et le Lion*, voit le jour en 1960. En cinq ans, la saga est bouclée.

Un septième et ultime volume paraîtra dix-sept ans plus tard, comme une conclusion ou plutôt, dans le vocabulaire de l'auteur, comme une apothéose. Druon l'aura écrit seul, ce septième volume, avec l'aide réduite d'un documentaliste qu'il remercie lui aussi, dans un texte liminaire, plus discret que ses remerciements précédents – Jacques Suffel, un spécialiste de la littérature du XIXe siècle, auteur d'essais sur Flaubert et Anatole France. *Quand un roi perd la France* tout entier écrit par un narrateur fictif, soi-disant ami de Pétrarque, mais si proche de Druon qu'on croit l'entendre, est à mes yeux une sorte de testament de l'auteur, apaisé, comblé par le travail accompli et qui tire les leçons de l'Histoire.

Les historiens sceptiques sur sa méthode auront beau jeu de relever les anachronismes[1], en soulignant « les faux airs » de Philippe le Bel avec Charles de Gaulle, ou en reprochant à Druon d'opérer un parallèle trop facile entre l'époque médiévale et celle

1. *Ibid.*

des « deux cents familles », la saga tient la route pour le plus grand bonheur des lecteurs.

Entre-temps, il aura associé la Librairie Plon aux Éditions mondiales de Del Duca de sorte que l'édition de 1965 porte cette estampille originale : « Atelier littéraire Maurice Druon, Librairie Plon et Éditions mondiales ». Maurice Druon, qui prend désormais sa part dans les recettes de l'édition de son livre, aura revu par la même occasion, et en personne, l'écriture de la saga. « L'édifice me paraît avoir été bien bâti et selon de convenables proportions, s'en explique-t-il dans sa nouvelle préface. Mais les joints et le crépi en étaient hâtifs ; je les ai refaits. »

Quelles qu'en soient les modalités, *Les Rois maudits* remportent un succès phénoménal. C'est le *best-seller* des *best-sellers*. Il s'en vend des millions d'exemplaires. Les éditions successives se multiplient. René Julliard se console avec *Bonjour tristesse* (1954), le premier roman d'une Françoise Sagan qui n'a pas vingt ans et fait déjà exploser le box-office. Et Gallimard, solide sur ses bases, peut compter sur les excellents tirages, en sus du prestige, de Jacques Prévert ou d'Eugène Ionesco notamment.

Phénomène rare, le succès critique accompagne le triomphe des ventes. Les fins lecteurs, les plus snobs des critiques se sont laissé prendre au charme des *Rois maudits*. Bernard Frank dans *L'Observateur*, journal de gauche né en 1950 dont il est le principal chroniqueur littéraire, reconnaît que « *Les Rois maudits*, c'est quand même très amusant ! », tandis que François Mauriac ose dans les colonnes de *L'Express*, qu'il a rejoint en 1954, une comparaison stylistique entre Druon et Julien Gracq, écrivain chéri de l'intelligentsia. Gracq a refusé le prix Goncourt en 1951 pour son *Rivage des Syrtes*. La presse est à peu près unanime à féliciter Druon. Il y aura bien quelques réserves, de la part d'historiens professionnels ou de quelques lecteurs férus d'histoire, auxquels n'a pas échappé que Guillaume de Nogaret, le garde des Sceaux de Philippe le Bel, est mort depuis un an déjà quand, dans Druon, Jacques de Molay, le Grand Maître de l'ordre du Temple, cite son nom parmi ceux qu'il maudit du haut de son bûcher. La Sorbonne renâcle. Elle remâche sa rancœur. Il lui faudra du temps pour s'exprimer. Jean Favier, médiéviste réputé, qu'ont irrité les « innombrables clichés » et la manière selon lui caricaturale de présenter roi, princes et conseillers, se décide à écrire un *Philippe le Bel* pour remettre les pendules à l'heure et se démarquer de la légende du roi de Fer[1]. Il aura attendu la parution du tome VII, pour le publier.

Au-delà des querelles érudites, si justifiées soient-elles, il me semble que *Les Rois maudits* demeurent un très bon roman, et même un très grand livre. On ne peut pas s'étonner que le public ait suivi avec passion les aventures de ces Atrides français, magnifiquement mis en scène et restitués, aussi vivants et pleins de chair qu'au siècle de la Grande Peste. Ni que le livre ait eu un destin aussi exceptionnel, traversant les années – soixante, soixante-dix, quatre-vingt, quatre-vingt-dix, deux mille... –, jusqu'à toucher même George R. R. Martin, l'écrivain, producteur et réalisateur américain, qui s'en inspirera pour écrire la fameuse série *Game of Thrones*.

Il y a dans *Les Rois maudits*, qu'on ne saurait réduire à un travail d'équipe, une véritable écriture, celle de l'écrivain qui y a apposé son sceau. Entre tous ses pairs, on reconnaît Druon à la plume : par son brio et son rythme à l'amble, par son sens des formules, son goût pour les détails et les couleurs, mais aussi, mais surtout par un style sobre, très français – concis, élégant, efficace, auquel il apporte une touche de kitsch, un relief pittoresque.

1. Jean Favier, *Philippe le Bel*, Fayard, 1978.

Qui d'autre aurait pu inventer des phrases comme celle-ci, à propos de Philippe le Bel, dans le premier volume : « Sous son règne, la France était grande et les Français malheureux. » Ou celle-là dans le tout dernier, à propos des trois plus grands rois que la France ait connus (selon lui, Philippe Auguste, Saint Louis et Philippe le Bel) : « Chacun eut à avaler l'amer breuvage de l'impopularité. » Du Druon pur jus.

Matthieu Galey, toujours fiable quand il s'agit de décocher une flèche empoisonnée, présente l'écrivain parvenu au faîte de sa gloire et qui le reçoit chez lui, dans son nouvel appartement de la rue de Grenelle, sis en face de l'hôtel de Fürstenberg, dans le VIIe arrondissement. « Un valet en tenue m'accueille dans une antichambre désertique. "Qui dois-je annoncer ?" Du fond de l'appartement parvient la basse mélodieuse du maître. "Faites-le entrer dans le salon. J'arrive !" Le salon, tout aussi vaste, n'a pour mobilier qu'une longue table de bois sombre et une espèce de cathèdre de style, en simili-Renaissance. "C'était le siège de Pic de La Mirandole", me dit Maurice avec une feinte désinvolture. "Assieds-toi". Je pose un quart de fesse sur l'objet prétendument historique, et j'attends la représentation. Elle ne manque pas[1]. » Druon reçoit dix coups de téléphone, d'un journaliste anglais, d'un traducteur danois, d'une femme du monde italienne, et de Cino Del Duca, auprès duquel il s'informe des dernières ventes... Il vient de prendre la carrure et l'allure de l'écrivain qu'il restera sa vie durant : prodigue, fastueux, boulimique de vivre et d'écrire.

Dans les années soixante-dix, l'adaptation des *Rois maudits* pour la deuxième chaîne de la télévision[2] renforce son succès,

1. M. Galey, *Journal intégral*, *op. cit.*, p. 107.

2. La série de Claude Barma, adaptée des six premiers tomes de la saga, sera diffusée en six épisodes de 102 minutes, du 21 décembre 1972 au 24 janvier 1973.

accroît sa célébrité et relance considérablement ses ventes. Il se déclare « satisfait » de la mise en scène de Claude Barma, de l'adaptation de Marcel Jullian, et même de la musique de Georges Delerue. Le découpage du scénario, les dialogues largement puisés dans son roman, les décors, les costumes : il est absolument ravi du résultat. Quant aux comédiens, ils viennent presque tous de la Comédie-Française, l'ORTF n'a voulu pour lui que le meilleur : Georges Marchal joue Philippe le Bel, Louis Seigner Spinello Tolomei, Hélène Duc la redoutable Mahaut d'Artois, la blonde et douce Geneviève Casile est la reine Isabelle, et Jean Piat un Robert le Rouge qui conquiert tous les cœurs... La distribution est éblouissante, à la mesure du triomphe qui attend la série télévisée. Le soir des *Rois maudits*, la France entière est devant son écran.

Maurice Druon s'est tenu résolument à l'écart du tournage. Mais Claude Barma et son équipe sont venus recueillir ses avis, en amont. Une deuxième adaptation des *Rois maudits* sera réalisée plus de trente ans après, en 2005, par Josée Dayan[1] : avec Jeanne Moreau en Mahaut, Philippe Torreton en Robert d'Artois, la toute jeune Julie Gayet en reine Isabelle, Jean-Claude Brialy, Julie et Guillaume Depardieu, et même Gérard Depardieu en Grand Maître de l'ordre du Temple, vociférant au milieu des flammes... Plusieurs générations de spectateurs et de lecteurs supplémentaires se succèdent, telle une haie d'honneur, et font de Maurice Druon un auteur qu'on plébiscite encore à l'âge de quatre-vingt-sept ans !

À sa grande joie, loin d'être un succès confiné à l'Hexagone, *Les Rois maudits* dont les ventes se chiffrent en millions d'exemplaires

1. La série de Josée Dayan sera diffusée sur France 2, en cinq épisodes de 90 minutes, entre le 7 et le 28 novembre 2005.

s'exportent. Les traductions s'enchaînent, lui conférant une audience planétaire, en anglais, allemand, espagnol, italien, roumain, suédois, norvégien... et en russe. La Russie est le pays où *Les Rois maudits* connaissent la plus grande diffusion. Onze millions d'exemplaires vendus ! Maurice Druon y est d'un coup aussi célèbre que Victor Hugo !

Il apprendra un jour que Vladimir Poutine a fait la queue devant une librairie pour acheter un des tomes.

Voilà qui a de quoi déstabiliser encore davantage les rapports de l'oncle et du neveu. La Russie était jusque-là le domaine exclusif de Jef, son apanage. Par un secret accord, Maurice ne s'y aventurait pas. Va-t-il lui disputer maintenant ses cosaques zaporogues et ses chanteurs tziganes, en plus de lui voler des lecteurs ? À compter des *Rois maudits*, Kessel n'a plus la supériorité numérique au regard des ventes.

Comble de la faveur, aux yeux d'un Kessel qui fut jusque-là dans la famille le seul interlocuteur du général de Gaulle, Druon reçoit en avril 1958 une lettre du Général pour le féliciter : « Cher Monsieur, J'ai les quatre ouvrages d'histoire que vous m'avez adressés et aimablement dédicacés[1]. Laissez-moi vous dire que je les ai fort admirés. Ce que l'on fait au service de la France est naturellement dramatique et nos rois, qui sont vos héros, ont accompli des tragédies. Vous le montrez de manière saisissante. Mais vous faites voir aussi que l'État et le pays furent, au total, les bénéficiaires de tout, y compris des cruautés commises en leur nom. Je vous fais de ces quatre ouvrages mon bien sincère compliment[2]. » Dans un mois, le Grand Homme sera de retour aux

1. Les quatre premiers tomes des *Rois maudits*.

2. Charles de Gaulle, *Lettres, Notes et Carnets. 1942-mai 1958*, présentés par l'amiral Philippe de Gaulle et préfacés par Jean-Luc Barré, Bouquins/Robert Laffont, 2010, p. 1276.

commandes de l'État. De là à imaginer une communauté de destins entre le chef de la France libre et Philippe le Bel...

La balance entre Kessel et son neveu paraît dès lors en équilibre fragile, l'un des plateaux risque de verser en faveur du plus jeune, soudain en passe de peser plus lourd. Maurice Druon cumule en effet le poids du succès magnifique dont rêvent tous les écrivains, et celui, tout aussi enviable, de l'amour qui va si souvent de pair avec la gloire.

21

Le combat des muses

Maurice Druon est pris entre deux femmes – un scénario aussi banal au théâtre et dans le roman que dans la vie. Le nombre des maîtresses qui se partagent un même homme étant assez variable, toutes n'ont pas un statut de favorite, et quand bien même il y en aurait trois ou quatre ou davantage, deux seulement dans son cas émergent du lot.

La première, Edmonde, est une grande et mince jeune femme, au visage étroit et au menton pointu, qui dompte une crinière frisée et rebelle dans des chignons sévères. Ils lui tirent le visage en arrière, et lui donnent au premier abord l'air sévère d'une institutrice. D'autant qu'elle porte le plus souvent des lunettes et s'habille de la manière la plus stricte, avec des corsages boutonnés jusqu'à son long cou frêle. Elle a le port de tête altier. Quoiqu'elle ne soit pas belle, encore moins jolie, son grand front et ses yeux intelligents, où scintille une lueur d'émeraude, font qu'on la remarque. Dans ses tailleurs bourgeois, chaussée d'escarpins, un sac Chanel à l'épaule, elle a une élégance imparable. Ce « chic fou » qu'on n'apprend pas à l'école mais qui vous vient tout naturellement au berceau dans certaines familles et signale votre position bien au-dessus de la moyenne.

Ils se sont rencontrés en 1953, sans qu'on sache où, ni quel jour, ni dans quelles circonstances. Peut-être à un de ces dîners parisiens dont la jeune femme raffole ou bien à *Vogue* – à « Vaûgue », ainsi qu'elle prononce le nom du magazine où elle est entrée comme « grouillot » – c'est elle qui le dit[1] – juste après la guerre, après un bref passage à *Elle*. Elle en a vite franchi les échelons. Ses biographes les mieux renseignés n'ont pas éclairci le mystère de leur rencontre. Ce qui est sûr, en revanche, c'est que Maurice Druon et Edmonde Charles-Roux sont vite très liés. Tout Paris en parle et se réjouit de pouvoir cancaner sur ce couple officieux, aux couleurs contrastées. « Un couple de roman », dixit Matthieu Galey[2]. Lui, Druon, solaire, éclatant de santé et de vitalité – un magnifique spécimen de mâle. Elle, sombre et froide (en apparence), « frémissante et séductrice[3] », fragile aussi (en apparence) sur ses jambes de gazelle.

En 1953, elle a trente-trois ans, elle est née le 17 avril 1920, mais sa vie a été variée et tumultueuse. Son allure rangée, ses bonnes manières cachent une aventurière. Et une patriote, sur le modèle de Germaine Sablon. Elle a été infirmière-ambulancière volontaire pendant la guerre, au 11e régiment d'infanterie de la Légion étrangère. En 1940, elle a été blessée à Verdun en portant secours à un légionnaire et a été récompensée de la croix de guerre. Elle a la trempe d'une héroïne.

En 1944, après le débarquement en Provence, elle a suivi la Ire armée du général de Lattre en Alsace et aurait pu y croiser Druon, en mission d'information du côté de Molsheim, mais

1. Entretien avec Olivier Bellamy à « Passion Classique », Radio Classique, 7 juillet 2008 (émission enregistrée à Aix-en-Provence).

2. M. Galey, *Journal intégral*, *op. cit.*, p. 109.

3. *Ibid.*

l'heure n'avait pas encore sonné. Rattachée à la 5e division blindée en tant qu'assistante sociale divisionnaire, elle a accompagné le 1er régiment étranger de cavalerie (le 1er REC) et le régiment de marche de la Légion étrangère – le fameux RMLE. C'est des mains de son chef de corps au RMLE, le colonel Gaultier, qu'elle a reçu la distinction de « vivandière d'honneur ». En 1945, à vingt-cinq ans, elle a été décorée de la Légion d'honneur, à titre militaire.

Fille de l'ambassadeur François Charles-Roux, qui a été ministre de Pétain pendant quelques mois en 1940 avant de passer, croit-on, dans la Résistance, elle a eu une enfance itinérante, au rythme des postes successifs de son père qui fut ambassadeur à Prague, pendant sept ans, et à Rome en tant qu'ambassadeur près le Saint-Siège, pendant huit ans[1]. Elle a aimé ces villes de la vieille Europe, Prague passionnément, au point de dire un jour à un journaliste que la Tchécoslovaquie est pour elle une seconde patrie[2]. Sa sœur aînée, Cyprienne, une beauté, a épousé un prince Del Drago. Son frère Jean, au grand désespoir de ses parents qui rêvent pour leur unique fils d'une carrière dans la Carrière, se destine à la prêtrise. Elle-même est née à Neuilly-sur-Seine, avec trois semaines d'avance, ce qui l'a empêchée de venir au monde comme ses frère et sœur dans la somptueuse villa de ses parents, à Marseille : la villa Serena. Sa famille appartient à la haute bourgeoisie marseillaise, des industriels et des négociants ayant fait fortune dans la garance, l'huile et le savon. Les Charles-Roux ont tout ce qui plaît à Druon : un beau nom, de belles demeures, de la culture et des relations, un snobisme de bon aloi. Une fille

1. François Charles-Roux fut ambassadeur à Prague de 1926 à 1932 et près le Saint-Siège de 1932 à 1940.

2. Entretien avec Olivier Bellamy, déjà cité.

d'ambassadeur, tout de même... Il n'est pas sûr en revanche que la mère d'Edmonde, Sabine, née Gounelle, qui piaffe de marier sa petite dernière – son « laideron » ainsi qu'elle la surnomme – et se désole chaque fois que sa fille, toujours célibataire et qui a largement passé l'âge de sainte Catherine, éconduit l'un ou l'autre des prétendants qu'elle lui présente, soit de son côté charmée par ce Druon d'extraction inconnue, à la réussite on ne peut plus voyante, et qui porte à son annulaire une chevalière gravée d'on ne sait quel blason.

Edmonde habite au dernier étage de l'hôtel particulier familial, 7 bis rue des Saints-Pères. À trente ans, elle rentre tous les soirs chez ses parents, et passe par l'escalier de service quand elle veut éviter d'aller dire bonsoir à sa mère. Chez elle, on sert le vin dans des carafes de cristal, les rations sont chiches et les mets fades. On est un peu pingre chez les Charles-Roux et on n'y prise pas le tape-à-l'œil.

La jeune femme est mondaine, au point que Louise de Vilmorin ne l'appelle jamais autrement dans son dos que « Edmondaine ». Elle court les dîners en ville, les thés chez les duchesses et les cocktails littéraires. Mais elle n'est pas conventionnelle. Le collier de perles dont elle ne se sépare jamais n'est qu'un moyen de se faire passer pour la bourgeoise qu'elle n'est pas. D'un caractère indomptable, elle a plusieurs fois marqué sa volonté d'indépendance. À douze ans déjà, elle a imposé à ses parents, qui avaient embauché des répétitrices à demeure pour leurs filles, de faire des études sérieuses et pour cela d'être inscrite au lycée Chateaubriand – le lycée français de Rome. Elle y a été la seule de son sexe parmi les élèves, pendant plusieurs années. Alors que ses parents auraient préféré qu'elle se contente de cours de danse et de dessin, ou de piano, comme sa sœur aînée qui est une excellente musicienne, elle a passé brillamment son baccalauréat, à l'ahurissement général de sa famille, le premier bac, puis le second.

De retour imposé par son père à Marseille, dès la déclaration de guerre, mise en pension chez une grand-mère, qui a été assez vite débordée par la volonté de sa petite-fille, elle a choisi délibérément de ne fréquenter qu'une faune singulière, rassemblée au château Montredon autour de la comtesse Lily Pastré : des artistes, peintres et musiciens, à peu près tous juifs, ou en rupture de ban, des exilés, des réfugiés, des gens perdus et sans colliers, qui n'auraient pas eu l'heur de plaire à ses parents s'ils avaient découvert ses fréquentations. Nadia Pastré, la fille de Lily, est sa meilleure amie – elles ont été infirmières volontaires dans le même régiment en 1940. À Montredon, un concert se déroulait tous les soirs, pour les pensionnaires et quelques amis sûrs, car le pianiste, les violons étaient juifs.

André Masson, Pablo Casals, Serge Lifar, Clara Haskil, Christian Bérard, Samson François... « J'ai dix-huit ans et je ne vois qu'eux. Je n'ai aucun contact avec la bourgeoisie marseillaise. Je suis fascinée par tous ces gens. Je me construis, je rencontre mes vrais maîtres, tous ces gens m'ouvrent les portes d'un monde que je ne connais pas[1]. » Et la voilà à cacher ces fugitifs avec Nadia, à trouver des planques ou de faux papiers à ses amis musiciens tchèques, tel Bohuslav Martinu qu'elle vénère.

Intrépide, obstinée, tenace, elle aura été une magnifique infirmière, au service de la Légion. Mais sa croix de guerre, elle l'aura gagnée au prix de sa réputation. Dans la bourgeoisie de Marseille, on a beaucoup jasé à la Libération sur cette jeune fille qui a vécu parmi les soldats de la Légion étrangère. C'est tout juste si elle

1. Entretien avec Katherine Pancol pour *Paris Match*, août 2001.

n'est pas déshonorée, assimilée aux cantinières qui suivaient les troupes de Napoléon. Elle a dû quitter Marseille et gagner Paris, pour s'émanciper tout à fait. Sa mère, qui désapprouve un comportement trop peu conforme aux usages de son milieu, lui reproche d'être trop libre, trop instable, et de coucher avec des hommes qu'on ne voudrait pas recevoir chez soi. Tels Jean Genet, ou André Masson… et maintenant ce Druon de Reyniac, Prix Goncourt certes, écrivain fortuné certes, mais qui ne semble pas avoir la moindre intention d'épouser son Edmonde.

La première phrase du premier article d'Edmonde Charles-Roux pour « Vaûgue », qui lui a confié la rubrique « bals et vie mondaine », a scandalisé la rédactrice en chef : « La guerre n'est pas un apprentissage des bals » ! La débutante s'est vue sommée de prendre la mesure de son lectorat. On ne se moque pas des bals dans le magazine le plus chic, le plus snob de la planète ! La jeune journaliste ne s'est pas pour autant rangée de ses péchés mignons. L'art, incluant toutes ses catégories, la littérature et la peinture, la musique, mais aussi la photographie, a pour elle le plus grand des attraits. Elle-même n'est pas une artiste. Si ses articles pour *Vogue* ne manquent pas de relief, elle se définit pourtant comme « un écrivain du dimanche ». Elle doute de ses capacités. Mais dès qu'elle entend le mot art, ou le mot artiste, alors, ses yeux brillent et la lueur d'émeraude se fait plus intense. C'est dans ce monde qu'elle veut vivre. Ses meilleurs amis sont Louis Aragon et Elsa Triolet, le couple l'a prise sous son aile, ce qui achève d'exaspérer les Charles-Roux qui n'ont aucune sympathie pour ces « communistes ».

De tous les arts, la musique a sa préférence. On a toujours écouté de la musique et joué du piano chez les Charles-Roux. Edmonde, dans le sillage de Lily Pastré, a participé à la création du festival d'Aix-en-Provence dès 1948, et ne manquera jamais, au grand jamais, un concert de son cher festival. Confidence à Olivier Bellamy qui passe en revue ses goûts dans ce domaine : « De tous les instruments, celui que j'aime par-dessus tout, c'est la voix. La voix humaine. Le plus grand violon ne vaudra jamais une grande voix[1]. » Il est possible que la voix de Druon, une basse de tessiture claire et capable d'envolées dans les graves, ait été douce à son oreille. Il aurait excellé en Boris Godounov.

Edmonde Charles-Roux entre au générique des *Rois maudits* au tome III, « Les Poisons de la Couronne », et poursuit sa collaboration au tome suivant, « La Loi des mâles ». Les tomes V et VI se feront sans elle.

Dans les divers entretiens qu'elle donnera au cours de sa vie, elle affirmera que Mahaut d'Artois, l'un des plus puissants personnages de la saga, par sa dimension gargantuesque et ses frasques démoniaques, lui doit tout... Druon lui a confié Mahaut. Elle s'est attachée à cette femme de si fort caractère, autoritaire et orgueilleuse, elle a aimé développer ses traits, ajouter des complexités, des nœuds gordiens à son canevas. Mais Mahaut d'Artois était déjà là et fortement campée, bien avant le tome III. « Tout était grand chez cette femme, les traits, les membres, l'appétit, les colères... Avec l'énergie d'un homme de guerre et la ténacité d'un légiste, elle menait sa cour... frappant sans pitié l'ennemi découvert », ainsi apparaît-elle au cœur du premier tome. Mahaut n'a donc pas attendu qu'une collaboratrice impétueuse se mêle de lui concocter des aventures pour resplendir parmi les rôles, d'un éclat de fer en fusion.

Elle doit cependant à Edmonde une ampleur romanesque approfondie aux tomes III et IV, et l'ajout de cruautés obscènes

1. Entretien avec Olivier Bellamy, déjà cité.

consistant à tuer le roi Louis X, d'une dragée empoisonnée glissée dans sa coupe à gourmandises, et même dans la foulée l'enfant de ce gendre détesté. D'abord un peu pincée à l'idée de prendre quelque liberté avec l'Histoire, Edmonde a fini par se décontracter et par appliquer à la lettre la théorie de Druon, qu'il assène à ses collaborateurs : « Prends parti dans l'hypothèse ! »

La vérité historique, oui. L'exactitude, laissons cela à l'Université. « J'ai parfois un sursaut de sorbonnard devant les "libertés" de Maurice, écrit Galey [qui collabore pour un autre livre], mais l'amusement l'emporte. Après tout, c'est du roman, pourquoi se priver[1] ? »

Il est sûr qu'Edmonde Charles-Roux ne fait jamais rien à moitié, surtout dans son travail. C'est une recrue studieuse et qui penche plutôt du côté de l'exactitude. Elle le prouve tous les jours à *Vogue* en exigeant de ses rédactrices précision et acuité, et qu'elles ne confondent pas, pour légender les photos de mode, l'orange avec la couleur mandarine ! De même qu'à son bureau place du Palais-Bourbon, l'adresse parisienne de *Vogue*, elle passe des heures à corriger, à raturer, et remet infatigablement sur son métier son ouvrage, qu'il soit l'article d'une collaboratrice ou le sien propre, éprise de perfection quoi qu'il lui en coûte, elle déploie pour *Les Rois maudits* son talent appliqué, minutieux, efficace. C'est une fourmi, cette femme-là, une reine des fourmis si cette espèce existe : travailleuse acharnée, ne se décourageant jamais, capable de reprendre point par point, virgule après virgule, la même page, elle a professionnellement une exigence de tous les diables. Tant mieux pour l'équipe de Druon, dont l'attention au labeur commençait à se relâcher. Edmonde insuffle son inépuisable énergie au groupe, qui somnolait un peu. Et puis,

1. M. Galey, *Journal intégral*, *op. cit.*, p. 133.

elle n'est pas du tout compassée, et se révèle amusante : elle lâche des gros mots comme un grenadier !

L'auteur, toujours vaillant et droit dans ses bottes de cavalier, qui ne sont pas rouges mais de couleur fauve en cuir Hermès, a dû se féliciter d'avoir recruté une « perle ». Edmonde a une autre qualité qu'il apprécie, c'est une femme libre, qui se revendique comme telle, et ne voit aucun inconvénient à se montrer en ville au bras d'un homme qui n'est pas son mari. Portant beau et menant une vie de célibataire, bien qu'il soit encore officiellement marié à Geneviève Gregh et seulement sur le point de divorcer – ils ne divorceront qu'en 1954 –, Maurice Druon a pris sur elle un grand ascendant. Pourquoi ? Comment ? Tentons d'apporter des réponses : d'abord, parce qu'il est un écrivain, ce qu'elle est triste de ne pas être ; il a le sens des mots et des phrases, et une imagination prodigue de romancier, ce qu'elle admire et lui envie éperdument ; il lui paraît comblé de dons ; d'une nature joyeuse et généreuse, il éclate souvent de rire, « d'un bon rire de gosse farceur[1] » ; elle aime se réchauffer à son soleil ; enfin et surtout, peut-être fallait-il commencer par là, elle est sensuellement heureuse dans ses bras. Dominique de Saint Pern, tout comme Jean-Noël Liaut, biographes d'Edmonde Charles-Roux, soulignent que l'amour physique a beaucoup compté pour Edmonde. Françoise Giroud, jalouse, prétend qu'« elle couchait avec tout le monde, c'était presque une manie[2] ». Ses désirs, ses plaisirs, Edmonde les laisse librement s'épanouir. « Désirée. Désirante. Souveraine. Elle existe », assure Dominique de Saint Pern.

« Me marier ? Être la bobonne de quelqu'un, lui faire des potages au tapioca le soir, après avoir fait la guerre, la question

1. *Ibid.*
2. Citée par Dominique de Saint Pern dans *Edmonde, l'envolée*, Stock, 2022.

ne se posait pas une seconde. On était libres, on pouvait avoir des liaisons avec qui on voulait. Sans compte à rendre. Et les demandes en mariage, au panier ! Mon père était consterné et me disait : c'est effrayant, tu vis comme un homme[1] !... »

L'amour libre, le concubinage, les liaisons sans lendemains, celles improvisées, toujours librement consenties ou renoncées, lui conviennent mieux qu'un contrat en bonne et due forme, ce qui exaspère sa mère mais donne à sa compagnie une légèreté inattendue, savoureuse. Edmonde prétend vouloir vivre sans entraves.

À en croire Matthieu Galey, elle est cependant plus dépendante qu'elle ne le pense de cet amant solaire, dont les feux l'éblouissent et la retiennent tel un petit mammifère saisi dans les phares d'une voiture. Galey : « Lorsque Maurice vient la chercher place du Palais-Bourbon pour l'emmener à quelque réception, elle se féminise miraculeusement[2]. » Elle s'applique à lui plaire, et ce faisant retrouve des réflexes traditionnels. À ses côtés, elle prend de la lumière, elle devient belle. D'ailleurs Laurent Gaudefroy, son coiffeur chez Carita, lui a trouvé un nouveau style de chignon, plus ondulant, plus souple. C'est qu'elle est heureuse, dans cette relation amoureuse qui comble à la fois son intelligence et sa sensualité.

Hélas, comme chacun sait, le bonheur est aveugle : elle n'a pas vu venir sa rivale.

Madeleine Marignac, née en 1925[3], a cinq ans de moins qu'Edmonde Charles-Roux, et cinq bons centimètres de plus. La taille

1. Entretien avec Katherine Pancol, déjà cité.
2. M. Galey, *Journal intégral*, *op. cit.*, p. 109.
3. Le 11 juin 1925.

mannequin, haute et mince, elle se tient droite et porte fièrement la tête elle aussi. Aussi brune qu'Edmonde, le nez busqué, de jolies jambes, c'est une femme réservée, qui cache ses émotions et se retient de montrer ce qu'elle pense. Elle aurait pu tenir un rôle secondaire dans *Les Grandes Familles*. Dans la vie, sa discrétion l'empêche de se propulser à l'avant-scène.

D'une famille de souche paysanne originaire du Sud-Ouest qui compte un négociant en vin de Rivesaltes, elle est née en Espagne, à Villanueva del Duque, non loin de Cordoue. Son père, Omer Marignac, était directeur de la Penarroya, une société minière et métallurgique spécialisée dans le plomb argentifère. Fondée par l'ingénieur Charles Ledoux en 1881, soutenue par des investissements financiers des Cahen d'Anvers et des Rothschild, avec un siège à Paris, place Vendôme, la société possédait ses mines les plus importantes en Andalousie. Omer Marignac est mort très jeune, d'une banale crise d'appendicite qui a évolué en péritonite aiguë. Son épouse, née Marthe Soulié, a dû élever seule leurs quatre enfants : trois filles et un garçon. Madeleine est la plus jeune des filles. Le retour en France, à Toulouse, a été difficile, l'aînée des trois sœurs, Suzanne, a dû travailler pour aider sa mère à faire vivre la famille. Madeleine a été mise en pension avec son autre sœur, Annie, à la Maison d'éducation des Demoiselles de la Légion d'honneur. Une institution fondée par Napoléon pour permettre aux orphelines de guerre, pauvres pour la plupart, et il y en eut beaucoup, de recevoir une instruction. L'idée en revient à Mme Campan, une pédagogue d'avant-garde à laquelle il faudrait élever une stèle. Les orphelines trouvaient une autre famille dans le cadre austère d'un ancien couvent bâti autour d'un tilleul qui est toujours là aujourd'hui pour égayer le site, à Saint-Germain-en-Laye. Puis, une fois franchie l'étape du collège, dans le décor somptueux, glacial l'hiver, de l'ancienne abbaye royale de Saint-Denis, qui jouxte la basilique, au milieu d'un grand parc. Dortoirs immenses avec de petits lits en fer, réfectoires où l'on entre en silence, discipline militaire, sorties interdites sauf aux vacances. Madeleine Marignac, fille d'un officier décoré de la Légion d'honneur, a reçu une éducation des plus strictes, guidée par d'exigeants professeurs. Il y a chez elle une rigidité et l'habitude des longs silences, qui doivent sans doute beaucoup à ses années de pensionnat.

Après quoi, elle a étudié le secrétariat chez Pigier. Sérieuse et travailleuse, elle a pu s'offrir un minuscule appartement calé sous les toits, rue de Grenelle – la rue où habite encore Druon. À trente ans, divorcée d'un chirurgien parisien qui ne lui a pas donné d'enfant, elle assume une indépendance qui repose entièrement sur l'exercice de son métier.

Maurice Druon l'a engagée comme secrétaire pour dactylographier ses manuscrits. Elle est correctrice de formation, aucun détail d'orthographe ou de syntaxe ne lui échappe. Quand l'équipe se réunit au complet rue de Grenelle, dans l'appartement du maître (comme dit Galey) pour discuter de l'évolution des personnages ou des avancées de l'intrigue, elle prend des notes. Galey remarque son attitude excessivement réservée. Au tome IV, elle est promue petite main dans l'équipe des collaborateurs des *Rois maudits*. Mais au générique son nom figure du I au VI – une performance de longévité et de fidélité qu'elle ne partage qu'avec Pierre de Lacretelle et Georges Kessel. Ils sont les trois seuls à avoir accompagné la saga du début à la fin.

Du poste de secrétaire à celui de collaboratrice, elle est vite devenue une présence indispensable et une compagne dont Druon ne peut plus se passer. Calme, posée, maîtrisant des réflexions parfois acerbes qu'elle ne sait pas toujours réprimer, elle se montre avec lui docile, patiente, et manifeste à son égard une admiration sans réserve, ce qui ne l'empêche pas de penser ce qu'elle veut. Comme dans la future chanson de Michel Berger, la groupie du pianiste écoute son idole et semble éblouie et subjuguée.

Son parcours n'est pas aussi intéressant ni aussi audacieux que celui d'Edmonde Charles-Roux, sa personnalité est moins chatoyante, elle n'a ni les reparties, ni les envolées, ni la finesse d'Edmonde, ni son originalité, ni son intelligence aiguë, la liste est longue de leurs écarts. Mais elle possède un atout majeur : elle n'est pas une « créatrice ». C'est-à-dire qu'elle n'exerce pas une de ces « professions délirantes », dont parle Paul Valéry. Druon se gargarise de la formule. Madeleine n'est ni peintre, ni écrivaine, ni sculptrice, ni journaliste... et il s'en félicite, ce type de profession ou même de vocation est à ses yeux discriminatoire dans le choix d'une épouse.

À Matthieu Galey et à d'autres jeunes gens qui l'ont abordé, il a toujours donné le même avis, « en grand frère » : se tenir à distance des créatrices et s'interdire les comédiennes – « Rappelle-toi bien : jamais d'actrices dans ta vie ! Elles vous font coucher trop tard[1] ! »

Il ne faut en aucun cas épouser une femme de l'une ou l'autre espèce. Galey, qui a une nette préférence pour les garçons, ne s'est pas senti concerné, mais il ne lui échappe pas que Druon s'applique à lui-même son propre conseil. Madeleine Marignac, « l'élégante secrétaire[2] », présente toutes les qualités que Druon attend d'une épouse. Non pas Edmonde : trop libre, trop personnelle, trop « créatrice ».

Deux ans ou trois ans d'amours parallèles et de partage entre

1. M. Galey, *Journal intégral*, *op. cit.*, p. 119.
2. *Ibid.*, p. 132.

les deux femmes. La liaison clandestine de Druon avec Madeleine Marignac fut si bien cachée qu'Edmonde Charles-Roux, heureuse et confiante, n'a rien décelé de suspect. C'est pour elle un séisme quand il lui annonce un beau jour qu'il la quitte. Madeleine, dont elle n'a pas pris garde, Madeleine qu'elle a toujours regardée comme si elle n'était qu'un meuble du salon, et encore, elle remarquait mieux la cathèdre, cette rivale qu'elle ne soupçonnait pas d'en être une lui prend l'homme qu'elle aime. Elle le lui vole, elle le lui arrache. Une souffrance sans nom s'empare d'elle des pieds à la tête.

Pierre Barillet qui l'accompagne lors d'un gala au théâtre Sarah-Bernhardt, cravate noire et robe longue, pour une représentation du *Roi Lear* dans une mise en scène de Peter Brook, a raconté la scène : Edmonde était à son bras pour monter les marches de l'escalier sous l'immense lustre, quand tout à coup surgit le couple magnifique que forment le beau Maurice et sa nouvelle compagne. « Edmonde se fige, je la sens trembler contre moi, si faible soudain. Elle s'affaisse comme une poupée de son. Elle a failli mourir[1]. »

C'est en 1962. Druon est heureux. La roue de la fortune lui est favorable.

1. Épisode cité par D. de Saint Pern, *Edmonde, l'envolée*, *op. cit.*, p. 139.

22

Fleurs de lotus, lions et rubis

L'oncle Jef voyage. Sa passion des grands horizons, en sommeil depuis la guerre exception faite de son visa de premier visiteur de l'État d'Israël, cette passion est toujours aussi brûlante. La routine parisienne, dans le confort de la rue Quentin-Bauchart, lui pèse, et puis sa main commence à rouiller. Il n'a jamais pu écrire que sous le choc des événements, dans la fièvre d'une rébellion, d'une guerre, ou d'expéditions éprouvantes au commun des mortels – marches dans la brousse ou le désert, vols aériens dans des carlingues à ciel ouvert, traversées de mers lointaines à bord de felouques aux voiles déchirées, escapades risquées et vagabondes, il a toujours été stimulé par l'aventure. La prise de risques, le danger, les imprévus font monter dans le sang le taux d'adrénaline, ce qui est excellent pour la création romanesque. Il est attiré par ce qui lui est inconnu ou étranger, tout ce qui est différent de lui-même et le change de ses concitoyens. La différence repousse les frontières. En voyage, Kessel ne prend pas de notes ; il n'est pas un touriste à carnets. Il avance les mains dans les poches, de son pas lourd, massif, mais il regarde autour de lui, observe, repère l'inédit, l'insolite, ce qui le heurte ou l'émeut. Son regard bleu-vert embrasse l'étendue des vastes espaces et les hommes, les femmes, les enfants qu'il croise sur son chemin de hasard. Alors, il s'arrête, échange avec eux quelques mots dans son anglais approximatif, quelques gestes pour remplacer le langage inconnu, il boit un verre, ou deux, du thé, du café, en leur compagnie. Il se laisse inviter dans leurs huttes, leurs palais, leurs tanières, et partage leurs repas pour être plus près d'eux. Cette proximité, cette empathie parfaitement naturelles, c'est Kessel. Kessel, l'universel. « J'ai regardé les vies et les cœurs. Et voilà de quoi je vais vous faire le récit, ô mes frères » : ces mots qu'il prête à Bachir, le petit bossu du *Grand Socco*, sont la raison même pour laquelle il écrit.

Il a bien conscience que la saveur de l'aventure risque de se perdre au cours de la narration qui s'ensuivra, il s'en explique lui-même : « Il ne faudrait jamais entreprendre de raconter un voyage, on est d'avance vaincu. Comment parler d'une traversée alors que le roulis du bateau ne verse plus aux veines son balancement sensuel, peindre le désert immobile alors que les roues d'une voiture ne crissent plus sur le sable doré ? Comment goûter jusqu'à l'angoisse, jusqu'à la volupté, l'expression d'une figure nouvelle, le jeu d'un rayon, d'une guenille, quand ce ne sont plus des spectacles passagers, mais des souvenirs fixés et morts, enfouis dans le cimetière de la mémoire[1] ? » C'est pourtant là qu'il puise son désir d'écrire. Il n'a aucun doute là-dessus : « Si l'on aime, il faut parler de l'objet de son amour. » Toute l'œuvre de Kessel répond à cet amour qui englobe le monde entier, avec des préférences.

Des voyages incessants ont cependant un coût et demandent une organisation. Ses reportages à *France-Soir* assurent l'intendance. En plus de lui offrir d'excellents émoluments, le journal couvre les frais très élevés de ses voyages. Ses séjours durent

1. J. Kessel, *En Syrie*, 1927.

plusieurs semaines, souvent plusieurs mois, il faut payer le transport et l'hôtel, la nourriture, la location de voitures, les chauffeurs, ainsi que les dépenses annexes, non négligeables, telles que notes de bar, pourboires ou caisses de whiskies dont il fait cadeau à ses hôtes quand il s'installe chez eux. Pierre Lazareff accorde de généreuses avances et règle les factures supplémentaires sans rechigner car les articles de Kessel assurent à la fois le prestige et les ventes de son journal. Une seule fois, les deux hommes se sont fâchés. Leur brouille, qu'ils ont pu croire définitive, a quand même duré quinze mois !

Contre l'avis de Lazareff, qui craignait qu'il ne « s'embrigade dans une manifestation politique », Kessel avait tenu à être présent à Varsovie, en novembre 1950, pour le IIe Congrès mondial des partisans de la paix, présidé par le grand savant Frédéric Joliot-Curie. Organisé en sous-main par Moscou, ce que Lazareff, antistalinien convaincu, n'ignorait pas, il craignait que Kessel, toujours sensible aux marques d'amitié, et par là même *France-Soir*, ne penche du côté de ces Russes rouges que Kessel avait jadis haïs mais que la Résistance lui avait fait voir d'un autre œil. De nombreux résistants parmi ses amis demeurent pour la plupart communistes, ou compagnons de route, tel Emmanuel d'Astier de La Vigerie, qui justement a beaucoup insisté pour que Kessel se rende à Varsovie. Son propre neveu, Maurice Druon, si plein d'admiration pour l'aristocratie et les plaisirs bourgeois de la vie, affiche dans l'après-guerre des sympathies pour le parti, au point que Jean d'Ormesson et Maurice Rheims pourront penser, plus tard, qu'il y fut affilié. Druon est déjà à Varsovie, son oncle l'y rejoint sans tenir compte des remontrances de Lazareff. Kessel n'est pas un intellectuel à la Malraux ni une tête politique. Ce qui compte pour lui, c'est le coup de foudre des rencontres et des amitiés. Il en subit les influences. D'autant que le congrès lui-même est une entreprise de propagande. Discours convenu d'Aragon. Et pour les affiches, une colombe de la Paix dessinée comme de bien entendu par Picasso.

Tout cela dans le contexte du « coup de Prague », prise de pouvoir par la force du parti communiste tchécoslovaque qui fut suivi d'une épuration drastique et, parmi d'autres assassinats, la défenestration de Jan Masaryk. Ces événements provoquèrent une intense émotion en Occident, même chez certains intellectuels communistes français. Comme l'a prévu Lazareff, Kessel va se laisser berner.

Très courtisé par les organisateurs, reçu avec un tapis rouge, c'est bien le cas de le dire, non seulement Kessel écrivit au retour un article qui n'était pas exempt de sympathies pour l'esprit « pacificateur » du Congrès mondial, mais il le remit intentionnellement aux *Lettres françaises*, le journal que dirigeait Louis Aragon avec le soutien financier du PCF. Suivi d'un post-scriptum qui a mis Lazareff hors de lui, car son écrivain phare s'y plaignait qu'on lui eût refusé l'article pour *France-Soir* « dans les termes les plus amicaux comme les plus nets », cet écart lui ayant valu d'être sèchement congédié du journal. Lazareff a même exigé le remboursement des frais avancés... « 100 000 francs plus trente deniers »! Échange de lettres incendiaires, Lazareff reprocha à Kessel une double trahison – de s'être laissé avoir par l'amabilité des congressistes, qui l'ont amené à pactiser avec l'Internationale communiste, puis d'avoir publié son article dans un journal concurrent, dont la politique était la plus radicalement opposée à ses convictions démocratiques. Kessel quant à lui joua l'offensé : « Tu sais parfaitement que je ne suis pas devenu communiste. Si cela était, je le dirais. Il y a depuis très longtemps des hommes chez les communistes et des aspects dans le communisme qui m'intéressent; un point c'est tout. » Il lui rappelait leur vieille complicité, et accusait Lazareff de la bafouer.

Les deux hommes dont l'amitié était profonde finirent par se réconcilier. Heureusement pour nous, les lecteurs de Joseph Kessel. Où aurait-il trouvé sinon mécène à sa mesure, aussi prodigue de ses largesses ?

Repris par le démon du voyage, Jef sort donc du placard sa vieille canadienne, ses chaussures de marche et son sac de baroudeur. Rien qu'à les voir, il retrouve sa jeunesse et « ce goût de l'aventure qui, malgré les années et beaucoup d'expériences, n'a cessé de m'envoûter[1] ». Mais il ne part plus seul, ou escorté d'un photographe aussi aguerri que lui aux périlleuses conditions du grand reportage. Il voyage désormais en couple. Son épouse Michèle l'accompagne, où qu'il aille et quelles que soient les conditions. Elle a beaucoup insisté pour qu'il ne la laisse pas en arrière, en Pénélope, à se morfondre dans son appartement entre ses livres et sa bouteille de whisky. Éperdument amoureuse, elle ne supporte pas d'être séparée de Jef. Pas plus qu'il ne supporte d'abandonner sa belle jeune femme, également aimée, à ses tentations : la boisson, mais aussi les prétendants qui ne manqueront pas de se présenter à elle dès qu'il aura tourné les talons. Ils sont aussi jaloux l'un que l'autre. M. et Mme Kessel sont maintenant indissociables et ne forment qu'un. Elle le suit comme une ombre, une caméra ou un appareil photo à l'épaule, traque les images et les met en page à son retour dans un album. Les reportages de Kessel sont ce qu'il lui offre de mieux : du temps à partager, comme dans un voyage de noces.

Première étape : le Maghreb. Deux mois à Tanger, en 1950, au palace El Minzah, au printemps. Et deux mois à Djerba, dans

1. J. Kessel, *Témoin parmi les hommes*, *op. cit.*, 23 juin 1953.

l'unique hôtel de l'île, l'été suivant. Djerba-la-Douce où le club Méditerranée n'a pas encore implanté ses premières cases – ce sera en 1954 –, et où le premier hôtel digne de ce nom, l'Aljazira, ne sera construit qu'en 1961. Les Kessel sont des pionniers de l'île enchanteresse, aux sables d'or, réputée pour ses délices qui ont failli perdre Ulysse et ses compagnons. On y cultive le *lotos*, un fruit au goût de miel qui procure la plus sûre des ivresses : l'oubli.

Ils aiment tous les deux le soleil et la mer, et l'immense plage dorée, déserte, s'offre à eux sans aucune ombre sauf celle des palmiers. L'été 1951 restera pour eux l'été du parfait bonheur.

À la demande de Carol Reed, le producteur britannique du *Troisième Homme* (d'après le roman de Graham Greene), Kessel aurait dû écrire alors le scénario d'un film, mais c'est un roman qui va naître de sa plume, *Au Grand Socco*. Non pas ce que Carol Reed attendait dans la lignée du *Troisième Homme*, un récit à toile de fond politique, profondément ancré dans les problématiques du temps – la rivalité des deux blocs est-ouest –, mais un recueil de contes qui vaudra au livre le surnom de « Mille et une nuits tangéroises ». Tanger en est en effet le cœur. Kessel n'est pas Graham Greene, la politique lui est parfaitement indifférente, c'est le fond universel des sociétés qui l'intéresse, il place l'humain loin devant les sujets d'actualité les plus préoccupants.

Au Grand Socco est un recueil de contes, dits par un enfant. Or, nul n'est meilleur conteur que Kessel, surtout quand il prête sa voix à un enfant. Qui n'a pas lu « Le Petit Âne blanc » ou « Le Rezzou », parmi ces contes, devrait s'y essayer. Dès que l'écrivain commence à raconter une histoire, le lecteur – la lectrice – redevient l'enfant émerveillé par cette voix chaude, aussi puissante que la lampe d'Aladin et tout aussi capable de créer des prodiges. Tandis que la lanterne magique nous promène dans les méandres d'un imaginaire aussi envoûtant que le fruit des Lotophages, on est plongé dans l'illusion. Le narrateur d'*Au Grand Socco*, c'est Bachir, un jeune mendiant bossu « par-devant et par-derrière », qu'escorte une tribu dévouée de petits cireurs de chaussures, de crieurs de journaux et de mendiants en guenilles. Autour de lui, sur la célèbre place de Tanger où s'assemblent, les jours de marché, les vendeurs de khôl et de piments hachés, les porteurs d'eau, les charmeurs de serpents et les marchands de paniers ou de gâteaux fourrés d'amandes, l'agitation cesse quand il se met à parler. Les gens l'entourent, s'assoient par terre car là-bas personne n'est pressé. Bachir gagne sa vie, comme Jef, en racontant de longues histoires. Omar et Aïcha, ses amis, passeront ensuite la sébile où les gens mettront quelques sous – sauf l'usurier qui s'enfuit au mot de la fin. Le mirage est visuel, sonore, parfumé : on s'y croirait. Des paysannes, venues de douars lointains, proposent leurs œufs ou un poulet famélique : « Aucune n'a le visage voilé. À tant de misère et de labeur, cette liberté-là au moins est permise. »

Bachir, c'est l'enfant roi de la fiction. Le double d'un Kessel, dont l'âme ne vieillit pas. Il a beau avoir maintenant, à cinquante ans passés, la peau tannée des vieux boucaniers, le front marqué de rides profondes, des boursouflures sous les yeux, il y a chez lui une confiance et un élan enfantins, un goût inentamé pour le merveilleux.

Druon, avec ses vingt ans de moins, est beaucoup plus ironique, plus sarcastique. Il porte sur la vie un regard d'un pessimisme foncier. Kessel croit à la bonté de quelques-uns, il a foi dans l'humain. Et les enfants dans son œuvre sont des échantillons de ce que l'humain a de meilleur. Des deux hommes, le plus confiant, certains diront le plus naïf, de loin le plus porté à voir une lumière dans la nuit, c'est Jef, évidemment.

Cela ne l'empêche pas d'avoir les pieds sur terre. En Tunisie comme lors de tous ses autres périples, le scénario est chaque fois le même, répété à l'envi. Il est parfaitement rodé. Kessel part en reportage, aux frais de *France-Soir*. Il en rapporte un, deux, trois, jusqu'à six articles, sur le même sujet : un feuilleton coloré et vivant dont les lecteurs sont friands. « La première qualité d'un journaliste, c'est d'être lu », ne cesse de répéter Pierre Lazareff à ses collaborateurs. La signature de Kessel déclenche des ventes en série – l'effet est inusable. Il reprend ensuite les articles, c'est la deuxième étape, il les revoit, les étoffe parfois, leur offre une préface, tout aussi romanesque que le récit lui-même, afin d'ouvrir l'appétit des lecteurs tout en augmentant le nombre de pages : cela donne un livre, que Gallimard publie. Ou que Kessel fait publier par Del Duca, quand Gallimard se lasse – un livre tous les ans, c'est beaucoup, plusieurs par an, trop lourd à diffuser. Du livre, Kessel passe alors à l'étape suivante, le cinéma. Ce peut être aussi le théâtre, si aucun producteur de cinéma ne se montre intéressé. L'idée du film peut d'ailleurs précéder l'écrit (ce fut le cas du *Bataillon du ciel*). Kessel revêt sa casquette de scénariste ou de dialoguiste, assez souvent les deux casquettes à la fois. Il travaille seul mais préfère avoir recours à des coauteurs, ou coscénaristes, comme le fut son neveu. Maurice maintenant est passé à la vitesse supérieure et ne peut plus l'aider dans ses réalisations. Il a son œuvre en cours, et n'a plus le temps ni le goût de lui servir de plume.

Quoi qu'il en soit, la chaîne est bien en place : du journalisme au livre et au cinéma, rien jamais ne se perd. Tout rapporte. Kessel veille aussi à la réédition d'ouvrages du passé, qui renaissent de l'oubli, et retrouvent une jeunesse sous d'autres couleurs de couvertures. Le mécanisme est implacable, l'entreprise produit un bon rendement. Kessel est un homme riche. Il a fait fortune dans la littérature – encore un reproche que ne manque pas de lui adresser la critique, toujours la même, celle qui a le succès dans son viseur. Et qui surtout désapprouve son style qu'ils jugent négligé, trop naturel. C'est la vieille opposition des écrivains-nés, celle des stylistes contre les conteurs. Romain Gary souffrira de la même condescendance.

« Partout, un ami ! » La devise de Kessel est souveraine quand il voyage. Aucun de ses voyages ne s'effectue en effet sans un guide ès qualités qui a vécu dans le pays où il se rend, en connaît non seulement les paysages mais les chemins détournés. Kessel aime qu'on lui ouvre les portes des mondes qu'il pénètre, et qu'on le conduise où personne ne va, hors des balises convenues. Il ne veut pas être un simple touriste qui se contente de visiter des sites. Il attend qu'on lui présente des autochtones, des « vraies gens ». Pour Kessel, le moindre individu, du mendiant au président de la République, en passant par le hors-la-loi, jusqu'aux sujets ordinaires, est toujours une personne digne d'intérêt. À Tanger, c'est le patron d'une boîte de nuit qu'il a connu avant guerre, qui l'initie aux bas-fonds et aux ombres de la ville. Un certain Teddy, un Danois qui a fait dix ans de Légion étrangère avant de s'établir patron d'un bar à filles. Il lui a raconté bien des anecdotes dont Kessel a tiré *Au Grand Socco*.

Druon, curieux de voir la fameuse place qui a inspiré son oncle, est stupéfait de ne trouver au lieu du Grand Socco dont il s'était fait à la lecture une idée splendide, que « le petit Socco » : « Un décor pour Graham Greene, beau mais sans plus. » De Tanger, il envoie à son oncle, de retour à Paris, une carte postale représentant le site : « Mon grand Jef, j'ai compris, je viens d'aller au Grand Socco. Tu es un faussaire. Dans le genre d'Homère[1] ! »

1. Maurice Druon à Yves Courrière, qui le cite dans sa biographie de Kessel, *op. cit.*, p. 669.

Pour la deuxième étape de ses pérégrinations au long cours – le Kenya, l'année suivante –, c'est le colonel Bourgoin, son ancien camarade de la France libre, le colonel manchot du *Bataillon du ciel*, qui l'a fait rêver avec ses récits de chasse dans la brousse. Bourgoin est devenu après la guerre inspecteur général des chasses dans la France d'outre-mer. Il lui a donné l'adresse d'un attaché commercial à Nairobi qui est un de ses amis, André Gabaudan. Car, depuis que Kessel a couvert pour *France-Soir* les funérailles du roi George VI à Londres et appris que la future reine d'Angleterre, Elizabeth II, séjournait au Kenya et plus exactement à Treetops avec son époux, le prince Philip Mountbatten, quand on lui a annoncé la mort de son père, il est obsédé par cette image : à Treetops, au sud-ouest du mont Kenya, l'hôtel est une cabane construite dans les palmes d'un ficus géant, juste au-dessus d'une mare salée où viennent boire les animaux sauvages. Il cherche depuis tous les prétextes pour s'y rendre. Il convainc Lazareff, cette fois sans difficulté, de la nécessité d'un reportage sur la révolte des Kikuyus qui tuent les colons, ensanglantent le pays et sèment la terreur jusque dans la population noire. En France, il n'y en a encore que peu d'échos : il tient un sujet formidable ! Les problèmes financiers réglés, il s'envole plein d'enthousiasme avec Michèle pour Nairobi. D'avril à juillet 1953 : quatre mois d'aventures en perspective. La capitale du Kenya, où ils arrivent après un jour et une nuit d'avion, est en état de siège. Il est recommandé de ne pas sortir de son hôtel – le luxueux et très british Norfolk – et de s'y enfermer à clef dans sa chambre dès que le soir tombe. Le jour n'est pas moins dangereux : le port d'armes est conseillé.

Kessel s'empresse d'enfreindre la consigne et le voilà à discuter dans le couloir de l'hôtel avec trois gardes armés jusqu'aux dents, l'un d'un sabre, l'autre d'une hache et le troisième d'un arc et de flèches. Ce sont des Wakambas, aussi terrorisés que le touriste blanc par les fameux Mau-Mau, les rebelles kikuyus. « Mau-Mau », le mot fait chaque fois apparaître sur le visage de qui le prononce, qu'il soit blanc ou noir, « une expression close, indéfinissable[1] », et ne cesse plus de l'obséder. Il contacte aussitôt André Gabaudan qui le promène au volant de sa jeep dans les quartiers les plus vivement déconseillés aux Blancs, puis après plusieurs jours passés à mesurer le climat de violence et les beautés sombres de Nairobi, il obtient que Gabaudan lui prête sa voiture et un chauffeur. Il a l'intention d'aller vers l'ouest, vers l'Ouganda, le Rwanda et jusqu'au Congo belge, à travers l'Afrique des Grands Lacs. Il est impatient de découvrir avec Michèle les splendeurs du lac Victoria, encore inconnu il y a cent ans, qui jaillit d'une faille bouillonnante et qu'il trouvera couvert d'une nuée d'aigrettes blanches à Entebbe, puis les sources du Nil, riches de dieux-crocodiles et d'autant de légendes, enfin le lac Kivu, né des plaisirs prodigieux de la Reine des Mille Collines, et qui menace d'exploser comme un volcan en cas de séisme. Lieux d'une beauté fantastique, à la hauteur de son attente et de sa quête imaginaire. Kessel se réjouit d'avoir été recommandé auprès d'un Français qui habite du côté de Goma et de Bukavu depuis des années, Roger Charrier. Il va l'interroger sur sa vie en Afrique, et surtout lui faire raconter des histoires. Un simple détail suffit pour déclencher le processus romanesque. Les livres naissent d'un bref instant de magie.

Michèle Kessel, très à l'aise dans la jeep, ballottée sur les pistes tour à tour poussiéreuses ou embourbées, jubile devant les paysages et leur population. Dans la Rift Valley, cette immense et

1. J. Kessel, *La Piste fauve* [1954], dans *Romans et récits*, t. II, Gallimard, « Bibliothèque de la Pléiade », 2020, p. 237.

profonde faille considérée comme le berceau de l'humanité, elle prend d'innombrables clichés des guerriers massaïs dont la vallée est le domaine depuis la nuit des temps. Elle photographie au Leica leur haute et maigre silhouette, enduite à l'ocre rouge, coiffée de plumes d'autruche, leurs colliers d'ivoire, leurs boucliers en cuir de vache, peints de couleurs éclatantes, et les sagaies effilées avec lesquelles les plus valeureux d'entre eux combattent les fauves. Les regarder danser l'hypnotise, au rythme de leurs sauts cadencés, droits vers le ciel. C'est une voyageuse émérite, comme le fut Germaine Sablon autrefois, mais plus craintive. Rude au mal, supportant les conditions les plus inconfortables, comment s'étonner qu'elle perde son sang-froid devant les fauves ? La charge d'un éléphant l'a cependant moins terrifiée que ce moment de pur égarement où Kessel, pour aller voir de plus près une famille de lions qui se reposait au bord d'un taillis, est descendu de la voiture pour s'approcher. Leur chauffeur ougandais, prénommé Jean-Baptiste, d'ordinaire si doux, l'a rattrapé par la manche et forcé à se rasseoir avant de démarrer en trombe, furieux de l'imprudence de ce *bwana* assez fou pour aller réveiller un lion dans sa sieste.

Le long périple kenyan de Jef et Michèle Kessel, saturés l'un et l'autre d'images inoubliables, comme celle d'un groupe de Pygmées croisés au bord d'une piste, ou le souvenir d'une nuit à la belle étoile sur le pont d'un vieux rafiot qui remonte un fleuve immobile, s'achève sur un séjour dans une réserve, en plein cœur du « royaume animal ». Là les attendent par centaines des gazelles et des gnous, des buffles surmontés de leur oiseau pique-bœuf, des girafes dédaigneuses, des diks-diks, sorte de gazelles naines, et des rhinocéros. À Amboseli, au pied du Kilimandjaro, la nature appartient tout entière à la flore et à la faune. L'humain n'est qu'un intrus.

L'administrateur de la réserve, son *warden*, Tabs Taberer, qui habite ce paradis avec son épouse et sa fille, l'emmène voir ce que très peu de gens ont vu, des troupeaux, des hardes d'animaux galoper en pleine liberté, paître dans l'herbe folle d'immenses espaces, vierges de toute empreinte humaine, ou somnoler à l'ombre d'épineux, sans que le bruit de leur moteur les dérange dans leurs habitudes – sinon quand ils peuvent flairer leur odeur. Le soir, dans la maison au toit de chaume que Taberer a construite de ses mains et où son épouse leur sert un pur malt pour combattre les démons de la nuit, Taberer, qui n'est pas bavard, est amené à se confier. Né en Rhodésie, il a été chasseur autrefois et compte à son tableau des trophées innombrables : cent vingt-cinq éléphants et autant de lions. Il se reproche aujourd'hui de les avoir tués. Car il aime les grands fauves, d'un véritable amour. Il y a plusieurs années, dans la réserve, il a recueilli un bébé lionne, abandonnée dans un buisson, tout près de la maison. Il l'a appelée Iola et nourrie avec les biberons de sa fille, tout juste née, Fennis. Iola et Fennis, élevées ensemble, sont devenues les meilleures amies du monde. Elles ont joué ensemble, se sont aimées tendrement. Mais la jeune lionne a grandi plus vite que la petite fille. Devenue un fauve adulte, elle est pourtant restée inoffensive ainsi qu'aux premiers jours. Iola et Fennis furent aussi inséparables que deux sœurs. Mme Taberer, soucieuse de donner une éducation à sa fille, une adorable sauvageonne qui ne rêvait que de jeux et de liberté à la plantation, a tenu à l'envoyer dans un pensionnat anglais de Nairobi. Iola a-t-elle voulu la rejoindre ? Elle est partie, on l'a cherchée partout en vain. Jusqu'à ce que la nouvelle de sa mort parvienne à la réserve : un homme, alors qu'elle venait de surgir en face de lui dans une rue de Nairobi, l'a abattue d'un coup de fusil.

L'argument du plus célèbre des romans de Kessel est tout trouvé. Il ne lui reste qu'à l'écrire.

Bilan de son voyage au Kenya ? Une très abondante récolte. Un trésor d'images et d'histoires que l'écrivain va décliner en plusieurs livraisons. C'est d'abord, comme de coutume, une série de reportages pour *France-Soir*, qui fait un tabac avec « Nuits de terreur chez les Mau-Mau », ou « Les Derniers Pionniers de la grande aventure », ou encore « Sur le chemin de Zanzibar », aux titres accrocheurs et pleins de promesses. Quinze longs articles, parus en juin 1953, et assemblés, deviennent un livre quelques mois plus tard. *La Piste fauve* est publiée en 1954 dans la collection « L'Air du temps » que dirige chez Gallimard Pierre Lazareff en personne. Mais le Kenya, « sa plus merveilleuse aventure[1] » aimait-il dire, devait lui inspirer son roman emblématique. Celui qui éclaire et domine son œuvre d'un soleil d'Afrique. Il a pris pour une fois son temps pour l'écrire.

Le Lion paraît en mai 1958. L'année de ses soixante ans. Couronné du prix des Ambassadeurs – un prix qui semble fait pour Kessel, puisque loin d'être limité à l'Hexagone, il a partie liée avec une vaste partie du monde –, il lui vaut immédiatement des échos emphatiques, tant du public que de la presse, pour une fois conquise par ses dons de conteur. À quelques détails près, l'histoire est celle que le *warden* d'Amboseli lui a racontée dans la maison au toit de chaume. Il a changé la lionne en lion, et même en un superbe lion, pour le plaisir de le doter d'une crinière et il l'a baptisé « King ». Fennis, la petite fille, qui est désormais une jeune fille, s'appelle Patricia dans le roman et elle est l'otage de deux amours. Car un jeune Massaï s'est épris d'elle et veut l'épouser. Oriounga, le jeune Massaï, doit pour devenir un homme, un « morane », accomplir le rite ancestral. Lequel consiste à tuer un lion, seul à seul, au couteau et à la lance. Au

1. Cité par Y. Courrière, *Joseph Kessel*, *op. cit.*, p. 688.

terme d'un terrible combat à mains nues, il va porter à King la blessure mortelle, mais c'est le père de Patricia – John Bullitt, inspiré à s'y méprendre par Tabs Taberer – qui va devoir l'abattre.

Le Lion vaudra à son auteur, lors de sa parution en langue anglaise, des démêlés juridiques avec Tabs Taberer, qui lui reprochera d'avoir donné sa vie privée en pâture aux lecteurs du Royaume-Uni. Leur différend se réglera par avocats interposés et Kessel devra verser une compensation financière à l'administrateur d'Amboseli. Ce sera à peine une égratignure au flanc du royal *Lion*, et ne portera atteinte ni à son exceptionnelle longévité ni à son aura dans l'œuvre de Kessel.

Le succès du *Lion* est phénoménal. Paru à la même époque que *Les Rois maudits*, précisément entre les tomes V et VI, il concurrence au box-office la saga de Druon ! Comme *Les Rois maudits*, c'est un *long-seller* dont le succès se prolonge et dure encore aujourd'hui. L'oncle et le neveu peuvent savourer leur chance.

Le Lion de Kessel fait désormais partie des chefs-d'œuvre les plus populaires de la littérature française, avec *Le Petit Prince*, *La Peste* ou *Notre-Dame de Paris*.

Ajoutons à cela les droits cinématographiques, vendus à prix d'or, pour un film qui se fera sans lui et qu'il détestera[1]. Il attirera en salle des milliers de spectateurs. Le succès sera pleinement exploité.

Lui aussi reçoit une lettre du général de Gaulle. Elle est fraternelle, affectueuse, bien plus personnelle et chaleureuse que celle adressée à Druon. Au lieu du « Cher Monsieur » (pour Druon), voici la lettre. Le Général y salue le talent de Kessel, sa générosité de conteur.

1. *Le Lion* (1962), film de Jack Cardiff avec William Holden, Trevor Howard, Capucine et Pamela Franklin.

« Mon cher Joseph Kessel,

Le Lion est magnifique. C'est peut-être le plus beau de vos livres. Cela marche, court, s'émeut, éclate et retentit. Votre talent est très grand et vous en distribuez les fruits, largement, tout de go, sans artifices apparents de la pensée ou du style. Merci.

Croyez bien, mon cher Joseph Kessel, que je vous tiens pour un des miens, aujourd'hui autant que jamais.

Bien amicalement vôtre. »

Le lion – en tant que symbole – restera lié à Kessel, et ses lecteurs pourront penser, à tort, qu'il est né sous son signe. « Joseph Kessel, sur la piste du lion », ce sera le titre de la biographie d'Yves Courrière. Du lion, Kessel possède en effet la crinière et le rayonnement, et il règne lui aussi sur une cour d'admirateurs attirés comme des phalènes par son ascendant solaire. Mais le soleil de Kessel est un soleil noir, propice aux ombres et aux angoisses.

Au Kenya, Michèle n'a pas seulement été une accompagnatrice. Elle en a rapporté une œuvre, elle aussi. Ses photographies, en noir et blanc, auxquelles s'ajoute un long texte de sa main sont publiées en deux fois dans le magazine *Elle*, les 28 septembre et 5 octobre 1953. « Mon voyage au pays de la peur, par Michèle Kessel » : le reportage a été annoncé en couverture, la signature apparaît en gros caractères à l'intérieur, à côté d'une photo splendide qu'elle a prise de la savane africaine, on devine l'ombre couronnée de neige du Kilimandjaro. C'est un récit naïf et très personnel, qui veut rendre compte des émotions qui l'ont fait trembler et frissonner, lui ont coupé l'appétit ou le sommeil. Tandis que Kessel s'abreuvait de sensations fortes, elle a surtout eu très peur au Kenya : « Dans le demi-sommeil et la moustiquaire se balançant mollement, j'entends derrière la fenêtre grillagée des bruits furtifs. Un malaise s'empare de moi et malgré ma fatigue écrasante, il faut que je me glisse hors du lit. J'entrouvre doucement la porte et manque tomber morte de peur. Des yeux blancs dans une face noire et féroce, tout près de la mienne, me regardent sans ciller. » Ce sont les gardiens de nuit de l'hôtel. Kessel a décrit la même scène... sans trembler.

Au Kenya, Michèle Kessel a vécu plusieurs semaines en état de sidération, figée d'admiration et de crainte devant ses paysages sauvages, ses guerriers redoutables, ses femmes capables d'accomplir des travaux écrasants. Sa sensibilité la rend réceptive au moindre geste, au moindre regard, au moindre souffle d'air. Elle raconte ce qu'elle voit, ce qu'elle ressent, avec une foule de petits détails amusants qui l'intéressent mais plus souvent la terrifient.

Pas une fois, dans son récit, elle ne prononce le nom de Kessel, ni n'évoque sa présence. Sans doute avait-elle envie de dire les choses par elle-même, sans que l'écrivain vienne mettre sa patte dans son témoignage. C'est son Kenya à elle, et non celui de Jef, qu'elle a tenu à raconter avec sincérité aux lectrices de *Elle*, sans rien cacher de sa « gêne » (le mot revient souvent) de ne pas être à sa juste place, et de passer furtivement au milieu des drames qui ne sont pas les siens. Elle ne dit rien, je le regrette, de la situation toujours inconfortable d'être en permanence dans les pas intrépides et dans l'ombre aimée de plus grand, de plus courageux que soi.

Pour l'étape suivante, car Kessel n'en a pas fini avec les voyages, cap à l'est, sur la Birmanie. Un de ses nombreux amis de la France libre, héros de la Résistance, Jean Rosenthal, a repris après la guerre son ancien métier : le courtage des pierres précieuses. Il s'est un jour invité sans prévenir rue Quentin-Bauchart et a sorti de sa pochette, sous les yeux ahuris de Kessel, l'un des plus remarquables spécimens tombés entre ses mains : un rubis birman. Les joailliers du monde entier savent que c'est en Birmanie que l'on extrait les plus beaux rubis du monde, du rouge le plus profond et le plus pur. De cette couleur dite « sang de pigeon » qui fait monter les prix et affole les amateurs.

Ni une ni deux. Lazareff se voit immédiatement proposer un reportage sur ce lointain pays et ses trésors cachés. Rosenthal lui a en effet raconté la mystérieuse histoire d'un ancien bandit des Indes, un « dacoït », qui a jadis constitué une collection de bijoux fabuleux et possédait un rubis hors norme, aussi gros qu'un pavé, aussi transparent qu'un reflet, aussi rouge qu'il le fallait. Cette collection unique, et qui n'avait peut-être existé qu'en rêve, s'était évanouie dans la nature. Rosenthal était sur une piste pour la retrouver... Quel meilleur sujet pour Lazareff ? Et quelle plus belle trame pour un roman d'aventures ? Les deux hommes partent avec leurs chimères, en février 1955, pour Rangoon. Malgré la peinture qu'on lui a faite des conditions de vie dans la vallée de Mogok où se trouvent les mines et où ils comptent mener leur enquête, malgré les menaces sérieuses que représentent bandits et guérilleros, bandes de pillards et de rebelles toujours prêts à enlever un Occidental pour en tirer une rançon, Michèle tient à être du voyage. Pour atteindre la capitale de la Birmanie, leur avion fait escale au Caire, puis à Bombay et à Calcutta qu'ils prennent le temps de découvrir et où Kessel, avant que ne commence son reportage, fait déjà provision d'images et de personnages. Lors d'une fête à Calcutta, « Shivaratri », les Kessel assistent à la cérémonie macabre d'un bûcher où une jeune fille en sari rose est sacrifiée. « Je ne m'attendais pas à trouver cela sur le chemin des rubis », ce fut le commentaire de Jean Rosenthal.

Ils gagnent ensuite dans un Dakota bringuebalant qui

n'effectue le trajet qu'une fois par semaine la fameuse vallée, perdue dans la jungle de Haute-Birmanie. Ni hôtel ni restaurant. Ni électricité ni eau courante, et une chaise percée en tôle ondulée en guise de « commodités ». Il y a quand même un *boy* pour cuisiner dans le logement rudimentaire qu'on leur a prêté. Les Kessel dorment sur des lits de camp en fer, enveloppés d'une moustiquaire qui les protège mal des nuées de moustiques et des araignées. Mais ni l'un ni l'autre ne se plaint de l'inconfort ou de la chaleur, tant ce qu'ils découvrent est un autre monde. À Mogok, les habitants, et parmi eux beaucoup d'enfants, aux yeux graves et aux sourires figés, vivent tous d'un seul maître, le rubis. Ils l'extraient dans les mines, le taillent, le polissent, le négocient. Les pierres précieuses qui s'achètent place Vendôme ont une longue histoire et sont passées de main en main, souvent au péril des vies de ceux qui les manipulent. La rencontre de la reine du Rubis, une vieille Asiate qui a rassemblé les pièces les plus rares, certaines à l'état brut, mêlées à des saphirs tel « un champ de bleuets d'où ruisselait une lumière féerique », est le point d'orgue du voyage – une rencontre comme il n'en existe que chez Rudyard Kipling ou Joseph Kessel.

Le passage le plus fort du livre est marqué par l'apparition d'un rubis exceptionnel, tout juste sorti de l'atelier et que la vieille femme cache en attendant l'acheteur fortuné qui pourra l'acquérir : un rubis étoilé. Dans le rouge parfait, inscrit en plein cœur de la pierre, les Kessel ont pu voir « une lumière plus dorée que l'or, plus brillante que le diamant », les six rayons du même éclat de lumière. Michèle qui n'est pas une croqueuse de diamants a connu ce jour-là la sensation violente de convoiter un joyau.

Enrichi d'escales supplémentaires, à Hong Kong et à Macao, ce séjour exotique à l'autre bout du monde offre à Kessel la matière en fusion de cinquante-cinq articles : un vrai feuilleton-fleuve, qui paraît en livraison dans *France-Soir*, dès l'été 1955. Pierre Lazareff peut se féliciter de faire le bonheur de ses lecteurs avec « Les Secrets de la vallée des rubis », qui ont coûté au journal la somme faramineuse de trois millions de francs de l'époque[1] (quand le SMIC est alors à environ 20 000 francs par an). Ces « Secrets » deviendront, publiés tels quels et dans la foulée, *La Vallée des rubis*, un livre en forme de chasse au trésor[2]. En 1957, paraîtra un second volume, tiré du même voyage, *Hong Kong et Macao*. Michèle, agacée de le voir rivé à sa table, lui dit qu'il travaille trop. Le sous-entendu est clair : il ne s'occupe pas assez d'elle.

Mais Kessel est déjà sur la piste d'un autre monde, quand le sortilège de la Birmanie s'estompe. Il vient de trouver le pays de ses rêves. Celui qui disputera la première place à Israël dans son cœur : l'Afghanistan. Michèle s'est sentie trahie. Ce pays-là, elle l'a vite compris, allait se montrer aussi envoûtant qu'une maîtresse.

1. Renseignement fourni par Y. Courrière, *Joseph Kessel*, *op. cit.*, p. 705.
2. Publié chez Gallimard en novembre 1955.

23

Les envoûtements de l'Arachosie

Le désir d'Asie est puissant chez Kessel. Quels que soient les pays traversés, les admirations et les émotions qu'il éprouve à découvrir la planète, quelle que soit l'intensité des rencontres et des amitiés, il nourrit l'incurable nostalgie du paradis de son enfance aux bords du fleuve Oural. Il n'est jamais revenu à Orenbourg, il n'y reviendra pas. Mais les images ne sont pas effacées. Réunies pêle-mêle dans un bazar pittoresque au coin de sa mémoire, elles l'attachent pour toujours à des nomades en caftans, vendeurs de peaux de mouton, à des caravaniers qui suivent la route de la soie et à des cavaliers tcherkesses, montés sur de magnifiques chevaux encore imprégnés de l'odeur de la steppe. Une population chamarrée au teint mat, aux yeux clairs, où se mêlent les origines – Kessel dit « les races » – est toujours forcément la sienne. Un fond d'Asie l'habite. C'est un des traits qui le rapproche de son ami Romain Gary. Les deux écrivains ont en commun des liens profonds avec une terre de légende, d'où ils tirent tous les deux leurs traits mongols, leurs rêves sans frontières et leur générosité de romanciers. De là vient aussi leur différence avec un monde littéraire français, aux racines infiniment plus classiques, où ils se sentent à l'étroit.

Quand il met pour la première fois le pied en Afghanistan, en août 1956, Kessel a l'impression, presque la certitude, de connaître déjà le pays. En fait, il le reconnaît. « Je revois mon enfance » : il répétera la même phrase, prononcée dès le premier jour, tout au long du voyage. Sans qu'il s'y soit préparé, Orenbourg, aussi formidablement vivant que dans son souvenir, lui est rendu d'un coup, à Kaboul.

Mêmes couleurs, mêmes parfums, même ciel, mêmes gens. L'Afghanistan est à moins de deux mille kilomètres de la ville de son enfance. Le pays a échappé à la domination des tsars, la férule de la Russie qui fut celle de ses ancêtres ne s'est pas abattue sur sa population, ni n'a maté sa farouche indépendance. Les gens y sont pauvres pour la plupart, mais attachés à des coutumes ancestrales, à une façon de vivre qui n'a pas beaucoup changé depuis le Moyen Âge. Kessel, indifférent à bien des acquis de la civilisation, se sent tout de suite de plain-pied avec eux. La réciproque paraît également vraie. Ce n'est pas seulement pour respecter les lois de l'hospitalité que les Afghans lui ouvrent les portes de leurs maisons, partagent avec lui leurs repas, lui offrent les boulettes de viande et le riz. Assis en tailleur autour du plat commun, il mange le *palao* préparé à la graisse de mouton, boit leur thé, fume leur tabac : il communie aux coutumes d'une famille, non comme un visiteur de passage à la présence incongrue ou maladroite mais comme un frère revenu chez lui après une longue absence. Il faut dire que Kessel n'est jamais nulle part un étranger.

Pour ce voyage, il est venu seul. Michèle est restée à Paris, à son grand dépit il a refusé de l'emmener. Leurs disputes deviennent incessantes, pour toutes sortes de raisons sur lesquelles je reviendrai, et lui rendent la vie à deux fatigante. Se retrouver entre hommes sera une heureuse diversion, surtout à des milliers de kilomètres, là où il est sûr de ne plus entendre ses cris et ses lamentations.

C'est le projet d'un film – non d'un livre – qui le conduit en Afghanistan. Il a trouvé le producteur et le metteur en scène, l'équipe technique est prête, il n'y a plus qu'à écrire le scénario. Il n'a encore aucune notion de ce qu'il sera, ce scénario, n'a pas même un synopsis en tête, il veut inventer sur place, écrire au jour le jour, en nourrissant ses yeux, son cœur, de tout ce qu'il cueillera en cours de route. Surtout éviter de plaquer sur ce pays merveilleux la grille d'une vision préconçue. Le producteur qu'il a déniché n'a encore produit que deux films en Espagne, signés de Juan Antonio Bardem, que les cinéphiles classent au rayon des chefs-d'œuvre mais que peu de gens, et sûrement pas Kessel, ont vus en France : Georges de Beauregard, trente-six ans, s'est laissé facilement convaincre de financer l'expédition et d'avancer tous les frais nécessaires à la réalisation d'un documentaire dont le sujet au départ pourtant ne l'emballait pas. Car il s'agit bien d'un documentaire et non d'une œuvre de fiction qu'ils vont tourner.

Le metteur en scène, Kessel l'a imposé à Beauregard, très sceptique sur son choix, car il n'a réalisé aucun long métrage et n'est connu de personne dans le monde du cinéma. Mais, à vingt-huit ans, cet inconnu a déjà à son actif une prouesse : correspondant de guerre pour le Service cinématographique aux Armées, il a filmé la bataille de Diên Biên Phu (1954). Fait prisonnier avec le colonel Bigeard par les troupes de Giap, il rentre de quatre mois de captivité en Indochine. Maigre et de petite taille, des yeux bleus perçants, le culte de l'amitié et un bon taux d'alcool dans le sang : Pierre Schoendoerffer a rencontré Kessel dans le bar du palace de Repulse Bay, à Hong Kong, où l'écrivain et son épouse se reposaient après leur périple dans la vallée des rubis. Les deux hommes se sont aussitôt entendus. Schoendoerffer, qui fut un adolescent désespéré, doit son salut à la lecture de *Fortune carrée*. C'est tout entier redevable à un écrivain qui lui a rendu l'espoir de vivre, et de vivre large, qu'il s'est engagé pour l'Indochine.

Kessel ne s'est pas trompé sur le choix des hommes. Beauregard produira un jour les films de Jean-Luc Godard, *À bout de souffle*, *Le Mépris*, *Pierrot le Fou*, et associera son nom à des films de Melville, de Rivette, de Demy, de Rohmer... Schoendoerffer – « Schoen » – sera le réalisateur inspiré et inspirant de *La 317ᵉ Section* et du *Crabe-Tambour*. Kessel a été convaincu de leur talent avant tout le monde. Un lien plus fraternel l'unira à Pierre Schoendoerffer, disciple kessélien par excellence : dans une version plus douce, plus secrète, Schoen lui renvoie la nostalgie de sa jeunesse révoltée. Les deux hommes, l'aîné et le cadet, partagent un même pessimisme tempéré par la lumière des amitiés viriles. Pierre Schoendoerffer transposera sur grand écran, dans des films aussi puissants qu'étranges, une vision et une poésie où Kessel n'a pu que se trouver chez lui.

Trois techniciens, tout aussi talentueux et peu conformes au modèle courant, complètent une équipe dont le plus âgé n'a pas quarante ans. Ils voient tous les trois la vie à travers le viseur d'un appareil photo. Raoul Coutard, trente-deux ans, a photographié la prise de Cao Bang et suivi son inséparable ami Schoen sur tous les théâtres d'opération en Indochine – il sera dans quelques années le cameraman attitré de Jean-Luc Godard. Renaud Lambert, trente-huit ans, a accompagné Paul-Émile Victor, caméra au poing, au Spitzberg et en Laponie, et connaît le Sahara comme sa poche. Enfin, Jacques Dupont, trente-cinq ans, a réalisé un film sur les Pygmées en 1946 et un second, *Crèvecœur*, sur le bataillon français de la guerre de Corée. Ce sont des hommes qui ont bourlingué, à leurs risques et périls, et qui dès le réveil se déclarent partants pour toutes les aventures. Schoendoerffer et ses opérateurs vont former un groupe soudé et enthousiaste autour de Kessel. Il a l'âge d'être leur père mais eux le regardent plutôt comme un grand frère, complice de leurs inspirations et de leurs folies.

La canadienne empoussiérée, le pantalon tirebouchonné, le cheveu hirsute, Jef les entraîne dans le dédale des vieilles rues de la capitale afghane, à pied ou en *gadis* – de petites carrioles empanachées, légères, tirées par un cheval harnaché de pompons. Kaboul fourmille d'une agitation surprenante, il faut se faufiler parmi la foule, au milieu des poules, des moutons et des ânes, dans un tintamarre de tous les diables. Escorté des reporters photographes qui notent au passage de futurs repères, des points de vue insolites ou enchanteurs, et sont vite débordés par les mille possibilités qui s'offrent à eux, Kessel aborde palais et marchés, échoppes et maisons à étages, avec cette impression étrange d'être décidément chez lui. Le vieil hôtel Kabûl n'a plus de place pour les recevoir, ils trouvent des chambres dans les locaux d'une société d'import-export, que dirige un ancien déporté à Buchenwald, juif et résistant, admirateur de *L'Armée des ombres*, Charles Hinstin. Avec Kessel, les difficultés sont l'occasion de rencontres inattendues, qui enrichissent le voyage. Ses relations, son prestige, et la sympathie immédiate qu'il suscite lui permettent de bénéficier, ici comme ailleurs, du meilleur accueil. « Partout, un ami ! » Pour l'Afghanistan, son guide, aussitôt adopté par le groupe qui n'aime rien tant que d'élargir le cercle de famille, est le conservateur du musée de Kaboul en personne, Ahmad Ali Kohzad, auquel s'est associé un professeur diplômé de l'université de Cambridge, dont la famille s'est battue pour l'indépendance de son pays. Tous deux, qui parlent l'un et l'autre un excellent français, vont initier Kessel à l'histoire, à la géographie et aux mœurs afghanes. Ahmad Ali Kohzad les suivra sur le vaste itinéraire qu'il les a aidés à tracer sur les cartes, un véritable défi consistant à franchir monts et vallées. L'équipe s'est déjà procuré deux jeeps et un camion, pour loger le matériel. Ainsi que des interprètes indispensables pour se faire comprendre dans les divers dialectes du pays.

Surtout, ils bénéficient de la plus haute protection, celle du roi Zaher Chah, auprès duquel une amie de vieille date[1] a chaudement recommandé Kessel. Le nom du roi est un sésame pour aborder les chefs de tribus ou de villages. Signe de sa faveur, Zaher Chah a prêté à Kessel pour la durée de son séjour une Chevrolet de son écurie, et un chauffeur. Kessel roule sous pavillon royal.

Reste à trouver les acteurs du film : les cinéastes les choisiront en chemin, ils ne veulent surtout pas faire appel à des comédiens professionnels. On ne triche pas avec les hommes, la vérité du film dépend de cette condition indispensable.

Ce magnifique voyage, avec sa part de chance, son scénario improvisé, la chaleur de son climat et de ses habitants, mais aussi une part d'ombres et de malchance, Kessel les racontera plus tard dans un livre, *Le Jeu du roi*, qui est à la fois le journal de bord du film en train de se faire, et le chaudron d'où jailliront un jour *Les Cavaliers*, son roman le plus abouti, le plus lyrique. Il mettra plusieurs années à l'écrire.

« Le Jeu du roi ». Il tient enfin le sujet du film, qui sera le thème central de son futur livre, une course de chevaux propre à l'Afghanistan, l'une des plus anciennes et dangereuses au monde, le légendaire *bouzkachi*. Une lutte sans merci met aux prises les meilleurs cavaliers du pays, les *tchopendoz*, qui rivalisent d'adresse

1. Catherine Izard, épouse de l'avocat Georges Izard et sœur du futur cardinal Daniélou. Ses parents ont accueilli le roi Zaher Chah chez eux, quand il n'était encore qu'un enfant, et il en avait gardé un pieux souvenir.

pour s'emparer d'un macabre trophée : la carcasse d'un bouc, décapité avant la course puis rempli de sable et d'eau, selon un rituel qui vaut le spectacle. Le sang gicle. La tête est jetée, seul le corps va servir la rage des cavaliers. Placé dans un trou peu profond, creusé à cet usage de sorte que la toison dépasse, le jeu consiste à s'en emparer, puis à le garder en main malgré les offensives. Le cavalier armé du trophée doit tâcher de s'extirper de la mêlée, en esquivant les coups de poing, de botte et de cravache, et surprendre ses adversaires. C'est au triple galop, en équilibre parfois sur un seul étrier, ou renversé sous le ventre de son cheval haletant et suant le sang, qu'il ira jeter le bouc dans le *hallal*, et ainsi remporter la victoire. Le *hallal* est un cercle dessiné sur le sol à la craie, entre deux mâts distants de plusieurs centaines de mètres, un mot dont la traduction en français, « cercle de justice », rend mal la dimension sacrée. Ce cercle magique marque le but d'une course qui s'apparente aux mythes du sacrifice et de l'offrande aux dieux. Le *tchopendoz* vainqueur, honoré comme un seigneur dans son village, devient un dieu vivant pour tout le pays. Son nom vénéré se répète en écho de vallée en vallée.

Les valeureux cavaliers, dont les corps arborent les fières cicatrices de leurs combats, viennent de tous les horizons de l'Afghanistan. Ouzbeks, Tadjiks, Nouristani, Hazaras, et surtout les fameux Pachtouns – ses plus anciens habitants –, sélectionnés pour leur endurance et leur vitesse à la course, montent des chevaux splendides, entraînés pour la victoire et aussi braves, aussi combatifs que leurs maîtres. Une fois par an, se déroule à Kaboul le *bouzkachi* royal. Une foule immense se réunit sur le terrain de Bagrami, à Kaboul, à l'occasion de l'anniversaire du roi, en présence des plus grands dignitaires et de leurs invités. Cette fête nationale qui se célèbre dans un concours impitoyable suscite la même liesse populaire que les jeux du cirque à Rome. Kessel va mettre en scène la course fabuleuse et en conter l'histoire en ne se privant pas de ses pouvoirs de romancier. Il exaltera le courage, les vertus guerrières, le dépassement de soi, héroïque et brutal, des hommes et des chevaux.

Michèle n'a pas sa place dans un tel tableau, aucune femme ne l'aurait. À Kaboul comme dans les autres villes traversées, à Kandahar, à Mazar-i-Charif, à Maïmana, dans les villages qui servent de haltes à leur expédition, Kessel, qui aurait souhaité enrober d'un peu de douceur cette ode fanatiquement virile, n'a croisé que des silhouettes voilées des pieds à la tête, enveloppées dans un *tchador* de toile brune qui ne laisse pas même percer un regard. Un grillage de coton cache les yeux des femmes. Aucune, même à prix d'or, n'accepterait de lui montrer son visage. Ni même la prisonnière, condamnée à vingt ans de réclusion, pour laquelle il a obtenu une remise de peine, si elle voulait bien jouer dans le film sans son *tchador*. Elle a préféré sa geôle. Au grand dépit d'une équipe qui croyait offrir à une femme, avec la liberté, le bien le plus précieux du monde.

Ce que la loi des hommes lui interdit, ce que le film ne peut mettre en scène, le roman, lui, le permet. Quand il écrira *Les Cavaliers*, Kessel inventera une petite créature femelle, particulièrement dangereuse, pour électriser ses héros à cheval. Née de son imagination, Zéré, la nomade, aura un visage aux traits fins, un regard vert translucide et tous les talents pour damner un homme. Ouroz, le *tchopendoz*, fils du grand Toursène qui fut champion des champions en son temps, manquera d'y laisser la vie. La perversité de Zéré, son amour cruel, sa nature maléfique, sa beauté aussi, et l'attraction qu'elle exerce si facilement sur les hommes, ne sont pas sans rappeler, dans la vie de Kessel, les vertus de son épouse irlandaise, Michèle, tout aussi éruptive et armée d'inquiétants pouvoirs.

« On arrivait aux approches du Chibar, seule trouée dans le massif auguste et monstrueux de l'Hindou Kouch, par où, à 3500 mètres d'altitude, se faisait tout le trafic et tout le charroi entre l'Afghanistan du Sud et l'Afghanistan du Nord. » Le début des *Cavaliers*, aussi célèbre que celui de *La Ferme africaine* de Karen Blixen, est une photographie du paysage. On y est jeté sans préambule, par la force des images, et on y restera, happé par la splendeur et l'austérité d'un décor sans commune mesure, par sa sauvagerie, avec les paysages domestiqués de la vieille Europe. « D'un côté, la falaise en dents de scie. De l'autre, un vide sans fond. Des ornières énormes, des quartiers de roc éboulé coupaient la voie. Les côtes, les lacets, les tournants devenaient toujours plus raides, plus difficiles et dangereux à négocier... » Kessel retrouve en Afghanistan, au carrefour de l'Asie centrale, cette même position stratégique entre Orient et Occident qui était le propre d'Orenbourg, un point de passage et de brassage, le plus à même de l'attacher. Loin de s'intéresser aux grands conquérants qui ont tenté, sur le chemin des Indes, d'arracher ce territoire au relief particulièrement hostile à ses coutumes et à sa liberté, ni Alexandre le Grand, ni Gengis Kahn, ni l'empereur Babur ne le retiennent. Il veut connaître et comprendre les gens qui ont bâti ce pays, des paysans-guerriers capables de résister aux invasions de l'est comme de l'ouest, et de tenir tête aux empires les plus solides et les plus arrogants, y compris à l'Empire colonial britannique. Pour Kessel, l'Afghanistan où il respire un air âpre et pur, c'est un royaume paisible et accueillant, victorieux de la tutelle des envahisseurs, et qui ne connaît encore ni l'invasion soviétique ni la tyrannie des mollahs. C'est le massif « auguste et monstrueux » de l'Hindou Kouch, ce sont les pistes caillouteuses au bord des gouffres où le camion et les jeeps risquent à chaque virage de basculer, ce sont les aubes et les crépuscules qui incendient les hautes falaises de pierre nue, les villages en pisé au fond des vallées où un soleil vertical ne pénètre qu'une ou deux heures par jour, et puis ce sont, partout dans le pays, ces terrains plus ou moins vastes, toujours arides, où des cavaliers d'exception se livrent à une lutte légendaire au mépris de la vie et de la mort.

La Passe du diable : le film a failli ne pas se faire, faute du budget nécessaire. Beauregard a été au bord de la faillite. Au bout de quatre mois, il n'y avait plus rien dans les caisses, Kessel a dû rentrer à Paris pour négocier une rallonge auprès du Sauveur par excellence : le généreux Cino Del Duca, toujours prêt à investir dans des causes que tout le monde croit désespérées.

Au fond de lui Kessel est persuadé qu'ils ont attiré le mauvais œil en filmant la scène où le bouc a été égorgé. Il a voulu interdire à Schoendoerffer de filmer, mais Schoen ne l'a pas écouté : il a suivi chaque étape du supplice avec sa caméra. Or, le bouc était noir. Kessel, qui est superstitieux, savait qu'il leur porterait malheur.

À peine arrivé à Paris, en novembre, Kessel assiste à la mort de Raïssa. Elle s'éteint boulevard Brune, dans l'appartement où le docteur Kessel recevait ses patients et où lui-même a longtemps vécu. Sa mère était, depuis toujours, une part de sa force, elle l'était restée dans sa grande vieillesse. Il a dû prolonger son séjour pour l'accompagner au cimetière du Montparnasse et veiller à son enterrement dans le caveau où il rejoindrait un jour ses parents.

De retour à Kaboul à la fin du mois, il retrouve une équipe désespérée, qui a dû vendre le matériel cinématographique pour payer logement et nourriture, il a fallu tout recommencer à zéro. L'histoire est pourtant belle, axée sur le rêve d'un enfant qui veut devenir un *tchopendoz* sur le modèle de son frère aîné. Rahmi traverse le pays sur ses petites jambes, aux côtés d'un nomade rencontré en cours de route, oracle inquiétant et funeste qui essaie de le perdre et le voue sans qu'il s'en doute à la catastrophe. Le grand frère, Mokkhi, remporte la victoire à Kaboul, mais ignore qu'il la doit au sacrifice de l'enfant, qui a défié le destin par amour pour lui. Le scénario, revu et corrigé, enrichi de personnages et d'épisodes qui font rebondir l'action, servira de trame aux *Cavaliers* – le chef-d'œuvre de Kessel et son ode lyrique à l'Afghanistan.

Malgré des images de toute beauté, et un texte très émouvant de Kessel dit en voix off par Jean Négroni, le film sera un échec cuisant. Les Français, lors de sa sortie en salle en 1958, sont préoccupés par « les événements » d'Algérie. Les journaux et la radio diffusent des nouvelles qui assombrissent leur moral, et suscitent de violentes querelles au sein du pays. Personne ne s'intéresse à ce qui se déroule en Asie centrale. L'Afghanistan est à peu près aussi connu des Français que la planète Mars. Mais l'échec vient probablement aussi du film lui-même. Trop récité, trop monocorde, d'une lenteur obsédante, son plus criant défaut est d'hésiter entre le documentaire et le conte sans choisir l'un ou l'autre, alors que le public a une nette préférence pour la fiction et répugne au mélange des genres.

Le film, avec sa poésie étrange, offre d'exceptionnelles prises de vues. Ce ne sont qu'images d'ocre et de feu. Dans les vallées ou sur les sommets, de villages en déserts sur lesquels souffle le vent fou des steppes, Schoendoerffer a véhiculé sa caméra sur des terres où rien ne rappelle l'Occident. Il a cherché le sens de l'aventure des *tchopendoz*, bien plus que l'anecdote. C'est un film sur le destin, qui se révèle féroce, et un portrait d'enfant parmi les plus beaux imaginés par Kessel. Schoen a même filmé Bamiyan qui fut détruite par les Mongols de Gengis Khan avant de l'être définitivement par les talibans modernes, la cité fameuse aux Bouddhas géants, creusés debout dans le roc. La construction de ces sculptures remonterait au Ve siècle, peut-être avant... La scène du film, telle que Schoendoerffer l'a tournée dans ce site vertigineux et glacial, à 2 500 mètres d'altitude, revêt par ses couleurs et son tremblé l'apparence d'un conte fantastique : l'irréel et le réel s'y confondent, tandis que l'enfant cherche désespérément une issue en descendant les falaises, parmi les niches qui servaient de cellules aux moines troglodytes, à l'époque où Bamiyan était un gigantesque monastère[1]. Le plus grand mérite de *La Passe du diable*, qui sera décrié à sa sortie par un Jean-Luc Godard au sommet du mépris[2], est pourtant, outre sa qualité poétique, d'avoir rendu immortels des paysages, des visages et des silhouettes, aujourd'hui perdus. Il y a dans ce film raté, et malgré tout si beau, les couleurs d'or et de sang et la ferveur sacrée des futurs *Cavaliers*.

Le roman ne sera publié qu'en 1967, par Gallimard. Sa genèse aura duré dix ans, son écriture un peu plus de six – presque un record pour Kessel qui, à l'exception du *Tour du malheur*, écrit ses livres en un tournemain.

1. Sans doute jusqu'au IXe siècle, date de l'apparition de l'islam dans la vallée.

2. « Ton film, c'est de la merde » : Godard à Beauregard, après la première de *La Passe du diable*.

24
Les noces de Samothrace

À l'opposé des steppes et des montagnes des *Cavaliers*, clef de voûte du grand rêve de Joseph Kessel, se dresse l'univers fantasmé de Maurice Druon. Autant son oncle recherche la confrontation violente avec les confins, les paysages bruts et le désordre des émotions qu'ils suscitent, autant lui se complaît dans l'harmonie classique qui a perduré en Europe à travers les siècles. Ses rêves sont étayés de colonnes doriques, de péristyles et d'architraves, de frontons ouvragés par les meilleurs sculpteurs du temps de Périclès. D'un côté, l'Afghanistan. De l'autre, la Grèce. Il y vient de plus en plus souvent, avec Madeleine, attiré par des rivages, « source ininterrompue de civilisation[1] ». Bien au-delà de ses paysages et de ses îles, l'Antiquité grecque est l'architecture de son monde intérieur.

Il revendique lui-même cette appartenance par une boutade. Son ami Bernard Destremau, le champion de tennis, futur ambassadeur et secrétaire d'État, alors comme lui élève officier, raconte que le jeune Maurice pendant leurs classes s'était vu attribuer un

1. Maurice Druon, *Les Rivages et les Sources*, Maurice Druon et Edito Service Genève, 1974, p. 808 de l'édition Plon des *Romans mythologiques*.

cheval nommé Plutarque. Druon corrige : « Il me paraît que le nom de ce grand bidet, diablement haut, était plutôt Cicéron. De toute manière c'est sur l'Antiquité que j'avais à me hisser[1]. »

Même *Les Rois maudits*, qui se déroulent dans une ère de secousses et de schismes et mettent en scène des personnages habités par la démesure et la folie, sont un monument solidement construit et harmonieux. Ils baignent dans une clarté objective. Le tumulte des passions n'affecte jamais l'esthétique du bel équilibre. Car Druon déteste l'esprit d'anarchie, qui lui paraît être chez un être humain le pire défaut du caractère. Et dans la vie civile, une menace à étouffer dans l'œuf. Il a horreur du désordre.

Kessel n'honore pas l'anarchie, mais il ne la déteste pas. Il se plaît dans les univers fougueux, désordonnés, braillards, des nuits de princes ou de clochards. Ses romans n'ont pas d'architecture souveraine, ils jaillissent d'une inspiration qui fait une large part à l'improvisation et au hasard. Les vagabonds, les mendiants, et autres espèces d'humanité errante auxquelles le romancier en Maurice Druon ne s'intéresse pas, lui sont chers. Kessel a de l'affection pour ce qui relève d'un certain désordre intérieur. Les angoissés, les inquiets, les désaxés, les fous – et même les chevaux fous –, il a pour eux une immense tendresse. « Jehol », le cheval indomptable et magnifique que convoitent les *tchopendoz*, n'est-il pas après tout le véritable héros non seulement du *bouzkachi* royal, mais du roman lui-même auquel il insuffle son rythme tourmenté et puissant ?

Ces mêmes années 1955-1960 où Kessel écrit le scénario de *La Passe du diable*, *Le Jeu du roi* et les premières pages des *Cavaliers*, sa trilogie afghane, Druon choisit pour son prochain livre un héros grec. Et, quoique né en Macédoine, le plus grec des héros :

1. M. Druon, *Mémoires* t. I, *op. cit.*, p. 331.

Alexandre le Grand. On ne peut pas vraiment s'en étonner. Ni qu'il ait défini comme « le Roman d'un dieu » (son sous-titre) un ouvrage dont la très haute ambition est à la mesure de son sujet.

Druon a mené de front son projet, sans qu'aucun pont ne soit créé, avec l'écriture des *Rois maudits*, dont la somme est loin d'être achevée. Son *Alexandre le Grand* paraît en effet aux éditions Del Duca, en 1958, l'année intermédiaire entre le tome IV, *La Loi des mâles* (1957) et le tome V de la saga, *La Louve de France* (1959). Maître d'œuvre d'une production acharnée, il s'en acquitte avec l'endurance qu'on lui connaît et un sens non moins éprouvé de l'organisation. C'est pour Alexandre qu'il a embauché dans son atelier, où il fait bande à part parmi l'équipe des *Rois maudits*, un documentaliste dévolu en exclusivité à ces recherches spécifiques : bien sûr, Matthieu Galey.

Lequel, toujours sarcastique, goûte jusqu'à la lie son (bon) salaire de *ghost-writer* (5 % des droits d'auteur) :

« J'ai vite compris qu'il a besoin d'un nègre supplémentaire en ma personne, afin de jeter les bases de son *Alexandre le Grand*... Pour discuter affaires, nous passons dans la pièce voisine, où trône un portrait d'Alexandre Dumas, précurseur et modèle... Il est généreux et je suis très gêné : nous sommes d'accord en cinq minutes. Puis il me raccompagne jusqu'au palier, et je lui donne du maître, comme on m'a recommandé de le faire.

— Oh ! je t'en prie, pas de ça entre nous !

— Mais si, pourquoi pas ?

— Ça me vieillit[1]... »

Galey, qui se dit « accaparé du matin au soir par Alexandre », consulte toutes sortes d'ouvrages d'érudition à la Bibliothèque

1. M. Galey, *Journal intégral*, *op. cit.*, p. 107-108.

nationale et à la Mazarine, car Druon le lui a bien expliqué : la reconstitution romancée de la vie d'Alexandre se doit d'être fidèle à la vérité historique. Il tient à cette règle fondamentale, un roman qui se déroule dans l'Histoire, loin de laisser libre cours à la fantaisie, doit se fonder sur des sources incontestables. Il a donc demandé à Galey de relire Quinte-Curce et Plutarque, mais aussi Diodore de Sicile, contemporain de César et d'Auguste, auteur d'une *Bibliothèque historique* réputée pour fournir les meilleurs renseignements sur la vie quotidienne dans l'Antiquité grecque, et Arrien de Nicomédie, chroniqueur du haut Empire romain, émule d'Épictète, un programme qui change le jeune dandy stendhalien de ses habituelles fréquentations. La moisson de ses heures d'études se compte en citations des textes, mais aussi en détails concrets ou rares, piochés en abondance, qui permettront de ressusciter l'époque et d'insuffler la vie aux personnages. L'*Alexandre le Grand* de Druon ne relève pas du genre de la biographie, quoiqu'il s'en approche par l'ampleur et la précision de la documentation. C'est un roman vrai, selon la recette de l'exofiction qui est déjà celle des *Rois maudits*. Galey : « L'*Alexandre* de Druon. Il a gardé beaucoup plus que je ne l'aurais cru de mon travail, avec une prédilection pour les scènes un peu “enjolivées” par mes soins. L'ensemble est vivant, romanesque : il sait y faire. Un petit penchant coupable pour la grandiloquence “à l'antique” mais enfin[1]... »

On y entre par le biais d'un procédé romanesque qui a fait ses preuves, la voix d'un narrateur. C'est un proche du Conquérant qui raconte l'histoire, dont il est en même temps l'un des acteurs. Aristandre de Telmessos, « premier conseiller sacré et devin officiel » de Philippe II de Macédoine, le père d'Alexandre, n'a pas

1. *Ibid.*, p. 130.

seulement vu naître l'enfant, il a prédit sa naissance. Et il est resté le devin préféré du jeune monarque, dont il interprète les rêves. Alexandre n'entreprend rien, ni surtout une bataille, sans le consulter. Aristandre de Telmessos l'accompagne jusqu'au bout de sa fulgurante trajectoire, le seul à connaître dès le début son dénouement tragique.

Kessel prise lui aussi cette technique romanesque du récitant, qui permet à l'auteur les commentaires extérieurs à l'action et de tirer la leçon des événements. Il en a usé (un peu trop) dans *La Passe du diable* et (merveilleusement) dans plusieurs de ses romans. Le conteur est un personnage clef des romans de Kessel. Ainsi *Les Cavaliers* s'ouvrent-ils sur le récit d'un vieil homme, à la défroque de mendiant, dont le visage émacié, réduit au squelette, irradie une lumière d'Ancien Testament : Guardi Guedj, c'est son nom, parcourt les provinces d'Afghanistan pour répandre inlassablement la bonne parole et célébrer les vertus humaines. À ce sage, en lequel chacun voit « l'Aïeul de tout le monde », revient la charge d'expliquer au vieux Toursène, rendu furieux par la défaite de son fils au *bouzkachi* royal, que ce fils – Ouroz – est en vérité un héros. Il existe plus grande victoire que d'exercer sa suprématie à la plus élitiste, à la plus brave des courses à cheval, celle de gagner par son courage le combat cent fois plus rude de la vie – une morale se dégage de la lecture des *Cavaliers*.

Druon, de son côté, désireux de peindre l'acmé d'un Conquérant, son modèle sous tension extrême, a choisi sans surprise son héros dans l'Antiquité. Un Macédonien qui porte en lui une idée sublimée de la Grèce. Fort d'une intelligence stratégique et d'une organisation mentale exceptionnelle, c'est un Alexandre inédit que Druon révèle, bien différent du chef de guerre implacable et mégalomane aux ambitions jamais assouvies, dont la légende est restée. D'abord parce qu'il est un bâtard. Pour Druon, la bâtardise d'Alexandre est un caractère fondamental, trop souvent négligé par les historiens. Né « hors légitime mariage » comme d'autres héros fondateurs, tels Thésée, Romulus ou Moïse, c'est de là que lui viendrait sa volonté de conquête et de domination. L'introduction du livre, pour laquelle il a fait appel à des sources bien plus intimes que la consultation d'ouvrages érudits, est une défense et illustration de la bâtardise à travers les âges, du moins jusqu'à l'ère chrétienne : « Il n'est pas surprenant que des êtres qui n'ont pas de place dans un ordre établi connaissent la tentation, la volonté d'instaurer un ordre nouveau ; [...] qu'ils gardent hostilité à leur mère de les avoir enfantés en de telles conditions d'opprobre ; [...] que les juges, magistrats, gouverneurs, administrateurs et prélats soient ordinairement leurs bêtes noires [...]. Car là est la question finale, perpétuellement reposée de millénaire en millénaire. Sont-ils simplement et banalement les produits d'accidents passionnels, ou bien y avait-il pour eux une sorte d'obligation à naître ? Or rien ne leur répond que le bruit de leurs propres actions[1]. »

Son héros, illégitime par la naissance, est sensible aux mondes occultes, à l'influence des dieux, à la vulnérabilité de l'homme entre les mains des dieux. Fils d'Olympias, princesse royale et prêtresse de Zeus-Amon, il a été très tôt initié aux mystères de Samothrace. Son père véritable serait ce dieu aux cornes de bélier, mi-grec, mi-égyptien, représenté avec une barbe de satrape et un collier de serpents. C'est un dieu doublement puissant, Zeus est le maître de l'Olympe, Amon souvent assimilé au soleil. Alexandre aurait été conçu lors d'une transe sacrée. Philippe II

1. Maurice Druon, *Romans mythologiques. Les Mémoires de Zeus, Alexandre le Grand* et *Les Rivages et les Sources*, Librairie Plon, 1964, p. 430.

de Macédoine ne fut pour lui qu'un « père nourricier ». La haine entre les deux hommes découlera naturellement de la conception divine de l'enfant, placée sous le signe de l'adultère de la mère avec le dieu. Cette haine n'empêchera pas le jeune héros de recueillir l'héritage de Philippe II de Macédoine et de poursuivre ses conquêtes, « au pas de la foudre ». Druon souligne avec conviction l'apport de la mystique et du sacré sur une personnalité qu'on a longtemps perçue et simplifiée au regard de ses effigies idéales, sculptées dans la pierre ou sur les monnaies. Lors de son passage dans l'oasis de Siwa, à la frontière entre l'Égypte et la Libye, les prêtres ont confirmé à Alexandre qu'il était bien le fils du dieu des dieux.

On sait Druon féru non seulement de mythologie – une passion dès son jeune âge –, mais d'astrologie. Il s'en donne à cœur joie dans ce livre où l'Histoire est soumise aux oracles, et cherche avec Telmessos dans le ciel astrologique d'Alexandre le tracé prédestiné de son parcours. Il n'hésite pas à recourir aux signes pour éclairer la tornade déchaînée que fut son épopée, et élabore au cours des pages, à la lumière de très anciens textes sacrés, une autre figure du Conquérant qu'il érige en véritable messie. Un messie païen, guidé par les arcanes, telle une préfiguration du Christ, né « hors légitime mariage » lui aussi et mort au même âge.

Ce roman à la solide charpente, renforcé de cinquante-cinq notes érudites, est de tous les livres de Druon paradoxalement le plus nourri de nuits célestes et de secrets divins.

L'*ananké* des Grecs, l'équivalent du *fatum* des Romains, est une notion importante dans l'univers de Druon. Cela peut étonner, étant donné son fort caractère, sa propension à organiser et à maîtriser sa vie. Mais aucune volonté humaine ne semble pouvoir infléchir le Ciel, quel qu'il soit, quand l'*ananké* se manifeste. Une nécessité supérieure gouverne selon lui le monde. L'astrologie est un des instruments de la Connaissance, Druon y a recours dans une démarche rationnelle, dénuée de toute superstition. Il a étudié avec précision, pour lui-même, l'emplacement des planètes au jour de sa naissance et mesuré leur influence sur son caractère, comme sur son existence – sa part d'*ananké* en somme. Pour Alexandre, la conjonction du Bélier et du Lion était la trace tangible de sa nature suprahumaine, la préfiguration astrale d'un destin d'exception. Le costume de l'augure, expert en présages, sied parfaitement à Druon. Quand il écrit, il est lui-même un Aristandre de Telmessos. Tel le mage et principal conseiller d'Alexandre, qui lui fut fidèle jusqu'au bout, il entend par ce livre décrypter un destin courageux et téméraire entre tous, mais qui n'échappe pas à la volonté des dieux.

Alexandre le Grand, mort à trente-trois ans, aura parcouru quarante mille kilomètres lors de son passage météorique sur la planète, et fondé vingt-quatre villes portant son nom, la plus célèbre étant l'Alexandrie d'Égypte. Un royaume dont Alexandre fut pharaon, en 331 avant J.-C.

Ici s'ouvre la marche du héros vers l'Asie. Une attraction irrésistible conduit le fils d'Amon vers ce continent qui le fascine depuis l'enfance et qu'il veut à tout prix faire sien. La présence hellène est attestée de longue date non seulement en Asie Mineure, mais bien au-delà, en Mésopotamie et sur le plateau iranien. Ce sont des voyageurs, des commerçants, des artisans, mais aussi des mercenaires et des Grecs chassés du Péloponnèse par la loi de l'exil, qui ont été les pionniers de l'hellénisme en Asie, ses premiers colons. Établis en petit nombre dans les anciennes capitales achéménides, ils ont apporté avec eux leur façon de vivre, leurs coutumes, leur savoir spécifique, « sans pour autant bouleverser les traditions culturelles de ces régions[1] ». Alexandre va ouvrir la voie à un art qui verra son épanouissement avec ses successeurs, syncrétisme où se mêlent les influences grecques et indo-persanes : les artistes sculpteront des bouddhas vêtus d'un *peplos*, le vêtement grec traditionnel, à moins que ce ne soit d'un long *chiton*. Cet art dit du Gandhara est né dans la région de Peshawar, peu après le passage des armées d'Alexandre.

La Perse était alors le plus vaste empire au monde. Elle comprenait la Turquie, la Syrie, le Liban, la Palestine, la Jordanie, l'Égypte, une partie de la Libye et de la Cyrénaïque, l'Irak, l'Iran, l'Arménie, l'Azerbaïdjan, la Géorgie, la Turkménie, l'Ouzbékistan, une partie de la Kirghizie, ainsi que l'Afghanistan et le Pakistan[2]. Après avoir vaincu Darius III, Alexandre s'empare un à un de ces territoires immenses et implante dans les anciennes satrapies des colonies hellènes ou renforce les existantes. La Grèce, telle qu'il la conçoit depuis son enfance macédonienne, la Grèce civilisatrice étend avec lui son emprise vers l'Asie comme une marée montante. Son rêve lui sert de boussole, l'oriente en digne fils d'Amon-Rê dans la direction du soleil levant. Marié à une princesse de Bactriane, Roxane, « la plus belle femme de l'Empire perse », il ne cherche pas seulement à agrandir son royaume, il le veut uni, rejoint, dans une même entité sous son règne, sans plus de distinction entre l'est et l'ouest. Prince de Macédoine devenu pharaon d'Égypte, le monde lui appartient. Il fait célébrer dans une orgie gigantesque, inspirée des transes de Samothrace, l'union de quatre-vingt-quinze de ses généraux et de dix mille de ses officiers subalternes et de soldats avec des femmes perses.

1. Pierre Cabanes, professeur honoraire de l'université de Paris-X-Nanterre, « Les Grecs en Asie avant Alexandre le Grand », *Clio*, 2000.

2. M. Druon, *Romans mythologiques*, *op. cit.*, p. 792, n. 27.

Druon ne lésine pas sur la description de ces « épousailles » qui allaient « accomplir les noces de deux continents et mêler les sangs de Macédoine et de Grèce à tous les sangs d'Asie ».

Telmessos indiquant des augures favorables, Alexandre conduit ses troupes vers les rives du fleuve Indus, qui prend sa source dans l'Himalaya puis déroule son flux sur une terre où aucun conquérant n'a encore pénétré, sinon le dieu Dionysos, à la frontière avec l'Afghanistan. La rivière Kaboul est l'un de ses nombreux affluents. Entre l'Hindou Kouch (le Paropamise) et le fleuve Amou-Daria (l'Oxus), Balkh, capitale de la Bactriane, où l'attendait Roxane, n'est autre que le nord du pays si cher à Joseph Kessel.

Les territoires qui nourrissent l'imaginaire des deux romanciers se rejoignent alors par l'entremise de leurs livres, comme s'ils avaient eu le projet de s'y retrouver et d'y marcher ensemble.

Alexandre le Grand a chevauché en Afghanistan. Comme les cavaliers de Kessel, il a franchi l'Hindou Kouch. La cité de Bagrâm, près de Charikar, à une soixantaine de kilomètres au nord de Kaboul, lui doit ses fortifications et d'avoir été rebaptisée Alexandropolis, de même que Kandahar s'appelle désormais Iskander (Alexandre en perse). Bagrâm devient l' « Alexandrie du Caucase », Aï Khanoum à la frontière tadjike l'« Alexandrie de l'Oxus », et Kandahar l'« Alexandrie d'Arachosie » (ancien nom de l'Afghanistan), parmi d'autres villes qui ont eu l'honneur de porter son nom. Il est même passé par Bamiyan bien avant la construction des célèbres bouddhas géants, entraînant derrière lui la meilleure armée du monde, éprouvée par les batailles successives, et pour laquelle des falaises désertiques qui s'élèvent à une altitude vertigineuse représentaient un défi surhumain. Les soldats épuisés, avec leurs armes, leurs casques et leurs armures, suivaient le chef suprême dans une conquête dont ils ne voyaient pas l'aboutissement. Alexandre, porté par son rêve, malgré les blessures et les fièvres, ne voulait pas s'arrêter avant d'avoir traversé l'Indus. Voilà pourquoi l'armée dut emprunter la passe de Khyber qui relie toujours aujourd'hui l'Afghanistan au Pakistan, entre Peshawar, Jalalabad et Kaboul. Ces cinquante-huit kilomètres en à-pic, à plus de 1000 mètres d'altitude, n'ont rien à envier, en danger et en fatigue, ni en beauté sauvage, à la fameuse passe de Chibar décrite dans *Les Cavaliers*, au cœur du massif de l'Hindou Kouch. Les jeeps et les camions, qui risquent à tout moment de verser dans le vide tant le chemin est étroit et instable, y sont soumis aux mêmes périls que le furent les soldats d'Alexandre.

Communauté d'inspiration ou croisement mystérieux des œuvres ? Les deux écrivains suivent des pistes parallèles, reliées par des connexions inattendues. Tout un réseau de fils serrés, invisibles au premier abord, rapprochent leurs mondes romanesques, au-delà des plus criantes dissemblances.

Druon, entraîné en Afghanistan sur les traces d'Alexandre le Grand, se contentera de rêver l'expédition. Il la décrit à travers les livres et les documents consultés, et le travail en seconde main de Matthieu Galey sur Quinte-Curce ou Plutarque. Le repérage rustique à la Kessel, avec son inconfort de bourlingueur et sa frénésie d'aventures, la sueur et le danger, tout cela n'est pas du tout son style. Lui rédige ses livres à la plume d'oie, comme les anciens scribes, confortablement installé à une table et sur de beaux papiers, des histoires auxquelles il confère son propre goût des mondes platoniciens. La part d'irrationnel, qui est son lien le plus secret avec Kessel, y apparaît toujours un peu bizarre, l'empreinte indélébile familiale voulue par un dieu moqueur.

Son livre suivant, qui forme une unité avec le précédent, prolonge l'édifice. Après le roman d'un dieu, voici *Les Mémoires de*

Zeus : le roman du dieu des dieux, dont Alexandre se proclamait le fils selon sa généalogie mythique et les noces incandescentes de Samothrace. « La mythologie, écrit Druon, c'est un roman, le premier roman, le roman de l'univers, et qui comme tout roman contient des moments de drame et des moments de rire, des conflits, des bonheurs, des problèmes de morale, des problèmes de destin[1]. » Les vieux panthéons demeurent toujours utilisables pour tenter de comprendre ce qui peut l'être dans l'ordre de la Création, incluant ténèbres et mystères. Derrière les portes des temples, se trouvaient peut-être, « parmi les vestiges d'une ancienne connaissance, quelques réponses à notre quête, quelques repères et quelques garde-fous pour jalonner nos dangereuses routes ».

Les deux volumes qui contiennent *Les Mémoires de Zeus*, publiés en 1963 et 1967, encadrent la parution des *Cavaliers* (1966), comme deux piliers de temple grec de part et d'autre d'une chevauchée fantastique. Druon le dorique, Druon le rationnel occidental ouvre les portes de son monde imaginaire aux abysses insondables. Mais il en décrypte les signes à la manière des augures. Dans le rôle du sage, qui maîtrise les oracles et fréquente les dieux, nul ne peut rivaliser avec lui. Tandis que Kessel l'Afghan, Kessel le Sibérien qui a un pied en Orient et l'autre en Occident, et se sent l'égal de tous les hommes, plonge à s'y perdre dans le magma prodigieux que la vie lui offre en chemin.

1. M. Druon, *Romans mythologiques*, *op. cit.*, p. 14.

25

Tolstoïevski

Maurice Druon a inventé pour son oncle un surnom qui le résume tout entier : « Tolstoïevski ».

Pas seulement parce que Tolstoï et Dostoïevski sont les deux écrivains que Kessel place aux sommets et dont les livres, lus et relus en russe ou en français, ne le quittent jamais, mais parce que sa personnalité complexe et contrastée, tour à tour – souvent à la fois – ombre et lumière, mêle les caractères de ces deux géants antinomiques. La caricature est facile, elle a été largement déployée dans un élan simplificateur et pédagogique pour opposer les auteurs de *Guerre et Paix* et de *Crime et Châtiment*. Ce sont deux types d'hommes qui s'affrontent dans la légende, mais aussi deux types d'écrivains et d'artistes.

Tolstoï, résumé à grands traits, c'est la santé, la robustesse, la force de l'ours. Une espèce d'ogre qui dévore l'existence avec un appétit insatiable, de toute la puissance de sa sensualité. Il goûte le bonheur, tous les bonheurs, comme un miel, même s'il se sent coupable d'être aussi heureux. Cet « homme-peuple » comme l'appelle Stefan Zweig, « fils d'un peuple outrancier, fanatique des excès, valet des extrêmes », s'enflamme à l'éveil de ses sens, accueille les passions, nourrit son intelligence de ce que lui enseignent ses pulsions et son instinct. « Il aime le corps, réceptacle de la vivante vie, surface qui sent et reflète la lumière, organe respiratoire de l'air savoureux et affluant de mille sources, enveloppe du sang à la brûlante circulation ; il l'aime dans toute sa chaude palpitation charnelle, comme le sens et l'âme de la vie[1]. »

Dostoïevski, joues creuses, terreuses, peau pâle privée de sang, est consumé par l'épilepsie. Tourmenté de vivre, possédé de cauchemars où se reflètent ses peurs, ses tentations coupables, ses péchés inexpiables, il n'en finit pas de souffrir des terribles assauts du Mal – le personnage obsédant de son œuvre. De Raskolnikov aux frères Karamazov, ses héros sont soumis à la souffrance physique et morale de vivre, la souffrance est le seul chemin qu'ils connaissent vers la rédemption. Au lieu que les personnages de Tolstoï, si heureux d'être vivants, sont de plain-pied avec la nature, tout ce qu'elle offre en bien et en mal mérite d'être vécu. Zweig n'admire pas moins l'un que l'autre : « Il y a une lutte incessante entre Dostoïevski et sa destinée, une espèce d'inimitié amoureuse. Par elle, tous les conflits aboutissent à la douleur, tous les contrastes menacent de le déchirer. La vie lui fait mal [...]. Elle lutte avec lui comme avec Jacob [...]. Car il aime l'abîme, les profondeurs de la vie, le hasard satanique ; avec humilité il adore les puissances qui sont plus fortes que lui ; il ne cesse d'attirer leurs foudres meurtrières[2]. »

Pour l'écrivain du *Combat avec le démon*, le « deuil primitif, à la fois sinistre et sublime » est la couleur dostoïevskienne.

1. Stefan Zweig, *Trois poètes de leur vie. Stendhal, Casanova, Tolstoï*, trad. Alzir Hella, Belfond, 1983, p. 193.

2. Stefan Zweig *Trois Maîtres. Balzac, Dickens, Dostoïevski*, trad. Henri Bloch et Alzir Hella, La Pochothèque, 1996, p. 126 et 133.

Tandis que le sang est la couleur tolstoïenne, ce sang qui irrigue la vie.

Kessel serait selon Druon la parfaite synthèse de ces deux caractères, mais loin de se réconcilier en lui, de fonder en lui leur unité, ils s'affrontent le plus souvent, ou bien se passent le relais pour lui faire vivre alternativement des époques Tolstoï ou des moments Dostoïevski. Kessel est tolstoïen pendant sa folle jeunesse, dans les nuits de Montmartre comme dans les vols en plein ciel avec son escadrille, il l'est dans ses voyages en Syrie, en Irlande, en Afghanistan, il l'est aussi quand il écrit dans la sérénité d'une maison ou d'un hôtel à la campagne, sobre, ramassé sur lui-même pour mieux percevoir et raconter la vie. Il est dostoïevskien par la masse des remords qui le taraudent depuis la mort de Lazare et celle de Sandi, par le sentiment d'une faute inexprimable dont il ne se débarrasse pas, par les tourments de l'âme, par le chagrin aussi que lui inspirent les injustices ou la misère, la mort d'un enfant, les larmes d'une femme.

Dans ces années placées en apparence sous le signe du succès, de la célébrité et de la fortune – ses livres, en particulier *Le Lion*, se vendent par centaines de milliers d'exemplaires et le font connaître dans le monde entier –, il traverse une crise conjugale sévère, à laquelle il ne s'attendait pas. Ce n'est pas une brouille passagère, ni même une mésentente chronique qui enveloppe certains couples vieillissants d'un linceul prématuré, il est toujours aussi amoureux de sa femme, et elle se montre d'une jalousie de tigresse dès qu'il a le malheur de poser son regard sur un autre corps que le sien. La passion n'est pas éteinte, ni le désir et la joie d'être ensemble.

Mais Michèle lui en veut. Elle l'assomme de reproches. Il voit trop de gens, dont elle n'a souvent que faire et juge encombrants : en gros, tous les amis de Kessel, dont la compagnie lui est chère, et en premier lieu ses neveux, Patrick Kessel et Maurice Druon. Il s'intéresse à trop de sujets divers, qui lui sont indifférents et qu'elle n'a nulle envie de laisser envahir sa vie : les discussions « entre hommes » sur les conflits dont la planète est riche, les religions qui s'affrontent, l'exaspèrent. Elle le voudrait tout entier pour elle. Son amour exclusif, violent, n'admet aucun partage.

Mais son principal reproche, celui qui ruine le couple à force de récriminations, est le refus que lui oppose Kessel de lui faire un enfant. Elle désire de toute son âme être mère. Il ne veut pas entendre parler d'une éventuelle paternité. À son entourage, d'après Yves Courrière, elle se plaint d'avoir subi quatorze fausses couches, consenties par amour, pour ne pas enfreindre l'interdiction de lui donner un enfant. C'est le drame de sa vie. Un drame qui alourdit encore le fardeau de culpabilités du héros dostoïevskien.

Une photographie de 1952 montre le couple, détendu et souriant, sur la terrasse d'une villa louée pour l'été par leurs amis Baron à la Trinité-sur-Mer. Kessel a connu François Baron à Londres et les deux hommes sont restés liés – Baron, administrateur à Chandernagor à l'époque, a été le premier Français de l'étranger à rallier la France libre, le 18 juin 1940. Il est aussi très ami avec Druon, depuis le temps du *Chant des partisans*. Baron était présent dans le petit hôtel du Surrey où oncle et neveu ont écrit le chant, et c'est lui qui passait la tête dans l'entrebâillement de la porte pour demander : « Alors, ce n'est pas bientôt fini, votre *Marseillaise* ? » Quant à Carmen Baron, d'origine mexicaine, elle possède de la joie à revendre : la photo a été prise dans un climat familial chaleureux. Michèle tient dans ses bras le petit Jean-Marie, l'enfant du couple, avec une tendresse toute maternelle.

Ce geste enveloppant qu'ont toutes les mères du monde. Kessel, lui, regarde ailleurs.

Pour oublier sa peine, Michèle Kessel boit. Elle ne boit plus seulement pour accompagner Kessel, comme au début de leur relation, afin de lui prouver qu'elle est une bonne vivante, capable de le suivre dans sa prodigieuse consommation : le whisky a toujours coulé à flots dans le sillage de Kessel. Elle boit chaque jour un peu plus, parce qu'elle ne peut plus se passer de boire, elle boit pour boire. La boisson la rend acariâtre, violente, insupportable. La femme, à l'intelligence si fine, à la grâce sensuelle, se transforme en mégère, vitupère, crie, déballe des lots d'insultes et de grossièretés, et offre le spectacle dégradant d'une pocharde. Les amis de Kessel et Druon lui-même supportent sans rien dire des scènes qui se répètent et qu'aucun d'eux ni Kessel ne peuvent éviter ou contenir. Parfois, ils n'en peuvent plus mais ils restent, pour Kessel. « Je ne me souviens pas que nous ayons fini une soirée ensemble sans un esclandre de Michèle », dira Pat Schoendoerffer, l'épouse de Pierre, au biographe de Kessel[1]. C'est comme un jet d'acide qui se répand à sa table, quand Michèle a trop bu. Or, chacun dans l'entourage constate, navré, que son ébriété devient un état naturel.

Dix ans après leur mariage, les Kessel doivent faire face à ce mal qui va ronger leur existence : Michèle est alcoolique. Ce que Jef n'est pas ni ne sera jamais. Elle souffre d'une maladie très grave, difficile à soigner et qui a atteint chez elle le stade qui la rend incurable. L'alcool était déjà dans ses gènes, à sa naissance. Son père, Eugen O'Brien, fut un grand alcoolique. L'enfance de Michèle a été un long calvaire, marqué par les crises de violence de ce père qu'elle adorait mais qui se transformait en monstre

1. Y. Courrière, *Joseph Kessel*, *op. cit.*, p. 708.

brutal, aux instincts meurtriers, sous l'emprise de la boisson. Il battait comme plâtre sa femme et ses enfants. Elle trouvera un jour la force d'écrire un livre sur ce sujet : son enfance dévastée. Elle peindra les ravages que l'alcool provoque et les malheurs d'une famille où le fléau survient. Kessel l'a encouragée à écrire, pensant sans doute que l'écriture la délivrerait d'obsessions morbides et de la tentation inéluctable de s'autodétruire. Mais rien, en fait, ne pourra libérer son épouse de l'addiction, qui va durer encore plus de vingt ans et ne desserrera ses griffes que le jour de sa mort.

« Quinn frappait maintenant des deux poings. Les coups retentissaient, secs, rapides. Maureen s'arc-boutait au sol, les jambes raides. Un énorme marteau retentissait dans ses oreilles et des flammes passaient devant ses yeux. Un goût salé, amer, remontait dans sa gorge et son souffle n'arrivait plus que par saccades rauques et brutales. Sa seule pensée était : "Je ne dois pas vomir. Il ne faut pas qu'il ait cette satisfaction." Le poing s'abattit une fois de plus sur sa bouche et un filet de sang se mit à couler sur son menton[1]. »

C'est sous une forme romanesque qu'elle raconte son calvaire. Elle dresse le portrait d'un Irlandais, exilé en Bretagne, Barry Quinn, une force de la nature, aimé de son épouse, admiré de ses enfants, des enfants qu'il aimait et savait émerveiller de sa tendresse, de son talent de conteur aussi, avant de sortir boire un verre à l'auberge du village et de rentrer chez lui, métamorphosé en brute épaisse, un être vulgaire et méchant, tout juste bon à tabasser les siens. Les tabasser avec une violence sauvage, ainsi qu'elle le décrit dans *La Promesse*, ce roman à peine déguisé de sa

1. Michèle Kildaire (pseudonyme de Michèle Kessel), *La Promesse*, Gallimard, 1972, p. 74.

vie, la terrible confession d'une petite fille battue. Il est difficile de rester de marbre à sa lecture.

Elle y décrit la maison sur la lande couverte de bruyères, les embruns de l'océan tout proche, un foyer que la mère, sainte et martyre, tente de préserver des accès de folie du père, sa couvée de poussins qui se réfugient dans ses jupes et, un jour, déclarent la guerre à leur bourreau. La promesse, c'est celle que Michèle-Maureen s'est jurée à elle-même, les yeux fixés sur le crucifix accroché au mur de sa chambre : « Je jure sur ma vie, devant vous, si vous existez, que je quitterai la maison à la première occasion et que j'emmènerai ma mère et les enfants aussitôt que je le pourrai. Je ne dois plus rien à mon père[1]. »

Ce serment, elle en a réalisé la première partie : elle s'est émancipée, elle est partie. À Londres, réfugiée juste avant la guerre avec sa sœur et l'un de ses frères, elle a trouvé un travail de secrétaire puis rencontré Kessel et son existence a changé. Elle a fait venir sa mère, Mary, à Paris, ainsi que son plus jeune frère Donal O'Brien : Kessel, toujours généreux, les a logés plusieurs années chez lui, au fond de l'appartement de la rue Quentin-Bauchart. Autre blessure inguérissable de Michèle, la mort de son frère John : l'aîné de la fratrie a été tué aux commandes d'un bombardier de la RAF en novembre 1941, tout comme son alter ego, son double dans le roman.

Mais la dernière partie du serment, « Je ne dois plus rien à mon père », il lui est impossible de l'accomplir. O'Brien père lui a transmis ses gènes. Quoi qu'elle fasse et malgré ses efforts, l'alcoolisme est constitutif de son sang.

C'est une femme fragile, blessée, qui vit aux côtés de Kessel, une femme qui se débat avec une lourde hérédité et un non

1. *Ibid.*, p. 76.

moins lourd passé. Dans un premier roman, publié en 1967, la même année que *Les Cavaliers*, elle a mis en scène son adolescence qui s'est déroulée dans un pensionnat en Bretagne où son père, jugeant qu'elle lui tenait tête et bafouait son autorité, l'avait envoyée et enfermée. Le couvent était sinistre, elle y aurait sans doute dépéri si elle avait eu une âme moins bien trempée. L'amitié d'une pensionnaire, aussi malheureuse qu'elle, l'avait aidée à résister au chagrin, à l'exil, à la solitude – des maux incurables sauf à les noyer dans l'alcool. *Marie les Bottines* est un roman aussi personnel et autobiographique que le sera *La Promesse*. Il a le goût salé des larmes versées, des nuits inconsolables, et le cœur fier, le « cœur pur » selon l'imagerie de Kessel, d'une indomptable. Michèle est aussi rebelle dans son genre que Mary de Cork, l'héroïne de la célèbre nouvelle de son mari, égérie de la révolte irlandaise.

Ses deux romans, Michèle Kessel les a signés d'un pseudonyme, pour ne pas dépendre du nom du père auquel elle ne veut plus rien devoir, mais par esprit d'indépendance surtout. Comment signer un roman Kessel ? Ce nom d'un écrivain célèbre pèse sur elle, comme il pesait sur Clara l'épouse d'André Malraux. Clara qui ne put jamais écrire une ligne avant son divorce tant l'ombre du Grand Homme l'intimidait et lui ôtait toute confiance en elle. Malgré les encouragements de Kessel, Michèle a tardé à écrire, mais quand elle l'a fait, c'est sous un nom inventé, qui lui appartient en propre. Michèle Kildaire, d'après le comté de Kildare, en Eire. En gaélique, *Cill Dara*, l'« église aux chênes ». Ainsi pouvait-elle espérer exister, par elle-même, en tant que romancière.

La carrure de colosse de son mari vaut aussi en littérature. Quand il se met à écrire, devant elle ou à ses côtés, elle a le sentiment d'une dépossession. Il n'est plus là pour elle, il appartient corps et âme à son livre. Cela la désole, elle se sent trahie, trompée. Comme si on lui volait des moments précieux de sa vie. Dans le même élan, elle constate avec tristesse qu'il n'est jamais aussi bien que quand il écrit. D'ailleurs, dans ces moments-là il est parfaitement sobre. Il n'ouvre le placard aux alcools que lorsqu'il a fini. Les phrases courent sur le papier de sa minuscule écriture illisible, les corrections, les ratures se superposent sans qu'il relève la tête, tout entier à son œuvre comme elle ne le sera jamais. Un fossé les sépare, dans la création. Elle est, avec talent, une romancière d'occasion, qui écrit pour venir à bout de ses angoisses. Il est animé d'une puissance et d'une volonté qui lui rappellent l'océan de son enfance celtique, sa houle, ses vagues et ses abysses. Rien ne résiste alors au démiurge ni à sa liberté. Elle redevient la petite fille triste, qui rêve de s'enfuir : « Je passai le seuil du domaine désert, négligeai l'ancienne allée aux carrosses, et m'en allai, à travers prés et champs où régnait un foisonnant désordre, vers le bruit de l'eau[1]... »

En juin 1959, à l'occasion de la parution du *Lion* aux États-Unis, les Kessel s'envolent pour New York. Son éditeur en langue américaine, Alfred Knopf, accueille l'écrivain à bras ouverts : le roman promet d'être un triomphe. Kessel doit respecter un programme chargé d'interviews et d'émissions radiophoniques, mais il a également un reportage sur les bras : suivant l'organisation rituelle consistant à ne rien perdre de la manne d'un voyage, il a, en effet, négocié avec Lazareff un feuilleton sur Broadway pour *France-Soir*. Des spectacles comme *My Fair Lady* ou *West Side Story* sont encore inédits en France et beaucoup de Français,

1. Michèle Kildaire, *Marie les Bottines*, Gallimard, 1967, p. 131.

sinon dans des milieux privilégiés, ignorent jusqu'au nom de Broadway. Guidé par ses habituels contacts, journalistes ou patrons de boîtes de nuit, Jef emmène Michèle au théâtre voir les *musicals* de la saison, ainsi qu'une pièce novatrice, *A Raisin in the Sun*, écrite par une écrivaine noire américaine, Lorraine Hansberry.

Personne ne peut l'empêcher de s'immerger avec son épouse dans le *Bowery*, le quartier alors le plus malfamé de New York, au sud de Manhattan, ni de visiter les « bas-fonds » de l'Amérique, aussi glauques que ceux de Berlin jadis. Kessel est déjà venu plusieurs fois aux États-Unis, la première en 1919 fut une escale sur son trajet épique jusqu'à Vladivostok. Il va y demeurer plusieurs semaines d'affilée, logé au San Regis dont la clientèle huppée contraste avec ses visites aux pauvres hères du *Bowery*. Toujours aussi éclectique, il fréquente aussi bien, avec Michèle, les adresses les plus exclusives, le Downey's ou le Sardi's, des institutions pour les noctambules chics. On n'entre là qu'en montrant patte blanche – Kessel le lion est une gueule célèbre, et a des amis haut placés dans la société qui fait rouler le monde. *France-Soir* pourra publier ses articles du 15 au 27 septembre 1960 : « Broadway, feu permanent des plaisirs », un feuilleton à plusieurs épisodes marqué de cette patte reconnaissable entre toutes, portraits incandescents jaillis de la nuit américaine. L'un d'eux est consacré au *show-business*, un terme tout neuf que Kessel va porter à la connaissance des Français, qui ont toujours un train de retard sur l'Amérique, et là aussi découvrent le mot.

Mais il a un autre projet en tête, beaucoup plus intime et secret. Il a en effet entendu parler, par un journaliste du *Herald Tribune*, d'une étrange association qui vient en aide aux alcooliques. D'abord sceptique, Kessel reçoit les témoignages de gens qu'elle a sauvés de la déchéance et pour beaucoup de la mort. Il décide non seulement de mener sa propre enquête, mais d'aller voir sur place ce qu'il en est, en emmenant bien sûr Michèle à laquelle, on le devine, le projet est évidemment destiné. *The Anonymous Alcoholics* – AA –, dont les fondations remontent à 1935, en Ohio, sont alors en plein essor. Ils s'adressent aux personnes qui vivent dans la dépendance de l'alcool et sont désireuses d'en sortir. Un programme en douze étapes s'ouvre aux participants. Il s'agit de se présenter le premier jour aux autres membres du cercle, qui se retrouvent une fois par semaine, parfois davantage, dans un local affecté à leurs réunions. « Moi, X, alcoolique... », la formule est rituelle, aussi sèche qu'un constat. Après quoi le participant, s'il le souhaite et uniquement dans ce cas, parle ouvertement de son problème, à sa manière et comme il l'entend. Sinon il peut rester silencieux et écouter les autres parler. Le respect de chacun est essentiel. Pas de jugements, pas de leçons de morale. Surtout pas d'ironie. Chacun ne parle que pour soi. Les AA sont une fraternité, et ce n'est pas sans raison qu'ils s'assoient toujours en cercle, l'image même de l'union. On peut parfois se donner la main. Ou pas. La parole est la seule médication proposée. Aucun médecin, ni aucun psychiatre ou quelque représentant que ce soit du corps médical n'est présent, sauf à être alcoolique, personne n'attend rien ici de la Faculté. La guérison, ou l'espoir de guérison, repose sur l'altérité : « Qui d'autre qu'un alcoolique rétabli peut comprendre et aider un alcoolique qui souffre encore ? »

Kessel réussit, on ne sait comment, à assister à un bon nombre de ces réunions réservées aux seuls concernés. Michèle l'accompagne à plusieurs reprises, sans prendre la parole cependant. Que retient-elle de ces confidences au Cabaret de la dernière chance où tous les participants subissent la tyrannie de John

Barleycorn, John « Grain d'Orge », le légendaire distributeur de whisky du roman de Jack London, au sous-titre explicite « *alcoholic memoirs* » (1913). Un frère sous la même emprise de l'alcool, ce Jack London, que Kessel aime et admire, et qui a bu son premier verre à onze ans, connu sa première cuite à treize et n'a plus jamais vécu sans une bouteille ou une flasque à ses côtés. Il s'est battu sans relâche, a livré une guerre à l'ivresse, non seulement pour lui-même mais au nom de tous. Nourrie de son horreur de ce qu'il a vu dans les bas quartiers de l'East End de Londres, là où la misère est le lot de chacun, il l'a largement racontée dans *Le Peuple de l'abîme* (*The People of the Abyss*, 1903). Michèle est-elle concernée ? Se sent-elle impliquée ? A-t-elle aperçu une lumière au bout de son calvaire ? Ou est-elle restée sur la défensive, mutique sur sa souffrance, incapable de s'extirper du silence où elle s'est enfermée ?

Dans *La Promesse*, le roman où son père sous le nom de Barry Quinn, parvenu au fond de la bestialité et de la violence, a un comportement évident d'alcoolique, elle n'a réussi à écrire le mot « alcool » qu'une seule fois, d'après ma lecture, de même que « whisky », et elle reste évasive sur l'origine du *delirium tremens*. Incapable de prononcer le mot tabou, le mot qui vous exclut et vous humilie comme un pestiféré au regard de la société : « alcoolisme ».

Blocage. Refus de se voir comme était son père, avec ses excès, ses folies, ses insultes. Volonté de faire comme si tout allait pour le mieux... Elle ne s'est jamais confessée. C'est Kessel qui a pris le problème à cœur. Après avoir étudié le mouvement, sa structure, sa méthode dite « Minnesota », et appris par cœur sa prière – « Mon Dieu, donnez-moi la sérénité d'accepter les choses que je ne peux changer, le courage de changer les choses que je peux, et la sagesse d'en connaître la différence » –, il rentre en France pour faire la propagande des AA, parle aux journalistes de presse, de radio, de télévision, comme il ne l'a encore jamais fait pour aucun de ses livres. C'est une cause noble qui le mobilise et qu'il veut défendre, de même qu'il s'est mis par le passé au service des indépendantistes irlandais ou plus récemment des fils d'Israël. Son livre, *Avec les Alcooliques Anonymes*, publié par Gallimard en novembre 1960, n'atteindra pas les tirages escomptés. Mais les trente mille exemplaires vont faire beaucoup pour l'association, qui a une antenne à Paris, à l'église américaine, et dont il restera sa vie durant un fidèle prosélyte. Tout cela sans aucun effet positif dans sa vie privée. Son épouse, avec l'aide d'un certain Manuel M. que Kessel a rencontré à l'église américaine et avec lequel il s'est lié d'amitié, connaîtra des rémissions, donnera à Kessel l'espoir, cent fois déçu, qu'elle est sur la bonne voie, que peut-être demain elle nc boira plus. Ni l'amour de Kessel ni la moindre main tendue ne produiront le miracle attendu.

Kessel, lui, croit aux miracles. Grâce à son ami Henry Torrès, l'avocat, il a eu vent de l'existence du docteur Kersten, un médecin finlandais qui a soigné, par des massages et l'imposition des mains, Heinrich Himmler en personne. Le Reichsführer SS souffrait de maux d'estomac qu'aucune prescription, aucun médicament ne soulageait. Felix Kersten, formé aux méthodes d'un lama tibétain, avait acquis un pouvoir thérapeutique qui aurait pu le faire passer pour un simple guérisseur ou un griot, s'il n'avait été en même temps diplômé d'une École de médecine européenne. Himmler ne pouvait plus se passer de lui. Mais ces massages avaient un prix. À chaque visite, comme le dira Himmler lui-même, « Kersten lui arrachait une vie » : il obtenait qu'un ordre de déportation soit annulé et sauvait un Juif après l'autre. Dans les dernières semaines de la guerre, il avait convaincu Himmler de renoncer à dynamiter les camps avec leurs derniers survivants à l'approche des armées alliées.

Kessel rencontra Felix Kersten, dans un hôtel de la rue du Faubourg-Saint-Honoré, et eut avec lui une série d'entretiens. Le médecin finlandais lui raconta sa vie. Il lui fournit tous les détails sur sa relation si étrange avec le Reichsführer, et lui expliqua comment il avait lui-même échappé au procès de Nuremberg, où nombre de médecins de nazis avaient été condamnés. Réfugié à Stockholm, il avait reçu la nationalité suédoise, et les Hollandais, reconnaissants pour les services rendus à leurs compatriotes, l'avaient fait grand officier de l'ordre de Nassau. Le prince Bernard des Pays-Bas lui en avait remis personnellement les insignes. C'était un gros homme pacifique, adorant les sucreries et les grands crus, qui parlait de Himmler et d'autres bourreaux SS avec bonhomie.

Un dîner-débat fut organisé à la parution du livre par Bernard Lecache, l'un des fondateurs de la LICA (Ligue internationale contre le racisme et l'antisémitisme). Fils d'immigrés russes et ancien secrétaire particulier d'Henry Torrès dans les années vingt, une personnalité enflammée et la voix des opposants à tous les racismes, il avait impliqué dans l'organisation du débat l'équipe du *Droit de Vivre*, le journal de la LICA, dont il était l'un des principaux rédacteurs. Assis face à face dans l'un des salons de l'hôtel Lutetia où il n'y a pas si longtemps venaient s'échouer les déportés des camps, Kessel et Kersten, parfaitement accordés, échangèrent leurs points de vue sur le nazisme et racontèrent la belle histoire du médecin aux doigts d'or.

Parution de l'entretien dans *France-Soir* en quatorze articles, l'été 1959. Puis, quelques mois plus tard, parution du livre. *Les Mains du miracle* sont publiées la même année qu'*Avec les*

Alcooliques Anonymes. C'est une sorte de pendant à la prière qui implore l'aide de Dieu pour guérir l'inguérissable, un second volet au récit intime de la souffrance, un espoir dans le cauchemar de sa vie privée. Mais pas plus que d'un groupe dynamique, de la foi d'une secte, que d'un médecin miracle ne viendra l'aide attendue. Il n'y aura pas de docteur Kersten pour Michèle Kessel.

26

Tistou, l'enfant secret

Maurice Druon, pas plus que Kessel, n'aura d'enfant. Un fait banal qui ne mériterait pas de commentaire si lui-même n'avait érigé une théorie sur la question. Il l'expose dans la préface de *La Volupté d'être*, son roman italien, après avoir fait l'éloge des courtisanes, ces grandes amoureuses au regard de tous les temps, et salué l'art de l'amour, qui devrait toujours s'exercer sans contraintes comme tous les arts. « La progéniture, lorsqu'elle est réellement souhaitée, lorsqu'elle n'intervient pas comme une fatalité naturelle, une servitude biologique – et là l'être humain dispose encore du pouvoir de refuser cette servitude –, est toujours un aveu d'insatisfaction, d'inaccomplissement de soi, et comme une délégation faite au futur. Dans la volonté de procréer, et même dans le seul consentement de la procréation, il y a toujours une implicite démission. »

Aux principes bourgeois de transmission et d'héritage, qu'il récuse, il oppose son choix de la liberté et sa ferme volonté de se préserver des conséquences fâcheuses de l'amour. N'ayant pas le moindre désir de fonder une famille, il a bel et bien décidé de « ne pas se reproduire ».

Il donne des exemples tirés de l'Antiquité, ne nous étonnons pas. « Les hommes qui ont le sentiment d'assumer totalement leur destin, et qui ne redoutent point la mort, n'éprouvent pas l'exigence de se reproduire. » Ainsi à Byzance castrait-on les membres de la famille impériale, quand leurs talents exceptionnels les désignaient aux plus hautes charges publiques. Ils devenaient stériles, non pas impuissants, ce qui avait l'immense avantage de les débarrasser de la charge d'un foyer et d'inutiles rejetons.

Son langage est beaucoup plus cru que celui de Kessel, quand il parle d'amour. Les scènes de sexe, quasi absentes ou à peine suggérées chez Kessel, qui est pudique quand il écrit, sont nombreuses chez Druon. Il y en a de très brutales dans *Les Grandes Familles*, comme dans *Les Rois maudits*. Quant aux romans mythologiques de Druon, ils n'en sont pas économes. Éros est convoqué à presque toutes les pages. On baigne dans un érotisme qui n'a rien de précieux ni de décadent; l'érotisme de Druon est païen, joyeux, plein de santé et de vigueur. Je renvoie le lecteur, s'il le souhaite, à deux passages assez salés : l'accouplement sauvage d'Olympias (la mère d'Alexandre) avec le dieu Amon, dans *Alexandre le Grand*, et la scène, légèrement pailletée d'humour, dans *Les Mémoires de Zeus*, où Aphrodite se dénude devant Zeus comme une actrice de cabaret. Laissant tomber un à un sa robe rose, sa ceinture et le reste, elle procède pour lui, et sans doute aussi pour l'auteur, à un *strip-tease* décalé. « Viens auprès de moi et charme ma nuit », lui déclare Zeus qui ne se contentera pas de la regarder. L'amour physique, l'amour terrestre est toujours une aubaine pour le romancier. Mais dans la vie aussi, Druon le revendique, entre la procréation et l'amour, qui sont deux partis opposés, il a choisi l'amour : « L'acte par excellence qui trouve sa fin en soi. »

Les enfants ne pullulent pas dans l'œuvre de Maurice Druon.

Il y en a quand même quelques-uns : dans *Les Rois maudits* ce sont des nouveau-nés qu'on s'échange ou qu'on égorge comme des poulets. En revanche dans *Les Grandes Familles*, Jean-Noël et Marie-Ange Schoudler ont, à un âge tendre, une véritable présence, une psychologie et une histoire. On s'attache à eux et on est vraiment désolé, en tant que lecteur, de ce que le vieux grand-père puis le suicide de leur père leur font subir. S'ils existent en tant qu'enfants, ils ne le restent cependant pas longtemps. Dès le tome II, les voilà adolescents, mais ce ne sont encore que des silhouettes négligeables, des ombres douloureuses. Ce n'est qu'une fois entrés dans l'âge adulte, vers l'âge de vingt-deux et vingt-cinq ans, qu'ils vont gagner en épaisseur humaine, avec les tourments et les vices que leur vie personnelle implique désormais : le tome III leur est presque entièrement dédié. Il leur offre d'ailleurs un destin peu enviable, la ruine, la déchéance, le mariage pour l'argent, et l'inceste en prime. Néanmoins, ce n'est que lorsque les enfants ne sont plus des enfants qu'ils deviennent intéressants aux yeux de Druon. Avant cette date, Druon les voit comme de petits avatars, des proies émouvantes et fragiles, ou d'inévitables sources de préoccupations et d'ennuis, voire des objets de chantage entre adultes, quand le temps des disputes a sonné.

S'il est une phrase qu'il n'aurait jamais pu écrire, c'est celle de Gary dans *La Promesse de l'aube* : « Avec l'amour d'une mère la vie vous fait à l'aube une promesse qu'elle ne tient jamais. » Non que sa mère, une actrice de théâtre comme le fut Nina Kacew, n'ait éprouvé de l'amour pour lui. Mais il montre dans ses Mémoires combien à l'inverse de celle-ci elle était préoccupée avant tout de sa carrière. Centrée sur elle-même, cette séductrice-née a essayé très tôt sur son fils ses dons de comédienne : elle faisait au quotidien des scènes grandioses à tout propos et avait le génie de surjouer la maternité, sur le mode amer. Elle lui en voulait de tout.

C'est toujours lui, l'enfant, qui était responsable de ses échecs, de ses ennuis. Non qu'il ait été un martyr. Elle pouvait se montrer câline et d'ailleurs, il le dit lui-même, il l'a « chérie et adorée » durant son enfance, sa jeunesse et les débuts de son âge mur. Tout autre que lui aurait succombé au poids de ses reproches. « Ne fit-elle pas tout pour me persuader, et persuader chacun, et se persuader elle-même, qu'elle avait sacrifié pour moi une carrière de grande actrice[1] ? » C'était une mère de tragédie, tour à tour romantique, racinienne, cornélienne, mais jamais apaisée. Les années passant, les frustrations se sont aggravées et les reproches aussi. Comme Agrippine, dira drôlement Druon, elle aurait voulu que son fils soit roi, pour régner à sa place. Au lieu de quoi, elle s'est vengée en lui rendant la vie impossible.

« Les soucis qu'elle pouvait me causer par son désordre, sa prodigalité, sa passion du jeu, ses dettes permanentes, ses fréquentations hasardeuses, étaient pour elle une manière de revanche, une taxe qu'elle m'imposait[2]. »

Elle lui a quand même laissé une idée sublimée de la femme. Très belle, douée pour charmer, elle possédait l'art de séduire et l'a prouvé en séduisant tour à tour les deux frères Kessel. Léonilla Samuel-Cros ne devait pas être éloignée du modèle de ces courtisanes qu'il décrit avec emphase dans la préface de *La Volupté d'être*. Avant son mariage avec René Druon, alors que son fils approchait de ses dix ans, elle a mené une libre existence dans les milieux de théâtre qu'elle adorait. Druon se souvient – il le raconte dans ses Mémoires – qu'il a vu un jour, alors qu'il rentrait de promenade avec sa grand-mère, un homme sortir de l'appartement et s'éclipser.

1. M. Druon, *Mémoires*, t. I, *op. cit.*, p. 121.
2. *Ibid.*, p. 122.

Les femmes qu'il aime, si elles ne sont pas toutes sur le modèle de cette « emmerderesse » selon la formule de Paul Valéry, partagent toutes quelque chose avec elle : sa beauté, sa liberté, sa bohème, ses complications, ou cet art de l'amour qu'il place aux sommets. « Faire l'amour pour faire l'amour et en tirer des délectations, des exaltations qui s'apparentent aux joies de l'art, garde, pour l'immense majorité des individus, une petite saveur inquiétante de péché, de chose interdite. On nous a placé l'enfer dans la région pelvienne. Les "amoureuses" depuis deux mille ans mènent le bon combat contre ce faux enfer[1]. »

Pas d'enfant dans *La Volupté d'être*. Ni dans *Alexandre le Grand*, où le héros est tout entier lui-même dès sa naissance miraculeuse. Quant à Zeus, s'il a été « fils de », c'est pour obliger son père Cronos à lui faire vomir sa progéniture. Une progéniture qu'il avait engloutie à la naissance, pour éviter qu'elle ne brigue son trône. Hadès, Poséidon, Hestia, Déméter, Héra prennent leur taille définitive et disposent de toutes leurs facultés d'adultes, sitôt sortis de sa bouche.

Pourtant un jour, en 1957 – l'année de ses trente-neuf ans –, un enfant viendra sous sa plume, sans que lui-même l'ait vraiment voulu, par hasard, d'un élan inexplicable. Les astres devaient lui être favorables... Il s'appelle Tistou et il a les pouces verts.

C'est un petit garçon de six ans qui vit heureux dans la Maison-qui-brille avec Monsieur Père et Madame Mère, ses parents riches et beaux, et son poney Gymnastique. Renvoyé de l'école, parce qu'il s'endort pendant la classe, son père confie son éducation au jardinier Moustache. Il découvre que Tistou a un don magique : le petit garçon peut faire naître des fleurs partout, juste avec ses pouces. Dès qu'il approche son doigt, les pivoines,

1. M. Druon, *La Volupté d'être*, Julliard, 1954, p. 16.

les bégonias, les hortensias, le chèvrefeuille et l'aristoloche sortent de terre et s'épanouissent en touffes, en buissons, en massifs. Partout où il trouve la misère et la crasse, il fait pousser des fleurs. Le monde devient de plus en plus beau. La planète se colore de rouge, de rose, de bleu, de jaune d'or. Même la prison et l'hôpital. Et même le zoo, où des lions pelés tournent en rond dans leurs cages. Quant à la misère, qui est si laide, elle n'a qu'à s'en aller sous un déluge de volubilis. « J'ai découvert quelque chose d'extraordinaire ! dit Tistou à son poney. Les fleurs empêchent le mal de passer. » À la veille d'une guerre, il remplit de digitales et de campanules la bouche des canons, de bleuets les fusils, de lierre et de liserons les mitraillettes, de grande bardane les baïonnettes. Tant pis si Monsieur Père, qui fabrique des armes, n'est pas content. Tistou aura empêché la guerre.

Comme le Petit Prince auquel il ressemble, l'enfant de Druon s'échappe de l'histoire pour rejoindre ses amis morts. Il plante deux arbres immenses qui vont lui faire une échelle vers le ciel et grimpe tout là-haut, le paradis l'attend. Au poney Gymnastique revient le mot de la fin : Tistou était un ange.

Le ton est juste. La naïveté, pas du tout contrainte ou posée. Il est impossible de ne pas aimer Tistou, comme il est impossible de prendre en grippe le Petit Prince, ou encore Delphine et Marinette, les fillettes des *Contes du chat perché* de Marcel Aymé. Druon a accordé tout naturellement sa voix à l'enfant, il s'est mis au diapason de sa tendresse, de sa gentillesse, de son « cœur pur ». Et il lui a consacré cent vingt-huit pages. On peut s'émerveiller.

Illustré de dessins de Jacqueline Duhême, le conte de Druon[1] s'adresse aux enfants de huit à douze ans, selon son éditeur[2],

1. *Tistou, les pouces verts*, Gallimard Jeunesse, 1993.
2. Del Duca, 1957 : Livre de Poche, 1968 ; Gallimard Jeunesse, 1993.

c'est dire qu'il a atteint sa cible : il est devenu un classique de la littérature Jeunesse, non seulement en France mais dans le monde, premier au box-office au Brésil aux lendemains de sa parution en langue portugaise.

André Maurois a écrit en 1930 *Patapoufs et Filifers*[1] pour amuser sa fille – un album lui aussi inspiré de l'horreur de la guerre, illustré par Jean Bruller (le futur Vercors). Kessel, conteur formidable, n'a pas écrit pour les enfants. Mais dans ses romans, il leur a donné une grande place. Ils sont les héros parmi les plus réussis de son œuvre. Alejandro, le cireur de chaussures d'*Une balle perdue*, pendant la révolte de Barcelone en 1934. Bachir, le bossu du vieux Tanger dans *Au Grand Socco*, avec sa voix d'or et son petit âne blanc, mais aussi la petite bande des enfants qui travaillent pour lui. Max, le gamin juif infirme de *La Passante du Sans-Souci*, sauvé des persécutions nazies par une chanteuse de cabaret berlinoise dont les traits se confondent aujourd'hui avec ceux de Romy Schneider. Et, bien sûr, Patricia, la petite fille amoureuse de King et de l'Afrique dans le fameux *Lion*. Chez l'oncle Jef, les portraits d'enfants éclairent l'œuvre. Ils ont une force extraordinaire.

Dans *Terre d'amour*, récit de son voyage en Palestine en 1926, territoire alors sous mandat britannique, il raconte qu'il a découvert à Kfar-Yeladim, dans la vallée de Jezreel, la « République des enfants ». Une centaine d'orphelins, survivants des pogromes d'Ukraine, âgés de douze à quinze ans pour la plupart, avaient organisé leur propre kolkhoze et se gouvernaient eux-mêmes. Ils avaient établi hors de toute tutelle adulte leur propre constitution, leur système électoral, leur police, leur presse, leur cour de justice. Un certain Pougatcheff, Juif ukrainien à la barbe rousse et

1. Éditions Hartmann.

aux yeux pleins de bonté et de candeur (selon Kessel), leur apportait ses conseils, mais sans interférer dans leurs décisions ou leurs actes. Pour Kessel, ce fut une révélation. Ainsi une république idéale pouvait-elle résister aux assauts violents de l'Histoire et de la politique. Terre d'amour, terre des enfants : les deux images se rejoignaient.

Aucun des livres de Kessel ne relève à proprement parler de la littérature enfantine. Mais sa voix de conteur s'adresse à tous les lecteurs, petits et grands, sans distinction d'âge. C'est la voix de l'aïeul aux veillées dans les villages, quand la famille se rassemble, fait halte autour de lui. Le travail s'interrompt, la nuit monte, et la voix s'élance. Elle est chaude et calme et prend son temps, cette voix, animée de fièvres ou de colères quand il le faut, mais elle a le pouvoir d'apaiser, de réconcilier, de faire la paix parmi ceux qui l'écoutent. Kessel, quoi qu'il écrive, est toujours Guardi Guedj : « l'Aïeul de tout le monde », le vieil homme, le sage des *Cavaliers*. Les plus féroces guerriers respectent sa parole qui vient du fond des âges. Mais ce vieillard, dont le corps a souffert, dont le visage creusé de rides ressemble à un vieux parchemin, a gardé l'esprit d'enfance.

L'enfance a été une période heureuse pour Kessel, bien plus que la jeunesse, éprouvée par la double tragédie du suicide de son frère et de la maladie mortelle de Sandi. Il garde une image merveilleuse de ses chers parents, de Lola quand ils étaient deux frères inséparables, plus proches que des jumeaux, de sa famille à Orenbourg et de ses premiers regards sur le monde. C'est en lui un paradis perdu, toujours vivant, qui le porte vers tous les êtres qui ont au fond du cœur une trace d'innocence ou de candeur. Ses livres sont simples, écrits pour être compris de tous, et soustendus par cette conviction que rien ne vaut les yeux, ni la voix d'un enfant.

Maurice Druon a effacé l'enfance de son souvenir. Dans ses Mémoires, il évoque longuement ses aïeux des deux côtés, l'aventure de ses ancêtres, leurs pérégrinations sur la planète, mais ne dit pas grand-chose du petit bonhomme au teint rose, aux cheveux poil de carotte, dont la naissance n'était pas désirée, et dont les premières années furent instables jusqu'à ce qu'il ait dix ans. Il avoue qu'il a été très tôt impatient de grandir. « Je n'ai pas aimé l'enfance, écrit-il, je n'ai pas aimé *mon* enfance[1]. » C'est le monde des grandes personnes qui est le sien, un terrain où combattre à armes égales avec elles, sans le handicap d'être un enfant, à la merci de l'autorité et des caprices de plus grand que soi. D'où sa complicité avec Tistou : il a toujours eu horreur, quand il était petit, qu'on lui parle comme s'il ne comprenait rien : « Il n'y a pas vraiment d'enfants auxquels on doive s'adresser précisément. Il y a de futures grandes personnes, et puis aussi d'anciens enfants[2]. »

Sur la question de la bâtardise, qu'il aborde franchement pour Alexandre le Grand, en faisant un thème fondateur du personnage, il passe assez vite en ce qui le concerne. Il ne cache pas le secret de sa conception ni les complications qu'elle a entraînées pour lui. Il remercie au passage son père adoptif, René Druon, auquel il rend hommage, grâce auquel il a pu se construire selon ses propres mots, mais il n'est pas du genre à creuser ses blessures. En avant toute : au lieu que Kessel est habité de démons qui remontent loin dans le passé, Druon, qui veut jouir du présent, marche d'un pas ferme vers son avenir. Il s'est délesté du passé comme d'un sac trop lourd. Ses livres, bâtis autour de thèmes

1. M. Druon, *Mémoires*, t. I, *op. cit.*, p. 109.
2. Maurice Druon, *Tistou, les pouces verts*, Le Livre de Poche, 1968, p. 7.

qui n'ont que peu de liens avec l'enfance – le pouvoir, l'ambition, l'organisation de la cité –, témoignent tous de son énergie vitale. Moins de douze ans s'abstenir : son public doit avoir âge d'homme (ou de femme). Rien ne l'exaspère plus que les gens mal dans leur peau qui trouvent des excuses à leurs actes, en particulier à leurs échecs, dans une enfance malheureuse. Il a lui-même tourné le dos à l'enfant qu'il était. Non sans peser les défauts et les vices des grandes personnes, qui ont « sur toute chose des idées toutes faites qui leur servent souvent à parler sans réfléchir. Or, les idées toutes faites sont généralement mal faites[1] ».

Tistou, qui surgit sous sa plume comme une de ses fleurs magiques chargées d'apporter le bonheur, serait-ce l'enfant qu'il était ou l'enfant qu'il n'a pas eu ? Il n'a évidemment pas daigné se livrer à ce genre de ratiocinations.

1. *Ibid.*, p. 14.

27

Roulements de tambour

Dans sa cage de verre à l'épreuve des balles, un petit homme, maigre, au visage simiesque, est exposé aux regards. C'est Adolf Eichmann, l'un des anciens chefs SS, ex-Obersturmbannführer (lieutenant-colonel) de l'armée nazie. Il est accusé d'avoir planifié et orchestré le génocide et d'être responsable de près de six millions de morts. Évadé de prison grâce à des complicités juste avant le procès de Nuremberg, il avait jusque-là échappé à la justice. Au terme d'une longue traque, les agents du Mossad l'ont retrouvé à Buenos Aires, où il était établi depuis dix ans sous un faux nom, l'ont arrêté en pleine rue et conduit *manu militari*, sans se soucier des conventions internationales, d'Argentine via le Paraguay en Israël. Il va maintenant être jugé. C'est le 11 avril 1961 que s'ouvre le procès, à Jérusalem, dans un bâtiment entouré de hautes barrières et gardé, du toit au sous-sol, par des policiers armés jusqu'aux dents : la *Beth'Haam* ou Maison du Peuple, reconvertie pour l'occasion en palais de justice.

Kessel est assis au neuvième rang, place 22, au centre de la travée, face à l'estrade où sont juchés la cage et le tribunal. Cette place privilégiée parmi les fauteuils en moleskine verte réservés aux hôtes de marque, il la doit à sa célébrité mais surtout à son visa d'entrée n° 1 en Israël. Il est si près de l'accusé qu'il peut malgré l'écran du verre discerner les moindres clignements d'yeux de l'accusé, la plupart du temps impassible. Eichmann, qui revendique avec fierté le fait d'avoir inventé jusqu'au mot lui-même, la « solution finale », est vêtu d'un costume bleu et, à l'étonnement général, ressemble à un homme ordinaire. « Un employé de bureau », diront certains, un bureaucrate de l'immense machine de mort. Il a devant lui des carnets sur lesquels il prend inlassablement des notes.

Quatre caméras dans le tribunal vont permettre à Leo Hurwitz, cinéaste israélien, de filmer l'intégralité du procès. Lequel a vocation d'outrepasser les frontières d'Israël. Il se déroule en quatre langues, grâce à des interprètes qualifiés – hébreu, anglais, français et allemand. La traduction en allemand, seule langue comprise par l'accusé et son avocat, se révélera déficiente, selon Hannah Arendt « une pure plaisanterie ».

Les débuts du procès paraissent à chacun d'une lenteur exaspérante, rendue nécessaire par une mise au point technique et juridique et la volonté de la part d'Israël de démontrer l'objectivité du tribunal. Loin de se dérouler à huis clos, il allait offrir au monde entier, là était bien l'intention, le spectacle d'une justice juste, reposant sur les nombreux témoignages de survivants des camps ou d'anciens complices de l'accusé, et sur mille six cents pièces à conviction.

Le récit rocambolesque de l'arrestation d'Eichmann, à Buenos Aires, les témoignages qui ont permis de l'identifier malgré son habileté à brouiller les pistes, ont davantage retenu l'attention du grand public que le procès lui-même, qui s'étire sur un temps très long et fait appel à une connaissance du Droit qui semble rébarbative aux non-initiés. En France, la guerre d'indépendance algérienne qui se poursuit depuis 1954 et ne s'achèvera, du moins dans les faits, qu'en 1962 accapare les esprits. Et puis, en ce mois d'avril 1961 où s'ouvre à Jérusalem le procès, les gens ont l'œil fixé sur d'autres horizons : Youri Gagarine vient d'être mis en orbite en direction de la Lune, et les Américains viennent de débarquer à Cuba dans la baie des Cochons. L'actualité offre une sévère concurrence au spectacle du nazi dans sa cage.

À Nuremberg, présent de mi-novembre à mi-décembre 1945, devant la brochette des vingt-deux nazis inculpés, Goering, Hess, Frank, Streicher…, Kessel a pu étudier le comportement des bourreaux et il a pu voir aussi, dans une séance marquée du poids du pire silence, où ne s'entendait que le grésillement métallique de la caméra, les images que les Américains ont filmées lors de la libération des camps de concentration. Il pensait avoir eu son compte d'atrocités. À Jérusalem, il va toucher le fond de l'horreur.

« Brusquement, il fut là tout près et pour ainsi dire contre moi… Je le dis en toute sincérité, en toute honnêteté… j'eus un mouvement instinctif de recul, de répugnance, de profond malaise. La maigreur reptilienne du corps, les arêtes à la fois aiguës et fuyantes du visage, la bouche d'une minceur extrême, cruelle et fausse, les yeux cachés par des lunettes, mais attentifs, immobiles et aux aguets, tout prévenait contre cette apparition… espèce d'araignée humaine exposée en vitrine[1]… »

Ils sont quelque sept cents journalistes, venus des quatre points cardinaux pour couvrir le procès. On reconnaît parmi eux de grosses pointures de la presse française, environ une quarantaine de grands reporters ou chroniqueurs judiciaires, la plupart sont

1. J. Kessel, *Terre d'amour et de feu*, Plon, 1965.

des amis ou de vieilles relations de Kessel, lui-même légendaire envoyé spécial de *France-Soir* : Roger Vailland, Prix Goncourt 1957 pour son roman *La Loi*, représente *France-Observateur*; André Scémama et Jean-Marc Théolleyre, *Le Monde*; Félix Allouche, *Le Parisien*; Jacques Coubard, *L'Humanité*; Gabriel Dupire, *La Croix*; James de Coquet, *Le Figaro*. Dans la salle réservée à la presse, d'où la plupart des journalistes, moins célèbres que Kessel, suivent les débats sur un écran de télévision, il retrouve après les séances Irwin Shaw, l'ami américain, auteur du *Bal des maudits* avec lequel, une fois l'article écrit, à chaud et dans la hâte, les soirées se prolongent dans les bars de la ville autour de l'incontournable bouteille de whisky. Un papier par jour, aussitôt envoyé par télex, un procédé dont Kessel use pour la première fois : le rythme de travail est soutenu pour les journalistes, aggravé par les conditions oppressantes d'une salle bondée où se déroule le récit du long martyrologe du peuple juif. Les interludes entre les sessions sont pour eux des moments de récréation et d'amitié, bien utiles pour retrouver une vague sérénité. On échange des impressions, on s'interroge sur la personnalité d'Eichmann ou sur le déroulement du procès, avant de se précipiter dans son hôtel pour pondre sa copie. Kessel ne relate pas le procès minute par minute. Il en cherche les moments forts, en recueille le drame. C'est un récit épique qu'il va livrer à ses lecteurs, non une banale chronique judiciaire : l'épopée de l'individu minable, devenu la figure même du monstre, voilà ce qu'il va s'appliquer à illustrer, d'une plume radioactive, parcourue d'émotions et de larmes contenues.

Il est peu probable que Kessel ait échangé quelque dialogue que ce soit avec Hannah Arendt, envoyée spéciale du *New Yorker*, le très chic hebdomadaire américain qui publie, a publié ou publiera Truman Capote et J. D. Salinger, Haruki Murakami, Vladimir

Nabokov ou Philip Roth. Pour le *New Yorker*, la biographe de Rahel Varnhagen et autrice remarquée des *Origines du totalitarisme* (1951) ne représente encore qu'une signature mineure. Celle d'une intellectuelle, en rupture de ban, assez originale cependant pour intéresser le journal. C'est pourtant la personnalité la plus forte de toute l'assistance. Juive allemande, ayant quitté son pays dès 1933, naturalisée américaine depuis une dizaine d'années, Hannah Arendt est avec Kessel le témoin dont le témoignage à l'ampleur philosophique traversera le temps. Son livre à sa parution en 1965 va profondément marquer les esprits. *Eichmann à Jérusalem* offre à la fois une analyse approfondie du procès et, par là, de la justice israélienne, et une réflexion sur les effets du totalitarisme ou ce qu'on appelle aujourd'hui la « victimisation » des peuples sur lesquels il s'exerce. C'est dans ce livre qu'Arendt, qui se défend d'être une philosophe et préfère se définir comme une politologue (*political scientist*) – « *Mein Beruf ist politische Theorie* » –, expose sa conviction profonde sur la « banalité du mal ». Un concept qui lui sera vivement reproché, mais qui a pris depuis une acuité incontournable.

Kessel est très différent d'Hannah Arendt. La théorie ne l'intéresse pas plus que la philosophie, la politique lui passe par-dessus la tête – il ne vote pas –, et le sens de l'Histoire lui paraît une de ces notions abstraites dont il s'empresse de débarrasser sa prose, tissée de tous les liens avec le vivant. Ce qu'il est venu observer, et qui l'amènera paradoxalement à peu près à la même conclusion que l'écrivaine allemande, c'est l'individu : son parcours particulier, tout ce qui dans sa vie a pu contribuer à emmener ce banal échantillon d'humanité sur la voie du Mal. Il veut comprendre Eichmann avant de le juger. L'horreur des crimes imputés ne le dispense pas de la démarche qui a toujours été la sienne et fonde son honneur d'écrivain et de journaliste : chercher dans tout individu, le plus criminel, le plus abject soit-il, le facteur humain. Kessel, fidèle à lui-même, est venu pour regarder, pour écouter, et ouvrir les vannes de sa sensibilité. Et pour tâcher de comprendre ce qui est a priori de l'ordre de l'incompréhensible, de l'inhumain, du monstrueux.

Hannah Arendt a les yeux rivés sur le destin juif. Elle ne cessera de s'interroger sur les raisons pour lesquelles le peuple juif a enduré le génocide, et sur la passivité des victimes. « Pourquoi n'avez-vous pas protesté ? » Elle se pose à elle-même la question que le procureur adresse à plusieurs reprises aux anciens déportés venus témoigner et s'étonne aussi que les plus jeunes d'entre eux aient été « les seuls capables de décider que nous ne pouvions pas aller à l'abattoir comme des moutons[1] ». La phrase lui attirera un flot de propos haineux. Sans compter qu'elle met en cause certains dirigeants juifs, « dans la destruction de leur propre peuple, le plus sombre chapitre de toute cette sombre histoire[2] ». On l'accusera d'être plus favorable à Eichmann qu'aux martyrs juifs, ce qui est évidemment simpliste, une caricature de sa réflexion complexe et douloureuse, mais également paradoxale, sur le sort fait aux Juifs. On insinuera, dans une basse intention de dénigrement, que son « indulgence » à l'égard du criminel – qui est en vérité un regard lucide et froid, volontairement tenu à distance – lui vient du fait qu'elle a été plusieurs années durant la maîtresse de Martin Heidegger, le philosophe d'*Être et Temps*, soupçonné d'accointances avec le régime nazi.

Kessel, en grand reporter, ne veut voir que le destin du petit

1. Hannah Arendt, *Eichmann à Jérusalem*, trad. de l'anglais par Anne Guérin, révision par Martine Leibovici, présentation par Michelle-Irène Brudny de Launay, Gallimard, « Folio Histoire », 2002, p. 57.

2. *Ibid.*, p. 228.

homme, en apparence si insignifiant, dans sa cage. Ses lecteurs vont pouvoir découvrir le mécanisme qui a contribué à faire d'un individu lambda, assez borné et fort peu intelligent – Hannah Arendt : « En un sens, il est réellement stupide, et en un autre il ne l'est pas » –, un technicien glacé de l'horreur.

« J'ai vu Eichmann livide lutter contre ses nerfs[1]. »

« Jamais criminel n'a été dans une solitude aussi désespérée qu'Eichmann[2]. »

« Eichmann raconte les camps de la mort avec une voix de salon[3]. »

« Eichmann le soumis redevient un fauve[4]. »

« Eichmann : féroce duel entre le procureur et le bourreau SS[5]. »

« Eichmann, balbutiant, se retrouve sans dossiers, seul avec ses crimes[6]. »

« Eichmann racontant ses crimes a rougi une seule fois : il avait oublié de se lever pour répondre à un de ses juges[7]. »

Les Unes du journal, aux titres généralement racoleurs, faits pour attirer un chaland distrait par trop de sujets divers, parlent d'elles-mêmes : chacun des articles de Kessel met en scène le sinistre héros de la saga la plus cruelle et sanglante de l'histoire de l'humanité. Il relève les tics de la bouche, les plissements du front, la couleur du teint, en général livide, l'air sérieux et minable à la fois d'un homme obstiné à se défendre et qui,

1. *France-Soir*, 13 avril 1961.
2. *France-Soir*, 16 avril 1961.
3. *France-Soir*, 21 avril 1961.
4. *France-Soir*, 7 juillet 1961.
5. *France-Soir*, 16 juillet 1961.
6. *France-Soir*, 10 juillet 1961.
7. *France-Soir*, 23 juin 1961.

se sachant condamné, reconnaît être coupable humainement mais nie toute culpabilité sur le plan juridique. Attaché à tout noter, minutieux, patient, borné, c'est un monstre froid, organisé et sous contrôle, respectueux de la hiérarchie, attaché à se définir comme un bon soldat ayant obéi aux ordres. Ce qu'il a sans doute été, déployant son zèle au service d'une cause démoniaque qui n'a jamais, pas un instant, suscité en lui le moindre doute, le moindre effroi. Il se lève à l'appel de son nom en claquant des talons, comme on le lui a appris, et demeure imperturbable devant les témoignages qui l'accablent, quand l'émotion devant les atrocités commises atteint son paroxysme dans la *Beth'Haam*.

Un homme, survivant d'Auschwitz, s'évanouit dans la salle au rappel et au souvenir des souffrances imposées aux siens.

Un autre en proie à une crise d'hystérie est emporté au-dehors. Il hurle : « Laissez-moi le tuer ! Il a massacré toute ma famille. »

Les récits des témoins, raconte Kessel, provoquent des cris ou des sanglots.

Lui-même très secoué par ce qu'il entend, il souligne le rôle capital du procureur, Gideon Hausner, qui depuis le premier jour a défini l'intention globale du procès : dresser « la fresque tragique des années de persécutions antisémitiques sous le régime nazi ». Il observe le peu de marge laissé à l'avocat d'Eichmann pour trouver à son client des circonstances atténuantes. Robert Servatius, que tout le monde appelle immanquablement le docteur Servatius, a été accrédité par Israël – les Allemands ont refusé d'offrir un avocat à Eichmann. Mais ce qui l'intéresse davantage, c'est la réaction des Israéliens, ce peuple qu'il admire depuis son premier séjour en 1926, quand il était encore terre palestinienne. « Pas de haine en Israël pour Eichmann le bourreau », titre son papier en date du 12 avril. Il observe que les gens avec lesquels il discute hors du tribunal partagent une même opinion : que le bourreau soit puni, mais qu'ils puissent ensuite tourner la page. L'Histoire s'écrit pour eux au jour le jour, dans les difficultés quotidiennes, le travail harassant, la construction de leur pays et la reconstruction de leurs familles. Ce sont toujours les exemples qui importent pour Kessel. Il tire certes les leçons de ses rencontres, toujours diverses et de hasard, mais il tente de dépasser le point de vue immédiat, l'émotion à fleur de peau, pour chercher le sens caché des événements et saisir quel fut leur poids sur les hommes. Yves Courrière rapporte qu'il aurait dit à son ami médecin, qui le soigne depuis des années, le professeur André Varay : « André, quand j'ai vu cet Eichmann, enfermé dans sa cage de verre, et écouté le récit de ses crimes, je n'ai pu m'empêcher de penser : peut-être que sa mère ne l'a pas assez aimé[1]. »

Révolté par l'ignominie du personnage, il lui est venu la tentation de souhaiter pour lui le châtiment suprême : « En vérité, ici la pitié perdait tous ses droits. Elle n'avait pas de sens. » C'est pourtant la mansuétude qui l'emporte dans son cœur de Juif, habité par la haute conscience d'appartenir au peuple supplicié de l'Ancien Testament. Malgré le génocide, malgré la Shoah, il ne peut vouloir la mort de quiconque, ni même celle d'Eichmann. C'est sur une prière que s'achève à la mi-août son long reportage en Israël. Kessel émet le vœu que le bourreau, s'il était exécuté, ne soit pas enterré en terre d'Israël. Condamné à mort, Eichmann sera pendu le 31 mai 1962, dans sa prison de Tel-Aviv, et ses cendres seront dispersées en mer, comme le souhaitait Kessel, hors des eaux territoriales d'Israël.

Le temps des juges n'est pas le sien.

1. Y. Courrière, *Joseph Kessel*, *op. cit.*, p. 782.

Michèle demeure auprès de lui, à Jérusalem, tout au long de ces quatre mois. Ils logent au célèbre hôtel King David, au pied des murailles de la Vieille Ville de Jérusalem. Quand une interruption des séances le permet, ils s'enfuient à Eilat, au bord de la mer Rouge, ou se rendent à Herzliya, une jolie station balnéaire au nord de Tel-Aviv. Michèle est redevenue la tendre et séduisante épouse, fidèle à ses côtés. Pas de scènes provoquées par l'alcool. Pas d'esclandres. Ils vivent en plein procès Eichmann une véritable lune de miel. Une lettre de Kessel à son frère, que cite Yves Courrière, donne le ton de leur vie conjugale réconciliée. Il lui écrit en anglais, quand il parle de Michèle, par une sorte de pudeur de langage ou est-ce pour être proche de sa femme, en partageant sa langue maternelle ? « *Michèle is – touch wood – absolutely perfect and enjoys everything.* » (Michèle, touchons du bois, est absolument parfaite et profite de tout avec joie.)

Kessel, en dépit des heures où il assiste au procès et celles où il se consacre à l'écriture de ses papiers, lui appartient en propre. Elle l'attend au King David, en écrivant des pages de son futur roman, le soir ils boivent quelques whiskys avec les copains, sans passer la ligne rouge, elle se sent apaisée, aimée. Merveilleuse accalmie.

À peine rentré en France, Kessel décide de prolonger cet état de grâce. Que faire d'autre pour effacer la noirceur du procès Eichmann, la cruauté des souvenirs et des témoignages, et tenir à distance le spectre toujours menaçant de John Barleycorn, sinon retourner en Afghanistan, et cette fois avec Michèle. Il veut qu'elle connaisse ce pays propice aux rêves les meilleurs, son accueil fraternel, ses paysages intouchés par la main de l'homme. Ce seront trois semaines d'émerveillement pour Michèle, d'abord un peu déçue par un Kaboul modernisé, occidentalisé, où des taxis ont remplacé les *gadis* de jadis, racontés par Kessel, où les avenues sont maintenant goudronnées, où de hauts immeubles s'élèvent à la place des vieilles échoppes. Mais le *bouzkachi* lui n'a pas changé.

À la mi-octobre, à la date de l'anniversaire du roi et donc du *bouzkachi* royal annuel, ils vont vivre le dernier séjour vraiment heureux de leur existence à deux.

Michèle, parfaitement sobre, assiste à la course et n'oubliera jamais l'émotion ressentie.

De retour à Paris, la routine reprend ses droits. Kessel retrouve sa clique : ses jeunes amis et disciples niçois, qui forment maintenant un groupe uni et homogène, Yves Courrière, Georges Walter, André Asséo, ainsi que ses neveux, Patrick (Kessel) et Maurice (Druon).

Et puis voilà Kessel embrigadé dans un nouveau projet, qui ne soulève pas l'enthousiasme de son épouse. Elle voit approcher le vent de l'aventure, qui a toujours été sa grande rivale, son ennemie. Cette fois la rivale est une vieille dame qui habite le quai Conti : l'Académie française.

Kessel n'a jamais exprimé ni ressenti le désir d'y entrer. Mais ses amis ont eu raison de ses réticences et l'ont convaincu de poser sa candidature. « Partout un ami ! » Il en a beaucoup au sein de l'institution : Marcel Achard, Henri Troyat, Henri Mondor, Marcel Pagnol le veulent absolument. Ils l'attendent depuis longtemps. Même François Mauriac, réticent sur son style et son style de vie, est maintenant à fond pour lui. Mais son plus enthousiaste, son plus sincère défenseur est ce neveu, Maurice, qui lui fait valoir le bonheur qu'auraient eu ses parents, Samuel et Raïssa, de le voir entrer à l'Académie.

Après une courte campagne, Kessel est élu, le 22 novembre

1962, au 27e fauteuil, celui de Fontenelle, de Bernardin de Saint-Pierre et d'un bon nombre d'aristocrates moins connus que l'auteur des *Entretiens sur la pluralité des mondes* ou celui de *Paul et Virginie.* Il l'a été dès le premier tour du scrutin, par quatorze voix contre dix à Marcel Brion, et trois bulletins marqués d'une croix. Kessel ne peut avoir que de la sympathie pour l'écrivain de *L'Enchanteur* et de *La Chanson de l'oiseau étranger*, qui partage sa conception poétique du monde et a de surcroît un nom qui lui vient d'Irlande – Brion est la francisation de O'Brion (quasi le nom de Michèle !).

1962, c'est l'année de la mort par pendaison d'Eichmann – un augure y aurait vu quelque sinistre présage.

Les oppositions ne lui ont pas manqué au sein de l'Académie. Le romancier Henry Bordeaux, qui avait pourtant beaucoup insisté jadis pour qu'il obtienne le Grand Prix du Roman de l'Académie française pour *Les Captifs*, son premier roman, et l'historien Pierre Gaxotte, ancien secrétaire de Charles Maurras et ancien rédacteur en chef de *Je suis partout*, qui ne fut jamais cependant collaborationniste, ont été les plus hostiles. Il y a encore à l'Académie un clan qui entretient ses rancunes à l'égard des gaullistes. Sentiment aggravé par le fait que Kessel est juif. Même s'il n'est pas le premier à solliciter les suffrages de l'Académie et s'il y a eu dans ce domaine de prestigieux antécédents, Henri Bergson et Georges Porto-Riche, ou André Maurois – ce dernier fut élu juste avant la Seconde Guerre, grâce au soutien du maréchal Pétain.

Nombre d'académiciens lui reprochent les esclandres de sa vie privée : les verres cassés, mangés à belles dents, l'alcool, l'opium, la cocaïne, les excès en tout genre. Il a la réputation (méritée) de préférer les bars et les boîtes de nuit aux cercles où l'on pense. Enfin, et ce n'est pas la moindre des critiques à son endroit, son genre de littérature déplaît : pas assez français, Kessel, pas assez bien peigné quand il écrit, sa prose est aussi débraillée que sa vie. Il est si facile de lui trouver des défauts, au regard de l'académisme. Ni le maréchal Juin, ni le maréchal Weygand, ni Jacques Chastenet, ni même André Maurois qui lui préfère Marcel Brion, n'ont semblé apprécier ses différences revendiquées. Le secrétaire perpétuel, Maurice Genevoix, a toujours eu vis-à-vis de lui une réserve aimable, qui sied à sa fonction : fut-il pour, fut-il contre ? Kessel a découvert durant sa campagne la politesse des sphinx.

Le costume du rôle, habit vert brodé de fils d'or, sur lui le fait sourire. Il expédie les essayages et se moque de lui-même en se regardant dans la glace, le bicorne emplumé posé de travers sur ses cheveux embroussaillés.

L'épée le distrait un temps par la recherche des symboles. Que retenir d'une vie ? Que graver dans l'acier et le bronze ? Il en confie le dessin et les ornements à son ami Jean Cocteau. Je reviendrai plus tard sur les symboles et leur facture.

Mais le long discours qu'il a à prononcer, cet éloge traditionnel du prédécesseur auquel tout nouvel académicien doit se soumettre, lui pose un vrai problème. Non seulement il n'a aucun lien, ou plutôt aucun atome crochu avec le duc de La Force, le douzième du nom, mais il n'a rien à dire. Les mots ne lui viennent pas pour écrire son portrait, ni le moindre commentaire sur son œuvre. Panne sèche.

Il appelle au secours un jeune et brillant journaliste à *Combat*, qu'il connaît depuis peu, ancien secrétaire et homme de confiance de Paul Reynaud : un grand gaillard, aussi haut et large d'épaules que lui, le cheveu pareillement en désordre, roux comme Maurice, mais moins extraverti, tellement plus timide, une sorte d'éternel étudiant, bohème et nonchalant, Paul Guilbert. Il lui ressemble étrangement, comme un fils, par son faciès de lion surtout, ses traits puissants et sa crinière, mais aussi par la douceur de son caractère, sa profonde et vraie bonté.

C'est Paul Guilbert qui va écrire l'éloge du duc de La Force. Kessel n'aura pas lu une ligne de l'œuvre de son prédécesseur. Il n'aura pas non plus écrit sur elle le moindre commentaire, laissant cette tâche harassante au dévoué Guilbert. Pire : il ne rend pas la visite protocolaire à la famille du défunt qui, du fond de son fief dans la Sarthe, l'agonit de malédictions. C'est Paul Guilbert qui accomplit le rite en se rendant au château de Saint-Aubin-de-Locquenay, où la duchesse l'accueille fraîchement : « Mais... je ne vous connais pas ! » L'écriture du discours aura autant coûté au jeune *ghost-writer* (qui aurait tout aussi bien pu intégrer l'atelier des *Rois maudits...*) que la visite imposée. Il trouve fort heureusement des anecdotes dans le passé des ducs de La Force, quelques personnages kesséliens dont il force le trait, parmi les glorieux ancêtres.

Kessel s'est réservé le début – l'exorde – du discours qu'il va lire, debout à son pupitre, le jour de sa réception sous la Coupole, le 6 février 1964. Une date bien choisie : elle ne pouvait que lui rappeler sa jeunesse. Trente ans ont passé si vite et tant d'eau a coulé sous les ponts depuis le suicide de son ami Stavisky et les manifestations auxquelles il a pris part. « J'ai connu Alexandre. Je me suis assis à sa table. Je le tutoyais[1]. »

L'entrée à l'Académie, qui se déroule au roulement des tambours de la garde républicaine, selon un rituel aussi vieux que le palais lui-même dont il descend les marches lentement, derrière son parrain, Louis Pasteur Vallery-Radot qui, la veille, lui a remis son épée, doit lui paraître surréaliste, en comparaison de sa propre vie.

1. J. Kessel, *Stavisky, L'homme que j'ai connu*, Gallimard, 1934.

André Chamson, l'écrivain cévenol, le Nîmois, antifasciste de la première heure et grand résistant, prononcera le discours de réception. Il l'accueillera « à la hussarde », prêt à lever le coude à la réception qui suivra. Mais Kessel aura d'abord eu à prendre la parole, seul debout parmi l'assistance, plus de six cents personnes agglutinées dans un espace restreint, qui n'en contient d'ordinaire que quatre cent cinquante. Ses amis décriront son trac. L'émotion qui s'empare de Michèle, assise au premier rang entre son frère Georges et son neveu Druon, chargés de veiller sur elle et de l'empêcher de provoquer un scandale – pour combattre le trac, Kessel et elle boivent whisky sur whisky depuis le matin –, cette émotion physiquement palpable est partagée par la famille juive, dispersée parmi les Noailles, les Brissac et les Caumont La Force – est-ce fatalité ? André Bernheim, Pierre Lazareff, Charles Gombault, Jean Rosenthal, Anatole Litvak, Georges Cravenne, Marcel Bleustein-Blanchet...

J'en suis persuadée, Kessel n'entre à l'Académie, sous la pression de quelques amis et de son neveu Maurice, que pour y prononcer son fracassant exorde. Ce début musical, aussi chanté qu'un psaume, que n'aurais-je donné pour l'entendre le dire, de sa voix de conteur, assourdie par l'émotion d'un jour d'exception ? Il tient en quelques phrases qui sont pour moi parmi les plus belles, les plus vraies, jamais prononcées dans l'auguste cénacle depuis Richelicu. De celles, parmi des milliers de phrases, dont on veut se souvenir et qu'on apprend par cœur, parce qu'on les aime :

« Or, pour remplacer le compagnon dont le nom magnifique a résonné glorieusement pendant un millénaire dans les annales de la France ; dont les ancêtres, grands soldats, grands seigneurs, grands dignitaires, amis des princes et des rois, ont fait partie de son histoire d'une manière éclatante, pour le remplacer, qui avez-vous désigné ? Un Russe de naissance, et juif de surcroît. Un Juif d'Europe orientale. Vous savez, Messieurs, et bien qu'il ait coûté la vie à des millions de martyrs, vous savez ce que ce titre signifie encore dans certains milieux, et pour trop de gens. »

28

La Bentley et le quai Conti

Pour Maurice Druon, son élection à l'Académie française, quatre ans après Kessel, est une apothéose. Il y entre, tout fringant et joyeux, le teint rosi de plaisir, autant à son aise sous la cape et le bicorne que son oncle Jef s'était montré timide et même un peu gêné. Conduit quai de Conti dans une Bentley couleur vanille, le seul écrivain de son temps à rouler carrosse, il ne cache pas sa joie, ne montre aucune modestie, pas même feinte, dans son triomphe.

Lui aussi est élu au premier tour, le 8 décembre 1966, par quinze voix contre neuf au poète Pierre Emmanuel et cinq bulletins marqués d'une croix.

Il est enfin dans la lumière. Finies, les ombres qui ont tellement pesé sur sa vie : l'enfance bringuebalée, marquée par le spectre d'un suicidé, l'adolescence dans un milieu étriqué à rêver de grandeurs inaccessibles, il tient sa revanche sur son passé méphitique. Le soleil de l'Académie efface les mauvais souvenirs et c'est peut-être pourquoi aujourd'hui il resplendit.

Son fauteuil, le 30e, est celui de Cambacérès et de René Bazin, ses plus illustres prédécesseurs. Il y succède à Georges Duhamel, médecin de formation, engagé volontaire comme Kessel pendant la Grande Guerre, Prix Goncourt 1918 pour son roman *Civilisation*, et l'auteur célèbre de la *Chronique des Pasquier*, un roman-fleuve qui a précédé de peu *Les Grandes Familles*. Grand ami de Valéry et de Mauriac, c'est un personnage influent à l'Académie qui vient de disparaître : il en a été le secrétaire perpétuel de 1942 à 1946 et a joué un rôle important pendant l'Occupation pour y « tenir en respect les forces maléfiques », selon l'expression de Mauriac. Le général de Gaulle a salué son action dans ses *Mémoires de guerre*. Opposé autrefois à l'élection de Charles Maurras, il n'est ni de droite ni de gauche, peut-être est-il plutôt de gauche. Si ses livres ont figuré autrefois sur la liste Otto parce qu'il était farouchement antiallemand, il n'en a pas moins, au sortir de la guerre, démissionné du Comité national des écrivains pour protester contre les excès de l'épuration. C'est à un homme « courageux » (de Gaulle), imprégné du sens du devoir, armé d'une solide éthique, un homme très humain en tout cas, auquel Druon succède. Et un écrivain dont le dernier ouvrage publié en 1961 fut un *Traité du départ*.

Hormis les oracles, qui pouvait savoir que l'ancien secrétaire perpétuel cédait la place à un futur secrétaire perpétuel ?

Depuis qu'il a l'âge de tenir un stylo – dans son cas, plutôt un porte-plume –, Druon se rêve en académicien. Autant le projet était étranger à Kessel, engoncé dans son habit vert et ne songeant qu'à s'en dévêtir au plus vite, autant il sied à Druon, pour lequel l'Académie est une véritable vocation. Des petits garçons autrefois voulaient être pompiers, astronautes ou ébénistes. Lui c'est écrivain-académicien qu'il a toujours voulu être. Inutile d'en discuter, c'est un fait comme un autre.

Il a écrit son premier livre à sept ans, ainsi qu'il le raconte assez content de lui à Lise Payette, venue l'interroger pour Radio-Canada. Ce livre tenait en quatre pages et se déroulait en mer de

Chine. Roman d'aventures, comme en écrivait déjà son oncle Jef, c'était un *Fortune carrée*, en miniature. « J'avais à cette époque le sens du raccourci. J'espère ne pas l'avoir perdu », dit-il drôlement à Lise Payette.

Lorsqu'il était enfant, dans son village de La Croix-Saint-Leufroy, dans l'Eure, le châtelain, ami de ses parents, était un des quatre fils de Paul Thureau-Dangin, historien de la monarchie de Juillet et secrétaire perpétuel de l'Académie française au début du siècle. On avait emmené le petit Maurice au château et il était tombé en extase devant les portraits d'académiciens qui ornaient les murs de la bibliothèque. Tandis que le curé lui enseignait les rudiments du latin à l'école, il voyait quelquefois l'équipage de Pierre Thureau-Dangin, un ancien capitaine de dragons, traverser en trombe la rue principale : les cavaliers en grande tenue, les chevaux, les chiens, le son des cors, dans son imagination enfantine la chasse à courre mêlait ses fastes avec ceux de l'Académie.

Il n'a cessé par la suite de fréquenter les habits verts. Son beau-père, Fernand Gregh, a été son maître dans l'apprentissage de leurs rites initiatiques. Maurice Druon a été aux premières loges pour observer les déboires de Gregh : treize fois candidat et treize fois battu et rebattu. Il a partagé ses espoirs, ses déceptions, à nouveau ses espoirs, à nouveau ses déceptions, s'étonnant qu'il les accepte toutes avec une gaieté enfantine. Gregh est un poète qui ignore l'amertume. Au hameau de Boulainvilliers, où se trouvait la vieille maison de famille, accueillante et bohème, Druon a suivi par le menu le récit de ses visites protocolaires, de ses échanges épistolaires, de ses calculs de voix éternellement recommencés. Et puis, après trente-cinq ans d'attente, car sa première candidature remontait à 1918, il y eut enfin le jour béni, le jour chanceux, le jour de gloire. Gregh élu ! À quatre-vingts ans, mais élu. Ce 29 janvier 1953, Druon n'a pas encore divorcé de

Geneviève Gregh, personne n'en revenait, ni surtout les académiciens, qui s'étaient habitués à le recaler, s'amusaient de ce mauvais élève, si sympathique au demeurant, qui continuait de les recevoir chez lui autour d'un verre de champagne après chaque élection malheureuse, et étaient peut-être déçus de n'avoir plus à l'entretenir de fausses promesses. Il obtient le 19e fauteuil, celui de Chateaubriand. Druon y voit maintenant assis son ami cinéaste et écrivain, le successeur de Gregh, René Clair.

La bonne fortune voulut que Gregh eût une élection triomphale : il passa au premier tour avec vingt-cinq voix (soit dix de plus que Druon et onze de plus que Kessel), contre son adversaire, l'éditeur Bernard Grasset. Reçu cinq mois plus tard – son discours était prêt depuis des lustres –, par Jules Romains, ce qui lui fut une joie supplémentaire, les académiciens n'en finissaient pas de s'extasier entre eux sur son bon caractère et se demandaient pourquoi, en fin de compte, ils ne l'avaient pas élu plus tôt !

Roger Peyrefitte, perfide, explique son succès par le fait que le fils de Gregh, François-Didier, venait d'être nommé directeur du Budget. Selon lui – il le raconte dans *L'Illustre Écrivain*[1] –, les Immortels espéraient que leur nouveau collègue leur serait un appui en cas d'éventuels ennuis avec le fisc.

Mort en janvier 1960, Gregh, qui a toujours été si affectueux avec le jeune Maurice Druon, aurait sans doute applaudi au sacre de son ex-gendre, de même que son épouse, décédée deux ans avant lui. Mais leurs mânes ont dû lui être favorables.

À bonne école pour ne rien ignorer des pièges, traquenards et autres chausse-trapes que l'Académie réserve aux postulants, Druon a bénéficié d'un solide réseau de relations au sein de l'institution. Sous l'égide de Maurice Genevoix, le secrétaire

1. Albin Michel, 1982.

perpétuel, qui exerce sa fonction avec aménité depuis 1958, François Mauriac et André Maurois, Jacques Chastenet et Jacques de Lacretelle, Louis Pasteur Vallery-Radot et le cardinal Tisserant, Jean Delay et Maurice Garçon, Jacques Rueff et André François-Poncet, Jean Paulhan et Thierry Maulnier, ou même Marcel Brion qui a été candidat au même fauteuil que Kessel et fut finalement élu deux ans plus tard au 33e fauteuil : sans pouvoir supputer quels seraient les votes des uns et des autres, au moins connaissait-il tout le monde sous la Coupole, dès avant son élection, et était-il en excellents termes avec chacun. Il bénéficiait aussi d'un avantage non négligeable : pouvoir compter sur les voix des amis de Jef.

L'habit de l'académicien est noir, brodé de feuilles d'olivier dans des fils de couleur vert et or. Si l'oncle eut recours à un tailleur militaire, Lanvin fut celui du neveu.

L'épée de chacun d'eux est l'œuvre du joaillier Cartier. Celle de Kessel a été dessinée par Jean Cocteau. Druon a entièrement conçu la sienne.

Pour Kessel, une aile d'oiseau, symbole de l'inspiration et de l'aventure. Une tête de lion, fétiche kessélien par excellence. La croix de Lorraine, pour sa participation à la Résistance. Et puis, trois étoiles : l'étoile polaire (symbole de son ascendance russe), la Croix du Sud (qui rappelle sa naissance en Argentine) et l'étoile de David. Tels sont les symboles que Cocteau a dessinés.

La tête de taureau, sur l'épée de Druon, répond à celle du lion. Ce taureau porte sur le front le signe ptolémaïque des fils de Zeus.

À ce symbole de puissance sont associés, outre la lettre D (pour Druon, nom qu'il est fier de porter et qui rappelle sa fidélité au père adoptif), un statère d'or à l'effigie d'Alexandre le

Grand, une rose des vents (pour la diversité des origines), et pour lui aussi la croix de Lorraine. Quelques fleurs de lis rappellent *Les Rois maudits*, peut-être témoignent-elles aussi d'un certain goût pour la noblesse française. Si elle avait pu les voir, la marquise de Brissac, princesse d'Arenberg, aurait sûrement souri, de ce sourire très doux, très tendre, que Druon aimait. Elle n'est malheureusement plus là pour partager sa joie : elle s'est éteinte le 13 août 1964. Au moins cette amie si chère a-t-elle eu le temps d'assister à la réception de Jef, sous la Coupole. Jef qui partageait avec son neveu une tendre attirance pour Jeannette.

Sur la lame, enfin, Druon a fait graver une formule grecque, censée porter chance et succès : *Kai eis anotera*.

La remise de l'épée, cérémonie qui précède l'entrée sous la Coupole, est l'occasion d'une fête entre amis et une manière de remercier tous ceux qui ont contribué à sa coûteuse, et ici dans les deux cas très coûteuse, fabrication.

Pour Kessel, la petite fête eut lieu au bar du Ritz et fut comme il se doit bien arrosée. Un peu trop même au goût de certains.

« C'est la première fois que j'assiste à une cérémonie de ce genre », dit un des invités au nouvel élu.

Et Kessel, en éclatant d'un rire énorme : « Moi aussi ! »

Pour Druon, atmosphère plus sage et beaucoup plus solennelle, à la Maison de l'Amérique latine.

Quand Louis Pasteur Vallery-Radot, le petit-fils de Louis Pasteur, et Pierre Lazareff ont remis son épée à Kessel, en janvier 1964, Cocteau n'était plus là pour admirer le travail de Cartier sur son modèle – il est mort à l'automne, foudroyé par une crise cardiaque.

Maurice Druon, lui, trois ans plus tard, en janvier 1967, reçoit son épée des mains de Kessel.

L'adoubement a eu ce jour-là plus de poids que les mots : de l'oncle au neveu, la filiation symbolique parachevait une histoire. Tant d'images entre eux, depuis l'enfance jusqu'à l'Académie. Tant d'êtres chers disparus, tant de pas accomplis ensemble, et tant d'amour. Le sourire, la main chaleureuse sur l'épaule – l'affection de Kessel était là, solide, fidèle, filiale.

« Mon cher, cher Maurice, Tu as, avec celui de l'écriture, le beau don de la parole. Je te l'ai souvent envié. Car j'en suis entièrement dépourvu. Mieux que personne, tu le sais. Nous en avons souvent ri ensemble. [...] Comment exprimerais-je aujourd'hui tout ce que j'éprouve ? Les images, à nous deux communes qui m'assaillent aujourd'hui et qui s'étalent sur près d'un demi-siècle, tu en vois défiler la fresque aussi bien que moi, j'en suis sûr. Et la vibration intérieure dont elles m'animent, elles passent en toi avec la même intensité... »

Maurice Schumann prit ensuite la parole pour donner à l'événement sa dimension épique, rappeler les années à Londres, l'amitié dans la guerre et les fraternités indestructibles de ce temps-là. Druon exprima chaleureusement sa gratitude aux deux orateurs, ainsi qu'aux nombreux amis venus lui témoigner leur affection et lui offrir l'épée. Ainsi que son oncle l'avait prévu, les mots lui sont venus facilement, ils coulent de source – le remerciement est une déclaration de piété filiale. « Comment te répondre, Jef, autrement que du regard, en sachant trouver dans tes yeux les mêmes images des mêmes souvenirs ? Je vois, comme tu le vois, le pommier normand sous lequel je t'ai lu mes premiers écrits. Je vois les pins de Provence auprès desquels tu m'as appris à construire mon premier roman. Je vois la futaie pyrénéenne et les taillis de Galice où nous cherchions côte à côte le chemin de la liberté. Je vois le feuillage de printemps, à travers les fenêtres d'Ashdown Park, le jour que nous écrivîmes ce chant qui commençait par le mot "Ami..." C'est de l'un à l'autre que nous nous sommes dit d'abord : "Ami, entends-tu…" Je revois les ormes de Mary-sur-Marne et les saules de Genève. Et voici que je te rejoins près des grands peupliers qui ombragent l'Institut. Notre histoire, soudain à l'orée de cette composite forêt de la mémoire, se prend à ressembler aux histoires de la "Table ronde" où, quand le père ne pouvait remettre au fils son épée, c'était l'oncle qui la remettait au neveu… »

À l'Académie, chacun reçoit un mot en cadeau de bienvenue. Ce mot est choisi à la page du dictionnaire sur lequel les travaux sont en cours. Entrés tous deux à la lettre C, pour Kessel, ce fut « civilité ». Ce n'était pas mal choisi, encore que la civilité ne soit pas la qualité qui vienne tout de suite à l'esprit à propos de Kessel. À la lettre A, il aurait pu avoir « aventure » ou « amour » ? Pour Druon, ce fut « conquête ». Les académiciens ont vraisemblablement ciblé le message. Ont-ils oublié le portrait acerbe de Jean de La Monnerie, poète et académicien, sur l'agonie duquel s'ouvrent *Les Grandes Familles* ? Ou le lui ont-ils pardonné ? Le premier chapitre du roman, écrit d'une plume féroce, met en scène un de ces habits verts dont il vient d'intégrer le cénacle. Le noble vieillard, dont les souffrances n'ont pas entamé la vanité, passe ses derniers moments à relire son œuvre qu'il tient toujours pour essentielle. Druon ne lui a épargné ni son ironie ni non plus sa pitié : jusqu'où le narcissisme et l'admiration de soi peuvent conduire un homme, sinon à l'Académie ? Le jeune Lachaume, agrégé de lettres et aspirant écrivain, dont La Monnerie espérait qu'il écrirait un livre tout entier consacré à l'éloge de son œuvre, n'avait pu s'empêcher de se poser la question, malgré son dévouement, à genoux devant le lit du mort.

« Messieurs… » Le 7 décembre 1967, il n'y a pas encore de dames à l'Académie. Reçu sous la Coupole, Druon en grand apparat y prononce avec admiration et bienveillance l'éloge de Georges Duhamel. Son ton est solennel, empreint de ce ton « à l'antique » que lui reproche Matthieu Galey, on a toujours l'impression avec Druon qu'il s'exprime depuis l'Olympe. Mais enfin c'est un beau discours, bien construit, bien rythmé, cinquante-cinq minutes montre en main, avec des formules ciselées, dignes du statère d'or qui orne son épée.

Un grand absent sur les rangs des académiciens : André Maurois, mort quelques mois plus tôt et qui n'a pas pu l'honorer de sa présence chaleureuse. Réticent vis-à-vis de Kessel, Maurois a été le plus sûr soutien de « Maurice » en ces lieux. Avec Madeleine dont Druon est désormais inséparable, ils ont passé plusieurs séjours à Essendiéras, le fief de Maurois et de son épouse, née Simone Gaston de Caillavet, en Périgord, et dîné souvent chez eux boulevard Maillot à Neuilly, l'ancienne « avenue des Érables » aujourd'hui rebaptisée de son nom. Il restera lié avec son gendre, un scientifique de haut niveau, spécialiste de l'épilepsie, le docteur Robert Naquet – Boby –, par qui d'ailleurs je le connaîtrai.

Kessel, solide comme un chêne, est là pour le soutenir et l'encourager. Sans lui, la joie n'aurait pas été la même. C'est la deuxième mais aussi la dernière fois que Jef – il en a fait le serment – revêt son inconfortable habit vert.

Un grand absent aussi dans les rangs du public : son père, René Druon, mort en novembre 1961, à l'âge de quatre-vingt-sept ans. Mais sa mère, Léonilla née Samuel-Cros, bon pied bon œil, est au premier rang. Avec Madeleine pas-encore-Druon, en robe noire, « comme si elle assistait à un enterrement », dira méchamment Galey.

Autant Kessel a fait vibrer la Coupole aux premiers mots de la harangue, en y convoquant le « Juif oriental », autant Druon monte le ton à la fin du sien pour conclure en fanfare. « Je connais ce que je recueille, soupèse ce que je dois maintenir, mesure ce que je souhaite transmettre. Cela ne se fait pas seul. Du secours et du conseil que vous voudrez bien apporter à mon désir de vous servir, d'avance, Messieurs, je vous remercie. »

De ces messieurs, combien savent déjà, combien devinent que ce jeune homme bien tourné, rouquin de peau, au verbe haut, qui porte si élégamment le costume et a débarqué quai de Conti à bord d'une Bentley qui enregistre au compteur les centaines de kilomètres parcourus de Paris à Saint-Pétersbourg, est un secrétaire perpétuel en herbe ? À quarante-neuf ans, il a déjà son programme, il est d'ores et déjà prêt pour la fonction. François Mauriac l'a-t-il pressenti, en jetant cette boutade en forme de coup de griffe : « Cet homme-là, ce n'est pas un fauteuil qu'il lui faut, c'est une rangée ! »

Kessel (soixante-neuf ans) fréquentera peu l'Académie. Il ne participera à aucun de ses travaux. À Jean-Jacques Brochier qui l'interroge pour le *Magazine littéraire* : « Quand on est dans les bas-fonds de Calcutta, penser qu'au même moment il y a une séance du dictionnaire et qu'on pourrait y assister, c'est assez savoureux. »

Druon, en revanche, y fera carrière. Mais pas seulement. Il a aussi trouvé à l'Académie ce qu'il cherchait confusément le plus : une famille.

29

Laisse couler la rivière

Il n'y a plus de chansons d'amour à son répertoire. Germaine Sablon chante encore les charmes du Brésil (*Bonjour Brésil*), la douceur du temps qui passe (*Laisse couler la rivière*) et deux chansons dédiées à des blessés de la vie (*Marguy* et *L'Innocent*), mais sa voix toujours chaude et puissante s'est fermement détachée de ces terres brûlées, restées dangereuses pour qui a aimé et aimé vraiment.

Ses derniers enregistrements en 1956 avec l'orchestre de Raymond Le Pers sont de qualité, ce qui n'est pas étonnant, elle a choisi un chef et pianiste de tout premier plan. Le Pers, architecte de son premier métier, a construit des immeubles en série et même des quartiers entiers à Antibes et à Juan-les-Pins, mais il poursuit parallèlement une carrière de musicien, à la fois chef d'orchestre et pianiste de jazz. La musique et l'architecture, il mène de front ses deux vocations. Selon les musicologues, ses interprétations de Gershwin, qu'il vénère, atteignent l'excellence et portent sa marque, la passion soutenue par une solide structure.

Il lui importe peu que Raymond Le Pers, né en 1921, ait plus de vingt ans de moins qu'elle, elle aime la jeunesse et se renouveler à son contact. Il devait être douloureux en revanche de se regarder dans le miroir des yeux de son épouse, Maria Rémusat, l'une des plus belles voix des années cinquante, de remarquer sa peau si lisse, son corps musclé et plein de ressources, et le souffle puissant qui sort de sa cage thoracique – le même que le sien à son âge. De trente à quarante ans, Germaine était maîtresse de son destin, elle gouvernait un corps qui ne lui donnait aucun souci, se réveillait belle et fraîche tous les matins avec un appétit aiguisé et une énergie féroce. Au lieu que maintenant, empâtée, amollie, et vite essoufflée, elle rechigne à se montrer. Elle se juge peu présentable, malgré ses efforts pour s'habiller, se maquiller, donner du relief à un profil et à une silhouette qui n'en ont plus. Le désastre est là : une allure de matrone, un visage étonnamment changé, virilisé, qui pousse des spectateurs peu amènes à lui trouver une ressemblance avec un sergent de sapeurs. Comment monter sur scène à l'âge d'être une grand-mère – ce qu'elle n'est pas et ne sera jamais dans les faits –, quand le public donne ses faveurs à une nouvelle génération de chanteuses de charme ? Elle a encore sa voix pour séduire, et ses beaux bras qui lorsqu'elle les lève vers le ciel, en implorant l'assistance d'on ne sait quelle muse compatissante, laissent tout à coup revoir, le temps d'un mirage, la splendide Germaine Sablon d'autrefois.

Elle renonce au cinéma, après *La Foire aux femmes*, en 1955. De nouvelles idoles féminines envahissent le monde des variétés : d'Édith Piaf à Patachou, de Jacqueline François à Lucienne Delyle, en passant par Gloria Lasso, toutes ont entre dix et vingt-cinq ans de moins qu'elle. Elle a perdu le feu sacré. À l'idée d'affronter le public dans des salles, tout son être se révolte, elle voudrait s'enfuir, loin du trac devenu incontrôlable. Elle n'a plus le goût de ce métier-là. Son frère sera désormais le seul Sablon de la « chansonnette ». Les quatre derniers titres que Germaine

Sablon enregistre en 1956 avec Le Pers signent son adieu à la chanson – elle a cinquante-sept ans.

Elle quitte son appartement de la rue Daubigny, ce rez-de-chaussée où la lumière du jour n'entrait pas et qui lui rappelait trop vivement les bonnes années, les soirées au champagne avec les amis, le succès et l'amour. La maison d'Agay, sur la Côte d'Azur, devient sa résidence principale. Là seulement, entre le ciel et la mer, elle trouve un refuge, et parvient à se détacher de tout ce qui trouble si obscurément le cœur.

> Laisse couler la rivière
> Laisse passer le malheur
> T'as pour toi la vie entière
> Demain reviendra le bonheur

Elle n'est plus seule cependant, bien qu'elle le soit restée longtemps après sa rupture avec Kessel, endurant un statut équivoque, socialement inconfortable, entre veuvage et célibat. Jean Legrand, son second mari, le père de ses fils, meurt à Valence au début de cette même année 1956. Ils n'avaient jamais souhaité divorcer, bien que l'ancien chanteur d'opérettes ait refait sa vie, fondé une famille, eu des enfants avec sa nouvelle compagne. Libérée des chaînes du mariage, rendue à un célibat qui sied finalement très bien à sa nature indépendante, Germaine Sablon a avec ses frères des liens de si tendre complicité qu'elle ne peut pas vraiment ressentir les effets de la solitude. Elle a aussi beaucoup d'amis et d'amies sur la Côte, de Nice à Menton, et entretient les meilleures relations avec ses voisins immédiats, à Agay. La famille de Saint-Exupéry établie non loin de chez elle lui est particulièrement chère. Souvenir de ces aviateurs de l'Aéropostale pour lesquels Kessel avait tant d'admiration et d'amitié, malgré les divergences d'opinions surgies pendant la guerre ? Ou présence mystérieuse, tel un fantôme de son ancienne vie, de l'écrivain dont sa famille porte le deuil éternel, et qui lui rappelle un autre écrivain, comme lui attiré par tous les extrêmes ? Germaine Sablon a un nouveau compagnon.

Non pas un de ces jeunes gens dont Colette prétendait qu'ils ont le pouvoir de prolonger la jeunesse, un Fred ou un Philippe, pareil aux héros de *Chéri* et du *Blé en herbe*, mais un homme de son âge. Pas non plus un Adonis. Petit et maigre, le visage en lame de couteau, le crâne dégarni, il a cependant de bons yeux pleins d'amour et un sourire qu'elle a envie de partager. Son passé, surtout, le lui fait aimer. Georges Reynal, cinquante-cinq ans (il est né en 1901 à Asnières), a été à dix-sept ans l'un des plus jeunes engagés volontaires de la Grande Guerre, et le plus jeune sergent de l'armée française. Croix de guerre 14-18 avec deux palmes, il s'est illustré dans la suivante par des actes de Résistance qui lui ont valu d'être déporté.

Directeur du Service photographique au ministère de l'Information du gouvernement de Vichy, Reynal avait organisé en plein cœur de la France occupée un centre actif de renseignement au profit des armées alliées. Le 1er mars 1943, il devenait membre de l'ORA (Organisation de la Résistance de l'Armée). Créée un mois plus tôt, aux lendemains de l'invasion allemande de la zone « non-o », et placée dans le Sud-Ouest sous les ordres du colonel Pfister (« Marie »), cette organisation clandestine qui se voulait apolitique et regroupait des militaires français déterminés à lutter clandestinement contre l'occupant ne reconnaissait pas l'autorité du général de Gaulle, et se revendiquait en clair du général Giraud. Son fondateur, le général Frère, a présidé le tribunal qui a condamné à mort le général de Gaulle par contumace, en août 1940. L'ORA a ensuite évolué politiquement, et reconnu en 1943 la légitimité du CFLN (Comité français de libération nationale) à Alger sous la double autorité de Giraud et de De Gaulle.

C'est alors qu'il se rendait en Haute-Savoie, début avril 1943, pour effectuer une mission de renseignement au profit du maquis des Glières, que Georges Reynal a été arrêté par la Gestapo, à Lapalisse (Allier), sur la route nationale 7. Interné à Moulins, à une cinquantaine de kilomètres, puis envoyé au camp de rassemblement de Royallieu à Compiègne le 20 avril, il y est resté jusqu'au 12 mai, date du départ de son train pour un voyage en wagon plombé de trois jours et deux nuits jusqu'en enfer.

À Buchenwald, il reçoit le matricule 50961. Trois semaines plus tard, on l'envoie rejoindre la Baubrigade IV, au « petit camp » d'Ellrich, nommé ainsi par opposition au « grand camp » d'Ellrich, parce que le *kommando* y est en plus petit nombre, quoique soumis aux mêmes atrocités. La Baubrigade IV est chargée de construire une voie ferrée pour relier Nordhausen à Herzberg, dans le nord de l'Allemagne. C'est un camp de travail, ou plutôt un camp d'extermination par le travail. Conditions et horaires inhumains. Les détenus travaillent pieds nus, en haillons, parfois complètement nus, et sont à peine nourris. À Ellrich, sous le commandement d'un *Kapo* allemand, ancien champion de boxe aux JO de Berlin en 1936, le taux de mortalité bat de sinistres records. Reynal va supporter un an entier ce régime. Malade, épuisé, mais vivant, il fait partie de la cohorte des plus faibles, évacués par le train quand les Allemands décident de fermer le camp et de fuir avec leurs prisonniers, lors d'une marche forcée en direction du nord-est. Après Osterode, puis Mieste, l'arrêt à Gardelegen lui fournit l'occasion de s'évader avec un camarade, René Jançon. Une chance inespérée : le 13 avril, plus de mille prisonniers, en majorité polonais, périssent assassinés, brûlés vifs dans une grange. Reynal et son camarade ont trouvé refuge dans une ferme, chez des civils allemands, qui les hébergent et les nourrissent pendant deux semaines. Libéré fin avril, puis rapatrié à Paris en avion via Bruxelles, le 4 mai 1945, telle est l'odyssée de l'homme avec lequel Germaine Sablon partage désormais sa vie.

Georges Reynal a été décoré en 1946 de la médaille de la Résistance « avec rosette », laquelle rosette rend encore plus rare une décoration créée en 1942 à Londres par le général de Gaulle pour récompenser « les actes remarquables de foi et de courage qui, en France, dans l'empire et à l'étranger, auront contribué à la résistance du peuple français ». La même année, il est également décoré de la Légion d'honneur. Il finira commandeur dans l'ordre.

Germaine Sablon partage avec son nouveau compagnon, comme avec l'ancien, l'amour de la patrie française, le sens du dévouement et du sacrifice, la fidélité aux camarades qui ont partagé les combats de la Résistance, mais aussi – à la différence du précédent – un antigaullisme viscéral. Comme Kessel, elle peut pourtant s'honorer d'avoir reçu une lettre d'hommage, signée du Général. On le sait, elle ne porte pas le personnage dans son cœur, depuis qu'à Londres il lui a fait un signe qu'elle a trouvé condescendant, l'invitant à le rejoindre sur l'estrade pour la féliciter de son ralliement aux Français libres. Elle en avait été blessée et éprouve depuis à l'encontre de l'homme et de son parti une méfiance teintée d'un léger mépris. C'est une femme entière, qui n'est jamais à moitié dans ses sentiments. Elle a gardé, malgré tout, rangée au fond d'un tiroir avec les décorations qu'elle n'arbore jamais, la lettre qu'il lui a adressée, le 1er septembre 1945. « Vous avez été de ceux qui ont au premier rang permis de remporter la victoire ! Au moment où le but est atteint, je tiens à vous remercier amicalement, simplement au nom de la France. »

Georges Reynal, lui, semble avoir tourné la page des querelles politiques. Un travail de haut fonctionnaire dans l'ombre de la République comble sa discrétion et son sens des responsabilités occultes. Il a repris son ancien métier, à la Libération. Chargé de mission au cabinet du président de la République, il est redevenu chef du Service de l'Information, et le restera pendant douze ans à l'Élysée, d'abord près de Vincent Auriol, de janvier 1947 à janvier 1954, puis de René Coty, de 1954 jusqu'à janvier 1959. En tant que membre de l'équipe présidentielle, il bénéficie d'un logement au palais. Sur sa carte d'identité en figure l'adresse, 55 rue du Faubourg-Saint-Honoré. Voilà Germaine, quand elle est à Paris, logée dans un meublé sans prétention, loin des fastes du premier étage où se trouvent les appartements privés des présidents de la République, loin de ses dorures, de ses salons bleus, verts ou d'argent, mais enfin dans un vrai palais. Construit en 1720 pour Louis-Henri de La Tour d'Auvergne, comte d'Évreux, Louis XV l'offrit à la marquise de Pompadour, qui s'y plut un temps, au cœur de ce qui était alors la campagne, avant de devenir sous l'Empire la résidence de Joachim et Caroline Murat. Germaine Sablon en Pompadour ? Germaine Sablon en sœur de Napoléon ?

Loin de ces archétypes, et malgré la célébrité qui est encore la sienne, elle garde un style naturel, parfaitement décontracté, qui est aussi celui des nouveaux habitants du Palais. Vincent Auriol, natif de Haute-Garonne, ancien membre du Front populaire de Léon Blum et député SFIO, est en France le premier chef d'État socialiste. Les manières princières ne sont pas pour lui. Il vit à l'Élysée en famille, avec son épouse Michelle, et le ménage que forment leur fils Paul avec Jacqueline Douet – une passionnée d'aviation, un as de la voltige aérienne. Jacqueline Auriol sera la seconde femme pilote d'essai après Adrienne Bolland. Mme Auriol et cette étonnante et intrépide belle-fille ont rénové et redécoré l'Élysée de fond en comble : non seulement les salons, appartements privés et bureaux divers, mais les cuisines, désormais pourvues du confort moderne, au sous-sol. Elles ont fait installer un ascenseur, qui évite de monter et descendre cent fois par jour l'escalier d'honneur, dit escalier Murat, ainsi que deux monte-charges pour faciliter le service domestique. Germaine Sablon a échappé à cette ère de travaux, au bruit et à la poussière, ainsi qu'au rythme sportif, voire frénétique, que le dynamisme des deux femmes – l'épouse et la belle-fille – aura imposé à tout le personnel du temps d'Auriol.

La bonhomie du couple Coty ramène le calme dans la demeure. Le nouveau président, havrais de naissance et normand fidèle, a pour épouse une première dame très populaire, qui se consacre avec un dévouement exemplaire aux œuvres de charité, a des attentions délicates pour les employés de la maison, et a demandé, elle, qu'on aménage des chambres d'enfants à l'Élysée, pour y recevoir ses onze petits-enfants. D'abord moquée par la presse pour son embonpoint et son allure vieillotte, Mme Coty, née Germaine Corblet, s'est imposée à l'opinion par sa simplicité, sa réelle bonté, et ses dons de ménagère. Quand elle reçoit les journalistes en tablier de cuisine ou presse dans ses bras les enfants des crèches et des orphelinats, le cœur des Français s'émeut. « Je ne suis pas une *pin-up* ; je suis une grand-mère », répond-elle aux méchantes langues. Près de trente mille personnes assisteront à ses obsèques, en l'église de la Madeleine, pour lui rendre un hommage unanime, après sa mort subite en plein mandat de son mari, le 12 novembre 1955. J'imagine que Germaine Sablon, d'une nature bienveillante et généreuse qui est aussi celle de son frère Jean, s'est trouvée en parfait accord avec la gentillesse de Mme Coty. Non qu'elle soit jamais entrée dans l'intimité du Président et de sa famille, mais elle a bénéficié comme chacun sur place du climat de simplicité que la grand-mère de tous les Français avait su si tranquillement imposer à sa maison.

Avec le directeur de cabinet de René Coty, Henri Friol, ou avec le secrétaire général de la présidence à cette époque, Charles Merveilleux du Vignaux, elle n'a que des relations officielles, plutôt distantes, lors des réceptions données à l'occasion des visites de chefs d'État ou des remises de décoration. Elle n'est que la compagne de Georges Reynal, dans une époque encore très catholique – Mme Coty a fait restaurer la chapelle de l'Élysée –, qui désapprouve et désapprouvera longtemps les unions libres.

Je ne la vois pas sur les photographies que j'ai pu consulter de cette époque. En revanche, Georges Reynal est partout. Presque jamais de face, plus souvent de profil, on le reconnaît bien. Sa petite taille, son profil aquilin, son crâne chauve, c'est bien lui, il est là, sur la plupart des photos. Toujours au second plan, derrière le président ou le chef de cabinet, le secrétaire général ou l'un de leurs invités. Une ombre discrète, comme eux en jaquette le jour, en habit les soirs de réception. Un sourire sympathique, qui ne semble pas de commande, éclaire les clichés officiels, les personnages compassés, la vanité des décors. Il est partout présent, et pourtant aujourd'hui les gens les mieux informés, les mieux infiltrés dans le monde élyséen, ne savent plus qui il est, quel fut son rôle dans la république d'autrefois. Il a occupé une place d'observation à la fois privilégiée et discrète, celle qui est une aubaine pour les mémorialistes ou pour les espions – bien qu'il ne semble avoir été ni l'un ni l'autre.

Quelle fut la vie de Germaine Sablon dans ce palais où, comme les courtisans à Versailles, elle est logée à l'étroit, sous des plafonds bas, derrière des fenêtres obturées de rideaux qui laissent encore moins passer la lumière que rue Daubigny ? Que fait-elle au long des jours ? Elle qui chantait dans d'immenses salles de concert, croulait à la grande époque sous les applaudissements et les bouquets de fleurs, elle qui était la vedette, admirée, adulée, célèbre, comment supporte-t-elle d'être ainsi reléguée aux étages, dans l'atmosphère étouffante et petite-bourgeoise, au faux lustre d'une adresse trompeuse ? Je l'imagine, sortant son caniche royal qui ne la quitte pas, par un des petits escaliers qu'emprunte le personnel, pour aller déambuler à grands pas dans les jardins des Champs-Élysées ou jusqu'aux Tuileries. Le grand chien, qui a la taille d'un doberman, tire sur sa laisse tandis qu'elle prend l'air, respire la chlorophylle des marronniers ou de je ne sais quels pauvres arbres parisiens. Personne ne la reconnaît. Personne ne l'arrête. Qui demanderait un autographe à la grosse dame à chaussures plates, qui se fond au milieu des badauds ?

Le soir, quand Georges Reynal la retrouve, que se disent-ils ? Quelles sont leurs conversations ? Forment-ils un couple tendre et complice, ou sont-ils amoureux, ont-ils des nuits câlines dans leur petit logis de la république ? À quoi, à qui rêve Germaine Sablon ?

Georges Reynal, veuf d'une première épouse répondant au nom d'Augustine Boquet, lui a demandé sa main, à plusieurs reprises. Elle a toujours refusé de l'épouser. Et, de manière générale, de se remarier.

Tandis qu'une nouvelle génération s'apprête à renouveler la chanson française et que Dalida, Gilbert Bécaud ou Sacha Distel sont les grands noms à l'affiche, à la fin des années cinquante, Jean Sablon parcourt toujours le monde, où son succès ne faiblit pas. Au Brésil, dans son ranch de São João, les deux neveux du chanteur, Pierre et André Legrand, se sont lancés dans l'élevage des lapins angoras, dont le poil est recherché pour fabriquer les meilleures laines, ainsi que dans celui des dindes blanches, dont la chair est paraît-il goûteuse. Ils les importent des États-Unis. Lapins angoras et dindes américaines remportent des prix aux concours de foires. Coupes et fanions s'exhibent comme autant de trophées dans les bureaux de la *fazenda*, mais l'investissement coûte cher, la luzerne et le lagodendron dont se nourrissent les lapins sont en hausse sur le marché, et la production elle-même rapporte peu. La propriété, toujours nommée en famille la *Fazendinha* (la *fazenda* chérie), est un gouffre financier. Jean Sablon a beau gagner des fortunes, il n'a plus envie d'investir autant dans l'agriculture et l'élevage. Lesquels sont une source infinie de soucis et finissent par absorber les prodigieux profits des concerts. Ses voyages aux quatre coins du monde le tiennent éloigné de la plantation. Un séjour à Tahiti suivi de spectacles chèrement payés en Afrique du Sud et en Rhodésie du Nord, avec retour par Las Vegas puis New York, où le public l'accueille chaque fois en star parmi les stars dans des salles mythiques, lui ont fait prendre conscience du peu de loisir qu'il peut consacrer à São João.

Sa mère est maintenant à Paris, installée chez lui, dans son vaste et élégant appartement de la rue Foucault (au numéro 6), non loin de la Seine et du palais de Tokyo. Une énorme terrasse sur le toit, reliée par un escalier intérieur à l'appartement, lui permet quand il vient à y passer de recevoir jusqu'à une centaine d'invités face au panorama de Paris.

Jean Sablon finit par vendre son coûteux paradis brésilien. Non sans regrets, en laissant là-bas beaucoup de beaux souvenirs, les ouvriers qui travaillaient au domaine, ses chevaux et ses chiens. Dont le fidèle corniaud qui l'avait un jour suivi, harassé, langue pendante, jusqu'à São Paulo, et frétillait de joie quand il le retrouvait.

Il vend aussi son appartement new-yorkais, et décide de se

fixer en France. Il vient d'avoir cinquante ans, mais les années comptent double ou triple pour un chanteur dont la carrière internationale n'a connu ni répit ni trêve. *El triunfador*, comme on le nomme en Amérique du Sud, ne met pas du tout fin à un métier qui se confond avec sa vie même, mais souhaite s'accorder une préretraite. Il achète une maison dans une commune proche d'Agay, distante d'une vingtaine de kilomètres seulement de la villa de sa sœur, à Théoule-sur-Mer. À dire vrai, il en était déjà propriétaire : il l'avait offerte à sa marraine, meilleure amie de sa mère, Nita de Somar, qui avait été chanteuse d'opéra dans les années vingt mais qui avait eu le malheur de perdre sa voix. Reconvertie dans la couture à Buenos Aires, puis dans la haute couture en tant que relations publiques à Paris, Jean Sablon lui était très attaché et elle venait de mourir. Il se sentait heureux dans son sillage, acheta quelques meubles et objets pour recréer son propre univers et put enfin se consacrer à un jardin. Un petit jardin plein de fleurs, ombragé d'arbres qui lui rappelaient ses voyages. Notamment un eucalyptus, d'une certaine espèce découverte en Australie, qui ne pousse pas beaucoup en hauteur mais se couvre l'été de grappes de fleurs de toutes les couleurs, jaunes, violettes, roses. Il en avait rapporté les graines à sa marraine, depuis Melbourne, où il avait chanté trois mois durant au même théâtre. De sa maison de Théoule, il a une vue extraordinaire sur les Alpes, Cannes et le cap d'Antibes, mais quand il regarde son eucalyptus, quand il hume son parfum, il est de retour à l'autre bout du monde, revoit la plage de Brisbane, et les jardins publics de Melbourne où il allait parfois s'asseoir avec un livre, entre deux *shows*.

Désormais Germaine a auprès d'elle, pour de longs mois, les deux frères qui lui restent depuis la mort d'André Sablon, survenue en août 1947. Jean à Théoule et Marcel, au-dessus de

Nice, à Valberg, une station de montagne perchée à 1700 mètres d'altitude dans les Alpes du Sud, où il aime passer les étés et où il viendra de plus en plus peindre des aquarelles, après des années d'intense activité artistique au service de la principauté de Monaco. La solitude n'est pas une option dans la famille Sablon.

Laisse gronder les orages
Laisse passer les saisons
L'espoir n'est pas un mirage
Tout se termine en chansons.

Le chagrin n'a pas de prise, en apparence, dans cet univers rieur et fleuri où les Sablon ont établi leurs pénates. « En avant, avec le sourire ! » : la devise du président Coty, que Georges Reynal a faite sienne, résume l'atmosphère. Bientôt Georges Reynal, qui prend sa retraite quand finit la IVe République et que s'annonce la Ve avec l'arrivée au pouvoir du général de Gaulle, vient rejoindre sa compagne à La Maritana. La maison n'a pas changé depuis que Kessel et Druon, juste avant le départ pour Londres via l'Espagne et Lisbonne, lui composaient des chansons au clair de lune. Elle a maintenant d'autres paroliers, Jacques Rouland, Jeannine Rémignard ou René-Louis Lafforgue, est-ce bien utile de dire que les liens ne sont plus les mêmes ? Sur la terrasse qui domine la plage, on entend toujours le bruit des vagues et, quand le mistral souffle, on y est à l'abri de ses assauts – l'Estérel protège la villa d'un rempart rose. Le caniche royal dort à ses pieds. Mais dans ce décor de vacances, à l'écart de la fureur du monde, le chagrin a-t-il vraiment disparu ?

L'une des dernières chansons de Germaine Sablon s'intitule *Marguy*, d'un prénom mystérieux et interchangeable, au masculin et au féminin. Les paroles en sont de René-Louis Lafforgue, mais quand Germaine Sablon les chante, elles lui appartiennent :

> Où es-tu
> toi qui m'as donné le mal d'amour ?
> Où es-tu
> dis-le-moi
> depuis de si longs jours ?...
>
> Je gueulerai ton nom
> sur les chemins
> jusqu'à ce que le diable l'emporte
>
> Je gueulerai ton nom
> Comme un refrain
> Pour qu'il enfonce chaque porte...
>
> Où es-tu tendre joie,
> dans quel pays perdu ?...
>
> Dites-lui
> Que mon cœur a quitté cette vie...
> C'est un triste refrain...
> Car je deviendrai lettre morte.

Lorsqu'ils quittent l'Élysée, au départ du président Coty, Georges Reynal et Germaine Sablon s'installent définitivement dans le Midi. En mars 1965, Georges Reynal est élu maire de Saint-Raphaël. « En avant, avec le sourire ! » Qui peut résister à un pareil programme ? Sans étiquette, il succède à un UNR, commissaire-priseur de son état, René-Georges Laurin. Le prestige inhérent à sa fonction remplace les paillettes perdues de la scène, mais contraint le couple quand il se déplace dans la région à vivre encore sous les projecteurs. Germaine Sablon recherche de plus en plus le calme de La Maritana et l'amitié de ses voisins directs. Elle craint autant les remous de la politique locale que les lumières des salles de concert. Son frère Jean prend lui aussi sa retraite à Théoule, sans encore mettre un terme à sa carrière. Il ralentit le rythme de ses tournées, chante encore à l'occasion de galas, comme pour celui de la Croix-Rouge à Monaco en 1972 ou celui donné pour les mécènes de la rénovation du château de Versailles, en 1973. Il ne fera ses adieux au public, après soixante-deux ans de chansons, qu'en 1982, à Paris, lors d'un somptueux concert à l'ancien Alcazar d'été – le Pavillon Gabriel. Il chantera une dernière fois en Belgique, à Spa, en 1983, puis l'année suivante, à Rio, au Copacabana Palace, pour ce qui sera son ultime adieu à la scène internationale. Il aura alors soixante-dix-huit ans.

Germaine Sablon vieillit doucement, toujours gaie et souriante, malgré un fond secret de mélancolie. Compagne du maire, jusqu'à ce que celui-ci laisse la place en mars 1971 au docteur Henri Girod, son successeur divers gauche à l'hôtel de ville, il arrive qu'on la prenne pour « Mme Reynal ». Mais elle refuse toujours de se remarier.

Et je suis seule
Avec tout mon amour
Sans espoir de retour
Et plus seule chaque jour

Sa voix a disparu des ondes. La dernière fois qu'elle a interprété *Le Chant des partisans*, en public, ce fut le 12 avril 1957 au palais de Chaillot, pour le gala des évadés de France, organisé par le ministère de la Guerre sous la présidence de Vincent Auriol. Elle était accompagnée à la guitare par un musicien de jazz manouche, disciple de Django Reinhardt.

Le malheur la frappe, l'été de ses soixante-dix-huit ans. Alors que le soleil rend plus rouges les pierres de l'Estérel et que c'est un délice de plonger dans les eaux fraîches de la Méditerranée, devant la terrasse de La Maritana, son fils Pierre Legrand meurt sous ses yeux, d'une crise cardiaque foudroyante, consécutive à une hydrocution. Elle ne se remettra jamais de ce drame.

Un voile de deuil recouvre la villa. C'en est fini de la joie et des chansons qui l'habitaient. Germaine Sablon ne sort plus de chez elle, ne voit plus ses amis, laisse filer le temps. Elle survit cependant plusieurs années avant de s'éteindre comme une flamme, le 17 avril 1985, à l'âge de quatre-vingt-cinq ans.

30

Le désespoir en bandoulière

La sérénité, censée venir avec l'âge, en compensation de la dégradation physique et de l'affaiblissement qui y sont associés, aurait dû tomber sur les larges épaules de Kessel, adoucir son entrée dans l'ère des septuagénaires. Mais elle lui fait cruellement défaut. Il a soixante-dix ans en 1968. Est-ce un signe de son vieillissement, la révolution étudiante ne trouve en lui qu'un lointain observateur, indifférent à ses péripéties. Replié dans son quartier des Champs-Élysées, étonnamment calme et désert, où jusqu'à la contre-manifestation en faveur du Général rien ne se passe et où, en ce printemps de folie, on entend les oiseaux chanter, il n'aura rien vu des barricades. Lui qui a hanté le terrain de toutes les insurrections et de toutes les guerres, communié avec les *Sinn-feiners* irlandais, les maquisards de 1943 et les Israéliens de Ben Gourion, il n'a pris part à aucun défilé, ni n'a fait entendre sa voix à la Sorbonne ou au théâtre de l'Odéon. Il ne se sera même pas déplacé pour soutenir le clan de ses amis gaullistes, quand ils ont défilé à deux pas de chez lui, le vieux Malraux en tête, avec Maurice Schumann, avec Romain Gary. Quant aux jets de pavés, aux bombes lacrymogènes, aux slogans étudiants et aux sirènes de la police, il s'est contenté d'en regarder les images et d'en entendre le tumulte, assis dans un confortable fauteuil, devant son poste de télévision. Un verre de whisky posé à côté de lui, c'est la fumée de ses cigarettes, allumées l'une après l'autre, qui lui donne l'illusion d'être au Quartier latin.

Juge-t-il que la révolution étudiante n'est plus de son âge ? Ou n'en saisit-il pas l'enjeu ? Il le dira sans chiqué à un journaliste : de mai 1968, il aura retenu l'esprit de contestation. Ni plus ni moins. La révolution elle-même, il n'y a jamais cru.

L'écriture des *Cavaliers*, poursuivie pendant près de six ans, a dévoré ses dernières forces. Jamais il n'a écrit avec autant de peine, jamais les mots ne lui sont venus si difficilement. L'ambition et l'ampleur du sujet ne sont pas les seules causes à incriminer. Il a éprouvé pour la première fois non pas la souffrance d'écrire, largement expérimentée lors de la rédaction du *Tour du malheur*, mais le désespoir d'écrire, et la tentation d'y renoncer. À sa parution chez Gallimard en mars 1967, le roman a remporté un immense succès tant public que critique, il a été célébré par Mauriac et par d'autres comme l'auteur d'une « œuvre lyrique », d'un « poème épique », le monde si blasé des lettres lui a rendu un hommage pour une fois sans fausses notes – un hommage unanime que peu d'écrivains peuvent se vanter de recevoir. Mais quel succès l'aurait rassuré ? Il le sait mieux que personne, quoique ce sentiment soit encore flou, encore inexprimé, et puisse se résumer à une intuition très sombre, une peur irraisonnée du lendemain, il est arrivé au bout de la route. Cette prise de conscience, à l'état latent, s'avérera juste, puisque *Les Cavaliers*, son quatorzième roman, sera aussi le dernier qu'il écrira.

Tout va pourtant très bien pour lui, d'après les échos que la presse lui renvoie. Il n'a jamais été si présent ni si populaire. Et remporte succès sur succès. En 1965, une société de production achète les droits cinématographiques de *Belle de Jour* – son roman fétiche paru en 1928 – et en confie la réalisation à Luis Buñuel. Le cinéaste choisira la plus blonde, la plus belle des actrices françaises pour incarner Séverine Serizy, la sulfureuse héroïne par qui le scandale se renouvellera quarante ans après le roman : Catherine Deneuve. Malgré les protestations des professeurs de morale, qui poussent des cris d'orfraie en voyant une bourgeoise se prostituer, autant pour l'amour de l'art que pour pallier les défaillances de son mari qu'elle aime « au-delà du plaisir », le film sera un triomphe en noir et blanc. Il se verra même défini comme « le chef-d'œuvre de Buñuel » par les critiques du septième art. Buñuel, qui n'aimait pas le roman, en a pourtant fait l'adaptation la plus fidèle de tous les romans de Kessel adaptés au cinéma.

Belle-de-jour est le nom d'une fleur qui s'épanouit le jour et la nuit ferme ses pétales.

Tandis que le laurier-rose, lié à Germaine Sablon, pourrit quand on le touche.

Kessel aime lier ses femmes à la poésie des fleurs. Laquelle conviendrait à Michelle ? Une rose mauve ? Un lis noir ?

Cette même année 1965, il coécrit avec Paul Dehn le scénario de *La Nuit des généraux*, un film de son ami Anatole Litvak, qui se déroule en Pologne et dans le Paris de l'Occupation pendant la Seconde Guerre mondiale. Peter O'Toole incarnera le général Tanz, un bourreau SS dont les manières raffinées et maniaques exacerbent les atrocités. Nouveau succès. Nouvel hommage au scénariste notamment, tandis que se profilent dans l'ombre les jolis sourires de Nicole Courcel et de Juliette Gréco.

En 1967, c'est au tour des *Cavaliers* de défrayer la chronique : les Américains déboursent cent millions d'anciens francs pour acheter les droits du roman. John Frankenheimer dirigera les opérations et offrira les rôles du jeune Ouroz et du vieux Toursène à Omar Sharif et à Jack Palance. Pour Omar Sharif, cavalier hors pair, fasciné par le monde des chevaux, c'est un rôle en or, après Ali, prince du désert, qui a été le sien dans le *Lawrence d'Arabie* de David Lean (1962). Kessel connaît bien Omar Sharif, qui a joué le bon major Grau dans *La Nuit des généraux*, l'antithèse absolue du cruel général Tanz. À la sortie du film, en 1971, Kessel, qui d'habitude n'aime pas voir ses romans portés sur grand écran, pourra s'émouvoir devant des images prodigieuses. Frankenheimer a tourné la plupart des scènes, et notamment le *bouzkachi*, au pays de son cœur, dans les montagnes et les vallées d'Afghanistan.

Financièrement comblé, reconnu, académisé, commandeur de la Légion d'honneur et des Arts et Lettres – promotion (1963) qu'il doit à Malraux autant qu'au Général –, loin de se réjouir de tout ce que le sort lui envoie, succès à la pelle, fortune et célébrité, Kessel affiche les stigmates de la tristesse. Ses épaules sont voûtées, son pas est ralenti, son visage creusé de rides douloureuses, mais pour ses amis le signe le plus évident que quelque chose ne va pas tient à la relative sobriété où l'écrivain se maintient. Sa consommation d'alcool, jadis légendaire, s'est réduite à une moyenne (un litre de whisky par jour, et quelques verres de cognac ou de vodka, *from time to time*). Ils s'inquiètent aussi de son comportement qui s'est assagi et menace lui aussi de rejoindre la normalité. Quand ils dînent ensemble au restaurant, c'en est fini du Kessel tonitruant, briseur et mangeur de verres, capable de détruire l'entier mobilier d'une salle de restaurant ou de défoncer une porte, quand ce n'est pas de vouloir jeter une femme par la fenêtre. Ses débordements sont devenus rares. Il mange, boit, discute, et puis s'en va, pressé de retrouver son *home* où l'attend son *beautiful love*, ainsi qu'il nomme sa femme dans toutes ses lettres intimes. Mieux vaut d'ailleurs qu'elle se contente bon gré mal gré de ce statut de Pénélope, confite en son foyer, car lorsqu'elle assiste aux dîners, elle les transforme en ouragans, en comparaison desquels les tornades tropicales ne sont que de doux zéphyrs. Ce que les amis de Kessel, neveu compris, supportent de plus en plus mal.

À la télévision, l'écrivain devient une figure familière. Avec sa gueule et son allure de baroudeur des steppes, que le port inhabituel d'un costume gris et d'une cravate ne parvient pas à domestiquer, il est un personnage du petit écran que les auditeurs aiment retrouver. Sa voix chaude, enveloppante, agit comme un philtre et ensorcelle dès les premiers mots, on l'écouterait jusqu'à ce que la nuit tombe. Il raconte lentement, patiemment, de belles histoires, décrit les gens bizarres ou étonnants qu'il a croisés, et permet aux téléspectateurs rivés à leur poste d'échapper enfin à leurs vies ordinaires. Il leur offre l'aventure, le dépaysement, le frisson du danger, les fascinants miroirs du roman. Pierre Dumayet le sait bien, qui l'invite régulièrement, à partir de 1962, à parler de ses livres dans l'émission-culte de son temps, *Lectures pour tous*. C'est chaque fois un festival Kessel : cigarette vissée au doigt, ses yeux clairs dans le vague ou qui soudain traversent l'écran pour vous regarder bien en face mais avec douceur, l'écrivain exerce un véritable pouvoir d'attraction, un charme magnétique, en vraie vedette de télévision. Lui, le timide, qui a horreur de parler en public, et fuit les conversations mondaines, découvre que sa parole peut séduire à l'égal de ses livres. Il en possède la technique et en joue, désormais aussi habile à s'adresser aux foules anonymes que Guardi Guedj, le vieil aède des *Cavaliers*, captivait les plus farouches nomades à leur escale dans la passe de Chibar, vers Kaboul. L'Aïeul de tout le monde, c'est le rôle qu'il est maintenant appelé à jouer.

Sans enfants ni petits-enfants, il est un grand-père attentif et affectueux, non seulement pour les auditeurs de *Lectures pour tous*, mais pour ses jeunes amis, écrivains et journalistes en herbe qui, d'André Asséo (Radio Monte-Carlo) à Georges Walter (Radio Luxembourg, puis ORTF), cherchent près de lui un grand exemple, outre ses recommandations et ses conseils. En 1967, Jean-Marie Drot lui consacre un reportage d'une heure et demie sur la première chaîne de télévision, qui propose en outre une adaptation au petit écran de sa nouvelle préférée, *Mary de Cork*. Georges Kessel en a signé l'adaptation et Maurice Cazeneuve la réalisation. Quant à Clotilde Joano, une jeune actrice d'origine russe, elle joue Mary avec la même intensité qu'elle a apportée au théâtre à des héroïnes de Claudel ou de Racine. En septembre 1969, la même première chaîne diffusera la série de ses entretiens avec Michel Droit à l'occasion de la parution chez Plon/Del Duca de la nouvelle édition en six volumes de *Témoin parmi les hommes* – ses reportages au long cours, de Vladivostok en Irlande, en passant par Barcelone, la Syrie, le Yémen, l'Afghanistan, la Birmanie, etc., depuis 1919. Tant de mots et d'images ont été emmagasinés, « une poussière d'actes et de vies individuelles attachées les unes aux autres », selon la définition que Fernand Braudel donne de l'Histoire. C'est résumer le sens même de l'œuvre de Kessel.

« Ce qui personnalise Joseph Kessel parmi les reporters de notre temps – et il y en eut d'illustres – c'est qu'il n'a jamais cessé de s'y montrer un grand écrivain. » Dans un article du *Monde*, daté du 7 juin 1969, Pierre-Henri Simon, l'un des critiques les plus exigeants et difficiles à conquérir, un Cerbère de la Haute Littérature, reconnaît enfin la dimension de Kessel, sa place parmi les écrivains du XXe siècle : un grand parmi les grands. Des deux mille cinq cents pages d'impressions et de récits qui constituent *Témoin parmi les hommes*, il écrit qu'elles ne sont pas seulement « un miroir où se reflètent des pans de notre histoire et des horizons de notre terre en son âge d'aujourd'hui, mais un chant où se reconnaît la voix d'un homme, et dans sa voix sa pensée, sa sensualité, sa sensibilité morale. Joseph Kessel y apparaît incontestablement avec une grande stature ».

Il n'est pas besoin d'être devant son poste de télévision pour l'entendre dire de sa voix sonore et caressante à la fois, où roulent pacifiquement les *r*, ces mots qui résument son credo, sa méthode de romancier. « Je ne compte plus au cours de ma vie ces départs à l'aube, dans des pays lointains où le monde silencieux et frais semble naître et s'ouvrir à l'amitié de l'homme, où l'esprit et la sensibilité sont plus vulnérables aux splendeurs de la terre, aux souffles de l'inconnu, et goûtent par anticipation, avec une sorte de bienheureuse angoisse, la joie de la découverte et de l'aventure. Mais chaque fois l'enchantement est nouveau, est entier… »

Parvenu à un âge où l'Aventure ne devrait être qu'un lointain souvenir, il ne veut pas renoncer aux voyages. En 1967, l'Organisation mondiale de la santé (OMS) lui a offert un pont d'or pour qu'il aille prendre le pouls des pays du tiers-monde et en rapporte un de ces récits humains, très humains, dont il a le secret. L'OMS fêtera en effet en 1968 les vingt ans de sa création et souhaite marquer son anniversaire d'un texte fondamental. Kessel accepte immédiatement l'aubaine, qui va l'éloigner de Paris, de la routine infernale de la rue Quentin-Bauchart et des scènes de plus en plus fréquentes et violentes de Michèle. N'aimant pas voyager seul, il aurait bien emmené Yves Courrière mais celui-ci est plongé dans la rédaction d'un ouvrage important sur la guerre d'Algérie. Son frère Georges, quoique à reculons car il est souffrant et beaucoup plus délicat et fragile que son aîné, se dévoue pour l'accompagner. Après avoir hésité à visiter le Grand Nord, qu'il ne connaît pas, Jef se décide pour l'Asie et pour les deux pays qui l'ont le plus ébloui par leur culture et l'écart immense de leur civilisation avec la nôtre, l'Inde et l'Afghanistan. Quinze jours à Calcutta, à côtoyer l'une des plus grandes misères du monde, n'empêchent pas Kessel de discerner beautés et grandeurs, tandis que Georges, horrifié à la vue des cadavres abandonnés en pleine rue, des lépreux que signale le tintement de leur clochette, et des vaches sacrées dont les gens prennent plus de soin que des enfants décharnés, finit par déclarer forfait. Son frère réussit à l'entraîner quinze jours supplémentaires dans un périple improvisé en Assam, jusqu'à la frontière du Bhoutan, mais il peine à le suivre, d'autant que Kessel exige un train d'enfer. Quand ils n'explorent pas une réserve huit heures durant à dos d'éléphant, leur jeep roule à fond sur les routes cahoteuses, trimbalant les passagers comme du matériel. Georges se plaint qu'à l'arrivée, tout fourbu et poussiéreux, il ne puisse poser sa valise dans un de ces hôtels pour touristes de luxe, qu'il fréquente partout ailleurs. Kessel se contenterait d'une hutte ou d'un sac de couchage, et ne transporte pas de bagages. Si lent et lourd à Paris, Jef en voyage fait preuve d'un entrain de jeune homme. Le reportage le vivifie, son sang circule plus vite dans ses veines, ses jambes retrouvent l'allant de ses vingt ans. Il épuise tous ceux qui le suivent par une cadence frénétique, ne dort plus, saute les repas, et se fiche pas mal qu'il n'y ait rien à boire de sérieux quand un passant vient à obséder son regard, pour quelque trait, pour quelque geste, saisis au hasard. Aussitôt il l'interroge, il veut connaître son histoire, et prend le temps de l'écouter. Après le départ de Georges, qui rentre en France exténué, il file seul en Afghanistan, où il est reçu tel un chef d'État par les autorités afghanes. L'écho des *Cavaliers* est parvenu jusqu'à Kaboul, portant sa réputation au zénith. On le considère là-bas comme l'Ami de tous les Afghans. Un statut dont il est fier, et qu'il veut honorer des multiples preuves de son attachement. Igor Barrère et Michel Colomès, deux journalistes de télévision, l'ont rejoint à Kaboul avec le matériel cinématographique nécessaire à leur mission. Ils veulent filmer Kessel sur son terrain de prédilection, le suivre de vallée en vallée, jusque sur des territoires qu'il n'a pas encore explorés, vers les ruines de Chakhansûr, la ville détruite par Gengis Khan, à la frontière de l'Iran, et vers Paktiyâ et le pays pachtou, que la rébellion de tribus indomptables rend particulièrement dangereux à traverser. Kessel sera déçu de ne pouvoir admirer que de loin les lacs suspendus de Band-e-Amir, que le héros des *Cavaliers* veut atteindre en un ultime défi, dans l'un des passages les plus mémorables du roman. Il ne pourra que survoler le site en hélicoptère, à cause de pluies diluviennes et des risques de crues. Les journalistes vont, grâce à lui et avec lui, réaliser une enquête inédite sur un pays que les Européens et notamment les Français connaissent peu. Ce sera pour *Cinq colonnes à la une*, « Joseph Kessel en Afghanistan ». Eux aussi, qui ont la moitié de son âge, vont pouvoir éprouver l'endurance de l'écrivain, et devoir se conformer à son rythme. L'Aïeul de tout le monde dévore les kilomètres, ne se soucie ni de la fatigue, ni des rudesses du climat, ni de l'inconfort des jeeps ou des *tchaïkhanas* (maisons de thé), ni du goût suri des ragoûts de mouton. Il est partout à son aise dans ce pays inchangé depuis la nuit des temps, et tâche de convaincre ses jeunes interlocuteurs de la pérennité des civilisations, de la sagesse des anciennes légendes. « Il ne faut jamais désespérer des hommes et de leur malheur. » On en revient toujours avec Kessel à la force éternelle des adages.

La caméra d'Igor Barrère et de Michel Colomès capte le vieux visage buriné et la paix tranquille qui émane de sa présence, la plupart du temps silencieuse, confrontée aux paysages arides et aux hommes austères parmi lesquels il se sent si léger, libéré du mal de vivre qui colle partout ailleurs à ses pas.

Il faut pourtant rentrer. Kessel aurait aimé rester plus longtemps, peut-être même ne jamais revenir. Il n'a pas écrit la moindre ligne pour l'OMS, malgré le pont d'or et les frais de voyage. Il n'écrira pas le rapport commandé. Partir est devenu pour lui une sinécure. Tous les prétextes sont bons pour lui assurer un répit dans une existence qui lui pèse et l'angoisse. À Paris, il y a Michèle et Michèle va mal. De retour auprès d'elle, force est de constater que sa maladie s'aggrave. Dès lors la fatigue, que ses jeunes compagnons de voyage s'étonnent de ne pas lui connaître, lui tombe dessus d'un coup et l'enveloppe d'une tunique de Nessus.

Sa vie quotidienne est un enfer – ce n'est pas une métaphore, mais la triste représentation de la réalité. Les crises éthyliques de Michèle qui surviennent en moyenne deux ou trois fois par semaine le soumettent à dure épreuve.

Kessel, aux petits soins, essaie de limiter sa consommation d'alcool, enferme les bouteilles dans un placard dont il garde la clef dans sa poche, et pour ne pas la tenter boit le plus souvent en catimini, quand elle dort. Mais elle déjoue sa surveillance, s'échappe au prétexte d'aller regarder les vitrines de l'avenue Montaigne – elle adore les robes et les fourrures, c'est une cliente effrénée et compulsive des meilleures maisons de couture du quartier –, et en profite pour écumer les bars des Champs-Élysées. Au retour, furieusement ivre, elle lui lance à la tête la même litanie de reproches. Elle incrimine en vrac ses maîtresses, ses neveux et ses livres. Druon aurait-il vu juste, à Londres en 1943, quand il a cru croiser dans l'appartement de célibataire de son oncle un ange du malheur ?

Elle est hélas de moins en moins douce, et de moins en moins drôle, quand elle l'était tant autrefois, et en même temps que l'humour elle perd de jour en jour sa beauté. Son état physique et mental s'est considérablement dégradé.

Pour les médecins qui ont tenté de la soigner, le diagnostic est sans appel : Michèle Kessel est incurable. Dix-sept cures de désintoxication n'y pourront rien. Elle rechute chaque fois. Elle sait que la moindre gorgée d'alcool lui est fatale, mais se remet à boire dès que Kessel a le dos tourné. C'est une malédiction qu'elle endure. Victime de son passé, de son présent, ou d'un sort funeste, il n'y a pour elle aucune échappatoire. Elle est condamnée à cette existence en dents de scie, qui oscille entre rage et tétanie, et connaît peu de trêves. Kessel se sent coupable à son égard : car il lui a appris à boire, dit-il à ses amis, il lui a donné le mauvais exemple. Il ne peut plus la regarder ni l'embrasser sans mesurer son immense faute.

À Orthez, dans la région de Pau, où le poète Francis Jammes a lui aussi « tant souffert de la vie[1] », Michèle Kessel va trouver un asile, à tous les sens du mot. Un lieu de paix où venir se reposer, mais aussi une clinique psychiatrique où tenter de soigner sa maladie. Le docteur Bénichou, jeune psychiatre que leur a recommandé leur médecin parisien, l'accueille au château de Préville – sa clinique – quand les crises de démence se rapprochent dangereusement ou que les comas s'aggravent. On la traite sans espoir de la guérir, dans le seul but d'adoucir son calvaire et celui de son entourage. Kessel est toujours désolé de l'abandonner dans ce château détourné de sa fonction originelle, où elle mène une existence de prisonnière. Des blouses blanches, attentionnées mais sévères, veillent sur cette malade, néanmoins si charmante, quand elle s'apaise. Ses séjours durent deux à trois mois puis se prolongent au fil des ans. Il lui arrivera de rester une saison entière à

1. Lettre de Francis Jammes à Anna de Noailles, 2 décembre 1902.

Orthez. Le château de Préville devient une résidence secondaire. La principale villégiature de Michèle Kessel.

« Plaignez-moi… Dites-leur qu'il y a là-bas dans une campagne sauvage que l'on nomme Orthez, dites-leur qu'il y a un poète qui souffre de la vie. » Trouve-t-elle une consolation dans les mots de Francis Jammes ?

Kessel lui écrit chaque jour, lui téléphone quand le médecin lui en donne l'autorisation, mais à de rares exceptions n'est pas autorisé à venir la voir. Les visites sont strictement déconseillées : le traitement préconise un repos total et une séparation drastique avec la famille. Il en profite pour travailler. Et pour voir ses amis, car l'état de Michèle lui rend impossible toute vie sociale, hormis lorsqu'elle est « en cure ». À Paris, chacun sait qu'on ne peut pas inviter Kessel à dîner quand Michèle habite la rue Quentin-Bauchart. S'il sort sans elle, elle lui fait une scène de jalousie qui va forcément dégénérer, et s'il l'emmène… personne ne veut plus y songer.

« Jef m'écrit des lettres fabuleuses. J'attends fiévreusement son retour », écrit-elle à Claude Gallimard[1]. L'amour rend odieux à Michèle toute séparation physique avec son mari. Kessel et elle, quoi qu'on en pense, sont liés à la vie à la mort.

En 1969, Jean-Pierre Melville adapte *L'Armée des ombres*, le roman de Kessel né de la Résistance. Une pléiade d'acteurs magnifiques, Simone Signoret, Paul Meurisse, Christian Barbier et Lino Ventura, sur un scénario et des dialogues de Melville, porte le film vers un triomphe commercial facile, malgré le jet d'acide de quelques critiques récalcitrants, jugeant que l'œuvre est trop servilement gaulliste, à l'heure où le Général vient de

1. Lettre inédite de Michèle Kessel à Claude Gallimard, datée du 20 avril 1967.

démissionner et de prendre sa retraite à Colombey. « Le plus bel exemple cinématographique de l'Art gaulliste, fond et forme », selon Jean-Louis Comolli, pour *Les Cahiers du cinéma*. Et ce n'est pas de sa part un compliment... De quoi réjouir Michèle, toujours prête à rallier le camp des railleurs, quand il s'agit de décourager Kessel, et de le torturer chaque jour davantage... tout en l'aimant à la folie. Car les amis en sont témoins et l'ont rapporté dans leurs souvenirs, Michèle aimait son mari autant qu'il l'aimait, à leur manière tumultueuse et inquiétante. Ces deux êtres furent si épris l'un de l'autre que rien, ni les reproches amers ni les perfidies cruelles qui étaient leur lot quotidien, n'a pu les séparer.

Kessel ne baisse pas la garde. Tel un vieux lion épuisé, qui livre ses derniers combats, il a encore de la puissance dans les pattes.

Il écrit le dernier scénario d'un film documentaire sur Israël, pour Frédéric Rossif. À sa sortie, en novembre 1968, *Un mur à Jérusalem* manque un peu sa cible. Le public est encore préoccupé par les événements qui se sont déroulés en France au mois de mai. Sans la collaboration, active et généreuse, de son inséparable *re-writer*, Paul Guilbert, il est probable qu'il ne serait pas arrivé au bout de ce travail.

Au printemps 1970, à soixante-douze ans, il entreprend son dernier reportage. Il prend une dernière fois l'avion. Destination Israël. Il veut photographier le jeune État qui lui aussi vieillit, menacé sur ses frontières et très décrié en Europe pour sa politique agressive, sujette à polémique après la guerre des Six-Jours (juin 1967). Kessel, décidé à appliquer la même méthode que pour ses précédentes enquêtes et à s'appuyer sur des témoignages plutôt que d'élaborer des théories, entend défendre Israël contre ses détracteurs. C'est un militant qui prépare la riposte. Animé de la ferveur qui n'a pas faibli d'un milligramme depuis ses premiers pas en Terre sainte, plein de gratitude à l'égard d'une nation où il a toujours été accueilli en frère, il est en mission, au moins autant qu'en reportage. Il rencontre quelques personnalités, dont David Ben Gourion qui le reçoit dans sa résidence de Tel-Aviv, mais ce sont surtout les citoyens israéliens qui vont nourrir son récit, des anonymes, hommes et femmes qui ont choisi de vivre en Israël et en sont à la fois la meilleure illustration et la plus efficace justification. Un chauffeur de taxi, un soldat de Tsahal, une fermière dans son kibboutz, une veuve, survivante des camps, arrivée sur l'*Exodus*, une adorable petite fille rousse qui, à cinq ans, a déjà vu des crimes abominables. Une formidable empathie guide les choix de l'écrivain. Ces portraits parus dans *France-Soir* en juin 1970 offrent une image chaleureuse, généreuse d'Israël, qui n'a jamais eu plus ardent thuriféraire.

Kessel en fera à son habitude un livre, *Les Fils de l'impossible*, recueil de « Choses vues » et le dernier d'un genre où il aura beaucoup puisé. Son reportage est un double adieu, à une terre d'amour et de feu, et au métier de grand reporter qui a été le sien depuis qu'il a vingt ans. De La Boisserie, sa maison à Colombey-les-Deux-Églises, le Général lui adresse le 6 juillet sa toute dernière lettre. Il le remercie « de tout cœur » de lui avoir envoyé *Les Fils de l'impossible*, et de la dédicace qui accompagne le livre. « Mon cher maître et ami, vous avez vu, vous faites voir, vous avez senti, vous faites sentir, vous avez compris, vous faites comprendre, le tout simplement, fortement, directement. Telle est la marque de votre si grand talent. [...] Soyez assuré, mon cher Joseph Kessel, de mon amitié fidèle et dévouée. »

Avec le Général les sentiments s'étaient un peu refroidis, depuis la fameuse phrase prononcée en novembre 1967 à propos du « peuple juif, peuple d'élite, sûr de lui et dominateur », qui avait indigné toute la communauté juive, et amené Romain

Gary[1] – notamment – à protester avec vigueur. À un journaliste de *L'Express*, Kessel dit « avoir reçu cette phrase comme un soufflet ».

Maurice Druon, en revanche, ne l'a pas trouvée « si mal ».

Quoique le Général ait affirmé par la suite que « lorsqu'on parle du peuple juif, c'est toujours celui de la Bible », Kessel est resté pour sa part sur sa conviction, née de sa rencontre avec les premiers colons, que « ces gens sont le sel de la terre. Par la pauvreté. La simplicité. La patience. Le courage. L'illumination. Ils ne pensaient jamais à eux. Ils ne respiraient que pour leur chimère. Elle nourrissait, comblait leurs vies. Et chaque vie, contée le soir à la clarté des lampes à pétrole, avait sa propre couleur et substance, d'aventure, de fable et de réalité ». Pour lui, ce sont toujours les mêmes gens, dans la permanence d'une Histoire inchangée. Les pionniers du Tel-Aviv des sables, qu'il a connus en 1926, il entend leur demeurer fidèle, au-delà de ce qui n'est pour lui que « péripéties ».

Le départ du Général, après l'échec du référendum de 1969 sur le Sénat et les régions, a effacé en grande partie le ressentiment. Kessel s'est ému de l'abdication consentie du héros du 18 juin, et a laissé l'ombre entre eux se dissiper. Il n'est pas à Colombey, le jour des obsèques, pour le dernier adieu, tel Romain Gary, venu en *battle-dress* accompagner le cercueil jusqu'à sa tombe au milieu des quelque quatre cents Compagnons de la Libération. Mais la mort du Général survenue le 9 novembre 1970 le laisse un peu plus seul, orphelin de la grande figure qui l'éclairait.

De son fauteuil, il a pu voir les images défiler devant son poste

1. Romain Gary raconte sa visite au Général en 1967, dans *La nuit sera calme*, p. 167 : « Il a levé les bras au ciel et il a dit : "Mais, Romain Gary, quand on parle du peuple juif, c'est toujours celui de la Bible." C'était un renard. »

de télévision. « Colombey-les-Deux-Églises, 14 h 43 ». Les grilles de La Boisserie s'ouvrent pour laisser passer l'engin blindé de reconnaissance qui transporte le cercueil recouvert d'un drapeau. La foule se presse le long des rues du village, devant le cimetière où le Général sera inhumé aux côtés de sa fille Anne, enterrée en 1948, et devant l'église, trop petite pour contenir tous ces fidèles. La caméra filme l'entière cérémonie, d'une sobriété que le Général a lui-même exigée. Ni homélie ni oraison funèbre. L'évêque de Langres, le curé de Colombey et François de Gaulle, père blanc et neveu du Général, officient. Sur le cercueil, nulle décoration. Mais le livre des Compagnons, où sont écrits leurs noms. La simplicité sera respectée aussi au cimetière où cependant les gens vont défiler devant la tombe jusqu'à la tombée de la nuit. On peut imaginer l'émotion de Kessel, qui ne peut être moindre que celle de la France entière, rassemblée devant ces images. La voix du commentateur est elle aussi exemplaire de sobriété. Elle ménage de longs silences pour que chacun puisse entendre le glissement de l'engin blindé sur les pavés de Colombey, le souffle du vent dans les feuilles mortes, et le son des cloches.

Le soir, vers 18 heures, la télévision retransmet l'hommage de la ville de Paris au Général. Les officiels puis la foule des Parisiens remontent les Champs-Élysées jusqu'à l'Arc de triomphe, comme le jour de la Libération de Paris. À l'antenne, deux commentateurs sont à l'œuvre. Leurs voix alternent et se répondent. Pour Kessel, l'émotion est particulière : elle ne tient pas seulement aux images qui lui rappellent les temps glorieux. Elle tient à l'une des voix qui s'exprime. C'est en effet « Maurice » qu'il entend en direct, en alternance avec Léon Zitrone. Le commentateur des noces royales et des enterrements en majesté, personnalité familière du petit écran à cette époque, a la même voix grave et solennelle, et roule des *r* à la manière russe comme lui-même et son neveu. Le journaliste est né à Pétrograd en novembre 1914. Cette prestation vaudra à « Maurice » d'être surnommé dans une certaine presse « le Zitrone de De Gaulle ».

Les années passant, un climat de deuil étend son emprise sur son entourage. Des proches disparaissent les uns après les autres. Son frère Georges meurt la même année 1970, quelques mois avant le Général, ce qui a provoqué chez Kessel une de ces crises de culpabilité dont Michèle n'est pas la cause exclusive : il a craint d'abord que Georges ne se soit donné la mort, et n'ait reproduit le suicide de Lazare en son temps. Les médecins ont réussi à le convaincre qu'il s'agit d'une rupture d'anévrisme, mais le doute demeure et le torture. Georges est mort dans son lit, en lisant un livre, dans l'appartement de la rue de la Faisanderie que Jef, prodigue avec tous les siens, lui avait offert. Cette mort l'accable, ajoute au calvaire enduré par Michèle et jette un voile noir sur son existence.

Puis meurt Katia, la deuxième épouse. Celle qui fut la plus légère et fidèle de ses compagnes, et que Michèle détestait au premier rang de ses rivales, s'éteint le 17 avril 1972. Il continuait de lui rendre en cachette sa visite hebdomadaire, lui vouait une tendresse et une confiance que leur vie séparée n'avait pas altérées. C'est un réconfort qui va lui manquer, la certitude qu'une femme était là pour lui, paisible, patiente et attendait son retour. Avec cet amour d'autrefois s'efface le sentiment si important pour lui d'être encore sous la protection maternelle. Katia, la seule compagne de son fils que Raïssa avait adoubée, s'était vu confier à sa mort le fils préféré. Elle emporte avec elle l'influence bénéfique de Raïssa, qu'il est désormais obligé de rechercher près des morts. Kessel, le plus superstitieux des hommes, a coutume d'embrasser chaque matin et chaque soir les photographies jaunies de ses parents et de Lazare. Georges et Katia viennent de rejoindre les icônes dont le champ s'agrandit.

Trois jours après Katia Gangardt, c'est Pierre Lazareff, son patron et ami, son indissociable et généreux partenaire dans la presse, qui s'éteint à son tour, le 21 avril 1972 des suites d'un cancer. Les deux hommes ont parcouru ensemble une route ardue, compliquée et exaltante. Lazareff a toujours soutenu Kessel, qui a eu grâce à lui une rubrique assurée quand il le souhaitait, un public nombreux et toutes les facilités pour effectuer ses reportages. Jef perd un compagnon avec qui discuter d'égal à égal, un esprit libre, irréductiblement libre, dont la fraternité lui était chère. Les lunettes sur le front et la pipe à la bouche, tel que *France-Soir* le montre sur une photo en pleine page, Lazareff, outre un ami sûr et fidèle, fut avec ses neuf ans de moins son jeune contemporain. Or, il part avant lui, emportant dans sa tombe beaucoup de joie, d'échanges intenses, d'engueulades homériques et de tapes sur l'épaule. La tristesse gagne du terrain.

1972, c'est l'année de *La Promesse*, le roman de Michèle Kildaire. Qu'elle ait réussi à l'écrire dans l'état où elle se trouve est une sorte de prodige. Il espérait que l'écriture l'aiderait à exorciser ses démons, au moins à les nommer. Ce qu'elle a fait, en décrivant son père en proie à la même obsession et aux mêmes tourments de l'alcool. Mais cela n'a pas suffi à la libérer du cycle infernal. Elle reproduit le même comportement, dont elle a tellement souffert, ses colères si violentes c'est bien de lui qu'elle les tient. Elle l'écrit, elle le raconte, le roman a une force étonnante, alors qu'elle dépérit, j'en recommande la lecture : il y a une vraie voix, et puis une maîtrise du récit qui n'est pourtant que tumultes. En fait, au grand désespoir de Kessel, ce roman si personnel, si tendre aussi, n'aura été qu'une fausse promesse. Il n'aura pas sauvé Michèle Kessel.

Vient pour lui, debout sur les bords de l'abîme, l'heure fatidique du dernier livre. Ce sera *Les Temps sauvages* : un retour, sous forme de récit, sur son étrange séjour à Vladivostok en 1919, et sa rencontre avec l'ataman Semenov. Paru chez Gallimard en 1975, l'année même de la mort de Gaston Gallimard, son fidèle éditeur et ami, celle aussi de la mort de Sonia, la maîtresse numéro 1, que ni le temps ni les autres amours n'ont pu éloigner de lui et de la rue de Marignan, *Les Temps sauvages* bouclent une épopée de cinquante-six ans d'écriture. « Chants pour tout et toujours. Pour les larmes et l'orgie. La plainte et la révolte. Les chaînes et l'évasion. Des milliers d'hommes les avaient répétés siècle après siècle, au fond de mines de sel et d'or. Et lui-même... les avait mille fois repris[1]. »

L'héroïne, Lena, est une fille dans un bouge de Vladivostok, L'aquarium. Elle est là pour boire et faire boire. Kessel est épris d'elle, qui se change en furie quand elle est noyée dans la vodka. Il voudrait la sauver de la misère et des hommes. Elle ne veut pas.

« Aime-moi noire, lui dit-elle. Aime-moi noire... Blanche, tout le monde m'aimerait[2]. »

Kessel a soixante-dix-sept ans, quand il cesse d'écrire. Sa vie d'écrivain brille de tous les feux d'une carrière inspirée, poétique et infiniment romanesque. Sa vie privée est au contraire un désastre, du moins vue de l'extérieur. Car un véritable amour lie encore l'homme vieilli et la femme malade qui cohabitent rue Quentin-Bauchart, dans un équilibre fragile où la littérature se confond avec la tragédie des jours.

1. J. Kessel, *Les Temps sauvages*, Gallimard, « Folio », 1978, p. 106.
2. *Ibid.*, p. 162.

31

Jupiter ministre

Précédé d'un huissier chargé d'annoncer l'arrivée du nouveau ministre des Affaires culturelles, escorté d'une kyrielle d'attachés de cabinet, Maurice Druon avance en majesté. « Monsieur le ministre ! » Il est de plain-pied dans la fonction où il a été nommé le 5 avril 1973, et qu'il exercera jusqu'au 1er mars 1974, soit pendant dix mois et quatorze jours. À le voir apparaître dans les salons dorés, d'un pas ferme et bombant le buste, empreint de l'air satisfait que Zeus devait avoir en contemplant son royaume du haut de l'Olympe, on ne croirait pas qu'il fait là ses premiers pas. À chacune de ses entrées, les gens saluent, s'inclinent. La déférence partout l'accompagne, il en jouit sans bouder son plaisir. Se souvient-il des turpitudes de Simon Lachaume, l'un des antihéros des *Grandes Familles*, qui fut dix fois ministre, et dont il a peint le cynisme et l'opportunisme, prêt à tout pour garder son portefeuille ou en reprendre un autre, quitte à y perdre la femme qu'il aime ? Il l'a écrit en 1951, dans *Rendez-vous aux enfers*, quand Lachaume, entièrement dépendant du pouvoir qui agit sur lui comme une drogue, prend pleinement conscience des limites de sa volonté morale : « Il avait assez vécu pour se rendre compte qu'il existe dans la société un certain nombre de fonctions prééminentes qui doivent être tenues, coûte que coûte, et que les hommes qui ont des facultés de travail, de ténacité, de résistance physique, un peu supérieures à la moyenne, y accèdent par un chemin presque fatal. »

Druon qui connaît si bien les travers des grands de ce monde et a fait sien l'univers impitoyable de la finance et de la politique, pour en tirer les trois volumes d'une saga demeurée à ce jour l'une des peintures les plus cruelles des classes dirigeantes, qu'il a décrites comme une caste de profiteurs et de privilégiés sans scrupules, Druon le satiriste, Druon le sarcastique vient de traverser le miroir. Loin de se contenter du poste d'observateur lucide et froid qui fut jusque-là le sien, en tant que romancier, il a choisi d'entrer dans le jeu et d'en devenir l'un des acteurs. Il veut s'impliquer dans le tumulte des affaires, exercer une influence active au sein d'un gouvernement. À l'opposé de son oncle, qui aime engager sa plume au service d'une cause – irlandaise, israélienne ou tout simplement humaine –, mais se garde de toute fonction officielle comme de tout rôle politique dans quelque institution ou administration que ce soit, il franchit avec enthousiasme le Rubicon.

Écrivain-ministre, dans la lignée d'un Chateaubriand ou d'un Malraux, il a toujours été fasciné par les hommes d'action. Le moment est enfin venu d'assumer les risques d'une charge publique. D'autant que c'est le président Pompidou, pour lequel il éprouve la plus grande estime, qui l'a appelé. Les deux hommes sont de la même génération – Pompidou est de 1911. Ils partagent une même culture littéraire, un même goût des grands auteurs classiques que Pompidou a classés dans une anthologie sans surprises, et un même gaullisme légèrement distancié, qui n'exclut pas la liberté de penser. Ce sont aussi deux brillants sujets qui ont gravi l'échelle sociale par leur seul mérite, et ne sont ni l'un ni l'autre des héritiers. Ils n'ont pas eu la vie facile des fils des grandes familles. Druon se dit tout prêt à « servir » à la fois la France et son gouvernement.

Avec Pierre Messmer, le Premier ministre, les liens sont fraternels. Druon verra toujours en Messmer le héros de Bir Hakeim. Soutien indéfectible de part et d'autre. Au moins Druon est-il sûr de travailler dans un climat d'amitié et de confiance. Le seul ministre sans étiquette, et le seul non-élu du peuple, il affiche un gaullisme qui est moins un programme politique qu'une véritable éthique.

Les mots du second appel du général de Gaulle, celui du 22 juin 1940, Maurice Druon les porte gravés dans sa conscience et en a fait un credo personnel. « L'honneur, le bon sens, l'intérêt supérieur de la Patrie commandent à tous les Français libres de continuer le combat », avait dit le Général. Il va appliquer cette table de la loi. « À chaque aube en commençant ma tâche et chaque soir en la terminant, je suis décidé à remplir cette mission en me référant à ces trois questions qui ont décidé de mes actes de citoyen depuis un tiers de siècle : Que commande l'honneur ? Que commande le bon sens ? Que commande l'intérêt supérieur ? Je n'ignore ni les difficultés d'une telle position ni les périls. J'ose espérer qu'on ne m'y laissera pas dans la solitude[1]. »

Aux Affaires culturelles, il succède à André Malraux pour lequel le ministère fut créé en 1959 et qui y œuvra pendant dix ans, mais aussi à trois autres ministres dont le mandat fut bien plus court et ont assuré à eux trois quatre ans de gouvernance : Edmond Michelet, André Bettencourt, puis Jacques Duhamel, son prédécesseur immédiat. Un homme jeune encore, mais qui endure les

1. Entretien de Maurice Druon avec Jean Mauriac, diffusé par l'AFP le 6 mai 1973 et repris dans Maurice Druon, *La Parole et le Pouvoir*, Plon, 1974, citations p. 105 et 136.

souffrances d'une grave maladie qui va bientôt l'emporter. Entré dans la Résistance à dix-sept ans, ce haut fonctionnaire, qui fut major de sa promotion à l'ENA, est, comme Druon, un proche d'Edgar Faure dont il fut le conseiller technique et le directeur de cabinet au ministère des Finances sous le gouvernement de Mendès France. Fondateur de Progrès et Démocratie moderne, petit parti de centre gauche, Jacques Duhamel, par tempérament et par conviction est ouvert aux idées nouvelles. Il a encouragé bien des initiatives culturelles et accordé bien des subventions qui n'ont pas eu l'heur de plaire à Georges Pompidou. Au premier conseil des ministres auquel Maurice Druon assiste, en avril 1973, Pompidou lui a résumé le sens de sa fonction d'un mot : « Pour vous, la mission est simple ! », accompagné d'un geste explicite de la main : il a vissé devant lui un écrou imaginaire. À Druon de fournir le tour de vis que le Président attend.

Il gardera auprès de lui l'ancienne équipe ministérielle de Jacques Duhamel, et en particulier le directeur de cabinet qui restera le sien, Jacques Rigaud, jeune conseiller d'État.

À son arrivée rue de Valois, siège de son ministère, Maurice Druon trouve à la tête des théâtres nationaux ou d'institutions culturelles de premier plan de nouvelles têtes nommées par Jacques Duhamel, sur l'avis favorable de Jacques Rigaud. Patrice Chéreau et Roger Planchon sont à la manœuvre au TNP (Théâtre national populaire), déplacé à Lyon-Villeurbanne. Jack Lang a été choisi pour diriger le théâtre de Chaillot. Rolf Liebermann est le nouveau directeur de l'Opéra. Michel Guy préside au sort du Festival d'automne. S'il ne les a pas choisis, il va cependant naviguer avec eux et, malgré houles et tempêtes, n'opérera aucune mutation.

Le milieu culturel français a entamé des changements profonds depuis mai 1968. Il s'est beaucoup politisé, avec une préférence vers les partis de gauche. Il s'est beaucoup intellectualisé : jamais les discours n'ont été si abstraits ni si philosophiques sur « le concept de Culture ». Il a découvert les vertiges de la « pluridisciplinarité » des arts, ainsi que le « dialogue des cultures » dans un univers où les frontières s'effacent au profit d'une « mixité » culturelle et d'une « internationalisation » artistique. Il a enfin pris la mesure des mille possibilités qu'offre la médiatisation. Le culte de l'image est à l'œuvre. Le culte des mots qui s'adressent à tous, en nette régression. Malraux a innové en proposant des Maisons des Jeunes et de la Culture (MJC), destinées à mettre le fameux et intimidant concept à la portée de tous. Jacques Duhamel a entrepris de dialoguer avec les artistes et les gens de théâtre, qui sont en contestation permanente, mission difficile dont il s'est acquitté en respectant les contradicteurs et en s'efforçant de maintenir la discussion ouverte. Il y a eu du mérite car des jets de tomates et d'œufs pourris ont souvent salué les arrivées du ministre à un théâtre ou à un festival. Maurice Druon est appelé pour tempérer au contraire tant les dépenses que les preuves d'amitié. La Culture coûte trop cher, la gratitude n'est pas son fort, le message de Pompidou est clair, il faut réduire les frais.

Le Président entend préserver l'essentiel du budget de la Culture au seul projet ambitieux qui lui semble valoir la peine et qu'il a mis en route, sitôt élu : le futur « centre culturel » qui brassera les genres et portera son nom. Il a choisi pour y établir un musée, son musée, entièrement nouveau par sa conception, un quartier de Paris en désuétude, nommé au Moyen Âge Beaubourg par antiphrase car il était pouilleux et malfamé. Ce quartier abritait cependant une merveille de l'architecture industrielle, les douze pavillons Baltard. Malgré les protestations d'associations de la conservation du patrimoine et des Parisiens eux-mêmes attachés à leurs monuments historiques, les pavillons, à l'exclusion d'un seul qui, grâce à Alain Griotteray, fut démonté et transporté à Nogent-sur-Marne, furent sauvagement rasés, les Halles déplacées à Rungis et les travaux, confiés aux architectes Renzo Piano et Richard Rogers, ordonnés. Le chantier, avec ses grues et ses bulldozers, attise les commentaires les plus acerbes comme les plus élogieux. Maurice Druon n'a pas été consulté – tout s'est décidé avant son accession rue de Valois –, mais il doit veiller à la bonne exécution du projet et il s'en acquittera sans protester. Ce n'est que des années plus tard, lors d'une émission télévisée avec Thierry Ardisson, qu'il reconnaîtra l'hérésie d'avoir détruit les Halles de Baltard.

« Notre-Dame des Tuyaux », ainsi que la presse nomme l'étonnante architecture en béton et acier du musée, qui arbore sur sa façade, au lieu des frises, des gargouilles et des corniches des cathédrales, d'énormes canalisations, n'est pas pour plaire à Druon, qui aime les architectures classiques et l'harmonie des siècles passés. Mais puisque le président Pompidou l'a ordonné..., il maintiendra le cap, en bon capitaine.

Maurice Druon aurait pu se contenter de gérer la Culture avec la discrétion d'un honnête homme, à la manière d'un Jacques Duhamel, mais il a le goût du panache. Et puis, il aime les mots, les vrais, ceux que tout le monde comprend. Il a bien l'intention de les faire sonner sur la place publique, de sa voix de baryton.

Ses collaborateurs sont les premiers à recevoir un échantillon de sa verve, quand il leur tient ce discours inaugural : « Sachez qu'il m'est indifférent de me rendre impopulaire. Si je voulais me faire de la popularité, ce n'est pas ce poste-là que je prendrais[1]. »

1. Hervé du Boisbaudry et Philippe Verdin, *Maurice Druon. Le Partisan*, Éditions du Cerf, 2014, p. 185.

Le courage n'a jamais fait défaut à Maurice Druon. Mais il le pousse volontiers jusqu'à la provocation. La presse toujours ironique lui trouve des airs de matamore. Quant aux Français, ils découvrent avec étonnement au lieu du sympathique auteur des *Rois maudits*, « série » qui vient tout juste d'être diffusée et devient leur feuilleton télé préféré, un ministre au verbe flamboyant, à la figure empourprée, à la diction et aux gestes d'un acteur de théâtre époque Sacha Guitry. Dès les premiers jours, il marque son arrivée par des déclarations fracassantes. Son style, bien qu'original, ne fait pas l'unanimité : il amuse ou déconcerte, mais plus souvent irrite ou exaspère, quoiqu'il ne laisse personne indifférent. Le ministre s'adresse aux corporations du haut de sa fonction jupitérienne, jamais d'égal à égal, dans un langage qui n'appartient qu'à lui, fait de maximes et d'aphorismes néoclassiques où se retrouvent ses influences littéraires, l'ancien esclave Épictète ou l'empereur Marc Aurèle, mais aussi de phrases cinglantes, ciselées pour déconsidérer, voire humilier, l'adversaire.

Tous les matins, le personnel du ministère du haut en bas de l'échelle découvre la sagesse du jour : le ministre veille en personne au choix d'une phrase proposée à la méditation de chacun. Elle sera affichée, distribuée et renouvelée le lendemain...

« Chasse tes désirs, tes craintes, et il n'y aura pas de tyran pour toi » (Épictète).

« Il ne dépend pas de toi d'être riche, mais il dépend de toi d'être heureux » (Épictète).

« Voici la morale parfaite : vivre chaque jour comme si c'était le dernier » (Marc Aurèle).

« Rejette l'opinion et tu seras sauvé » (Marc Aurèle).

Il y en eut deux ou trois cents... parmi lesquelles celle-ci, du général de Gaulle, tirée de sa lettre adressée autrefois à Druon :

« Tout ce qu'on fait au service de la France est naturellement dramatique. »

L'autorité naturelle de Maurice Druon, doublée d'un goût tout aussi inné de l'autorité, ne facilite pas les échanges et raidit au contraire les relations avec les responsables de la vie culturelle. Surtout dans l'atmosphère néo-soixante-huitarde qui est alors la norme. Son attitude, son langage, ses coquetteries vestimentaires, ses déclarations coruscantes, toute sa personne est à contre-courant. Non seulement il ne s'offusque pas que la presse le caricature en proconsul venu fouler le champ de la libre culture, mais il revendique sa position. Il assume d'être un réactionnaire au milieu d'artistes révolutionnaires. Il en rit. Il s'en amuse. Les protestations fusent. Les critiques s'aigrissent. Rien n'y fait : toujours droit dans ses bottes de cavalier, il poursuit un combat donquichottesque contre l'air du temps. En témoigne cet échange avec Jack Lang, l'un de ses principaux contradicteurs, et l'une des têtes de pont de la nouvelle génération – il a trente ans en 1969. Jack Lang raconte leur entrevue tête à tête.

« Je fais savoir au cabinet du Ministre que je m'apprête à convoquer une conférence de presse au cours de laquelle j'exposerai mon projet de programme et je ferai part des difficultés de fonctionnement du théâtre. Contraint, Maurice Druon me reçoit. La conversation est longue et animée. [...]

« Vaniteux, boursouflé, sermonneur, il me rappelle Monsieur Prudhomme. [...]

« Je lui expose mes projets. Il me répond par un sermon : “Il n'est pas acceptable que le Directeur d'un théâtre national s'exprime, par la plume ou sur le pavé, contre la politique du ministère. C'est un avertissement. La prochaine fois, je prendrai des sanctions.” Il met en cause mon entourage : “Dans le théâtre de Chaillot, le caractère partisan de vos choix de personnes est flagrant : Vitez est communiste ; Napo, directeur technique, est communiste ; Christian Dupavillon est gauchiste[1]..." »

Le dialogue s'avère d'autant plus ardu que le ministre n'encourage pas la conciliation. Il préfère les déclarations solennelles, les avertissements sévères, les sermons, les menaces. Sans craindre les rebuffades, il balance des phrases qui, loin d'apaiser ou de réconcilier, mettent le feu aux poudres. « Ce que je veux, c'est n'être pas dépouillé de l'honneur d'être homme. [...] Dussé-je subir encore quelques vices dans ma société libérale, je ne suis pas monté de l'amibe à l'homme pour retomber à la société d'insectes. Je refuse de devenir le complet assisté, donc le complet esclave d'une société égalitaire, dont rien ne m'assure d'ailleurs qu'elle serait moins vicieuse ou viciée que la mienne, puisque ce seraient tout de même des hommes, quelques hommes, qui la commanderaient[2]. »

Il a exposé sa conception de l'autorité et sa philosophie de l'engagement dans un livre publié en 1965, qui inaugure sa carrière de moraliste politique, *Le Pouvoir*. Collection de deux cents aphorismes, où il puise sa sagesse tonitruante et des lumières pour se diriger, il s'y révèle dans toute l'ambiguïté d'une personnalité éprise autant de discipline que de liberté. C'est sous un déluge de critiques acerbes qu'il va tenter d'en effectuer la synthèse, maintenant qu'il est parvenu « au pouvoir ».

Son parcours, en dépit de l'image caricaturale qu'on lui a forgée à la suite de son passage aux Affaires culturelles, est complexe et souvent paradoxal. Il a été longtemps lui-même de cette

1. *Éclats*, dialogues de Jack Lang et Antoine Vitez avec Jean-Denis Bredin, Jean-Claude Simoën, 1978

2. Maurice Druon, *Une église qui se trompe de siècle*, Plon, 1972, p. 30.

gauche qu'il voue désormais aux gémonies, il a même fait partie de ces « crypto-communistes » qu'il décrie, si nombreux autour de lui. Compagnon de route du parti, quoique n'ayant jamais été encarté, non seulement il a compté au nombre des intellectuels présents à Varsovie, au IIe Congrès de la Paix, organisé en novembre 1950 par les Soviétiques à des fins de propagande, et y a entraîné Kessel, mais il a signé des pétitions qui ne laissent aucun doute sur ses positions politiques. En 1952, il a fait partie du comité de soutien aux époux Rosenberg, un couple de New-Yorkais communistes que les États-Unis accusaient d'être des espions pour le compte de l'URSS. Il a participé aux côtés d'Aragon, d'Yves Montand et de Simone Signoret, de Jean Effel, de Bazin, à la campagne organisée dans *Le Monde* pour les défendre. Les Rosenberg furent, au terme d'un procès suivi avec la plus extrême attention dans de nombreux pays, finalement condamnés à mort et exécutés sur la chaise électrique. En 1954, Maurice Druon compte au nombre des soutiens de François Mitterrand, alors ministre de l'Intérieur dans le gouvernement Mendès France, pendant la guerre d'Indochine, quand celui-ci déstabilisé lors de l'affaire des fuites est accusé de haute trahison pour avoir livré des plans de bataille de l'armée française au Viêt-minh. Tout comme François Mauriac, Druon a vivement protesté contre une manœuvre semble-t-il montée de toutes pièces pour mettre à mal une personnalité de gauche. Enfin en 1956, alors que l'URSS a envahi militairement la Hongrie, c'est le point de vue soviétique qu'il a défendu. Son nom figure sur la pétition en faveur de l'URSS avec ceux de flambeaux de la gauche, Aragon, Picasso ou Yves Montand.

Invité à dîner chez Louise de Vilmorin et André Malraux, à Verrières-le-Buisson, Louise de Vilmorin, qui est la reine de la conversation, toujours prompte à trouver un mot d'esprit pour éblouir ses amis, se montre pour une fois acerbe, et avec un manque d'élégance qui étonne de sa part, elle attaque Druon sur sa prise de position pro-russe. Le ton monte. Druon se lève de table en plein dîner et sort, Madeleine sur ses talons. Louise de Vilmorin ne tente pas de le retenir. Leur brouille sera définitive. Elle assombrira les relations de Druon avec Malraux, qui a d'ordinaire l'exclusivité de la parole mais s'est abstenu d'intervenir dans la querelle.

En mai 1968 encore, Maurice Druon n'hésite pas à se rendre à Nanterre pour observer de ses propres yeux les conditions de travail des étudiants. Il en a tiré des conclusions qui ne sont à porter ni à l'honneur des maîtres, ainsi qu'il l'écrira, ni à celui du gouvernement en place, incapable d'apporter des solutions concrètes à la crise de la jeunesse. En relisant *L'Avenir en désarroi* (1968), écrit à chaud pendant la révolution de mai, c'est un Druon plein de compréhension et d'indulgence que l'on découvre. Il l'a compris mieux que personne, la révolte de la nouvelle génération a puisé sa source dans un désarroi profond, dont les causes méritent selon lui d'être considérées. « Jamais jeunesse ne fut plus libre et jamais ne se plaignit si fort d'être opprimée. Plutôt que le terme d'oppression, n'est-ce pas celui de l'angoisse qu'elle aurait développée dans le vide moral créé par des libertés et des facilités excessives ?... La crise que traverse la nouvelle génération est avant tout d'ordre métaphysique. » Il est convaincu de la nécessité d'amener les étudiants à participer à la gestion des universités. Il fustige le système napoléonien d'un enseignement trop hiérarchisé et se fondant sur des notations caduques, pour défendre une tradition féconde, héritée du Moyen Âge, où maîtres et élèves se parlent, discutent, forgent eux-mêmes un savoir et une méthode de savoir fondés sur le dialogue et la confiance. Jack Lang et Roger Planchon ont-ils lu *L'Avenir en désarroi* ? On voit bien d'après son livre qu'il se réfère à sa propre jeunesse révoltée, à des désirs qu'il a lui-même éprouvés d'un monde plus juste, plus équitable, offrant à chacun les mêmes chances, et que son sentiment d'indignation devant les injustices ou les inégalités, loin d'être mort avec l'âge, le conduit, vrillé en lui jusqu'à son dernier souffle, à refuser de voir les hommes « piétiner dans leur misère ». Il l'a écrit, d'une plume trempée dans l'encre socialiste : « Les bas salaires étaient vraiment trop bas, montraient avec les hauts salaires une disparité exagérée, scandaleuse, indigne d'une société aussi civilisée que la nôtre. »

Ses détracteurs devraient s'en souvenir. En mai 1968, Maurice Druon ne fut pas de ceux qui ont accusé Daniel Cohn-Bendit d'avoir compissé la flamme du Soldat inconnu. Il a au contraire raillé le ministre des Anciens Combattants, le gaulliste et ancien résistant, chef des corps francs du Loiret, Henri Duvillard, qui avait organisé une cérémonie dite de réparation sous l'Arc de triomphe, pour protester contre l'outrage. La dissolution passagère du pouvoir face à la révolte étudiante lui a paru beaucoup plus grave, beaucoup plus indigne que ce canular d'une jeunesse exaspérée et malheureuse.

C'est pourtant un Druon au cœur sec, un Druon drapé dans sa toge ministérielle, que l'Histoire va retenir. Et il l'aura beaucoup aidée à construire son impopularité. « Peut-être faut-il être excessif pour être entendu », réplique-t-il à Pierre de Boisdeffre, qui soulignait le caractère tranché de ses positions, lors d'une émission télévisée en 1972.

Son bref passage aux Affaires culturelles, moins d'un an, je le rappelle, s'accompagne pourtant d'une série de mesures qu'on pourrait qualifier de positives, destinées à améliorer les performances de la vie culturelle en France. Il renforce le budget des théâtres nationaux, ordonne les travaux de rénovation de la

Comédie-Française, et veille à ce que le patrimoine n'ait pas trop à souffrir des investissements consentis à la création contemporaine et aux travaux pharaoniques concernant Beaubourg.

Il crée l'Association française pour les célébrations nationales, afin que les hommes illustres, qui ont mérité de la patrie, ne soient pas oubliés.

Il étend le domaine d'action du Centre national des lettres, pour qu'il puisse aider les auteurs de la littérature francophone.

De nouveaux Centres d'action culturelle (CAC) sont homologués à Annecy, Douai, Fort-de-France, Montbéliard et Paris.

Des orchestres nationaux sont mis en place à Toulouse, Bordeaux et Alfortville.

En résumé, le patrimoine, la francophonie et la délocalisation deviennent des priorités. Le ministre a une vision plutôt généreuse. Et dégage des fonds pour l'accomplir.

Mais l'image gravée pour la postérité demeure celle d'un Druon en colère, Zeus éructant et lanceur de flammes, qui s'oppose aux avant-gardes et aux messages politiques trop ciblés. Danièle Sallenave, qui par une bizarrerie du sort ou quelque malicieuse intention posthume de ses confrères lui succédera à l'Académie – une femme, mais oui –, soulignera finement son attachement quasi psychanalytique aux valeurs fondamentales : « Elle ne peut pas, elle ne doit pas changer, cette France qui l'a reconnu, qui lui a donné une légitimité, un nom, une langue et, tranchons le mot, la gloire ! Elle doit rester ce qu'elle est, et tant pis pour ceux qui pensent autrement[1]. »

Du haut de la tribune de l'Assemblée nationale, venu défendre son budget devant les députés, c'est un Maurice Druon au meilleur de sa forme qui lance le 4 mai 1973 ces mots restés fameux :

1. Danièle Sallenave, *Discours de réception à l'Académie française*, le 29 mars 2012.

« Que l'on ne compte pas sur moi pour subventionner, avec les fonds de l'État, c'est-à-dire l'argent des contribuables, les expressions dites artistiques qui n'ont pas d'autre but que de détruire les assises et les institutions de notre société. Les gens qui viennent à la porte de ce ministère avec la sébile dans une main et le cocktail Molotov dans l'autre devront choisir. » La formule, on s'en doute, provoqua éclats de rire et applaudissements à droite, et à gauche un tollé. Des députés quittèrent l'hémicycle.

Maurice Druon eut les pièces de Jean Genet entre autres détestations et s'étonna qu'on puisse représenter *Les Paravents* dans un théâtre public et dans une mise en scène à ses yeux particulièrement choquante, où « un soldat se déculottait et déféquait au-dessus du visage d'un officier mort ». Sans s'offusquer des outrances du talent de l'auteur, il avait jugé que la pièce ne méritait pas l'estampille d'un théâtre subventionné. « Chacun doit rester dans sa vocation, a-t-il dit, les pouvoirs publics comme les écrivains anarchistes. Il appartient à l'État de faire respecter la liberté d'expression mais non de financer les adversaires de l'État. »

Dans le domaine des arts, il préféra toujours Bernard Buffet à Picasso, et se lia d'une grande amitié avec le premier qu'il définit, et c'est un compliment de sa part, comme « un classique, presque un académique, le seul académique important de notre époque, qui a poursuivi d'un pas personnel la route tracée par Monsieur Ingres et Monsieur Courbet[1] ». Annabel, l'épouse du peintre, et Madeleine, l'épouse de l'écrivain, s'accordant à merveille, les deux couples ont entretenu des relations aussi fidèles

1. *Bernard Buffet*, texte de Maurice Druon, légendes d'Annabel Buffet, Librairie Hachette, 1964.

qu'affectueuses tout au long de leur vie, jusqu'à la mort de Buffet en 1999.

Assez vite taxé de « Malraux du pauvre » pour ses goûts artistiques, en dehors de Buffet Druon n'aimait pas la nouvelle peinture et s'en vantait plutôt. La passion du président Pompidou pour l'art contemporain ne l'a jamais contaminé. Il est un des rares ministres de la Culture à n'avoir pas changé le mobilier de la rue de Valois en remplaçant les sièges Louis XV ou Louis XVI par des créations d'un *design*, pourtant en plein essor. Côté cinéma, qui n'est pas non plus son point fort, car il reste marqué par les grands films d'aventures qui plaisaient aussi à Kessel, il approuva la censure en 1974 de deux films à thèse, *Histoire d'A* de Charles Belmont et Marielle Issartel, en faveur de l'avortement, et *La Bonzesse*, de François Jouffa, le récit d'une femme, version post-soixante-huit de *Belle de Jour*, qui a recours à la prostitution pour financer un voyage à Katmandou et par la même occasion améliorer sa sexualité. Selon Emmanuel Wallon, spécialiste de la question politique, les coupes et interdictions sont cependant restées limitées sous son ministère[1].

Les professionnels de la culture eurent vite dans le nez ce ministre de tutelle, en porte à faux avec leurs audacieux projets. Comment s'en étonner ? Il les a pris de front, et les a accablés sans répit de ces phrases coulées dans le bronze qu'il affectionne : elles ont le mérite de susciter des réactions immédiates, tout aussi excessives de l'autre côté. Jack Lang en tête, suivi de Jean-Louis Barrault qui ne voulait plus se contenter d'être l'acteur génial du *Soulier de satin* et prenait des poses théâtralement militantes, la protestation s'organisa. Le 13 mai 1973, quelques jours après sa

1. Emmanuel Wallon, « Druon, ministère » dans Emmanuel de Waresquiel, *Dictionnaire des politiques culturelles de la France depuis 1959*, Larousse/CNRS éditions, 2001.

tonitruante déclaration à l'Assemblée nationale, un immense cortège regroupa des centaines d'étudiants, d'intellectuels, de gens de cinéma et de théâtre, d'artistes « pluridisciplinaires », et promena l'effigie du ministre de la Bastille à la Nation. C'était une procession funèbre, tous les participants portaient le deuil de la liberté d'expression. Deux chevaux gris, conduits par des cochers en frac, tiraient un corbillard chargé de fleurs et de couronnes, tandis que Roger Planchon et Jean-Louis Barrault dénonçaient dans des haut-parleurs, comme dans les colonnes du *Monde*, « le clairon de la répression culturelle ».

Maurice Druon aurait pu démissionner, ou peut-être s'amender. Il ne fit ni l'un ni l'autre. Fidèle à lui-même, il jugea la mascarade réussie, félicita les acteurs, et rit de bon cœur à « l'aimable plaisanterie ». Non sans relever au passage que la manifestation s'était renforcée du concours « des autocars des communistes des villes de la région parisienne ».

Il quitta la rue de Valois à la dissolution du deuxième gouvernement Messmer, et ne fut pas reconduit pour le troisième. La mort brutale de Georges Pompidou deux ans avant la fin de son mandat, le 2 avril 1974, met fin à son avenir de ministre. La maladie de Waldenström, une sorte de leucémie particulièrement douloureuse et handicapante, que le Président avait endurée des années durant, fut gardée secrète. Aux premières loges pour en observer les ravages, pas plus Druon que d'autres ministres, proches de Pompidou, n'ont pu mesurer sa gravité. Ni s'étonner qu'on la cache aux Français.

Un Kessel gaulliste et un Druon pompidolien ne se sont jamais affrontés. Les discussions politiques restent toujours affectueuses entre eux et les deux hommes finissent toujours par s'entendre sur l'essentiel qui est ailleurs, dans la confiance réciproque et la tendresse qu'ils se portent.

Au dos d'une photo de lui, ministre, datée d'août 1973, qu'il envoie à son oncle, Maurice Druon a écrit en vers rimés cette déclaration filiale à son intention :

> Voici que tour à tour sur ma face et ta face,
> Le temps et son poinçon tirent les mêmes traits,
> Les soucis sont divers qui ont laissé ces traces :
> Mais leur sillon était, avant nous, déjà fait.

Et sur cette photo, cela est très troublant, Maurice Druon ressemble beaucoup, au moins physiquement, à Joseph Kessel. Il a le visage marqué, douloureux, de l'oncle voyageur.

Kessel suit avec un mélange d'admiration et d'enjouement la carrière politique de son neveu préféré. Il s'amusera à l'appeler d'un ton moqueur « Monsieur le député », quand il sera élu de Paris, cette fois avec l'étiquette du très gaulliste RPR (Rassemblement pour la République), quatre ans plus tard. Le 2 avril 1978, Druon a en effet gagné l'aval du peuple dans la 20e circonscription parisienne – le XVIIe arrondissement – et exercera son mandat pendant deux ans, jusqu'en mai 1981, date de l'élection de François Mitterrand à la présidence de la République. Se remémore-t-il alors, dans sa conquête du pouvoir et dans la conduite des affaires, ce qu'il a écrit au premier tome des *Grandes Familles* et que son plein engagement au service de la cité pourrait lui suggérer de méditer ? : « Chacun de nous, voyez-vous, porte en soi au départ plusieurs destins possibles, et l'on ne sait jamais si la vie nous a fait suivre le bon. »

Ou ne serait-il pas lui aussi, plus qu'il ne le donne à croire en public, gagné par la philosophie débonnaire, indulgente, de Kessel pour lequel « tout homme, pourvu qu'il soit courageux au travail comme au danger, en vaut n'importe quel autre » ?

32

Le rêve d'une thébaïde

C'est une maison de campagne en vieilles pierres de l'Île-de-France, avec des volets blancs, à Avernes. À moins de cinquante kilomètres de Paris, elle offre un refuge bucolique aux Parisiens venus l'habiter, dans ce village perdu du Vexin français où courent les eaux vives de l'Aubette. Derrière un portail en fer à deux battants qui ouvre sur une cour et cache un jardin à demi sauvage, que prolonge un hectare et demi de prairies et de bois, on y respire le parfum des grands arbres et celui du silence. De quoi dépayser des citadins en quête de calme et de paysages verdoyants. Quand Jef Kessel a acheté cette maison en 1961, un an avant d'être élu à l'Académie française, elle portait déjà son nom étrange : *le Four à chaux de Marie Godard.* Il a aimé la mélancolie du terrain abandonné aux herbes folles, où les orties sont aussi hautes et droites que des roses trémières. Au point de regretter qu'un de ses amis, croyant lui rendre service, ait pris un jour l'initiative de les faucher[1].

Longtemps sans domicile fixe, passant une moitié de son

1. Georges Walter, *Souvenirs curieux d'une espèce de Hongrois*, Tallandier, 2008, p. 400.

temps à parcourir le monde pour ses reportages, et l'autre moitié dans des hôtels confortables, voire luxueux, où il emmène sa femme en vacances et écrit ses livres, il a ses bonnes adresses à Banyuls (Le Miramar), à Menton (Le Pin doré), à Roquebrune-Cap-Martin (Le Portica), à Antibes (La Baie dorée), à Deauville (Le Normandy) ou au Trianon Palace à Versailles, entre autres villégiatures. Autant dire qu'il est nomade par vocation, par goût et par habitude. Le choix d'une résidence secondaire, au 3 rue du Ruisseau, tient moins à un désir de campagne qu'à sa volonté d'éloigner Michèle de Paris. Il cherche une thébaïde où fuir l'enfer quotidien de la rue Quentin-Bauchart, les crises d'éthylisme de son épouse y sont plus fréquentes qu'ailleurs. À Avernes, peuplé de cinq cents âmes, il n'y a qu'une seule épicerie-bar-tabac. Il lui sera difficile de déjouer la surveillance de son mari pour aller faire la tournée des comptoirs. La maison, d'un confort rustique, contient trois grandes pièces au rez-de-chaussée, dont une bibliothèque aussitôt remplie d'une centaine de livres, et trois vastes chambres à l'étage, ainsi qu'un bureau où Jef installe dès le premier jour ses icônes : les photos de Sandi, de Lazare et de ses parents. S'y entassent aussi selon une disposition scrupuleuse, avec interdiction d'y toucher, nombre d'objets fétiches parmi lesquels la Torah écornée et jaunie, héritée de Samuel Kessel, une cravache afghane en souvenir de ses frères *tchopendoz*, un lionceau en peluche, et une boîte à pilules ornée comme il se doit d'une tête de lion. Kessel ne se sépare jamais de ces pièces d'un musée personnel. À Avernes, les objets ont eux aussi trouvé un gîte.

Des meubles de brocante, des fauteuils en velours élimé, une grosse table pour jouer aux cartes. Chaque pièce est pourvue d'une cheminée où flambe un feu de bois, l'odeur des bûches coupées sur la propriété se confond avec celle du tabac. Sur les murs simplement chaulés, peu de gravures, mais la photographie de Tolstoï trône dans un cadre noir. Nostalgie des racines russes, fidélité du romancier à l'écrivain qu'il vénère comme un père, il y a aussi dans cette effigie la promesse d'une vie heureuse à la campagne, sur le modèle de Iasnaïa Poliana, « la clairière aux frênes », le grand domaine non loin de Moscou où Tolstoï est né et où il a aimé vivre et écrire. Le couple Kessel passe toutes les fins de semaine dans un décor apaisé. Michèle semble heureuse de se retrouver seule à seul avec Jef, débarrassée des mondanités parisiennes et de la rivalité de la « tribu » qui lui pèsent tant. Elle tolère la présence d'Yves Courrière et de son épouse, qui viennent les chercher en voiture rue Quentin-Bauchart pour les conduire à Avernes et séjournent avec eux : les deux hommes écrivent – ou sont supposés écrire –, tandis que les deux femmes bavardent et se promènent. Quand Courrière, trop pris par son travail, et son épouse Estelle, que Michèle aime tendrement, ne pourront plus être les hôtes familiers indispensables, Georges Walter et son épouse Liliane prendront le relais. Même entente réciproque des deux couples. Même rapport filial des deux hommes : l'aîné conseille et protège le plus jeune, mais le plus jeune exerce sur son aîné un pouvoir d'émulation, impose à son tour une discipline. Walter, comme Courrière, est un bourreau de travail. Kessel a besoin de savoir qu'un jeune auteur à son côté remplit des pages et des pages d'écriture, pour essayer d'en retrouver l'envie.

Lui qui a tant écrit, et n'a jamais éprouvé jusqu'à la fin de sa vie ce qu'on appelle le vertige de la page blanche, quel méchant diable lui a-t-il jeté un sort ? Il ne peut plus écrire. Les mots ne viennent pas. Et quand ils viennent, si péniblement, il les rature, les balafre, et en cherche d'autres pour les renier à leur tour. Scénario implacable et qui transforme l'exercice en séance de torture mentale, il finit toujours découragé, malheureux, par froisser la feuille et par la jeter à la corbeille.

La vérité, c'est qu'il n'a même plus envie d'écrire. Un funeste à quoi bon ? s'est emparé de toute son âme. Aussi regarde-t-il avec émotion les jeunes écrivains qui se dévouent pour lui tenir compagnie à Avernes avancer dans leur tâche avec la joie et le dynamisme qui furent les siens autrefois. Navré par ce nihilisme qu'il fait d'abord semblant de ne pas remarquer, Walter tente de stimuler Kessel. Il essaie dans une tentative louable de réveiller le vieux projet qu'a Jef d'écrire sur ses amitiés au long cours. *Partout un ami !*, ce devait être le titre de l'œuvre facile que la devise familière, clef de tous ses reportages, aurait dû lui inspirer. Il lui suffirait de décrire tous ces inconnus aux fortes personnalités qu'il a rencontrés dans le monde, et les circonstances où ils se sont liés, en Irlande, en Israël et ailleurs, pour qu'un livre voie le jour. Il en a signé quatre-vingt-cinq avec *Les Temps sauvages*, pourquoi s'arrêter là ? Alors que Kessel a tant aimé rendre hommage aux anonymes, à tous ces gens dont la vie est un roman qui n'a pas été écrit, il peine maintenant à mettre de l'ordre dans ses souvenirs. Les anecdotes les plus pittoresques, les plus romanesques, restent à l'état de tache d'encre sur le papier. Rien ne sort de ses efforts pour rassembler son énergie, fondre en figures immortelles la femme en deuil de Dublin, le soldat juif à la frontière du Sahel, ou l'enfant aux yeux clairs qui se rêve en guerrier, en révolutionnaire. Lui semble-t-il qu'il a déjà tout dit ? Qu'il n'a plus rien d'inédit à apporter à ses lecteurs ? Que son temps a passé ? Dans *Les Cavaliers*, l'Aïeul de tout le monde n'est jamais assez vieux pour renoncer à sa mission de témoigner. Jamais assez vieux pour se taire. La mort seule peut ôter le verbe. Tant qu'il lui reste un souffle de vie, Guardi Guedj parle et raconte. Mais qu'est devenu Kessel le conteur ?

Georges Walter a alors une idée qu'il croit bonne. Il sort du sac à malices le livre dont Jef parlait il y a peu comme on rêve, ce fameux livre de sa mère. Car, bien que personne n'ait jamais vu le livre en question, sauf Jef et sans doute Katia Gangardt, Raïssa a écrit ses Mémoires en 1938 et les années suivantes et les a confiés à son fils. C'est, à l'état de manuscrit, sur près de trois cents pages, le récit de sa famille sibérienne : la saga des Lesk d'Orenbourg. Quel plus merveilleux hommage rendre à la mère adorée, sinon écrire un ouvrage inspiré de ses propres confessions, qui lui serait entièrement dédié ? Walter prône deux grands exemples : celui d'Albert Cohen d'abord, que Kessel admire et dont il a lu avec ferveur *Le Livre de ma mère* (1954). Et celui de son jeune ami Romain Gary, dont *La Promesse de l'aube* fut l'immense succès en librairie de 1960. Tous deux en exil à Londres pendant la guerre, les deux écrivains allaient perdre leur mère, sans jamais la revoir. Ils devaient chacun leur salut aux lettres qui leur apportaient, par-delà les champs de bataille et les menaces de tous bords, la tendresse fidèle, inaltérable. « Avec l'amour maternel, la vie vous fait à l'aube une promesse qu'elle ne tient jamais, écrit Gary. Chaque fois qu'une femme vous prend dans ses bras et vous serre sur son cœur, ce ne sont plus que des condoléances. On revient toujours gueuler sur la tombe de sa mère comme un chien abandonné. » Jef ne pourrait-il pas à son tour, héritier d'une mère non moins forte, non moins aimante que Louise Cohen, non moins russe et fantasque que Mina Owczynska, payer à son tour sa dette ? Lui qui vient si souvent se recueillir sur ses cendres devant la tombe familiale, au cimetière du Montparnasse, ne pourrait-il pas offrir à Raïssa, mieux que des fleurs et mieux que des prières, un livre à sa mémoire ?

Georges Walter, avec un manque de tact que seul excuse le propre malaise qu'il ressent devant l'impuissance du vieil écrivain, insiste encore et encore. Il soumet Kessel à un tel régime de pression qu'on en reste stupéfait, surtout venant d'un auteur qui connaît lui-même les affres de la création, d'un ami qui a pu mesurer les fragilités de l'homme. Comme Kessel ne réagit toujours pas et continue de fumer en rêvant devant le feu de cheminée, au lieu de prendre son stylo, il en vient à lui proposer de faire le travail à sa place. Après Druon, après Paul Guilbert, pourquoi pas lui ? Ayant déjà donné des preuves de son talent caché – c'est lui qui a écrit *Le Palanquin des larmes* de Chow Ching Lie, en 1975 –, il se déclare tout prêt à l'aider. Si Jef a déjà eu recours à des mains amies pour poursuivre son œuvre, un dernier espoir est permis. Sans même obtenir son aval, il rédige en quelques jours les premiers chapitres du livre en suspens et les soumet à Jef, qui reste de marbre. Le lendemain matin, Walter se voit énoncer ce verdict : non seulement Kessel n'écrira pas les Souvenirs de sa mère, mais il lui commande de ne plus lui en parler. Plus jamais. Le ton est sévère autant que désolé. Mais le message est clair : qu'on le laisse en paix !

L'amitié des deux hommes n'en sera miraculeusement pas altérée, mais un silence aussi lourd qu'une pierre scelle le tombeau du « Livre interdit ».

Georges Walter en fera, lui, un livre par défaut. L'admiration quasi mystique qu'il porte à Kessel et l'affection qui l'attache à Michèle s'accompagnent de virulents reproches à l'encontre de l'entourage, les amis qui ne veulent plus venir à Avernes ou les neveux qui n'osent plus. Maurice Druon en prend pour son grade, de même que Patrick Kessel, écorchés vifs dans des portraits à charge. Le lecteur, mal à l'aise, se trouve devant un de ces cas où l'amour-passion aveugle le cœur, et le rend hostile à toute forme de concurrence.

Une gouvernante qui fait office de cuisinière et prépare les meilleurs steaks-frites du monde selon Kessel, bien qu'elle soit espagnole, veille sur le couple au quotidien. Pepita Gonzalez ne quitte pas les Kessel d'une semelle, tant à Paris qu'à Avernes. Elle est une mère pour Michèle, dans l'épreuve de sa maladie. Et le bon ange qui ravaude les vieilles chemises et reprise les vieilles chaussettes d'un Jef indifférent à son vestiaire, radin pour les dépenses du ménage, mais le plus généreux des hommes pour Pepita comme pour ses femmes et ses amis. À l'époque où il voyageait, Jef savait qu'il pouvait compter sur sa gouvernante pour prendre soin de Michèle, appeler les médecins en son absence. Maintenant qu'il a renoncé au nomadisme de sa jeunesse et fixé ses pénates en Île-de-France, il aime sa présence rassurante et discrète dans la maison où Michèle prolonge ses nuits jusqu'au milieu de l'après-midi et tandis que le soir tombe lentement au-dehors.

Un gros chat de gouttière, nommé Mustapha, dort sur les genoux de Jef ou ronronne sur un coussin à ses pieds. C'est le dieu tutélaire du foyer. Il règne par le silence, par le mystère, et il est adoré. « Comment va Mustapha ? » est la première question que pose Kessel quand il lui arrive de s'éloigner. Et celle que posent les amis quand ils débarquent à Avernes : ils savent que le chat est le principal allié, le plus fidèle compagnon de l'écrivain.

Les chats de Malraux dormaient sur ses manuscrits et pouvaient se permettre toutes les libertés interdites aux enfants. Ils posaient leurs pattes de velours sur les précieux feuillets, étendaient leurs corps sur les *Antimémoires* et *Les Chênes qu'on abat*, le forçant à « écrire autour du chat ». Malraux vient de mourir, à soixante-quinze ans, le 23 novembre 1976, six ans tout juste après le général de Gaulle. « Il faut beaucoup de morts pour faire avancer l'homme d'un centimètre » : tant de belles phrases demeurent que Maurice Druon aurait pu offrir rue de Valois à la méditation de ses équipes.

Dans la compagnie de Mustapha, Kessel songe-t-il lui-même à la mort comme à un « antidestin », et à quoi rêve-t-il dans son bureau, envahi par la fumée de ses cigarettes, tandis que de jeunes camarades, tel lui-même autrefois, noircissent à longueur de jours des pages de roman ? Il ne sort de sa léthargie que pour le whisky du soir, et la partie de gin-rummy en famille. Des ombres flottent dans son regard. La main de Michèle, capable encore de tendresse, se pose doucement sur son épaule. Il peut toujours rire et aux éclats, de ce rire tonitruant d'autrefois. Mais une lenteur marque sa démarche vacillante. Ses épaules se sont voûtées. Il passe presque tout son temps dans son vieux fauteuil aux accoudoirs ornés de têtes de lion. Le Lion Kessel est fatigué.

Sa santé n'est pas si mauvaise, hormis des calculs rénaux et une arthrose cervicale, la machine fonctionne. Mais deux alertes cardiaques lui ont valu de passer des séjours sous surveillance à l'Hôpital américain de Neuilly : « le meilleur hôtel que je connaisse », a-t-il affirmé à ses amis. L'infirmière lui gardait la vodka au frais, dans le réfrigérateur de la salle de garde, et il avait une bouteille de bourbon à disposition dans sa chambre, avec les journaux du matin et du soir. Yves Courrière lui apportait du caviar et des blinis, en bref il ne manquait de rien, sauf des visites de Michèle, qui à ces époques-là se trouvait en énième cure à Orthez.

La décontraction, l'insouciance, l'optimisme ne sont plus qu'un masque souriant pour cacher sa tristesse. Trop d'êtres chers ont déjà disparu, d'autres s'apprêtent à le quitter, avec lesquels il n'a pas réglé ses comptes de remords et de culpabilité. Le cercle des amis se resserre. Quant au neveu préféré, l'oncle Jef suit de loin son apogée. Il est fier de Druon, ne tarit pas d'éloges. Et il sait bien que si « Maurice » ne vient plus le voir comme autrefois, c'est à cause de Michèle, pour éviter les scènes homériques que la moindre contrariété provoque. Et c'en est une majeure, pour Michèle, de contempler l'élan affectueux qui porte les deux hommes l'un vers l'autre, et se traduit par un *abraço* – une étreinte virile.

Sa jalousie morbide l'empêche de voir à quel point Kessel, qui a développé une véritable phobie de l'écriture, est rongé par une autre peur, tout aussi obsédante et douloureuse, celle de mourir en la laissant seule. Seule, sans plus personne pour la défendre de son principal démon. Il est dévoré d'angoisse à l'idée de partir avant elle.

Aussi a-t-il, dès 1970, à soixante-douze ans, rédigé un testament qu'il a confié à maître Chardon, son notaire. Il lègue tous ses biens matériels et les revenus de ses droits d'auteur à son épouse, mais confie le droit moral de son œuvre à ses deux neveux. À charge pour eux, sous l'arbitrage d'Yves Courrière, de veiller sur sa postérité. Patrick héritera de sa bibliothèque et des biens provenant de Raïssa. Maurice des photos et lettres de Lazare, hélas indisponibles à ce jour.

En 1975, la mort de Gaston Gallimard creuse un peu plus le vide autour de lui. Son éditeur et son ami, l'homme qui a fait Kessel, en veillant sur l'édition et la promotion des œuvres depuis son premier livre, s'est éteint à quatre-vingt-quinze ans. Kessel n'a pas oublié que « Gaston » lui avait écrit en juin 1922, après lecture du *Caveau n° 7*, un de ses premiers textes, publié quelques jours plus tôt dans la revue du *Mercure de France*, pour se proposer de devenir son éditeur. Il n'a même pas eu à aller vers lui. C'est l'éditeur qui a eu la prémonition de l'œuvre, encore à venir.

Après cinquante ans de publications, Kessel prend conscience qu'il est, désormais, au rang des plus vieux auteurs de la maison. En guise de consolation, les Éditions Rombaldi, spécialisées dans le courtage et la vente d'ouvrages par correspondance, entreprennent l'édition luxueuse de ses œuvres complètes. Le tome I, avec *La Steppe rouge* et *L'Équipage*, romans de ses débuts (1922 et 1923), connaît un succès colossal auprès de ses abonnés.

Emportée à quelques jours d'écart de Gaston Gallimard, Sonia, la dernière maîtresse survivante du harem, disparaît à son tour. Preuve qu'elle n'était pas tout à fait de la famille et que l'amour de Jef était depuis longtemps éteint, malgré les subsides dont il la comblait toujours, elle n'est pas enterrée dans le caveau du cimetière Montparnasse. Kessel le réserve en exclusivité à sa tribu. Une fois par semaine, quand il est à Paris, et parfois plus, il va méditer sur les tombes. Celle de Sandi, sa première épouse, pour laquelle il a acheté la concession en 1928, celles de Samuel et de Raïssa, ses parents, et de la petite tante Maria (sœur de sa mère), unies aux plus récentes, celles de son frère Georges, celle de son ex-épouse Katia. Il a rapatrié dans le caveau familial son frère Lazare, en novembre 1958. Personne ne manque plus. Enterré au cimetière de Bagneux, où Lola est demeuré à l'écart des autres Kessel pendant plus de trente ans, Lazare « dit Siber », ainsi que son frère aîné a pris soin de faire graver son nom, est maintenant et pour toujours réuni aux siens. Jef, qui communie avec ses chères ombres, sait qu'il ne va plus tarder à les rejoindre tous.

Rituel sacré, la visite au cimetière s'accompagne, faut-il le rappeler, d'un « *Dobri Tchass* », réduit désormais à un murmure. La formule magique par laquelle autrefois il éloignait le malheur lui sert maintenant à passer la frontière qui sépare les mondes. Kessel se prépare à entrer au pays des morts.

Au printemps 1979, deux malheurs accentuent la solitude qu'il a en horreur et le rapprochent du dénouement. Pepita Gonzalez, arguant de sa fatigue et de son âge, lui annonce qu'elle prend sa retraite et repart pour l'Espagne. Le couple, désemparé, va devoir se débrouiller sans celle qui était le solide pilier d'un édifice en péril.

Puis le Seigneur chat déserte à son tour la maison. Mustapha meurt d'un cancer, à Paris, après quinze ans de fidélité comme la vieille servante. Kessel en est aussi désespéré que s'il s'agissait d'un enfant. Avec Michèle, ils l'enveloppent dans la couverture bleue tricotée par Pepita, sur laquelle le chat avait l'habitude de dormir, et l'emportent pour aller l'enterrer à Avernes. Mustapha est mis en terre sous le saule du jardin.

Michèle, diagnostiquée elle aussi d'un cancer, doit subir une opération puis un traitement que son alcoolisme rend d'autant plus difficile à supporter, et d'autant plus précaire. Kessel se ronge les sangs à la voir souffrir dans un danger de mort. Elle se remet pourtant, la vie continue selon l'itinéraire triangulaire familier, entre la rue Quentin-Bauchart, le château de Préville à Orthez et la maison d'Avernes.

Georges Walter, l'ami hongrois, l'écrivain complice, et son épouse Liliane passent quelques jours d'été à la campagne, auprès du couple, quand le lundi 23 juillet 1979 au soir, Kessel allume selon son habitude le poste de télévision pour écouter le journal télévisé, que présente Roger Gicquel. À 20 h 15, passe un reportage sur une expédition spéléologique. Les images montrent des stalactites dans une grotte souterraine, baignée d'eaux bleues. Alors Kessel dit, s'adressant à Georges Walter :

« Regarde, Georges ! Le monde est merveilleux. »

Foudroyé à l'instant même par une rupture de l'aorte, il meurt sur ces derniers mots.

Son épouse le suivra dans la tombe, dix-sept mois plus tard. Elle succombe aux suites de son cancer, le 30 décembre 1980, à Collioure, dans les Pyrénées-Orientales, coupée du monde et des amis de Kessel. Là même d'où il était parti, en décembre 1942, avec Maurice Druon et Germaine Sablon, pour gagner la France libre. Le caveau des Kessel se referme à perpétuité. Il est désormais au complet.

Les revenus des livres de Kessel, dont Michèle O'Brien a hérité, vont désormais être versés selon sa volonté à la Croix-Rouge irlandaise. Kessel et l'Irlande, qu'il a découverte à l'âge de vingt-deux ans à l'occasion de son premier grand reportage, avec les figures inoubliables de Terence MacSwiney et de Mary de Cork, auront tissé une histoire d'amour sans fin.

Parmi les dernières volontés de l'écrivain, un paragraphe statuait sur le sort de son épée d'académicien. Il l'a léguée par testament à l'université hébraïque de Jérusalem. Celle-ci inaugurée en 1925, sous le protectorat anglais, est la deuxième plus ancienne université d'Israël et l'une des plus prestigieuses au monde. Albert Einstein, qui a participé à sa création, lui a légué l'ensemble de son œuvre. Son président, Avraham Harman, va recevoir officiellement l'épée de Kessel, le 26 avril 1983, quatre ans après sa mort, lors d'une cérémonie organisée au sein même de l'université, à la Maison de France. Institution dédiée au rayonnement de la culture française, la Maison de France qui met à disposition des étudiants français et israéliens logements, salles de cours et de conférences, est placée sous l'égide de Robert Gamzon (1905-1961), fondateur des scouts juifs de France, une haute figure de la Résistance juive en France pendant la Seconde Guerre mondiale. Le patronage n'aurait pas déplu à Kessel.

La cérémonie de remise de l'épée, à évidente portée diplomatique, se déroule en présence de l'ambassadeur de France, Jacques Dupont, et sera l'occasion de part et d'autre d'une réflexion sur la littérature engagée, les grandeurs et les limites de l'engagement.

Y assistent un petit nombre d'amis de Jef : les Schoendoerffer, les Courrière, Paul Guilbert sont parmi eux.

Absence remarquée de Maurice Druon, qui n'a pas fait le voyage.

Le même jour, le manuscrit des *Fils de l'impossible* est également offert à la bibliothèque de l'université.

Jean d'Ormesson, membre de l'Académie française depuis bientôt dix ans, venu remettre la noble épée au représentant d'Israël, rappelle les combats successifs de l'écrivain en faveur de la France libre, de l'Irlande et bien sûr d'Israël, cette terre de feu et d'amour qu'il a depuis si longtemps considérée comme sienne. Chacun peut contempler, en s'approchant de l'arme symbolique, la Croix du Sud, la croix de Lorraine et l'étoile de David, gravées ensemble dans l'acier.

Jean d'Ormesson : « On demande parfois à quoi sert l'Académie française. À rien. Tout comme cette épée. Pourtant cette épée est un instrument de combat, un instrument de paix. Je crois que Jef Kessel aurait voulu qu'elle s'appelât *Shalom.* »

33

L'abbaye aux oiseaux

Maurice Druon n'a pas été nommé ambassadeur à Rome, comme il le souhaitait. Le président Pompidou, sur une proposition d'Édouard Balladur, lui en avait fait miroiter le titre et la fonction, lors d'une conversation tête à tête où il fut question des équilibres européens et de la nécessité de développer l'aura des pays du Sud. Maurice Druon, qui adore l'Italie et parle italien, se voyait déjà au palais Farnèse, gravissant un échelon supplémentaire sur l'échelle des responsabilités nationales, quand la mort de Pompidou a mis fin au beau rêve. Il n'obtiendra pas non plus l'ambassade de Grèce qui, faute de Rome, lui aurait convenu.

Le nouveau président de la République, élu en 1974, Valéry Giscard d'Estaing, lui refuse ces deux plaisirs. Maurice Druon, à la fois déçu et vexé, lui en gardera une rancune tenace. Il fera un jour payer cette offense au Président, de surcroît l'homme du « Oui, mais » qui a osé lors du référendum de 1969 s'opposer politiquement au général de Gaulle. En public comme en privé, il n'a pas de mots assez durs pour cet antigaulliste qu'il qualifie de « Brutus sans grandeur, mais non sans vanité ». Par esprit partisan, il en oublie de se souvenir que Giscard fut un jeune et courageux combattant, qui a participé à l'âge de dix-huit ans, en août 1944, à la Libération de Paris.

Une consolation cependant dans sa course aux honneurs. Le 7 novembre 1985, à soixante-sept ans, il est élu secrétaire perpétuel de l'Académie française, en remplacement de Jean Mistler, qui a démissionné après douze ans d'exercice. C'est tout naturellement que ses confrères – il n'y a toujours pas de consœur – lui ont confié les rênes de cette institution que Mistler et avant lui Genevoix ont guidée avec une ferme douceur. Dans la pleine conscience d'avoir à piloter un navire vieux de trois cent cinquante ans, Druon, qui prise les symboles, est fier de rappeler qu'il en devient le trente et unième capitaine depuis sa création par le cardinal de Richelieu en 1635.

Avec Madeleine, ils quittent le rez-de-chaussée sur jardin de la rue de Varenne, annexe de l'hôtel de Broglie, dont ils étaient locataires, pour s'installer quai de Conti, dans le vaste et prestigieux appartement de fonction que l'Académie réserve à ses secrétaires perpétuels. Au 1 rue de Seine – l'adresse fait rêver –, des pièces magnifiques, lambrissées à l'or fin et tapissées de brocart, offrent une des plus belles vues de Paris sur la Seine, sur le Louvre et le pont des Arts.

À l'Académie, où sa Mercedes verte qui a succédé à la Bentley ne passe pas inaperçue, il inaugure une ère de panache. Plus de pas de velours, de conseils susurrés, de prudences convenues, dans le style de ses prédécesseurs. En avant, tête haute, et hissez les couleurs ! Ralliez-vous au vert ! Il imprime un dynamisme à la vieille institution et, d'une voix capable de dominer même les roulements de tambour de la garde républicaine, rappelle à tous sa mission séculaire. Les Quarante sont là pour défendre la langue française à la vie à la mort. Qu'on n'attende pas de lui de la modération ni qu'il s'endorme sur ses lauriers qui, à l'Académie, sont d'ailleurs des feuilles d'olivier, il a mieux à faire. Il part en guerre. Ses déclarations fracassantes amusent les académiciens, parfois les terrorisent, et réjouissent les journalistes qui vont trouver avec lui matière à polémique. Druon n'aime rien tant que la contradiction dans le débat : la preuve même qu'on n'est pas encore mort !

Son combat fougueux et sincère, son combat passionné doit servir la langue française. Celle-ci lui paraît en danger sur un double front. Menacée par l'anglo-américain qui l'assaille tant et plus, elle subit d'autre part les offensives du mauvais-parler national et se voit malmenée par la publicité, les médias et... sa bête noire, le corps professoral. Il va s'attaquer successivement à ces ennemis d'une langue, dont il rappelle qu'elle est une part essentielle, sinon la première part du patrimoine national, au même titre que les châteaux, les cathédrales, les jardins de Le Nôtre ou les bâtiments de Mansart.

Il parle couramment anglais mais s'agace des néologismes venus en trop grand nombre d'outre-Manche ou d'outre-Atlantique pour envahir le vocabulaire : la colonisation par la langue, voilà un sujet qui le fait sortir de ses gonds. Il organise la résistance. En appelle aux spécialistes, mais surtout au peuple de France, le seul à même de comprendre le sens de cette bataille d'où doit sortir un nouvel Austerlitz, quand c'est un Waterloo qu'il voit monter à l'horizon. « Si l'anglais est une nécessité, le français doit rester un privilège », il se veut garant d'une pérennité.

Quant aux médias et à la « pub », responsables du désastre annoncé, il les tient dans la visée de son monocle. Car il porte maintenant un monocle. Pas de quartier pour la presse. Et que les publicitaires se le tiennent pour dit : il ne laissera pas passer leurs bourdes ni leurs fadaises. L'épée au côté, il jubile de les tenir en garde. Mais ce sont les professeurs qui sont les principales cibles de sa vindicte. Il déteste le nouveau jargon professoral, que personne ne peut comprendre sinon les cuistres. Invité à une émission de radio, il lit à haute voix la préface d'un manuel de grammaire, pour y relever la *signifiance*, la *complétivisation* et le *signe iconique thématique*, et se moquer des Précieux ridicules. Il croit en une langue claire, solide, riche des multiples apports accumulés depuis des siècles, en provenance d'horizons divers mais fondus en un seul et même fleuve, commun à tous.

Édouard Balladur : « Maurice Druon avait bien compris que les temps avaient changé, qu'il ne s'agissait plus seulement de faire respecter le bon usage du français, mais d'en défendre l'universalité[1]. »

Inaugurant à l'Académie, lors de la remise annuelle des Prix, une série de discours sur « l'état de la langue » – il y en aura quinze au total –, le secrétaire perpétuel plaide avec passion cette cause qu'il veut porter au cœur de la nation. « Respecter la langue, c'est se respecter soi-même... » Le rôle de celle-ci n'est pas un simple moyen d'expression mais « un moyen de pensée, un moyen d'influence intellectuelle ». Aussi « notre première fierté (en tant que peuple) devrait être celle de notre langage, puisqu'il exprime et englobe tout ».

Inlassablement, au fil des jours et des années, Maurice Druon se fait le flamboyant bretteur du Bien-parler, qui est aussi un Franc-parler – titre d'un livre qu'il écrira bientôt[2]. Nul plus que lui-même n'a mis autant d'énergie, après Du Bellay, Vaugelas ou Boileau, à défendre un trésor national.

Tant de passion inclut quelques débordements. À force de

1. Édouard Balladur, éloge funèbre prononcé aux obsèques de Maurice Druon, le 20 avril 2009.

2. Maurice Druon, *Le Franc-parler*, Éditions du Rocher/Le Figaro, 2003.

privilégier l'héritage du français qui roule vers lui ses mots depuis l'Antiquité grecque, il n'est pas toujours ouvert aux innovations, et persifle volontiers d'autres façons de le parler. Il vexe les Québécois en 1987, lors d'un voyage en Amérique du Nord, en affirmant haut et fort qu'on ne défend pas une langue avec des lois. Or, depuis 1977 les Québécois ont une loi, obtenue au forceps, qui assure leur identité – la loi 101. Initiée par Camille Laurin, elle les protège d'une assimilation par l'anglais. Quand on lui cite en exemple un des mots joyeux et savoureux du vocabulaire québécois, il prend l'accent de la Nouvelle-France pour brocarder son folklore. Les mots là-bas sont anciens, pleins de la vérité et de la précision charnelle des origines. Lui qui a fait entrer l'étymologie au dictionnaire de l'Académie aurait dû en tenir compte.

Je trouve étrange qu'il ait montré aussi peu de tact à l'égard du Québec, alors qu'il défend de manière générale, et avec enthousiasme, tous les pays où le français se parle. Maurice Druon restera comme un des plus ardents défenseurs de la francophonie. En 1988, il signe un très beau texte, intitulé « La Francophonie, ce nouveau nom de l'espérance », où il évoque la solidarité et même la fraternité que crée une langue. Et se réjouit que ce soit son ami Alain Decaux, élu à l'Académie en 1979, qui en devienne sous la présidence de Mitterrand le ministre en charge. Decaux et lui auront ensemble beaucoup œuvré pour que le français sorte de sa gangue franco-française et participe d'une vision plus vaste et plus généreuse. En 1993, maniaque de précision et d'élégance, et soucieux de trouver le mot juste pour traiter de sujets d'importance, Maurice Druon fait changer l'énoncé de la « Conférence des pays ayant en commun l'usage de la langue française », pour offrir cette expression, où s'illustre son sens aiguisé du vocabulaire : « Conférence des pays ayant le français en partage ».

Maurice Druon n'aura pas seulement donné un formidable élan à l'Académie. Il ne lui aura pas seulement insufflé son énergie, sa foi. Il l'aura, selon le mot de Pierre Nora, « incarnée ». Pendant quinze ans, il fut l'Académie en personne.

En témoigne la somme de ses travaux officiels – interventions, inaugurations, hommages, discours –, qui remplissent quatre pages du fascicule où est consignée la vie académique, quand la moyenne est à quelques lignes pour la majorité des membres.

Faiseur d'élections, il a été influent dès avant qu'il ne devienne « perpétuel », et a fait entrer sous la Coupole de grandes figures dont la plupart sont ses amis : Georges Izard, Maurice Schumann, Jean Bernard, Edgar Faure, Michel Droit, Pierre Messmer, Alain Decaux, le révérend père Carré et Léopold Sédar Senghor, le poète président du Sénégal. Tous lui doivent d'avoir siégé parmi les habits verts et ont contribué à former ce que d'aucuns nomment l'« âge gaulliste de l'Académie ». Depuis qu'il est secrétaire perpétuel, il continue de se démener au moment des élections, entraînant les voix d'amis très proches comme Henri Troyat ou Pierre Moinot, mais innove dans le choix des élus. C'est à Maurice Druon que l'École des Annales, en rupture avec l'histoire traditionnelle, l'histoire-récit et les belles légendes, doit d'être désormais très influente à l'Académie. Druon y aura fait entrer Fernand Braudel, Georges Duby, François Furet, René Rémond, Georges Dumézil, et y sera lié d'amitié avec Pierre Nora.

Il a eu cependant quelques ratés. Il échoue à faire élire le chanteur Charles Trenet. Et en 2003, mais il ne sera plus alors titulaire de son mandat de secrétaire perpétuel, il échouera à barrer la route à Valéry Giscard d'Estaing, soutenu avec efficacité par Hélène Carrère d'Encausse et Jean d'Ormesson. Sa campagne tonitruante restera sans autre effet qu'une brève et cependant houleuse tempête sous la Coupole. Son article dans le *Figaro* a mis le feu aux poudres : il y brocardait un Giscard « déjà refoulé du Jockey Club et dont les titres littéraires sont aussi minces que les titres de noblesse... »

Beaucoup d'académiciens, moins choqués par sa virulence que par le fait qu'il se soit prononcé publiquement en défaveur du candidat, lui reprocheront d'autant son manque de réserve, qu'il s'en était fait jusque-là le champion, n'hésitant pas à les rappeler à l'ordre s'ils se permettaient de divulguer leurs avis ! À l'Académie, les débats se déroulent traditionnellement à huis clos : Druon a violé la loi non écrite du secret. Il a osé porter le débat sur la place publique et déclaré son opposition hors les murs, dérogeant aux usages qu'il veut maintenir pour ses confrères.

C'est qu'à l'Académie, secrétaire perpétuel ou pas, Maurice Druon est le « King ».

Mme Lévi-Strauss, dont le mari Claude Lévi-Strauss fut un grand ami du secrétaire perpétuel, me le rappelle avec un doux sourire : « Maurice se croyait tout permis. » La passion académique est un des traits de sa personnalité de feu.

Dernier débat, non des moindres, celui de la féminisation. Maurice Druon est un farouche opposant à la féminisation du vocabulaire, que la presse et l'opinion tiennent l'une et l'autre pour déjà acquise. D'accord avec Jean Dutourd et avec Claude Lévi-Strauss, entre autres académiciens, il s'insurge contre le fait que les femmes puissent énoncer leurs métiers et leurs fonctions autrement qu'au masculin, le genre « non marqué » ainsi qu'il le nomme. Au point de s'adresser exclusivement à « Messieurs ! », même quand il y aura des dames dans l'assemblée.

Il s'oppose d'un même élan rageur à l'entrée du deuxième sexe à l'Académie, laquelle doit selon lui demeurer un cercle d'hommes. À la tête d'un bataillon d'irréductibles (Lévi-Strauss, Dutourd...), il déclare à la presse que « quarante bonnes femmes qui tricoteront aux séances du dictionnaire » ne sont pas un avenir, et c'est contre lui que Jean d'Ormesson imposera finalement, in extremis, l'élection de Marguerite Yourcenar (1980). Il sut cependant en faire un levier pour l'élection, le même jour, de son ami Michel Droit. De sorte que malgré Yourcenar, il n'avait pas tout perdu.

Il finira par rendre les armes, et par trouver flatteuses les présences de Jacqueline de Romilly (1988) et de Hélène Carrère d'Encausse (1990). Hélène Carrère d'Encausse rendra hommage à son talent d'administrateur, ayant « œuvré avec énergie à la réforme complète du service du dictionnaire, mission première de l'Académie et “ardente obligation nationale” selon lui ». Elle sourit aujourd'hui de ses excentricités, comme de refuser d'éteindre son cigare dans la salle de restaurant qu'il enfumait malgré la loi Évin, mais souligne son esprit d'organisation et son dévouement sans faille à l'institution.

Il n'empêche que Maurice Druon conservera pour l'éternité, puisqu'il est immortel, l'image d'un conservateur misogyne, brandissant ses foudres jupitériennes sur un troupeau qu'il s'étonne de voir lui désobéir.

Un Druon pompeux, un Druon infatué, un Druon misogyne : la caricature est facile, en partie justifiée. Elle est renforcée par son réseau d'influences, qui l'entraîne à fréquenter les grands de ce monde. Chefs d'État, ministres et ambassadeurs, présidents d'institutions ou d'associations, il a ses entrées dans les plus hautes sphères du pouvoir. Là où les choses se passent, on est sûr de trouver Druon. S'il a été un ardent pompidolien, il n'aime guère les présidents qui lui ont succédé. Pas plus que Giscard, Jacques Chirac ni François Mitterrand ne trouvent grâce à ses yeux. Pour le premier, il juge qu'il a dénaturé le gaullisme et que le RPR ne lui fut jamais « qu'un ascenseur pour hisser un présidentiable ». Quant au second, il le stigmatise au lendemain de sa victoire : « Nous avions cru François Mitterrand moins médiocre qu'il n'était. Je veux dire par là que nous l'avions cru animé d'ambitions hautes quand il n'en avait que pour lui-même. C'était oublier son parcours ondulant. [...] François Mitterrand n'est pas un révolutionnaire. C'est un manœuvrier. » Il entretiendra toutefois avec le président socialiste des rapports de nécessaire courtoisie. Le président de la République est en effet le « protecteur » de l'Académie : son aval est indispensable à toute élection sous la Coupole.

Très ami de Hassan II, ses liens étroits avec le roi du Maroc suscitent des rumeurs malveillantes : le secrétaire perpétuel trouverait-il quelques avantages à conseiller Sa Majesté ? Tout le monde sait qu'il est souvent à Rabat, où le roi a mis à sa disposition une villa entourée d'un jardin, non loin du palais. Et qu'il lui a dédié une parcelle dans la palmeraie... Maurice Druon veille avec attention sur les études du dauphin, futur Mohammed VI, qu'il finit par considérer véritablement comme un fils. Et, à la demande du roi, il créé l'Académie du Royaume du Maroc, dont les membres seront pour moitié français et pour l'autre marocains, afin là encore de prolonger l'influence du français dans une région où il a des attaches anciennes mais où l'anglais là aussi gagne du terrain. Il fait entrer des amis académiciens dans l'Académie marocaine, au nombre desquels Pierre Messmer, plus tard le docteur Yves Pouliquen.

Auréolé de prestige, autant que du mystère qui s'attache aux gens qui côtoient le pouvoir suprême, on voit peu Druon aux commémorations nationales et aux défilés du 14 Juillet, où il n'est pas invité, les présidents lui gardent rancune de ses déclarations dévastatrices. Mais il est médiatique. Il a beau ne pas porter son habit vert brodé d'or à la télévision, son visage rubicond, ses pochettes ébouriffées au revers du veston sur mesure, sa voix de bronze et sa diction décalée qui semble revenir du temps de Sacha Guitry crèvent l'écran. Il est l'homme le plus décoré de la planète – de l'ordre de Léopold (Belgique) à celui du Phénix (Grèce), il cumule les médailles : de l'Aigle aztèque (Mexique) à la Croix du Sud (Brésil), en passant par le Lion du Sénégal et le Libérateur San Martin d'Argentine, sans oublier bien sûr le Ouissam alaouite que Hassan II lui a remis en grande pompe, on dirait qu'il les collectionne et il n'est pas du genre à ne pas les porter. Chevalier commandeur de l'ordre de l'Empire britannique, s'il l'avait souhaité on l'aurait appelé « sir Maurice ». Quant à la Légion d'honneur, il en arbore la plus haute distinction, grand-croix.

C'est drapé dans son personnage, auréolé de la belle légende du *Chant des partisans*, qu'il vient témoigner en 1997, appelé par la défense, au procès de Maurice Papon, l'ancien préfet de Vichy. « Il ne faut pas juger avec nos yeux instruits d'aujourd'hui, mais avec nos yeux aveugles d'hier », dira-t-il à la barre, où défileront après lui d'autres résistants majeurs, Marie-Madeleine Fourcade, Roger Samuel Bloch, son grand ami Jean Matteoli ou le père Riquet.

Le portrait en majesté du Mâle dominant, pourfendant ses adversaires de sa sagesse assassine, mérite cependant quelques corrections. La caricature haute en couleur cache des vertus non moins éclatantes que son style provocateur. Des vertus humaines, que ses plus ironiques détracteurs ne peuvent lui dénier.

« Il était plein de gaieté, de drôlerie, de générosité, de délicatesse, de bonté véritable : tous ses amis le savent », dira Édouard Balladur[1].

1. Éloge funèbre d'Édouard Balladur, déjà cité.

« Nous avons beaucoup ri ensemble » : Pierre Nora, qui l'a fréquenté hors du cercle académique et connu intimement à la fin de sa vie, souligne son caractère « fortement généreux, solaire » et parle d'un « sacré grand bonhomme ». L'affection, l'humour, la fidélité en amitié, tout comme la générosité, semblent être des traits incontournables d'un Druon beaucoup plus aimable et charmeur, convivial et joyeux, insolite et surprenant, que sa légende. « Il vivait intensément ses passions, pour ou contre. » Pierre Nora est convaincu que sa capacité d'indignation, inépuisable, et ses colères homériques qu'une étincelle suffisait à allumer sont les signes révélateurs « d'un grand vivant ». Ses mots, drus et charnus, donnent de l'homme une image bien différente de sa dialectique. Celle d'un jouisseur, épris passionnément de vivre.

Lui aussi, comme son oncle en son temps, a trouvé un refuge campagnard où il aime se retirer loin des fureurs du monde et des siennes propres. Là-bas il s'apaise. C'est une abbaye cistercienne du XIIᵉ siècle, en Gironde, au lieu-dit des Artigues-de-Lussac. Au fond d'un vallon forestier, entourée des vignes de Saint-Émilion, de Pomerol, de Lussac, il en est tombé amoureux au premier regard. Son ami Olivier Guichard, ancien ministre du Général, et sa famille qui habitent une propriété à Néac seront ses voisins. Le lieu l'appelait : il a eu pour les Artigues un vrai coup de foudre. Un calme hors du temps régnait et règne encore sur cette enclave alors à peu près sauvage, en plein cœur du pays du vin. En 1972, avec Madeleine, il acquit l'abbaye de Faise. Et il en fut chaque jour un peu plus heureux.

Construite en 1137 par des moines cisterciens, elle avait été prospère au Moyen Âge et le fut encore pendant plusieurs siècles avant d'être détruite sous la Révolution. Il n'en restait que des pierres clairsemées sur les herbes folles qui avaient envahi l'abside, le chœur, la nef. Des yeux experts pouvaient cependant deviner le dessin de la croix à même le sol, selon le plan de toutes les églises de France. Le logis abbatial, construit au XVIIIe siècle par un oncle de Montesquieu, abbé commendataire, était à peu près intact. Si l'on peut appeler intact un édifice délabré, envahi de ronces et de fumier, et entièrement habité par les loirs et les lézards. Les deux façades de l'édifice composent une curiosité architecturale : côté cour, ouvrant sur un tilleul centenaire, son élégance sobre et classique s'accorde avec les belles demeures bordelaises qui ornent la région, mais côté jardin, face au fouillis des bois que traverse un bief indomptable, elle conserve les voûtes et les piliers du cloître originel. Contraste. On est saisi par la beauté des pierres blondes qui dorent au soleil de l'automne, et par la grâce des arcs romans, miraculeusement indemnes après tant de destructions et d'avanies.

Maurice Druon a restauré l'abbaye de Faise pierre à pierre. Les travaux ont été herculéens ou prométhéens, ce qui n'était pas pour lui déplaire. Il s'était fait la main quelques années auparavant, dans le Loir-et-Cher, en restaurant le site archéologique de Thésée-la-Romaine, que Prosper Mérimée avait classé au titre des monuments historiques et pour lequel il avait déjà investi une bonne part de ses droits d'auteur. Une fois l'œuvre de restauration accomplie, et ne souhaitant pas s'y fixer malgré la construction en annexe d'une maison à taille humaine, il avait offert la bâtisse et son immense rempart au département. La Gironde serait son pays d'élection.

J'ai été surprise, je l'avoue, en visitant Faise par l'absence de toute ostentation. C'est un lieu austère, au sens propre monacal. Dans les pièces du rez-de-chaussée, aux imposants volumes, aux cheminées profondes, la lumière tombe des hautes fenêtres et baigne l'atmosphère. On a le sentiment d'être dehors. Car la vue s'étend des deux côtés, cour et jardin, sur la nature environnante qui protège la maison et donne ce curieux sentiment qu'elle la pénètre. Les arbres sont partout présents, de quelque côté que l'on se tourne, le feuillage tremble, il fait partie de la demeure. Les meubles, en partie vidés aujourd'hui, étaient en très grand nombre, un entassement sans grande valeur marchande : eux aussi massifs, sévères, dénués de toute estampille Grand Siècle, de toute dorure, de toute cambrure. Meubles campagnards, chinés dans les brocantes, des crédences et des bancs Haute Époque, des tables en pierre, une armoire flamande ayant appartenu à Balzac, des chandeliers comme dans le décor du film *Le Nom de la rose*, et puis des fauteuils confortables, sans style, où les plaids s'amoncellent. Il peut faire froid l'hiver, à Faise, même si les murs ont deux mètres d'épaisseur.

Aux murs de l'entrée, une série de gravures de Piranèse. Des faïences populaires russes, bleu et blanc, dans le colossal vaisselier de la salle à manger. Et des Bernard Buffet partout : le portrait de l'hôte des lieux, en costume gris, l'air sombre, de longues mains posées devant lui comme des gants. Une Annabel, l'épouse de Buffet, en costume d'infante jaune à collerette, pour incarner une reine de Fer, digne des *Rois maudits*. Des aquarelles en pagaïe, des fleurs surtout, quelques figures légères de clowns. Et *Le Chant des partisans* : une toile intitulée *Paysage aux meules et aux corbeaux* où Buffet a mis son amour des paysages de la douce France, des meules à la Monet sur des champs de blé où des nuées de corbeaux jettent leur ombre noire. Aussi noire que les traits fameux du peintre. Cette collection se plaît à Faise comme s'il y avait entre Buffet et les moines cisterciens une musicale et impérieuse correspondance.

« Pour Madeleine et Maurice, Noël 1978, Bernard », l'inscription de la main du peintre, au dos de la toile, est suivie d'un cœur transpercé.

Dans le bureau de Druon, de l'autre côté de l'entrée, à l'écart des pièces à vivre, la bibliothèque en bois sombre contient les photos auxquelles il est le plus attaché. Voici de Gaulle et Pompidou, Hassan II et le roi Juan Carlos d'Espagne avec la reine Sofia, voici Bourguiba, voici les deux papes qui lui ont accordé une audience et avec lesquels il a eu par la suite de fructueux échanges spirituels, Paul VI et Jean-Paul II. Les saints pontifes ont tout naturellement leur place dans cet édifice, dont rien n'a pu effacer la vocation première. On s'attend à chaque pas à croiser un moine, déambulant comme un fantôme les mains dans les manches parmi les vestiges de la vieille abbaye.

« Pourquoi avoir choisi d'habiter en ces murs ? » demande un journaliste.

Druon répond : « Parce qu'on y a beaucoup prié. »

Un silence particulier, propice au recueillement, est encore palpable aujourd'hui à Faise.

Là-haut, les quatre chambres sont vastes, sans raffinement de décoration. Surtout celle de Druon : un grand lit en bois, assez haut, une table de nuit avec une lampe, un petit bureau devant la fenêtre, un vieux fauteuil croulant près de la cheminée – ce pourrait être la chambre du prieur. Ou de l'abbé commendataire.

La chambre de Madeleine Druon, tapissée d'une toile de Jouy vert d'eau, est plus champêtre et charmante. Un antique tourne-disque témoigne de son amour pour la musique. De Bach à Debussy, elle convoquait ses compositeurs préférés pour accompagner ses lectures ou ses siestes quand Druon travaillait.

La chambre d'amis, tendue dans un cachemire de la maison Pierre Frey, est surtout remarquable par un lit d'acajou à baldaquin.

Des rois y ont dormi. Il y a enfin, tout au bout d'un long couloir où court une immense bibliothèque de plusieurs dizaines de mètres, pleine à craquer de livres dédicacés, parmi lesquels je retrouverai un livre de mon père, Arthur Conte, la chambre des enfants : les neveux de Madeleine, son filleul Emmanuel Chain, y avaient leur domaine quand ils venaient passer quelques jours chez leur oncle et leur tante, l'été ou à Noël.

Pas de mondanités à Faise. La famille de Madeleine. Les amis du village, le maire et sa femme. Et parmi les hôtes familiers, reçus comme à la maison, des amis de longue date, fidèles entre les fidèles. Outre le maire de Libourne et ceux de Bordeaux qui s'y sont succédé, voici photographiés dans les nombreux albums, le couple que forment Alain et Micheline Decaux. Celui d'Olivier et Suzanne Guichard. Les Michel Droit. Jacques Chancel et sa femme.

Je reconnais au passage le visage souriant de Boby Naquet, le gendre d'André Maurois, veuf de son épouse l'écrivaine Michelle Maurois, un médecin spécialiste de l'épilepsie. « Savez-vous qu'il est nobélisable ? » m'avait dit Druon, lors d'un dîner chez le docteur Naquet, rue de la Faisanderie. Nous étions quatre à table, les Druon, Boby et... moi qui osais prétendre à un fauteuil à l'Académie ! C'était toujours joyeux et décontracté chez Boby, il avait l'art d'être parfaitement naturel en toutes circonstances. Je regardais Druon, entré dans son grand âge, dévorer avec un appétit de jeune homme les crevettes grises servies en apéritif, et avaler des verres de vin blanc sur un rythme kessélien. Druon était très gai, il racontait des choses amusantes, je trouvais Madeleine Druon sévère, beaucoup plus intimidante que lui.

À Faise, une même convivialité était la règle. Petits déjeuners en peignoir – il y en avait à disposition dans toutes les chambres – et avec l'interdiction de parler : le maître de maison n'aimait la conversation qu'à partir de l'heure du déjeuner. Les repas étaient copieux, roboratifs, rustiques, se terminaient par des tartes aux fruits du jardin. Druon aimait, comme son oncle, jouer aux cartes (le gin-rummy). Et proposait souvent des parties de Scrabble. Diverses boîtes de ce jeu sont encore aujourd'hui près de la table où il prolongeait les soirées, en riant aux éclats des mots qu'il trouvait. Après la partie, il se retirait dans son bureau pour écrire un bref commentaire sur l'un des mots de la soirée et revenait vers ses invités – c'est Édouard Balladur qui conte l'anecdote – pour le lire à voix haute. « Tout était pour lui littérature », selon l'ancien Premier ministre.

Bien sûr, il y a eu l'Aga Khan, reçu par un Druon vêtu en seigneur ottoman d'une djellaba de soie bleue et chaussé de babouches assorties.

Il y eut Vladimir Poutine, en 2003. Tenues de cavaliers. Ensemble, ils ont monté les chevaux offerts par le roi du Maroc. Poutine dont *Les Rois maudits* fut un livre de chevet (vingt-trois millions d'exemplaires vendus en Russie, je le rappelle) a toujours porté le plus grand respect à cet « ami de la Russie », qui sera nommé membre de l'Académie des sciences russe, en juin 2006. Sa photo encadrée jouxte sur la cheminée du bureau, au rez-de-chaussée, celles des célébrités politiques et religieuses précédemment citées.

Les photos les plus touchantes des albums, feuilletés au hasard, montrent Édouard Balladur aux fourneaux, un tablier autour de la taille. Hôte régulier de Faise, l'ancien Premier ministre, ami très cher de Druon qui aurait rêvé de le faire entrer à l'Académie (plutôt que Giscard !), aimait y faire la cuisine pour l'entière maisonnée. Son épouse José et ses deux fils mettaient beaucoup de gaieté dans la propriété, que Druon voyait avec plaisir s'animer comme une vraie maison de famille.

Pas de protocole à Faise pour les personnages les plus influents de France ou d'ailleurs. Une vie simple, cordiale, gourmande. Et l'amitié en partage. Une seule festivité : le 15 août, tous les étés, le seigneur de Faise reçoit les habitants du village autour d'une table garnie de bons vins et de mets délectables. Le neveu de Madeleine Druon, Hervé Marignac, me racontera comment le vieux cuisinier, revenu à Faise après la mort de ses oncle et tante, lui a fait part des belles années passées au domaine. Fidélité.

La tête de son blond labrador, Isocrate, posée sur ses genoux, Druon s'endort après le déjeuner dans le gros sofa du salon. Le chien au nom d'orateur athénien et son maître ronflent en cadence.

Dehors, les canards cancanent, les oies jabotent, d'innombrables oiseaux gazouillent ou sifflent, assurés qu'aucun chasseur ne viendra les traquer ici. Druon a fait de Faise une arche de Noé. Tous les animaux y sont les bienvenus. Les chats cohabitent très bien avec le labrador, comme avec le teckel de Madeleine (Putsi). L'ânesse Caroline a le droit d'entrer dans la maison et jusque dans son bureau, Druon enveloppe son encolure pour lui donner le baiser du matin ou du soir. Même la chouette est accueillie avec tendresse : il s'attache aux animaux, leur porte un véritable amour, prend soin d'eux comme Kessel de son chat Mustapha. Dans cette arche plantée sur un vert jardin, qu'il a redessiné à la française selon d'anciens plans retrouvés au cadastre, avec des allées de gravier, des massifs d'ifs, et une pièce d'eau où un martin-pêcheur a pris l'habitude de venir se désaltérer, les chevaux ont bien sûr leur espace privilégié. Il a lui-même inventé un parcours pour la promenade dans les bois attenants et fait construire un manège pour s'entraîner – Pierre Durand, le grand cavalier, champion olympique, vient en voisin lui donner des conseils et partager lui aussi son hospitalité.

C'est un Druon chaleureux, sympathique, un Druon les bras ouverts, qui accueille ses hôtes dans son antre de moine-écrivain.

Il veut savourer chaque instant qu'il lui reste à vivre et ne pense pas à la mort qui pourtant s'approche à pas feutrés.

« Pour ce qui me reste d'existence, je continuerai à remercier le Grand Imaginatif de tout ce qu'il m'offre, que je n'ai pas eu à faire et qui me rend heureux : la diversité des fleurs et des arbres, l'amitié de mes chevaux aux naseaux si doux, la venue silencieuse de mon chat avant la pluie, le sommeil confiant de mon labrador aux cils blonds, l'attente de mes cygnes friands de salade, le pleur de l'ânesse un instant restée seule, la pie qui parcourt la pelouse le long des ruines de l'abbatiale d'un pas de propriétaire... »

Il a démissionné en octobre 1999 de son poste de secrétaire perpétuel, pour offrir la place à une femme – mais oui –, qu'il aura chaleureusement recommandée à ses confrères (et consœur) : Hélène Carrère d'Encausse prendra le relais dès le 1er janvier 2000. Symbole d'un départ qui ne manque pas de panache.

« Il y a des décisions qu'il faut savoir prendre quand rien ne vous y oblige », dira-t-il pour se justifier.

Il veut profiter de son temps libre pour écrire ce qu'il a en tête, sans être gêné aux entournures par une fonction officielle. Jusqu'à la fin, il offre à ses lecteurs des livres coruscants, sa fibre polémique ne tarit pas avec l'âge. Ce sont *La France aux ordres d'un cadavre* (2000) – le cadavre étant un conglomérat du communisme, de la CGT, de la fonction publique et de la direction générale des impôts... –, *Ordonnances pour un État malade* (2002), puis *Le Franc-parler* (2003), recueil de ses articles au *Figaro*, écrits et publiés en 2001 et 2002. Son rythme de travail ne faiblit pas. Il a définitivement abandonné la fiction. L'essai politique répond à sa volonté d'engagement au service de la cité.

Ce franc-parler dont il se fait une oriflamme lui vaut en mars 2004, dans les colonnes du *Figaro*, un duel avec le pape des émissions culturelles télévisées de l'époque, le très populaire animateur d'*Apostrophes* et de *Bouillon de culture*, Bernard Pivot. « On apprenait autrefois à parler comme on doit écrire. Aujourd'hui on apprend à écrire comme on ne doit pas parler. Les nouvelles générations bredouillent », a écrit Druon d'un jet de plume amer. Fustigeant la « baisse générale du niveau scolaire », il a eu la mauvaise idée de s'en prendre, entre autres responsables du naufrage, à Pivot en personne – lequel soumet la France à l'épreuve de la dictée annuelle. Or, Druon l'accuse de truffer ses dictées de mots d'argot, hermétiques au plus grand nombre, de compliquer la langue et d'embrouiller les cerveaux. Dans sa philippique, il va jusqu'à le comparer à un montreur d'ours, au cirque. « Il a réussi à faire se dandiner sur deux pattes, devant un micro, tous les auteurs à succès ou demi-succès de l'époque. »

Serait-ce parce qu'il n'a jamais été invité à *Apostrophes* ni à *Bouillon de culture* ? La réplique de l'animateur, piqué au vif, ne se fait pas attendre : « Le grand malheur de M. Druon, qui le rend atrabilaire, c'est qu'il voudrait que la langue fût à son image : empesée, figée, réactionnaire, égoïste, hautaine, sinistre. Comment les jeunes gens auraient-ils envie de s'éclairer à une pareille antiquité ? » La France entière suit ce duel, qui mêle l'encre au fiel. Et qui met en avant un Druon bagarreur, un Druon enflammé et furibard, une sorte de Grand Maître du temple, tout droit sorti des *Rois maudits*, hurlant ses malédictions avant de brûler vif. Aucune trace cependant de fatigue et encore moins de gâtisme dans son personnage.

En 2006, les Éditions de Fallois publient le premier tome de ses Mémoires, au titre messianique : *L'Aurore vient du fond du ciel.* C'est le récit de sa vie jusqu'à ses vingt ans. Il se met aussitôt en train sur le second tome, qu'il veut consacrer à ses années de guerre. Sans savoir qu'il ne sera plus de ce monde lors de sa sortie en librairie, il en annonce le projet et le titre d'une voix claironnante devant un Jack Lang interloqué, lors de l'émission télévisée de Thierry Ardisson : *C'était ma guerre, ma France et ma douleur.*

Avec Madeleine, ils ont quitté le palais Mazarin pour s'établir dans un appartement de la rue de Lille que leur prête l'Institut, tout à côté du musée d'Orsay et en face du musée de la Légion d'honneur. Il y vieillit doucement, jusqu'à ce que la maladie ait raison de ses artères et de son cœur. Sa seule privation aura été de renoncer au cigare et de ne plus fumer que des Marlboro.

À quoi rêve-t-il, seul dans son bureau ? À son passé ? Au cher oncle, aux amis disparus ? À ses livres anciens, à ceux qu'il écrira encore ? Aux femmes de sa vie, qui dans ses rêves ont conservé leur merveilleuse jeunesse ? À l'épouse qui gère la maison et vieillit à ses côtés ?

L'image de l'abbaye en Gironde où il accourait au moindre prétexte autrefois ne le quitte pas. Cette maison, il l'habite depuis toujours. Il l'a décrite avant de la connaître, avant même de l'avoir découverte, dans les pages d'un roman. Au troisième tome des *Grandes Familles*, une prémonition lui en apporte la vision solaire. En somme il a vu, véritablement vu en la rêvant « la grande et bonne maison abbatiale d'où l'on aperçoit les ruines d'une ancienne basilique, un grand pan de mur alourdi de lierre, des départs d'arcs de voûte et une immense ogive ouverte sur le ciel ». Il en avait par avance imaginé le jardin, les bordures de buis, les allées de gravier, et à la place de l'autel, « le feu d'artifice de marguerites d'or[1] ».

1. Maurice Druon, *Rendez-vous aux enfers*, Livre de Poche, 1970, p. 140 et 141.

Il meurt à Paris, un mardi de Pâques, en fin d'après-midi, le 14 avril 2009. Neuf jours plus tard, il aurait fêté ses quatre-vingt-onze ans. Le tome III de ses Mémoires restera dans les limbes.

Le dernier texte que Maurice Druon a écrit a paru dans un *Chemin de croix des Académiciens*[1], ouvrage collectif, publié à l'initiative du père Matthieu Rougé, curé de l'église Sainte-Clotilde – sa paroisse. Jean-Marie Rouart s'étant réservé la première station, « Jésus condamné à mort », Michel Mohrt et Dominique Fernandez partagé la quatrième, « Jésus rencontre sa mère », Gabriel de Broglie s'émouvant pour « Véronique essuyant le visage de Jésus » à la sixième, Jean d'Ormesson ayant, lui, réfléchi au sens de la douzième, « Jésus meurt sur la Croix », Maurice Druon achève le Calvaire à la quatorzième sur les paroles de Joseph d'Arimathie lors de la mise au tombeau. Un texte intense et bref, ouvert sur le mystère de la Mort.

La figure du Christ aura accompagné ses derniers jours.

Son ultime prise de parole en public fut à Notre-Dame, le 10 août 2007, pour saluer son ami le cardinal Lustiger qui l'a précédé dans la mort : « Aron Jean-Marie, notre frère supérieur ». La parenté des destinées entre le jeune Juif polonais, converti contre la volonté des siens puis appelé aux plus hautes fonctions de l'Église – Druon : « Vous fûtes, Jean-Marie, le cardinal juif » –, et le fils bâtard d'un Juif de Sibérie, élevé dans la religion catholique, a sans doute joué un rôle dans cette amitié, parmi les plus durables et profondes d'une vie.

C'est l'ancien secrétaire du cardinal, devenu pour Maurice Druon sinon un confesseur au moins un proche, un confident, le père Rougé, qui lui a donné l'extrême-onction. « Son dernier mot fut *Excelsis* ! » (au plus haut), me confie celui qui est aujourd'hui

1. Bayard, 2008.

l'évêque de Nanterre. Une expression latine couramment récitée ou chantée durant la messe, *Gloria in excelsis Deo* (Gloire à Dieu au plus haut des cieux).

Contrairement à Kessel qui n'a pas eu droit à l'apparat des puissants de ce monde et avait demandé par testament qu'il n'y eût ni fleurs, ni discours, ni couronnes à son enterrement, pour Druon une messe est célébrée par monseigneur Dagens de l'Académie française, en la cathédrale Saint-Louis des Invalides. Le père Rougé se voit confier l'homélie. Puis Édouard Balladur, ami fidèle, prononce, très ému, l'éloge funèbre où il rappelle cette vérité essentielle : « L'unité de sa vie, c'était l'amour de la France[1]. »

Une cérémonie officielle se déroule ensuite dans la cour des Invalides, tandis que *Le Chant des partisans* retentit au son des tambours de la garde républicaine.

Le président de la République, Nicolas Sarkozy, que Druon aimait beaucoup, prend alors la parole et surprend tout le monde en tutoyant le mort dans son discours. Druon le considérait comme le fils qu'il n'avait pas eu : « Nicolas Sarkozy, c'est ma descendance. S'il avait eu l'âge, il aurait été chez de Gaulle avec moi ! »

La tombe attend Druon depuis trois ans déjà, sur le site de l'abbaye de Faise où s'entassent, me dit-on, neuf siècles d'ossements. Des cisterciens y sont ensevelis à même la terre, dans leur robe de bure, depuis la nuit des temps. Des stèles éparses, patinées par la pluie et le vent, signalent leur sépulture parmi les herbes. On marche sans le savoir sur toutes les autres.

Muni des autorisations officielles pour pouvoir être enterré

1. Éloge funèbre d'Édouard Balladur, déjà cité.

dans son jardin, Maurice Druon, faute d'avoir eu son mausolée dans une palmeraie marocaine comme il l'avait rêvé, a fait creuser deux caveaux dans les ruines de l'ancienne abside et conçu lui-même l'épitaphe le concernant. Elle est gravée dans la dalle de pierre nue qui ferme le caveau :

MAURICE DRUON
1918-2009
COMBATTANT ÉCRIVAIN MINISTRE
XXXI SECRÉTAIRE PERPÉTUEL DE L'ACADÉMIE FRANÇAISE
GRAND-CROIX DE LA LÉGION D'HONNEUR
KNIGHT OF THE BRITISH EMPIRE

Madeleine Druon née Marignac viendra le rejoindre, en septembre 2016, sous la dalle mitoyenne, simplement gravée de ses dates de naissance et de mort et disposée non pas à côté de son époux, flanc à flanc, mais à ses pieds. Quel plus beau symbole d'un plein dévouement ?

Le vent souffle, les feuilles bruissent, les oiseaux continuent de chanter sur les deux tombes, tandis que la visiteuse que je suis remonte la nef invisible, puis s'éloigne pour regagner le cloître. Bientôt le thé sera servi, comme dans le roman des *Grandes Familles*, au-dessus des pierres tombales des vieux abbés cisterciens. Maurice Druon, soucieux de leur mémoire, a fait inscrire sur un panneau en pierre et clouer en bonne place, dans l'ancienne galerie des moines, ces mots qui demeurent longtemps dans le cœur, quand on a marché sur leurs traces :

« Pensez aux frères inconnus qui reposent sous ces dalles. »

REMERCIEMENTS

Je remercie pour l'aide apportée à mon travail :

les héritiers, ayants droit, de Maurice Druon
Serge Linkès
Dominique Missika
Philippe Jadin et Charles Langhendries

Ainsi que pour leurs précieux témoignages :

Christophe d'Astier de La Vigerie
Édouard Balladur
Hélène Carrère d'Encausse
Emmanuel Chain
Frédéric d'Agay
Anne-Marie Kessel
Monique Lévi-Strauss
Christiane Neuvy
Monseigneur Matthieu Rougé

Toute ma gratitude aussi

à la Bibliothèque de l'Institut,
au Service historique de la Défense (Fort de Vincennes),
aux archives de la Ville de Saint-Raphaël (Cécile Giangreco)
et à l'Association française des anciens déportés de Buchenwald-Dora (Cécile Desseauve)

Composition : PCA
Achevé d'imprimer sur Timson
par Normandie Roto Impression s.a.s., en avril 2023.
Dépôt légal : avril 2023.
Premier dépôt légal : février 2023
Numéro d'imprimeur : 2301577

ISBN : 978-2-07-301554-9 / Imprimé en France.

612843